Singles

Europäische Hochschulschriften
Publications Universitaires Européennes
European University Studies

Reihe XXII

Soziologie

Série XXII   Series XXII
Sociologie
Sociology

Bd./Vol. 235

PETER LANG
Frankfurt am Main · Berlin · Bern · New York · Paris · Wien

Ronald Bachmann

Singles

PETER LANG
Frankfurt am Main · Berlin · Bern · New York · Paris · Wien

Die Deutsche Bibliothek - CIP-Einheitsaufnahme

Bachmann, Ronald:

Singles : zum Selbstverständnis und zum Selbsterleben von 30- bis 40jährigen partnerlos alleinlebenden Männern und Frauen / Ronald Bachmann. - Frankfurt am Main ; Berlin ; Bern ; New York ; Paris ; Wien : Lang, 1992
 (Europäische Hochschulschriften : Reihe 22, Soziologie ; Bd. 235)
 Zugl.: Bamberg, Univ., Diss., 1991
 ISBN 3-631-45274-8

NE: Europäische Hochschulschriften / 22

D 473
ISSN 0721-3379
ISBN 3-631-45274-8

© Verlag Peter Lang GmbH, Frankfurt am Main 1992
Alle Rechte vorbehalten.

Das Werk einschließlich aller seiner Teile ist urheberrechtlich geschützt. Jede Verwertung außerhalb der engen Grenzen des Urheberrechtsgesetzes ist ohne Zustimmung des Verlages unzulässig und strafbar. Das gilt insbesondere für Vervielfältigungen, Übersetzungen, Mikroverfilmungen und die Einspeicherung und Verarbeitung in elektronischen Systemen.

Printed in Germany 1 2 3 4 6 7

VORWORT

Die vorliegende Untersuchung ist mit dem Selbstverständnis, dem Selbsterleben und den Motivationen von Menschen befaßt, welche in einer Lebensphase, die traditional von Familie geprägt ist, auf Ehe, Kinder und Familie und auf eine feste Partnerbindung verzichten und darüber hinaus in einer Wohnung in erster Linie ganz für sich allein leben. Im Mittelpunkt steht die Beantwortung der Frage, ob und inwieweit eine solche "vereinzelte" Lebensführung ein Ausdruck individuellen Selbstverwirklichungsstrebens ist und von den "Betroffenen" mithin als eine echte Alternative zu herkömmlichen Lebensformen verstanden wird. Dabei geht es nicht nur um "Singles" allein, sondern zugleich um grundlegende Veränderungen der Gemeinschaftsbildung in einer modernisierten Gesellschaft.

Die Studie ist die überarbeitete Fassung einer Dissertation an der Sozial- und Wirtschaftswissenschaftlichen Fakultät der Otto-Friedrich-Universität Bamberg. Sie dient als Pilotprojekt der Sozialwissenschaftlichen Forschungsstelle dieser Universität im Rahmen des interdisziplinär eingerichteten Forschungsschwerpunktes "Familienforschung". Dem Leiter der Forschungsstelle, Herrn Prof. Dr. Dr. h. c. L. A. Vaskovics, gilt mein besonderer Dank für die Bekräftigung und Förderung dieser Arbeit und für die vielen Hinweise, die ihren Teil zum Gelingen der Arbeit beigetragen haben.

Graue Theorie wäre alles geblieben, hätte es nicht die Frauen und Männer unter den "Singles" gegeben, die nicht nur ihre Zeit für ein Interview zur Verfügung stellten, sondern mir auch so viel Vertrauen entgegenbrachten, daß sie mir einen Einblick in ihr Leben gewährten. Ihnen gehört mein ganz besonderer Dank.

Mein Dank richtet sich an diejenigen, die mit mir aufmunternd Strecken des Erkenntnisweges gegangen sind und dabei über manche Klippen halfen: Hans-Peter, Elke, Hendrik, Hugo.

Eine Dissertation anfertigen ist ein zeitweiser Raubbau an der privaten Lebenswelt. Ich kann etwas lernen von dem Einfühlungsvermögen und der Nachsicht, mit der mir meine Frau Marianne in dieser Zeit begegnet ist. Unvergeßlich bleiben mir auch die "Papa, Papa"-Rufe meiner kleinen Tochter Anna-Sophie, wenn ich wieder einmal des Nachts von der Forschung heimgekehrt war. Sie bringen mir nachhaltig in Erinnerung, daß ein Lebensalltag nicht nur untersucht, sondern auch mit Glück gelebt sein will.

Bayreuth, im April 1992

INHALTSVERZEICHNIS

Abbildungsverzeichnis 11

KAP. I EINLEITUNG

1. Problemorientierte Einführung 13
2. Zum Stand der Forschung 18
3. Zielsetzung und Aufbau der Studie 25

KAP. II ERSCHEINUNGSWEISEN DES SINGLELEBENS

1. Eine Terminologie des Singlelebens 28
1.1. Alleinstehen, Alleinleben und das Leben als Single 29
1.2. Singleleben. Im Jenseits aller sozialen Bindung 37

2. Eine Sozialgeschichte des Singlelebens 47

3. Eine Sozialstatistik des Singlelebens 52
3.1. Statistische Unschärfen 52
3.2. Die "neuen Singles" im "Familienlebens-Alter" 54

KAP. III KONZEPTION DER STUDIE

1. Theoretische Konzeption 65
1.1. Identität 66
1.2. Soziale Bindungen und Identität 68
1.3. Gesellschaftliche Individualisierungsprozesse 71
1.4. Hypothesen 79

2. Methodische Konzeption 91
2.1. Befragungsinstrumentarium 92
2.2. Gewinnung der Stichprobe 94
2.3. Durchführung der Befragung 99

KAP. IV EMPIRISCHE ERGEBNISSE

1. Lebensformbiographien von Singles 101

2. Single Werden. Identität im Übergang in das Singleleben 104

3. Bindungsvorstellungen und Bindungswünsche von Singles 122
3.1. Partnerlosigkeit 123
3.1.1. Partnerlosigkeit als Stigma? 124
3.1.2. Die 'zwei Gesichter' eines partnerlosen Lebens 131
3.1.3. Partnerlosigkeit als Lebensentwurf 136
3.1.3.1. Sexuell autonomes Singleleben 140
3.1.3.2. Liebschaftsorientiertes Singleleben 141

3.2.	Alleinleben	143
3.2.1.	Autonomes Wohnen	144
3.2.1.1.	Wohnbiographien von Singles	145
3.2.1.2.	Wohnverhältnisse unter Singles	147
3.2.1.3.	Formen des Alleinwohnens unter Singles	148
3.2.1.4.	Alleinwohnen als Lebensentwurf	153
3.2.2.	Finanzielle Eigenständigkeit	156
3.2.2.1.	Finanzielle Rahmenbedingungen von Singles	156
3.2.2.2.	Finanzielle Eigenständigkeit als Lebensentwurf	157
3.3.	Feste Partnerbindung	159
3.3.1.	Liebe und Zweisamkeit in Biographien von Singles	160
3.3.2.	Feste Partnerbindung als Lebensentwurf	163
3.4.	Ehe, Elternschaft und Familie	170
3.4.1.	Die Heiratsbereitschaft von Singles	171
3.4.2.	Zur "Kinderferne" von Singles	175
3.4.3.	Kinder- und Familienwünsche von Singles	178
4.	Eine "Bindung" an den Beruf?	183
4.1.	Zur beruflichen Lage von Singles	184
4.2.	Der Stellenwert von Erwerbsarbeit und Beruf für Singles	187
5.	Single-Identitäten	191
5.1.	'Lonely singlehood'	195
5.2.	'Creative singlehood'	199
5.3.	'Ambivalent singlehood'	202

6.	Zur Gemeinschaftlichkeit des Singlelebens	205
6.1.	Das "Gemeinschaftlichkeitsbedürfnis" von Singles	207
6.2.	Persönliche Beziehungen von Singles	213
6.2.1.	Emotionale Beziehungen	214
6.2.2.	Vertrauensbeziehungen	219
6.2.3.	Sexualbeziehungen	223
6.3.	Lebenszufriedenheit und soziale Unterstützung von Singles	229

KAP. V DAS SINGLELEBEN. EIN BEWUSST UND FREIWILLIG PRAKTIZIERTER INDIVIDUALISMUS? - ZUSAMMENFASSUNG UND RESÜMEE 232

Anhang

A	Definitionen der Begriffe 'Singles', 'Alleinlebende' und 'Alleinstehende' in der Literatur	237
B	Fragebogen	247

Literaturverzeichnis 285

ABBILDUNGSVERZEICHNIS

I-1 Demographische Strukturdaten 1961 - 1987 14

II-1 Das begriffliche Verhältnis Alleinstehender, Alleinlebender und Singles 33
II-2 Ein ego-zentriertes Beziehungsnetz-Modell 40
II-3 Familiale Lebensformen Alleinstehender 45
II-4 Bevölkerung in Ein-Personen-Haushalten nach Lebensalter, Geschlecht und Familienstand 1988 56
II-5 Veränderung der Zahl der Männer in Ein-Personen-Haushalten gegenüber 1957 nach Alterskategorien 57
II-6 Veränderung der Zahl der Frauen in Ein-Personen-Haushalten gegenüber 1957 nach Alterskategorien 57
II-7 Entwicklung der Zahl der 25- bis unter 45jährigen Personen in 1-Pers.-Haushalten nach Geschlechtszugehörigkeit 1957-89 58
II-8 30- bis unter 40jährige männliche und weibliche Singles und Nicht-Singles im Vergleich nach dem höchsten Schulabschluß 1986 61
II-9 30- bis unter 40jährige männliche und weibliche Singles und Nicht-Singles im Vergleich nach der überwiegenden Einkunftsquelle 1986 62
II-10 Anteil der Ein-Personen-Haushalte an allen Haushalten mit einer 25-45jährigen Bezugsperson nach der Gemeindegröße 1988 63
II-11 30- bis unter 40jährige Singles und Nicht-Singles im Vergleich nach dem Wohnstandort 1986 64

III-1 Persönliche Beziehungen eines Single als ego-zentriertes Beziehungsnetz-Modell 93
III-2 Netzwerkgeneratoren im standardisierten Fragebogen 93
III-3 Demographische Beschreibung der Population 97

Abbildungsverzeichnis

IV-1	Entstehungszusammenhänge des Singlelebens	105
IV-2	Attraktivität des Singlelebens im Übergang in diese Lebensform	106
IV-3	Emotionalerfahrungen im Übergang in das Singleleben (I)	108
IV-4	Emotionalerfahrungen im Übergang in das Singleleben (II)	115
IV-5	Emotionalerfahrungen im Übergang in das Singleleben (III)	116
IV-6	Partnerlosigkeit als Freiheitserfahrung von 30-40j. Singles	133
IV-7	Partnerlosigkeit als Einsamkeitserfahrung von 30-40j. Singles	134
IV-8	"Ungebunden" leben als Lebensentwurf von 30-40j. Singles	137
IV-9	Wohnvorerfahrungen von 30-40j. Singles (seit Auszug aus dem Elternhaus)	146
IV-10	Formen des Alleinwohnens von 30-40j. Singles	149
IV-11	Partnerbindungsbereitschaft von 30-40j. Singles	167
IV-12	Partnerbindungsbereitschaft 30-40j. Singles nach Geschlechtszugehörigkeit und Familienstand	168
IV-13	Heiratsbereitschaft bindungsorientierter 30- bis 40j. Singles	173
IV-14	Bindungsbereitschaft 30- bis 40j. Singles	178
IV-15	Dendrogramm der Klassifikation von Single-Identitäten	194
IV-16	Single-Identitäten von 30- bis 40jährigen Singles	198
IV-17	Identifikation von 30-40j. Singles mit Gemeinschaftlichkeit	208
IV-18	Single-Identität und "Gemeinschaftlichkeitsbedürfnis" von 30-40j. weiblichen Singles	211
IV-19	Single-Identität und "Gemeinschaftlichkeitsbedürfnis" von 30-40j. männlichen Singles	212
IV-20	Größe der emotionalen Beziehungsnetze von 30- bis 40j. Singles	215
IV-21	Besetzung der emotionalen Beziehungsnetze von 30- bis 40j. Singles	217
IV-22	Größe der Vertrauensbeziehungsnetze von 30- bis 40j. Singles	219
IV-23	Besetzung der Vertrauensbeziehungsnetze von 30- bis 40j. Singles	221
IV-24	Sexuelle Disposition von 30- bis 40j. Singles	225

KAP. I EINLEITUNG

1. Problemorientierte Einführung

Glücklich *miteinander* leben steht auf der Wunschliste der meisten Menschen ganz oben an. Ein glückliches Leben heißt vor allem "eine sehr intensive Beziehung zum Partner", "mich in der Beziehung zu einem anderen Menschen 100 % sicher und geborgen zu fühlen" und "freudige Erlebnisse durch Kinder" zu haben.[1] Wie man sich ein solches Leben organisiert, davon hat fast jeder von uns zumindest *ein* Modell vor Augen: das Zusammenleben in Ehe und Familie. Die Verheißungen eines ehelichen und familiären Zusammenlebens werden in Familienserien, Fortsetzungsromanen, in der Werbung, und vor allem durch die Vorbild-Funktion und Erziehung der Eltern vermittelt und entfalten da, wo sie als überzeugend und sinnvoll erfahren werden, eine motivationale Zugkraft für den einzelnen, sie in die eigene Lebenspraxis zu überführen. Zusammengefaßt lauten sie, daß die Erfüllung des Glücks in der *Ergänzung* der eigenen Person durch einen geliebten Partner und durch die Erziehung eigener, anvertrauter Kinder liegt. Das Erwachsenenalter *vor der Lebensmitte* - und als solches möchten wir die Phase zwischen dem 30. und 40. Lebensjahr bezeichnen - ist die gesellschaftlich vortypisierte Lebensphase, in der man längst ein solches *gemeinschaftliches* Leben selbst auf den Weg gebracht hat. Es ist das traditionale "Familienlebensalter" in unserer Gesellschaft.[2] Daß Ehe und Familie immer noch die Regel sind, zeigt sich in der bundesweiten Haushalts- und Familienstatistik für 1986: 82,1 % aller Personen deutscher Staatsangehörigkeit in dieser Lebensphase sind verheiratet und 88,2 % sind einem gemeinsamen Haushalt mit anderen Personen, insbesondere mit Ehe-Partnern und Kindern, zugehörig.[3] Das Zusammenleben mit Partner und Kind ist die nach wie vor dominante Lebensform im vierten Lebensjahrzehnt.

---

1 SCHULZ, W., BECKEMEYER, M., SANDER, H., WOLTERHOFF, J. (1981): Glück, Zufriedenheit und objektive Indikatoren der Lebensqualität, Teil I, Arbeitsberichte und Forschungsmaterialien, Nr. 20, Universität Bielefeld, Fakultät für Soziologie.
2 NEUGARTEN, B. L., DATAN, N. (1978): Lebensablauf und Lebenszyklus. Grundbegriffe und neue Forschung, in: ROSENMAYR, L. (Hrsg.): Die menschlichen Lebensalter, München, Zürich, S. 165-188.
3 STATISTISCHES BUNDESAMT (1988): Haushalte und Familien 1986, Fachserie 1, Reihe 3, Stuttgart, Mainz.

Abb. I-1: Demographische Strukturdaten 1961 - 1987

	1961	1970	1980	1987
Lebendgeborene je 1000 Einwohner	18,0	13,4	10,1	10,5
Nichtehelich Lebendgeborene je 100 Lebendgeborene	6,0	5,5	7,6	9,7
Eheschließungen je 1000 Einwohner	9,4	7,3	5,9	6,3
Eheschließungen je 1000 ledige Männer im Alter von				
25 Jahren	212	181	107	80^2
30 Jahren	187	123	79	81^2
34 Jahren	133	68	44	50^2
Eheschließungen je 1000 ledige Frauen im Alter von				
25 Jahren	238	217	126	115
30 Jahren	107	105	75	79
34 Jahren	55	57	38	40
Durchschnittliches Heiratsalter der erstmals heiratenden				
Männer	25,9	25,6	26,1	27,7
Frauen	23,7	23,0	23,4	25,2
Ehescheidungen je 10000 bestehende Ehen	35,9	50,9	61,3	87,6
Wiederverheiratungen Geschiedener in % der durchschnittlichen Zahl der Scheidungen der letzten fünf Jahre				
Männer	91^1	67	69	-
Frauen	77^1	68	69	-
Ein-Personen-Haushalte in % aller Haushalte	20,6	25,1	30,2	$34,9^3$

1 1960
2 1986
3 1988

Quellen: STATISTISCHES BUNDESAMT (1990): Haushalte und Familien 1988, Fachserie 1 Reihe 3, Stuttgart.
STATISTISCHES BUNDESAMT (1989): Gebiet und Bevölkerung 1987, Fachserie 1 Reihe 1, Stuttgart.

Regelrecht antagonistisch wirkt dagegen eine weitere, aber fast als gleich wichtig empfundene Glücksvorstellung, die die *eigene Person* selbst, nicht ihre Ergänzung, in den Mittelpunkt rückt: die Vorstellung von einem "Gefühl der

Unabhängigkeit und Freiheit"[4]. Sich an einen Partner zu binden und Verantwortung für Kinder zu übernehmen scheint auf den ersten Blick nicht leicht vereinbar mit einer autonomen und freien Lebensführung. Da werden Prozesse des Abwägens, des Aushandelns und Austarierens mit dem jeweiligen Lebenspartner notwendig, um 'Glück' für das eigene Leben erfahrbar zu machen. Ehe und Familie sind zwar nach wie vor die zentralen Modelle der Lebensführung, doch die *Tendenzen* des Lebensform-Geschehens weisen in eine andere Richtung. Im Spiegel der demographischen Indikatorenwerte, wie sie Abb. I-1 im Vergleich zu 1961 ausweist: sinkende Heiratsneigung, wachsende Instabilität der Ehen, sinkende Wiederverheiratungsbereitschaft, rückläufige Geburtenentwicklung, zeigen sich die wachsenden Schwierigkeiten, ein miteinander verbrachtes Leben auch individuell einzuholen.

In einem sich ausdifferenzierenden Spektrum von alternativen Formen der Lebensführung weist eine dieser Formen eine Reihe von Eigenschaften auf, in denen sich die Vorstellung von einem 'Gefühl von Unabhängigkeit und Freiheit' in ein konkret Gelebtes gesteigert und formiert zu haben scheint. Es sind Personen in unserer Gesellschaft, die in ihrer Lebenskonstruktion 'frei und unabhängig' von Personen sind, auf die ein Zusammenleben in Ehe und Familie baut. Sie *verzichten* auf die Ergänzung durch den *einen* dauerhaften Partner und durch ihnen anvertraute Kinder. Es sind Personen, deren Alltagsbewältigung sich auch noch ohne jene Residuen von Gemeinschaftlichkeit vollzieht, die nichtehelichen Paarbindungen, Wohngemeinschaften und anderen kohabitativen Lebensformen anhaften. Solche Personen verfügen weder über eine als exklusiv und dauerhaft verstandene Partnerbeziehung, noch bauen sie auf ein gemeinsames Haushalten mit anderen Personen, noch übernehmen sie auf Dauer private Erziehungsleistungen für ein Kind. Es sind Gesellschaftsmitglieder, die - kurz gesagt - **partnerlos alleinwohnen**.

Das mittlere Lebensalter ist entscheidend durch die zwei Achsen der Lebensführung bestimmt, die dem einzelnen einen Weg in die Integration des *Erwerbssystems* einerseits und in die Einbindung des *Familiensystems* andererseits weisen. Diese Lebensphase gilt als der Zeitraum der beruflichen und familiären Etablierung und Konsolidierung im individuellen Lebenslauf. Ein Leben ohne die traditionell engen Bindungen zu anderen Menschen steht, wie wir im folgenden zeigen möchten, in ganz spezifischen Verhältnissen zu diesen beiden zentralen Bereichen des gesellschaftlichen Lebens. Zu den Programmpunkten, die das *Erwerbsleben* für die Biographie des einzelnen vorsieht, stehen partnerlos Alleinwohnende in einem besonders *funktionalen* Verhältnis. Auf der einen Seite birgt

---

[4] SCHULZ, W., BECKEMEYER, M., SANDER, H., WOLTERHOFF, J. (1981): a. a. O.

eine derart ungebundene Lebensweise eine besondere *Konflikthaftigkeit* in Bezug auf die Vorstellung von *Familie* in sich - als eine sozial integrierende Gemeinschaft und als ein zentrales ideologisches Sinngebilde.

Betrachten wir zunächst das Verhältnis einer ungebundenen Lebensführung zur Sphäre der Erwerbsarbeit. Das Schicksal von ungebunden lebenden Personen ist im wesentlichen zugleich ein *Arbeitsmarktschicksal*. Allein wohnen, einen eigenen Haushalt unabhängig von anderen führen, heißt für Personen im vierten Lebensjahrzehnt in der Regel, auf dem Arbeitsmarkt aktiv sein zu müssen und die eigene ökonomische Existenz und Sicherheit in engem Zusammenhang mit einer entsprechenden Berufsposition zu erfahren. Partnerlos Alleinwohnende sind - unter Androhung des Verlustes ihrer selbständigen Lebensführung - in besonderem Maße auf eine Erwerbsbeteiligung und auf die Erfüllung der Erwartungen angewiesen, die sich mit beruflichen Positionen verbinden. Sieht man von Transferleistungen des wohlfahrtsstaatlichen Sicherungssystems ab, findet eine ungebundene Lebensführung da ihre definitive Grenze, wo die eigenständige Existenzsicherung am Arbeitsmarkt nicht mehr gelingt oder aufgegeben wird.

Zugleich kann eine ungebundene Lebensführung auch die gewollte oder unbeabsichtigte *Folge* einer *beruf*sorientierten Lebensführung sein, denn Beruf und Familie sind wenig kompatible Handlungsfelder. Die Anforderungen des Erwerbssystems richten sich an die Verfügbarkeit einer je *einzelnen* Person, nicht an die Verfügbarkeit einer Gemeinschaft von Personen, wie sie eine Ehe oder eine Familie darstellen. Das heißt zu Ende gedacht: *die Arbeitsmarktlogik kennt soziale Bindungen nicht*. Ihre Prinzipien stehen den Erfordernissen und Rücksichten, die sich aus einem gemeinschaftlichen Leben in Familie, Ehe, Elternschaft und Partnerschaft an eine Person ergeben, diametral entgegen. Die Statik einer dauerhaften Erziehungsverantwortung für ein Kind und die lokale Gebundenheit in der intimen Nähe des Partners - solche weitgehenden Unaufkündbarkeiten und Unaustauschbarkeiten sind im Grundsatz inkompatibel mit einer Existenzform 'auf Abruf', die eine am Arbeitsmarkt vorgesehene Handlungsrationalität vorsieht. Nicht Ehe und Familie, sondern *ungebundene Einzelne* sind es, die, ohne daß sie sich im MARXschen Sinne zu Massensolidaritäten finden, die Grundfiguren einer durchgesetzten 'Marktgesellschaft' abgeben würden.[5]

---

5 BECK, U. (1986): Risikogesellschaft. Auf dem Weg in eine andere Moderne, Frankfurt am Main, S. 198 ff.

In stärkerem Maße als jede andere Lebensform ist ein Alleinleben ohne Partner nach Prinzipien gebaut, die die Anforderungen einer 'Arbeitsmarktgesellschaft' widerspiegeln. Diese Lebensform erscheint daher geradezu *prototypisch* für eine Lebensführung in einer Gesellschaft, in der der Arbeitsmarkt als Motor individueller, in zunehmendem Maße auch *weiblicher* Entwicklungsverläufe an Bedeutung gewinnt. Ein solches *Affinitäts*verhältnis zwischen einer unabhängigen Lebensführung und den Anforderungen des Erwerbslebens läßt es plausibel erscheinen zu behaupten, daß eine ungebundene Lebensweise im vierten Lebensjahrzehnt ihre große Zeit wohl erst noch vor sich hat.

So sehr ein Leben ohne die traditionellen Bindungen zu Partner und Kind wie eine hochangepaßte Lebensführung in einer 'Arbeitsmarktgesellschaft' anmutet, so prekär erscheint ihr Verhältnis zur Sphäre des *gemeinschaftlichen Zusammenlebens*. Die Lebensführung allein lebender Gesellschaftsmitglieder bildet einen starken Kontrast zu der traditionellen 'Lebensaufgabe Familie'. Das generative Verhältnis zwischen Eltern(teil) und Kind, auf das eine Gesellschaft um ihres biologischen und kulturellen Fortbestehens willen baut, bleibt aus oder findet in einer Scheidung mit dem Verlust der elterlichen Sorge sein vorzeitiges Ende. Soweit Alleinlebende noch *ledig* sind, haben sie bislang nur wenige bzw. keine Karriereschritte, wie sie das Leitbild einer 'Normalfamilie' vorzeichnet, unternommen. Sind sie bereits *eheerfahren*, ist ihnen die Abfolge 'ideologisch' vorgegebener familiärer Karriereschritte, die einen 'erfüllenden' Lebensweg bedeuten sollen, zu 'Brüchen' oder gar zu psycho-sozialen Krisen im Lebensverlauf, aber auch zu 'Neuanfängen' geraten. Es hat für eine Gesellschaft nicht nur den Charakter einer spannenden Frage, inwieweit eine ungebundene Existenzweise als ein Prototypus eines 'durchmarkteten' Lebens im Begriffe ist, womöglich zu einem *Massentypus* der Lebensgestaltung zu avancieren und als eine lebenswert erscheinende Alternative zu Ehe und Familie gewichtig dazu beizutragen, den Übergang von der Familie zu dem *Einzelnen* als gesellschaftliche Grundeinheit zu forcieren.

"Balancen des Glücks"[6] werden die neuen Lebensformen genannt. In einer "Paar-Gesellschaft" ohne Partner zu sein erfordert womöglich die Balance, sich im eigenen Leben sowohl das "Gefühl der Unabhängigkeit und Freiheit" zu sichern wie auch die Gewißheit zu wahren, in der Beziehung zu anderen Menschen "100 % sicher und geborgen" zu sein. Ob eine solche Balance dauerhafte Erfahrungen von Glück zuläßt, ist, wie wir im folgenden zeigen möchten, in der Forschung eine durchaus *offene* Frage.

---

[6] MEYER, S., SCHULZE, E. (1989): Balancen des Glücks. Neue Lebensformen: Paare ohne Trauschein, Alleinerziehende und Singles, München.

2. Zum Stand der Forschung

Ein erster Überblick über den Stand der Forschung zu Personen, die 'Alleinlebende', 'Alleinstehende' oder 'Singles' genannt werden, zeigt für die USA eine seit Anfang der siebziger Jahre kontinuierlich wachsende Zahl von empirischen und theoretischen Arbeiten. Die Aufmerksamkeit, die diese Sozialkategorie in der Lebensform-Forschung erreicht, spiegelt die Tendenz einer vereinzelten Lebensführung wider, sich in amerikanischen Großstädten räumlich segregiert und subkulturell organisiert ('Single Scene') zu entwickeln und dadurch für die Öffentlichkeit 'sichtbar' und zu einem eigenständigen Thema zu werden.[7] Dabei greifen diese Studien bereits recht spezialisiert verschiedene Aspekte des 'Single'-Daseins auf: die psycho-soziale Situation der partnerlos lebenden Personen und die Reaktionsweisen ihrer sozialen Umwelt[8], die besondere Bedeutung eines unverheirateten Lebens für die Frau[9], das soziale Kontaktverhalten in einer ausdifferenzierten 'Single'-Infrastruktur ('Lonely Hearts Clubs', 'Single Bars')[10], das Freizeitverhalten von Unverheirateten[11] und Probleme ihrer Gesundheit im Vergleich zu verheirateten Personen[12] sowie Aspekte ihres Wohnstandortverhaltens[13]. Auch auf dem populären Büchermarkt sind 'Singles' stark vertreten. Eine umfangreiche Ratgeber-Literatur[14] vermittelt Hilfestellungen in praktischen Alltagsproblemen des 'Alleinlebens' und enthält unterschiedliche Unterstützungsangebote für die kognitive und emotionale Bewältigung der Partnerlosigkeit. Sowohl die wissenschaftliche als auch die

---

7   STARR, J. R., CARNES, D. E. (1972): Singles in the City, in: SOCIETY, Febr., S. 43-48.
    BROOKS, A. (1981): Single at Midlife. Divorce Suburban Style, in: NEW YORK TIME MAGAZINE, 24. Mai, S. 30-31 u. 66-70.
8   SIMENAUER, J., CARROLL, D. (1982): Singles. The New Americans, New York.
    STEIN, P. J. (1976): Single, Englewood Cliffs.
    CARGAN, L., MELKO, M. (1983): Singles: Myths and Realities, Beverly Hills, London, New Dehli.
9   SALTZMAN, E. S. (1985): Never-Married Women. An Investigation of the Meaning and Experience of Being Single, Diss., University of Toronto.
    O'BRIEN, P. (1973): The Woman Alone, New York.
    BEQUAERT, L. H. (1976): Single Woman Alone and Together, Boston.
10 VEEDER, C. (1951): Lonely Hearts Clubs Viewed Sociologically, in: SOCIAL FORCES: 30, 219-222.
    DANZINGER, S. (1982): Male and Female Differences in Relating to Single Status and Membership in Singles Organizations, in: MICHIGAN ACADEMICIAN: 14/4, 369-378.
11 CARGAN, L. (1983): The Use of Leisure Time. A Cross-Cultural Comparison of Singles and Marrieds, Paper at the Annual Meeting 1983 of the North Central Sociological Association.
12 PEARLIN, L., JOHNSON, J. (1977): Marital Status, Life-Strains and Depression, in: AMERICAN SOCIOLOGICAL REVIEW: 42, 704-715.
    AUSTROM, D. R. (1984): The Consequences of Being Single, New York.
13 MALCOLM, A. H. (1972): Singles Seek Better Life in the Suburbs, in: NEW YORK TIMES: 8. Mai.
14 EDWARDS, M., HOOVER, E. (1974): The Challenge of Being Single, Los Angeles.
    BRADLEY, B., BERMAN, J., SUID, M., SUID, R. (1977): Single: Living Your Own Way, Reading u. a.

populäre Literatur über 'Singles' konzentrieren sich hauptsächlich auf das jüngere und mittlere Lebensalter.

Im *deutsch-sprachigen* Bereich gibt eine vereinzelte Lebensführung inzwischen eine ebenso beliebte Thematik für die populäre Literatur ab wie in den USA[15]. In der Forschung werden 'Singles', 'Alleinlebende' und 'Alleinstehende' im wesentlichen seit der zweiten Hälfte der siebziger Jahre Untersuchungsgegenstand. Dabei spiegelt der Stand der Forschung ein unabhängig geführtes Leben thematisch in vielen Perspektiven wider.[16] Insoweit erscheint es zutreffend zu behaupten, daß sich eine weitere Studie zu diesem Thema kaum lohnen würde. Auf der anderen Seite ist es bei der Lektüre der einschlägigen, US-amerikanischen wie deutschen Forschungsarbeiten einigermaßen erstaunlich zu erfahren, wie viele unterschiedliche Konzepte und Vorstellungen es über die Eigenarten des 'Single-Daseins', des 'Alleinlebens' oder des 'Alleinstehens' gibt, *ohne daß* eine Lebensweise, die im vierten Lebensjahrzehnt nicht auf Ehe und Familie, sondern auf Partnerlosigkeit, Kinderlosigkeit und einer autonomen Haushaltsführung zugleich baut, dabei so recht in den Blick gerät. In Bezug auf die vergleichsweise radikale Individualität eines *partnerlosen Alleinwohnens* möchten wir daher vielmehr behaupten, daß eine solche ungebundene Lebensführung sozialwissenschaftlich bislang noch weitgehend *unentdeckt* ist. Sie entzieht sich bisher nicht nur einem soziologischen Blick, sondern ist auch in begrifflicher und statistischer Hinsicht nur schwer zu fassen.

Das partnerlose Alleinwohnen hat in der Forschung als eigenständige Lebensführung bisher kaum Beachtung gefunden.

Es ist einigermaßen erstaunlich, in der Vielzahl der bisherigen 'Single'-Literatur - sei sie englisch- oder deutschsprachig - nur eine *einzige* Forschungsarbeit, nämlich diejenige von MEYER/SCHULZE[17], finden zu können, die sich - unter anderem - explizit mit der Lebensführung eines *partnerlosen Alleinwohnens* beschäftigt. Eine Lebensweise, die den individualistischen Pol im Spektrum 'alternativer' Lebensformen abgibt und damit besonders radikal ein 'Alleinleben'

---

15 Beispielsweise VOM SCHEIDT, J. (1979): Singles. Alleinsein als Chance des Lebens, München oder JOHNSON, ST. M. (1981): Nach der Trennung wieder glücklich. Wege vom Wir zum Ich, Düsseldorf, Wien.

16 Eine zusammenfassende Darstellung des Forschungsstandes gibt KRÜGER, D. (1990): Alleinleben in einer paarorientierten Gesellschaft. Eine qualitative Studie über die Lebenssituation und das Selbstverständnis 30- bis 45-jähriger Lediger, alleinlebender Frauen und Männer, Pfaffenweiler, S. 35 ff.

17 MEYER, S., SCHULZE, E. (1989): Balancen des Glücks. Neue Lebensformen: Paare ohne Trauschein, Alleinerziehende und Singles, München.

versinnbildlicht, ist als Konstellation eigener Qualität bisher kaum berücksichtigt worden. Hinter den Begriffen des 'Single', des 'Alleinlebenden' und des 'Alleinstehenden' finden sich in der Literatur *viele* Bedeutungsgehalte, aber kaum je derjenige eines wirklich *ungebundenen* Lebens. Die 'Single'-Literatur bezieht sich nicht speziell auf ein partnerloses Alleinwohnen, wenn sie von 'Singles', 'Alleinlebenden' oder 'Alleinstehenden' spricht, sondern mal auf ein Unverheiratetsein, mal auf ein Alleinwohnen mit oder ohne einen getrenntlebenden Partner, mal auf Partnerlosigkeit, mal auf ein bloßes Ledigsein, mal auf ein subjektives Bewußtsein, freiwillig und überzeugt für sich allein zu leben. Das Verständnis darüber, wer und was 'Alleinlebende' bzw. 'Singles' sind, wie sie von anderen Sozialkategorien abgrenzbar sind, differiert in der Forschungsliteratur sehr stark - mit allen Konsequenzen für eine Vergleichbarkeit der in ihnen dokumentierten Ergebnisse. Unklar ist nicht nur, welche Lebenskonstellationen die Begriffe des 'Single', des 'Alleinlebens' bzw. des 'Alleinstehens' jeweils ansprechen, unklar ist ebenso das begriffliche Verhältnis, in der die Lebensführung des *partnerlosen Alleinwohnens* zu diesen drei Begriffen steht.

Partnerlos Alleinwohnende fallen durch das kategoriale Raster der Sozialstatistik.

Eine ungebundene Lebensführung, wie sie in der vorliegenden Arbeit fokussiert wird, erfährt in dem demographischen Beobachtungsraster der amtlichen Statistik keine Berücksichtigung. Wir verfügen über annähernde Informationen über die Zahl der Personen in Ein-Personen-Haushalten, uns ist sehr viel genaueres noch über den Familienstand von Personen bekannt. Ein Kriterium aber, das das Vorhandensein einer festen Partnerschaft anzeigt, fehlt zu einer eindeutigen Identifizierung von partnerlosen Alleinwohnenden.

Die mangelnde statistische Information ist doch einigermaßen erstaunlich. Sie steht meines Erachtens in einem krassen Mißverhältnis zur Außerordentlichkeit eines partnerlosen Alleinwohnens im "Familienlebensalter". Auf der einen Seite sind in der Öffentlichkeit und in der Familienpolitik immer wieder eine zunehmende Bindungsunfähigkeit und -unwilligkeit und eine wachsende Neigung der Gesellschaftsmitglieder, eigene - und das sind oft *nicht*-familiäre - Wege der Selbstverwirklichung zu erschließen, mehr oder weniger besorgte Themen. Auf der anderen Seite bleibt eine Lebensführung, die solche Tendenzen auf den ersten Blick geradezu in sich zu vereinigen scheint, der persönlichen Erfahrung oder der eigenen Mutmaßung und Vorurteilshaftigkeit überlassen.

Eine autonome Lebensführung findet erst in Ansätzen ein soziologisches Forschungsinteresse.

Es gibt im deutschsprachigen Bereich bislang keine 'Alleinstehenden'- oder 'Single'-Forschung, wie es beispielsweise eine fest etablierte Familien-Forschung gibt. Formen der unabhängigen Lebensführung sind immer noch eher schillernde Randthemen, wenn man sie mit denjenigen über Partnerschaft, Ehe und vor allem Familie vergleicht. Die Gründe dafür liegen nicht nur an einer empirischen Neuartigkeit des 'Alleinlebens' oder an einer quantitativen Randstellung gegenüber der Familie. 'Singles' geraten nicht leicht in den Blick einer in traditionellen Spezialisierungen arbeitsteiligen Sozialwissenschaft, denn das 'Single'-Phänomen liegt eigenartig *quer* zu institutionalisierten Forschungsfeldern. 'Singles' sind eben *nicht* Familien, wie sie die Familiensoziologie in den Blick nimmt. Sie gehorchen auch *nicht* den gesetzeshaften Zyklen im Lebenslauf, wie man sie in der Soziologie des Lebenslaufs mit einiger empirischer Triftigkeit bis vor wenigen Jahren noch zurecht für ein familienorientiertes Leben behaupten konnte. 'Singles' scheinen sich aber auch zusehens denjenigen Kriterien zu entziehen, die eine Randgruppe definieren oder eindeutig gesellschaftlich abweichendes Verhalten erkennen lassen - was 'Singles' auch dem eindeutigen Zuständigkeitsbereich einer Soziologie sozialer Probleme entzieht. Und 'Singles' sind offenbar mehr als eine - im Blickwinkel der Demographie sich darstellende - Sozialkategorie ohne Kinder-Output. Kein Forschungsfeld ist so richtig zuständig für sie, so daß es nicht verwundert, daß die soziologische Beschäftigung mit dem Thema einer individualisierten, unabhängigen Lebensführung bis dato außerordentlich zurückhaltend ist.

Es lassen sich aber darüber hinaus auch Gründe für ein regelrechtes *soziologisches Desinteresse* an 'Singles' ausfindig machen, die etwas mit einer Fehleinschätzung, vor allem mit einer *Unter*schätzung einer ungebundenen Lebensführung vonseiten der Sozialwissenschaften zu tun haben. Denn gesellschaftliches *Zusammen*leben, nicht Alleinleben ist das große Thema der Sozialwissenschaft, und es erscheint auf den ersten Blick tatsächlich als eine gewisse Paradoxie, ungebunden lebende Personen - sozusagen 'atomisierte Einzelne' in einer Gesellschaft der Zusammenlebenden - zu einem *sozial*wissenschaftlichen Thema zu machen. Ein relatives Desinteresse an 'Singles' stützt sich vermutlich auf die gleiche Einschätzung, aus der heraus auch die Ein-Personen-Haushalte als "soziologisch irrelevant"[18] aus der soziologischen Forschung ausgeklammert worden sind. Für die Soziologie stehen die *Familie* als ein die biologische und

---

18 WISWEDE, G. (1973): Rollenstruktur des Haushalts. Rollentheoretische Aspekte eines sozialen Subsystems, in: JAHRBUCH DER ABSATZ- UND VERBRAUCHSFORSCHUNG, 19, 1, S. 20-36.

soziale Reproduktionsfunktion erfüllendes *Kollektiv* und der *Haushalt* als eine Versorgungs- und Lebens*gemeinschaft* im Vordergrund. Ungebunden lebende Personen werden nicht nur als außerhalb von solchen gesellschaftlich relevanten Sozialzusammenhängen gedacht; sie erscheinen als Angehörige einer seltsam autonomen und rollenlosen Lebensführung in einem Bild von gewissermaßen *ent*gesellschafteten Einzelgängern.

Wenn es so etwas wie eine 'Lebensform-Forschung' gab, so war es bis vor wenigen Jahren fast ausschließlich *Familien*-Forschung. Die enorme Verbreitung und normative Absicherung von Ehe und Familie in der jüngeren Vergangenheit haben mit ihr einen Forschungszweig entstehen lassen, der allzulange jene Lebensformen, die die institutionellen Grenzen von Ehe und Familie überschreiten, kaum, und wenn, dann als Randthemen zur Kenntnis nahm. Versinnbildlicht ist das Verhältnis zu alternativen Lebensformen in einer Reihe von Monographien und Sammelbänden zur Familie, in denen bis in die achtziger Jahre hinein der Bereich nicht-familiärer Lebensformen entweder gar nicht angesprochen oder kursorisch in einem (Schluß-) Kapitel über 'alternative Lebensstile' abgehandelt wird. Im wesentlichen ist der Blickpunkt *ehe- und familienzentriert*: Nicht die spezifischen Eigenarten von Lebensführungen jenseits von Ehe und Familie sind das eigentliche Thema, sondern die 'Krise', die 'Wandlungen', die 'Zukunft' und die 'Stabilität' einer mehr oder weniger bedrohten sozialen Institution 'Normalfamilie'.

In den achtziger Jahren mehren sich zwar die Anzeichen, daß sich die Familiensoziologie aus ihrer langjährigen thematischen Selbstbeschränkung zu lösen und auch für andere Teilsysteme des intimen Zusammenlebens zu interessieren beginnt. 'Alleinleben' und Partnerlosigkeit werden aber vorwiegend unter den Aspekten von Familienbildung und Familienverfall betrachtet. Wie sehr ein ungebundenes Leben von Familienforschern thematisch ausgeblendet wird, beschreibt SHOSTAK in einem Kompendium über "Marriage and the Family": "Wir wissen nicht, wer Single bleibt und für wie lange, da Sozialwissenschaftler bisher nicht gedacht haben, daß es wichtig sei, was mit einzelnen Singles geschieht. Sie haben angenommen, Single zu sein sei eine vorübergehende Phase im Leben"[19]. Daß das 'Single'-Dasein nicht nur ein Intermezzo bis zum nächsten partnerschaftlichen und familiären Engagement, sondern auch eine relativ dauerhafte und sehr spezifische und eigenständige Art zu leben sein könnte, wurde bisher weitgehend übersehen.

---

19 SHOSTAK, A. B. (1987): Singlehood, in: SUSSMAN, M. B., STEINMETZ, S. K. (Hrsg.): Handbook of Marriage and the Family, New York, S. 355-367.

In einer derart *bindungs*zentrierten Perspektive entstehen in Zusammenhang mit dem Phänomen eines *nicht*-partnerschaftlichen, *nicht*-ehelichen und *nicht*-familiären Daseins von Gesellschaftsmitgliedern zunächst einmal Fragen, die etwas mit *persönlichen Defiziten* der Betroffenen zu tun haben: Was stimmt mit 'Alleinlebenden' nicht? Die Folge ist: Es dominieren psychologisch und psychiatrisch orientierte Arbeiten, welche ihren Blick auf die individuellen Störungen und Mängel der derart gesellschaftlich 'ausgesonderten' Personenkategorie richten.[20] Sie fragen nach den mangelnden personalen Kompetenzen, die den Zustand von Partnerlosigkeit zu verursachen bzw. sich als Folgen aus diesem Status zu ergeben vermögen. Die Mehrzahl der 'Alleinstehenden'-Studien, insbesondere die amerikanischen Arbeiten, sind den physischen und psychischen Auffälligkeiten der 'Singles' auf der Spur und bestärken die Vermutung, daß Unverheiratete eine höhere Mortalität aufweisen, häufiger geisteskrank sind, eine höhere Selbstmordrate zu verbuchen haben und insgesamt weniger gesund sind als ehelich Zusammenlebende.[21]

Wir möchten eine derartige Forschungsperspektive den **Defizitansatz** des 'Alleinlebens' nennen. Er wird sich jedoch fragen lassen müssen, ob er nicht aus Personen, die für sich unabhängig und ungebunden leben, randständige Mängelwesen oder Opfer ihrer Umstände macht, ohne deren Beitrag zu einem veränderten gesellschaftlichen Miteinander in den Blick zu bekommen. Hat nicht das 'Alleinleben' in unserer Gesellschaft einen Großteil seines ausgesprochen normverletzenden Charakters verloren? Ist es heute wirklich noch in irgendeiner Weise ein Ausdruck von persönlichen Problemen oder gesellschaftlicher Abweichung und Randständigkeit, für sich allein zu leben?

Die lange Zurückhaltung der Familienforschung gegenüber nicht-familiären Lebensformen hat in den USA zur Entwicklung eines eigenständigen Forschungszweiges geführt, der sich auf 'alternative Lebensstile' spezialisiert und sich damit bewußt auf alle privaten Lebensweisen konzentriert hat, die sich dem Blick auf 'Normalfamilie' mehr oder weniger entziehen. Dabei ist es typisch für diesen Forschungszweig, derartige Lebensformen dahingehend auszuloten, inwieweit sie in der Tendenz stehen, *eigenständige* Alternativen der Lebensführung zu sein und das monolithische Leben in Ehe und Familie in den fünf-

---

20 PEARLIN, L., JOHNSON, J. (1977): Marital Status, Life Strains and Depression, in: AMERICAN SOCIOLOGICAL REVIEW, 42, S. 704-715.
HUGHES, M., GOVE, W. R. (1981): Living Alone, Social Integration, and Mental Health, in: AMERICAN JOURNAL OF SOCIOLOGY, 81, S. 48-74.
AUSTROM, D. R. (1984): The Consequences of Being Single, New York.
21 Siehe zusammenfassend AUSTROM, D. R. (1984): The Consequences of Being Single, New York, S. 30 ff.

ziger, sechziger und siebziger Jahren zugunsten einer Vielfalt von Existenzweisen abzulösen. In diesem Sinne wird auch das 'Alleinleben' - wenn auch nicht das partnerlose Alleinwohnen selbst - behandelt. Ungebunden lebende Gesellschaftsmitglieder werden nicht mehr ausschließlich aus der Perspektive von Ehe und Familie interpretiert. Ihnen wird eine eigenständige Perspektive zugedacht, in der das 'Alleinleben' als eine *Option der Lebensgestaltung* in einem sich im Verlaufe der jüngeren Gesellschaftsentwicklung spreizenden Spektrum von Lebensmöglichkeiten mit ihren spezifischen Chancen, Risiken und Widersprüchen für die Daseinsweise des einzelnen aufgefaßt wird.[22]

Man kann diese Forschungsperspektive als den **Pluralisierungsansatz** des 'Alleinlebens' bezeichnen. Er geht von einer ganz anderen soziologischen Bedeutung des 'Alleinlebens' aus, als es der Defizitansatz nahelegt. Ihm zufolge ist eine Partnerlosigkeit zu einem mehr oder weniger *bewußt praktizierten* Lebensstil geworden. Er wird sich jedoch kritisch fragen lassen müssen, ob es tatsächlich zutreffend ist, daß 'Singles' in einem Lebensalter, in dem traditional in dominanter Weise das Eingehen und der Erhalt sozialer Bindungen im Mittelpunkt steht, den radikalen Verzicht auf Bindungen als Ausdruck ihrer 'kreativen' Lebenswünsche erfahren und geradezu bewußt und freiwillig ein partnerloses Alleinwohnen anderen Lebensweisen vorziehen? Überzeichnet gefragt: Ist die Vorstellung von 'das eigene Glück schmiedenden Singles' nicht eine *zu* optimistische Vorstellung über Partnerlose?

Beide Ansätze - der Defizitansatz und der Pluralisierungsansatz - spiegeln in einer auffälligen Weise gängige alltagsweltliche Vorstellungen über 'Singles' wider. Nach diesen Vorstellungen sind partnerlos lebende Gesellschaftsmitglieder auf der einen Seite in einem besonderem Maße von sozialer Isolierung und Einsamkeit betroffen, finden aber auf der anderen Seite auch attraktive Freiräume in ihrer Lebensgestaltung, die ihnen Ehe und Familie in der Regel nicht bieten können.[23] Ungebunden leben in einem traditionellen "Familienlebensalter" - ein defizitärer Lebenszustand oder ein freiwillig und bewußt praktizierter Lebensstil? Die vorliegende Arbeit möchte diese Frage aus der Sicht der "Betroffenen" selbst beantworten.

---

[22] LIBBY, R. W. (1978): Creative Singlehood as a Sexual Life Style: Beyond Marriage as a Rite of Passage, in: MURSTEIN, B. I. (Hrsg.): Exploring Intimate Lifestyles, New York, S. 164-195.

[23] LIBBY, R. W. (1978): Creative Singlehood as a Sexual Life Style: Beyond Marriage as a Rite of Passage, in: MURSTEIN, B. I. (Hrsg.): Exploring Intimate Lifestyles, New York, S. 164-195.

3. Zielsetzung und Aufbau der Studie

Die vorliegende Studie stellt sich der Frage, **wie Personen im traditionalen "Familienlebensalter" eine Lebensführung sinnhaft bewältigen, die einen radikalen Verzicht auf ein Zusammenleben vorsieht**: ein Alleinwohnen, ein Leben ohne Partner, ohne Kinder, ohne Familie.

Untersucht werden soll, wie 'Singles' ihre Art der Lebensführung für sich selbst deuten und in Hinblick auf die dominanten Lebensmodelle von Partnerschaft, Ehe und Familie einzuschätzen wissen. Dabei geht es uns besonders darum herauszufinden, ob und inwieweit eine Lebensform des Ungebundenseins Lebensvorstellungen mit sich bringt, die eine regelrechte **Abkehr von sozialen Bindungen** meinen. Wir suchen Hinweise darauf, welchen Stellenwert das 'Alleinleben' im Spektrum gesellschaftlicher Lebensformen tatsächlich einnimmt: denjenigen einer eher unfreiwillig, eher widerwillig gelebten Daseinsweise, denjenigen eines bloßen Intermezzos bis zu einer neuen Partnerschaft, denjenigen einer durchaus lebenswerten Art zu leben oder denjenigen einer echten und überzeugenden Alternative zu den zentralen Modellen des Zusammenlebens.

Mit der Beantwortung der Forschungsfrage finden wir auch Hinweise darauf, welches **Potential an Veränderung** eine partnerlose Lebensführung für das gesellschaftliche Miteinander im "Familienlebensalter" in sich birgt. Wenig Veränderungskräfte lassen Bewältigungsweisen von 'Singles' erwarten, die ausgesprochen partnerschafts-, ehe- oder familienorientiert ausgerichtet sind: in der Sehnsucht nach einer festen Liebesbindung, im Wunsch nach einer eigenen Familie und nach eigenen Kindern, in dem Erleben von sozialer Isolation und Gefühlen der Einsamkeit, in der Orientierung an einem gemeinschaftlichen Wohnen, in dem Festhalten an einer strikt partnerschaftsgebundenen Sexualität. Solche Bewältigungsweisen stellen die zentralen Lebensmodelle von Ehe und Familie nicht in Frage, sondern bestärken und betonen sie ausdrücklich. *Veränderungsmomente* entstehen aber dort, wo 'Singles' wesentliche gesellschaftliche Eckwerte eines 'erfüllenden' Lebens *redefinieren* und *in die eigene Lebenspraxis überführen*.

Im einzelnen nimmt die vorliegende Arbeit den folgenden Verlauf:

Kapitel II sieht Schritte vor, eine Lebensführung des Alleinwohnens und der Partnerlosigkeit *begrifflich, sozialhistorisch* und *sozialstatistisch zu erschließen* und auf diese Weise zu klären, wie sich ein ungebundenes Leben in das Spektrum familiärer und nicht-familiärer Lebensformen einfügt.

Kapitel III entwickelt einen *individualisierungstheoretischen Bezugsrahmen*, in dem 'Singles' als gesellschaftliche Figuren einer sich modernisierenden Moderne erscheinen. Daran anschließend wird die *methodische Untersuchungskonzeption* der Studie vorgestellt, die einen Weg zur Beantwortung der zentralen Forschungsfrage weist.

Kapitel IV vermittelt - auf der Basis von Interviewgesprächen mit 'Singles' - *empirische Antworten*:

- Sind 'Singles' aus engen familiären Beziehungen "herausgerissen", oder leben sie schon lange für sich allein? Wir zeichnen mit einem Blick auf soziale Bindungen, die sie in ihrem Erwachsenenleben eingegangen sind, typische *Lebensformbiographien* von 'Singles' nach (IV 1.).

- Was ist das für eine Erfahrung, Single zu *werden*? Werden 'Singles' freiwillig 'Singles', oder fühlen sie sich wichtiger Sozialbeziehungen beraubt? Im Spiegel retrospektiver Selbstdeutungen werden *Erfahrungen im Übergang* in ein partnerloses Leben - im Kontext von Scheidung, Trennung, Auszug, Umzug, Wegzug - beschrieben (IV 2.).

- Wie zufrieden sind 'Singles' mit einem Leben ohne festen Partner? Besitzen 'Singles' Vorbehalte gegenüber festen Bindungen? Wir gehen den *Bindungsvorstellungen und Bindungswünschen* der 'Singles' und ihren etwaigen Ambitionen nach, das 'Singleleben' auch in ihre Zukunft hinein zu verstetigen (IV 3.) Themen sind die Bedeutsamkeiten von Partnerlosigkeit und Alleinleben (IV 3.1.), ihre Wünsche nach Liebe und Zweisamkeit und nach einer festen Bindung (IV 3.2.) sowie ihre Bereitschaft, eine solche Bindung als ein "Sprungbrett" in ein "normalfamiliäres" Leben zu betrachten (IV 3.3.).

- Welche Bedeutung gewinnt der Beruf für 'Singles'? Ist er das eigentliche "Rückgrat" einer partnerlosen Lebensführung? Wir untersuchen die Lebensentwürfe von 'Singles' und ihre Bezüge an die Verheißungen einer berufsorientierten Lebensführung (IV 4.).

- Gibt es eine Identität unter 'Singles', die die eigene Partnerlosigkeit als eine freiwillig und bewußt praktizierte Form der Lebensgestaltung begreift? Zur Beantwortung dieser Frage werden die vielfältigen Selbsteinschätzungen

Kap. I 3. Zielsetzung und Aufbau der Studie

der Befragten zu typischen *Selbstdeutungsmustern* von 'Singles' verdichtet (IV 5.).

- Schließlich gehen wir der *Bedeutung von integrativen Sozialzusammenhängen* für ein partnerloses Leben nach. Im Mittelpunkt steht die Frage, von welcher Wichtigkeit es für 'Singles' ist, in einem 'Alleinleben' nicht allein zu leben, sondern über persönlich bedeutsame Beziehungen verfügen zu können (IV 6.).

Kapitel V faßt die wichtigsten Ergebnisse der Studie zusammen und zieht ein abschließendes *Resümee* zur Bedeutung der Lebensform von 'Singles' für die individuelle Lebensgestaltung und über ihren gesamtgesellschaftlichen Stellenwert.

KAP. II ERSCHEINUNGSWEISEN DES SINGLELEBENS

1. Eine Terminologie des Singlelebens

Es sind vor allem drei Begriffe, die in der populären und wissenschaftlichen Literatur so etwas wie eine 'ungebundene' Lebensführung zum Ausdruck bringen. Im US-amerikanischen Raum hat sich seit den sechziger Jahren - in Anlehnung an eine statistische Kategorie des U. S. BUREAU OF THE CENSUS - der Begriff des 'Single' eingebürgert und gegenüber den traditionellen und recht werthaltigen Begriffen der 'Spinster' und des 'Bachelor' weitgehend durchgesetzt. Im alltagssprachlichen Bereich ist der 'Single'- Begriff hierzulande in den siebziger Jahren übernommen worden, um Personen zu kennzeichnen, die sich ehelichen und familiären Bindungen mehr oder weniger entziehen. Er steht zwei anderen Bezeichnungen nahe, die auch in dem Begriffskatalog des STATISTISCHEN BUNDESAMTES enthalten sind: 'Alleinlebende' und 'Alleinstehende'.

Eine Durchsicht derjenigen Forschungsarbeiten, die unter den Begriffen des 'Single', 'Alleinlebenden' oder 'Alleinstehenden' firmieren, offenbart jedoch die Schwierigkeiten der sprachlichen Bewältigung eines pluraler werdenden Spektrums von Lebensformen, die so etwas wie 'Ungebundenheit' ausdrücken. Die Literatur über eine 'vereinzelte' Lebensführung bietet eine enorme *Vielfalt* an Vorstellungen, was es heißen könnte, 'Single', 'Alleinlebender' oder 'Alleinstehender' zu sein. Was der eine Autor meint, wenn er 'Single' schreibt, hat oft wenig damit zu tun, welche Vorstellung ein anderer Autor damit verbindet. *Die 'Single'-Forschung weiß offenbar so recht nicht, worüber sie eigentlich spricht und worin ihr Forschungsgegenstand besteht.* Die Begriffe des 'Single'-Daseins, des 'Alleinlebens' und des 'Alleinstehens' scheinen in ihrer Vieldeutigkeit als semantische Metamorphosen eines kaum Faßbaren zu existieren, denen sich jeder bedienen kann, wenn es ihm um die Thematik eines wie auch immer 'ungebundenen' Lebens geht. Eine solche regellose Begrifflichkeit stellt die Vergleichbarkeit und den Wert von Aussagen und Ergebnissen einer 'Single'-Forschung ernsthaft in Frage.

In der Vielfalt der einschlägigen Begriffe taucht jedoch eine Art der Lebensführung - wie sie in der vorliegenden Studie von besonderem Interesse ist - nur ganz am Rande auf: das *partnerlose Alleinwohnen*. Es birgt sicherlich einige Ironie in sich, feststellen zu müssen, daß eine derart 'atomisiert' wirkende Daseinsweise von einer Forschung, die sich auf 'Vereinzeltheit' und 'Ungebundenheit' konzentrieren will, *begrifflich weitgehend übersehen worden* ist. Wir haben keine klare Vorstellung darüber, worin die besondere Konstruktionsweise dieser Lebensform gegenüber anderen Formen eines 'vereinzelten' Lebens besteht. Wir wissen nicht, in welchem Verhältnis partnerlos Alleinwohnende zu 'Singles', zu 'Alleinlebenden' und zu 'Alleinstehenden' stehen - oder zu all den anderen Lebensformen jenseits von Ehe und Familie.

Angesichts dieser Probleme erscheint es vor Beginn einer empirischen Studie über das partnerlose Alleinleben angebracht, diese Lebensform begrifflich zu präzisieren und ihre Bezüge zu anderen Lebensformen im Rahmen einer konsistenten Begrifflichkeit zu erschließen. Dies soll nachfolgend in zwei aufeinander aufbauenden Schritten geschehen:

- Schritt 1: *Explikation* der Begriffe 'Single', 'Alleinleben' und 'Alleinstehen' in Anbetracht ihres bisherigen Gebrauchs in der Literatur und Herausarbeitung der *Relationen* zwischen diesen Begriffen und der Lebensform des partnerlosen Alleinwohnens;

- Schritt 2: Einführung und Definition des Begriffs der *'sozialen Bindung'* und - mit Hilfe dieses Begriffes - Konzipierung einer *Typologie von Lebensformen*, deren gemeinsames Kennzeichen es ist, in je spezifischer Weise so etwas wie 'Ungebundenheit' oder 'Vereinzeltheit' auszudrücken. Eine solche Typologie vermag die semantischen Differenzen zwischen dem partnerlosen Alleinwohnen und anderen Formen einer 'unabhängigen' Lebensführung zu konturieren.

Beginnen wir mit dem ersten Schritt.

1.1. Alleinstehen, Alleinleben und das Leben als Single

Begriffe sind kommunikabel, soweit sie eine Bedeutung besitzen, die alle an einer Kommunikation Beteiligten kennen und entsprechend standardisiert anwenden. Die sozialwissenschaftliche Methodologie hat in dieser Hinsicht eine Reihe von Kriterien entwickelt, anhand derer die Brauchbarkeit von Begriffen für eine effiziente Kommunikation beurteilt werden kann.[24] Eines dieser Kriterien ist dasjenige der *begrifflichen Konsistenz*. Dieses Kriterium meint das Ausmaß, in dem *verschiedene* Begriffe mit entsprechend *unterschiedlichen* Bedeutungen

---

24 OPP, F.-D. (1976): Methodologie der Sozialwissenschaften, Reinbek b. Hamburg, S. 226 ff.

belegt sind. Oder um es in einem zweiten Sinne zu sagen: das Ausmaß, indem *verschiedene* Autoren *einen* Begriff mit den jeweils *gleichen* Bedeutungen belegen. Aus sprachökonomischen Gründen sollte die semantische Reichweite von Begriffen klar abgesteckt und ihr Verhältnis zueinander eindeutig sein.

Beziehen wir einmal das Kriterium der Konsistenz auf die Menge begrifflicher Definitionen, die so etwas wie ein 'ungebundenes' Leben ansprechen, und fragen wir danach, welche Art und welches Ausmaß an Vereinzeltheit sie beinhalten. Dabei liegen der Analyse 51 Definitionen der Begriffe 'Single', 'Alleinleben' und 'Alleinstehen' in der sozialwissenschaftlichen Fachliteratur, in populären Beiträgen und in Sach-Lexika aus dem US-amerikanischen und deutschen Sprachraum seit 1960 zugrunde (siehe Anhang A).

Der Begriff des *'Single'* wird in der Literatur in sage und schreibe 21 Bedeutungsvariationen gehandhabt. Die Vorstellungen darüber, was ein 'Single' sei, beginnen bei der Überzeugung, es handle sich um eine Person, die *nicht mit einem Ehepartner zusammenlebt*. Ein 'Single' wäre demnach entweder eine unverheiratete oder eine verheiratet-getrenntlebende Person. Auf der anderen Seite herrschen Vorstellungen, daß 'Singles' *ohne soziale Beziehungen mit exklusiver Qualität* zu leben hätten. Was das jeweils bedeutet, ergibt sich autorspezifisch: ohne festen Partner sein, ohne eine Bindung an die Eltern bzw. ohne Verantwortung für Kinder leben. Ein dritter Bedeutungsschwerpunkt weist das 'Single'-Dasein als ein eher psychologisches Phänomen aus. Wie 'Singles' auch konkret vereinzelt leben: typisch für sie seien in erster Linie *subjektive Autonomiebestrebungen* bzw. *fehlende Ambitionen* für ein partnerschaftliches oder eheliches Zusammenleben - ein gewissermaßen freiwillig motivierter Hang zu mehr Individualität. Autoren, die 'Singles' als *subsistentiell eigenständig lebende* Personen verstehen, kümmern sich bei ihrem Begriffsverständnis dagegen recht wenig darum, ob dies freiwillig oder unfreiwillig passiert. Und während die einen nur an 'alleinlebende' Personen des *jüngeren und mittleren Lebensalters* denken, setzen andere Autoren zur Identifikation von 'Singles' keine Altersgrenze.

Welches Ausmaß an *begrifflicher Inkonsistenz* sich hinter einem 'Single' verbirgt, wird noch deutlicher, wenn wir uns beispielhaft zwei gängige Definitionen vor Augen halten. Nach der einen Vorstellung sind 'Singles' Personen, die *nicht mit einem Ehepartner zusammenleben.* Ob diese Personen mit ihrem Ehepartner getrenntwohnen, einen nicht-ehelichen Partner haben oder bei den Eltern oder in einer Wohngemeinschaft oder vielleicht ganz allein leben, wird dabei nicht differenziert. Nach der anderen Vorstellung handelt es sich um Personen, deren spezifische Eigenschaft es ist, *ohne jeglichen festen Partner* zu leben - sei er nun ehelich oder nicht-ehelich. Während im ersten Begriff unterhalb der Ebene einer 'Normal-Ehe' alle Formen von Liebe, Zweisamkeit, Zusammen- und Getrenntleben in das Verständnis von 'Singles' eingeschlossen sind, ist der Bedeutungsgehalt des zweiten Begriffes wesentlich eingeschränkter: keine Liebe und Zweisamkeit und auch kein partnerschaftliches oder eheliches Getrenntleben. 'Single' ist also nicht gleich 'Single'.

Mit einer Ausnahme wird der Begriff des *'Alleinlebens'* in der Literatur eindeutig gehandhabt. Gemeint werden Personen, die *für sich ganz allein haushalten.* Diese Vorstellung, es handele sich um Personen in weitgehend realisierter residentieller und subsistentieller Autonomie, liegt auch ganz im Sinne des STATISTISCHEN BUNDESAMTES, wenn es unter 'Alleinlebende' Personen versteht, "die für sich alleine in einem Haushalt wohnen und wirtschaften, gleichgültig welchen Familienstand sie haben"[25] und entsprechend Angehörige von "Einpersonenhaushalten" genannt werden können.

'Alleinstehende' sind nach der Vorstellung der meisten Begriffsanwender Personen, die *nicht mit einem Ehepartner zusammenleben.* Darüber hinaus gibt es unter Autoren die Ansichten, es sei *der Verzicht auf enge soziale Beziehungen* generell oder es sei ein *Alleinhaushalten.* An anderer Stelle werden explizit Bindungen an Kind(er), vor allem *Alleinerziehende mit Kind(ern)*, in den Begriff der 'Alleinstehenden' mit einbezogen. So definiert beispielsweise auch das STATISTISCHE BUNDESAMT, wenn es heißt, daß es sich um "verheiratet getrenntlebende, verwitwete oder geschiedene Personen mit oder ohne Kinder, sowie Ledige mit Kindern"[26] handele.

Wenn wir die Frage beantworten wollen, welches Ausmaß und welche Art von Vereinzeltheit die Begriffe des 'Single', des 'Alleinlebens' und des 'Alleinstehens' jeweils ansprechen, so kann folgendes festgehalten werden:

- *Gemeinsam* ist allen drei Begriffen die Vorstellung über Personen, welche *nicht mit einem Ehepartner zusammenleben.* Ob es sich um den Verzicht auf einen Ehepartner handelt oder um ein Leben ohne festen Partner überhaupt, um ein Alleinhaushalten oder ein Zusammenleben eines Elternteils mit Kind(ern) - in allen Fällen liegt jedenfalls eine Lebensweise jenseits der 'Normal-Ehe' vor.

---

25 STATISTISCHES BUNDESAMT (1988): Haushalte und Familien, Fachserie 1 Reihe 3, Stuttgart, Mainz, S. 14.
26 STATISTISCHES BUNDESAMT (1988): Haushalte und Familien, Fachserie 1 Reihe 3, Stuttgart, Mainz, S. 14.

- Innerhalb dieses weiten Definitionsraumes eines Lebens jenseits der 'Normal-Ehe' nehmen die drei Begriffe mehr oder weniger spezifische semantische Domänen ein:

Am eindeutigsten wird der Begriff des *'Alleinlebens'* behandelt. Er spricht jene Lebensweisen an, die über den Verzicht auf ein eheliches Zusammenleben hinaus ein vereinzeltes Wohnen und Wirtschaften in einem eigenen Haushalt vorsehen. 'Alleinleben' heißt demnach in erster Linie *ein Verzicht auf ein gemeinschaftliches Haushalten, eine residentielle Vereinzeltheit und eine subsistentielle Autonomie.*

Der semantische Kern des Begriffs des *'Alleinstehens'* liegt - im Unterschied zu dem Begriff des 'Single' - im Bereich *objektivierbarer* Kriterien von Vereinzeltheit. Die Mehrheit der Begriffsanwender konzentrieren sich auf *den 'Stand' einer Person in Hinsicht auf (ehe-)partnerschaftliche und familiäre Beziehungen.*

Der *'Single'*-Begriff ist zum Teil mit den beiden anderen Begriffen, vor allem mit dem Begriff des 'Alleinstehens', konfundiert. Sein Spezifikum ist die Berücksichtigung von *subjektiven Kriterien* bei der Umschreibung eines 'Single'-Daseins.

Partnerlos Alleinwohnende, wie sie in der vorliegenden Arbeit von besonderem Interesse sind, kennzeichnet weit Spezifischeres als nur ein Leben jenseits der 'Normal-Ehe', wie es der Minimalkonsens aller drei Begriffe vorgibt. Innerhalb des gleichen semantischen Raumes sind partnerlos Alleinwohnende am Schnittpunkt der Möglichkeiten sozialer Unabhängigkeit lokalisiert, auf die sich die Bedeutungsgehalte aller drei Begriffe einigen können:

- *Partnerlos Alleinwohnende sind 'Alleinstehende',* da sie nach objektivierbaren Kriterien auf einen traditionell vorgezeichneten ehelichen 'Stand' verzichten.

- *Partnerlos Alleinwohnende sind 'Alleinlebende',* da sie auf ein Zusammenleben in einem gemeinsamen Haushalt verzichten.

- *Partnerlos Alleinwohnende sind 'Singles',* da sie nicht nur in objektivierbarer Weise auf ein eheliches Zusammenleben verzichten, sondern es auch in gewisser Hinsicht eine Frage ihrer subjektiven Interpretation ist, daß sie sich generell nicht an einen festen Partner gebunden fühlen.

Interpretiert man das partnerlose Alleinwohnen in diesem Sinne als den Schnittpunkt des persönlichen Unabhängigseins, als eine besonders individualisierte und autonome Lebensführung im Spektrum der Lebensweisen jenseits der 'Normal-Ehe', so geraten die Begriffe des 'Alleinstehens', 'Alleinlebens' und des 'Single' semantisch in eine hierarchische Ordnung, wie sie in Abb. II-1 angedeutet ist, und der Terminus des 'Single' zum Repräsentanten einer solchen radikalen Individualität. Für den Begriff des 'Single'-Daseins bedeutet dies, den Gedanken von Bindungslosigkeit und Unabhängigkeit *radikaler* in das Gespräch zu nehmen, wie er sich in der Lebensform des partnerlosen Alleinwohnens manifestiert. Dagegen schlage ich vor, den Begriff des 'Alleinstehens' zur symbolischen Repräsentation *aller* Lebensweisen jenseits des ehelichen Zusammenlebens zu gebrauchen und einer 'unabhängigen' Lebensführung damit in einem objektivierbaren Sinne den weitesten begrifflichen Rahmen zu geben. Das 'Alleinleben' soll in weitgehender Übereinstimmung mit der Literatur als begrifflicher Ausdruck einer autonomen Haushaltsführung verwendet werden.

Abb. II-1: Das begriffliche Verhältnis Alleinstehender, Alleinlebender und Singles

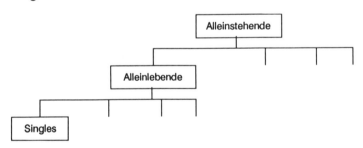

Quelle: eigen.

Wenn wir demnach unter 'Singles' *partnerlos alleinwohnende*, unter 'Alleinlebenden' *autonom haushaltende* und unter 'Alleinstehenden' Personen verstehen, die ein *Leben ohne Ehepartner* führen, dann ist die *semantische Hierarchie* in der Abb. II-1 in folgender Weise zu verstehen: 'Singles' gehören in ihrer Eigenschaft als partnerlos Alleinwohnende zu den für sich allein haushaltenden Personen und stellen damit eine *Teil*kategorie aller 'alleinlebenden' Personen dar. 'Alleinlebende' wiederum bilden als alleinhaushaltende Personen eine *Teil*kategorie aller Personen, die nicht mit einem Ehepartner zusammenleben - der 'Alleinstehenden' also. **'Singles' sind demnach 'alleinlebende Alleinstehende' ohne eine feste Partnerbindung.** Sie bilden den individualistischen Pol im Spektrum der Lebensformen 'Alleinstehender'.

Die folgende Definition schlägt im Sinne der vorgenommenen Explikation einen präzisen und eindeutigen Bedeutungsgehalt des Terminus 'Single' vor:

> **Single** = def. eine *allein haushaltende* Person, welche auf eine von ihr als exklusiv und dauerhaft verstandene Partnerbeziehung *verzichtet*.

Darüber hinaus machen wir uns den Begriff des *Singlelebens* zu eigen, um die Lebensführung von partnerlos alleinwohnenden Personen als eine spezifische Lebensform zum Ausdruck zu bringen:

> **Singleleben** = def. die Lebensführung einer *allein haushaltenden* Person, welche auf eine von ihr als exklusiv und dauerhaft verstandene Partnerbeziehung *verzichtet*.

Diesen Definitionen liegen folgende Überlegungen zugrunde:

- Singles können ledige, geschiedene, verheiratet-getrenntlebende oder verwitwete, aber *keine* verheiratet-zusammenlebenden Personen sein. Eine solche Einschränkung reicht aber für den Status als Single nicht aus. Eine weitere Bedingung ist der *Verzicht auf eine soziale Beziehung nach dem geltenden Code für Intimbeziehungen*[27]. Unbefristet verstandene und zugleich exklusiv-dyadisch angelegte Geschlechtsbeziehungen sind demnach aus dem Single-Begriff *aus*geschlossen. Von diesem Ausschluß sind gleichgeschlechtliche Partnerschaften, soweit sie im Sinne dieses Codes konstruiert sind, gleichermaßen betroffen. Soziale Beziehungen, die diesem Code *nicht* genügen, widersprechen dem Status als Single dagegen *nicht*: etwa befristete Arrangements zwischen Geschlechtspartnern ('Liebesaffären') oder nicht-exklusive, promiskuitive Konstellationen oder auch Partnerbeziehungen, die von den Partnern nicht als solche definiert werden.

---

27   LUHMANN, N. (1982): Liebe als Passion. Zur Codierung von Intimität, Frankfurt a. M.

- *Allein haushalten* bedeutet ein im Lebensalltag überwiegendes *Alleinwohnen* und zugleich eine weitgehende *subsistentielle Eigenständigkeit* im Sinne einer eigenständigen Entscheidungsfähigkeit über die Verwendung des Lebensunterhaltes.

- Single zu sein bedeutet - gemäß dem Kriterium des Alleinwohnens - ein *Verzicht auf praktizierte Elternschaft*. Auf der einen Seite kann ein Leben als Single generelle Kinderlosigkeit bedeuten. Auf der anderen Seite mögen Singles in ihrer Lebensgeschichte einmal Kinder gehabt haben, oder sie mögen derzeit vielleicht ein elterliches Sorgerecht besitzen - entscheidend ist für ihren Status als Singles, daß sie derzeit *kein* elterliches Sorgerecht *ausüben* und damit *nicht* als Eltern in alltäglicher Versorgungs- und Erziehungspraxis stehen.

Die folgende Definition macht deutlich, daß Singles als Personen, die auf ein gemeinsames Wohnen und Wirtschaften mit anderen Personen verzichten, eine Teilkategorie aller alleinlebenden Personen darstellen:

Alleinleben = def. ein Alleinhaushalten.

Alleinlebende leben residentiell und subsistentiell autonom. Darüber hinaus können sie sich der Definition nach aber - und das unterscheidet sie von Singles - an einen festen Partner gebunden fühlen, sofern dieser Partner überwiegend in einem *anderen* Haushalt lebt. Alleinlebende können demnach sogar verheiratet sein und von ihrem Ehepartner getrennt leben. Insoweit umgreift der Begriff des Alleinlebens weit mehr als nur die Lebensführung von Singles.

Das 'Alleinstehen' symbolisiert im Sinne der vorgenommenen Explikation das ganze Spektrum an Lebensformen jenseits des ehelichen Zusammenlebens, zu dem auch die Lebensführung von Singles zu zählen ist. Entsprechend wird folgende Definition vorgeschlagen:

Alleinstehen = def. ein Verzicht auf ein eheliches Zusammenleben.

Alleinstehende führen keine 'Normal-Ehe'. Alleinstehende führen unter Umständen gar keine Ehe. Im einzelnen können Alleinstehende ledig, geschieden oder verwitwet sein oder von ihrem Ehepartner getrennt leben. Dabei mag ein solches 'Getrenntleben' vom Ehepartner etwas Unterschiedliches bedeuten: zum einen ein intaktes Eheleben auf der Basis getrennter Haushalte, zum anderen eine faktische, juristisch aber nicht sanktionierte Trennung der Ehepartner. In jedem Falle leben die Verheirateten unter den Alleinstehenden *nicht* mit ihrem Ehepartner in einem gemeinsamen Haushalt zusammen und führen ein überwiegend *unabhängiges* Leben.

Alleinstehende Personen können auf einer nicht-ehelichen Basis mit anderen Menschen gemeinschaftlich *zusammenleben* oder auch für sich *alleinleben*. Wenn sie nicht nur für sich alleinleben, sondern auch keinen festen Partner haben, bedeutet ein solches Alleinstehen ein *Single*-Dasein.

Der vorliegende Begriff des Alleinstehens weicht in einem wichtigen Detail von demjenigen des STATISTISCHEN BUNDESAMTES ab. Dort heißt es nämlich, 'Alleinstehende' seien "verheiratet getrenntlebende, verwitwete oder geschiedene Personen mit oder ohne Kinder, sowie Ledige mit Kindern"[28]. Dabei grenzen 'Alleinstehende' in Verein mit Ehepaaren - ob kinderlos oder mit Kind(ern) - den Bereich ab, den das STATISTISCHE BUNDESAMT insgesamt als 'Familie' zu bezeichnen gewillt ist.[29] Ausgeschlossen aus den 'Alleinstehenden' und aus dem Bereich der 'Familie' sind lediglich die *Ledigen ohne Kinder* - und zu ihnen gehören viele Singles. Dieser Ausschluß hat etwas mit der Vorstellung des STATISTISCHEN BUNDESAMTES zu tun, daß 'Alleinstehende' bzw. 'familiär' lebende Personen in ihrer Lebensgeschichte in irgendeiner Weise bereits eigene 'normalfamiliäre' Karriereschritte unternommen hätten. Von ihnen werden drastisch diejenigen *Ledigen* unterschieden, die über das Ausbleiben einer Heirat hinaus bislang keinerlei Kinder ihr eigen nennen könnten. Zu welch kuriosen Ergebnissen die Terminologie des STATISTISCHEN BUNDESAMTES führt, zeigt folgendes Beispiel: Ein geschiedener, kinderlos gebliebener Mann stellt demnach sowohl einen 'Alleinstehenden' als auch eine 'Familie' dar; ein *lediger*, kinderlos gebliebener Mann zählt dagegen nicht einmal zu den 'Alleinstehenden', obwohl sich die privaten Lebensverhältnisse beider Männer durchaus entsprechen könnten. Überzeugender erscheint es uns, die semantische Grenze des Alleinstehens - wie vorgeschlagen - anhand des Kriteriums des *Verzichtes auf ein eheliches Zusammenleben* zu ziehen und damit auch *Ledige ohne Kinder* in diesen Begriff zu integrieren.[30]

---

28 STATISTISCHES BUNDESAMT (1988): Haushalte und Familien 1986, Fachserie 1, Reihe 3, Stuttgart, Mainz, S. 14.

29 STATISTISCHES BUNDESAMT (1988): Haushalte und Familien 1986, Fachserie 1, Reihe 3, Stuttgart, Mainz, S. 14.

30 Darin folgen wir einem Vorschlag von DROTH, W. (1983): Die Alleinlebenden, in: WAGNER, M., DROTH, W., DANGSCHAT, J. (Hrsg.): Räumliche Konsequenzen der Entwicklung neuer Haushaltstypen. Eine Literaturstudie, Hamburg, S. 28.

1.2. Singleleben. Im Jenseits aller sozialen Bindung

Unsere begriffliche Analyse weist das *Singleleben* als eine vergleichsweise hochindividualisierte Form der Lebensorganisation aus. Doch es sind nicht nur Singles, die ohne Ehegatte oder ohne Partner leben, auf Elternschaft verzichten oder in einer Wohnung ganz für sich allein wohnen. Wir wissen Singles begrifflich in einem hierarchisierbaren Verhältnis zu dem Alleinleben und dem Alleinstehen, und in dem semantischen Raum, der sich mit diesen Relationen entfaltet, finden wir eine *Vielfalt* von weiteren, mehr oder weniger individualisierten Lebensformen jenseits des ehelichen Zusammenlebens. In welchem Verhältnis stehen Singles zu diesen Lebensformen des Alleinstehens? Was kennzeichnet spezifisch solche Lebensformen, die zwar auch ein *Alleinleben* oder ein *Alleinstehen* darstellen, aber bestimmt *kein* Single-Dasein bedeuten? Wie können Lebensformen, die in der Alltagssprache und in der Literatur immer wieder mit der Lebensweise von Singles identifiziert worden sind, brauchbarer benannt werden?

Es baut sich ein definitorischer 'Dominoeffekt' auf, an dessen Endpunkt die Neuordnung des begrifflichen Gefüges aller denkbaren Lebensformen - ehelich wie nicht-ehelich - zu stehen droht. Uns kommt es jedoch in einem *zweiten definitorischen Schritt* darauf an, im Spektrum der Lebensform des *Alleinstehens* für begriffliche Konsistenz und Kompatibilität zwischen der Lebensführung von Singles und anderen 'unabhängigen' Daseinsweisen zu sorgen. Gleichwohl möchten wir zu einer terminologischen Lösung kommen, die einige Aussicht hat, sich auch in Hinblick auf Lebensformen des ehelichen und familiären Zusammenlebens - und damit in Hinblick auf *alle* Lebensformen überhaupt - als konstruktiv zu erweisen. Im Zentrum einer solchen Terminologie steht der nachfolgend eingeführte Begriff der *'sozialen Bindung'*.

Wenn von familiären, ehelichen, partnerschaftlichen oder ungebundenen Lebensweisen die Rede ist, kommen *spezifische Konstellationen von Sozialbeziehungen*, in denen Personen ihren Alltag leben, in das Gespräch. In unserer Gesellschaft leben Personen in der Regel in sehr komplexen Beziehungsgeflechten: seien es die Beziehungen zu den Eltern, zum Partner, zu den Kindern, zu Verwandten, Freunden, dem Vorgesetzten in der Arbeit, den Kollegen, zu Nachbarn und Bekannten, zu den Mitgliedern des Sportvereins und des Kirchenchors, aber auch zum Einzelhandels-Kaufmann von nebenan. Die sozialen Beziehungsgeflechte, in denen Personen ihr Leben führen, setzen sich einerseits aus persönlichen und andererseits aus einer Vielzahl von eher unpersönlichen Beziehungen bis hin zu bloßen Gelegenheitskontakten zu anderen

Menschen zusammen. Lebensweisen wie 'Familie', 'Ehe' oder 'Partnerschaft' beruhen auf Beziehungen zwischen Personen, die sich immer wieder 'von Angesicht zu Angesicht' begegnen und sich auf der Basis solcher verhältnismäßig intensiven und häufigen direkten Kommunikationen in ihrem Alltagshandeln wechselseitig aneinander orientieren. Diese Wechselseitigkeit kann sich zu einer *gemeinschaftlichen Lebensführung* mehrerer Menschen verdichten, welche sich in dem Wissen der Beteiligten um diese Gemeinschaftlichkeit und in dem Gefühl, mit spezifischen anderen Menschen eng verbunden zu sein, spiegelt.

In unserer Gesellschaft sind solche engen Zusammengehörigkeiten zwischen Personen typischerweise in den ausdifferenzierten *privaten* Lebensbereichen angesiedelt. Dort bestehen gesellschaftlich vermittelte Gelegenheiten, den eigenen Lebensvollzug mit denjenigen anderer Personen eng und dauerhaft zu *vernetzen*. Das 'Strukturgewebe' solcher sozialen Netze der Lebensbewältigung wird von den Akteuren auf der Basis einer oder mehrerer der folgenden drei Beziehungsverhältnisse geknüpft:

- ein Verhältnis *kooperativen Haushaltens*: Es soziabilisiert den Lebensvollzug des einzelnen durch ein gemeinsames Wohnen. Der erzielte Lebensunterhalt wird im Rahmen des haushaltlichen Kollektivs solidarisch verteilt und verwendet. Gemeinsam Haushalten bedeutet, sich auf eine soziale Gruppe einzulassen und in dieser Gruppe mehr oder weniger arbeitsteilig eine Vielzahl von Routinetätigkeiten zu erledigen. Ein solcher Gruppenzusammenhang beinhaltet aber auch eine psycho-soziale Dimension für die interagierenden Personen. Der einzelne findet in der Kooperation mit anderen Personen ein Interaktionsfeld zur Befriedigung von Bedürfnissen sozialer Kommunikation und zur authentischen Erfahrung der eigenen Person in einem sozialen Umfeld;

- ein Verhältnis einer *als dauerhaft verstandenen Geschlechtspartnerschaft* (ehelich bzw. nicht-ehelich, gleich- bzw. gegengeschlechtlich): Sie sieht in ihrer 'romantisierten' Form eine emotionale Nähe, die innige Vertrautheit und kommunikative Offenheit und einen sexuellen Austausch unter den jeweiligen Partnern vor. Der Partner erhält den Status des bedeutendsten Menschen im persönlichen Beziehungskreis einer Person. Die Partnerbeziehung ist typischerweise nicht befristet, überaus exklusiv, von zentralem Einfluß auf die Lebensgestaltung des einzelnen;

- ein Verhältnis von *praktizierter Elternschaft* (mit bzw. ohne das Recht auf elterliche Sorge) - als ein dritter Typus enger Soziabilität unter den

Menschen - vollzieht sich auf der Basis prinzipiell unaufkündbarer Primärbeziehungen zwischen denjenigen Personen, die Familienarbeit leisten, und den Kindern, auf die sich diese Leistungen jeweils beziehen. Sie konstituiert ein asymmetrisches Verhältnis zwischen einer, spezifische Handlungsvollzüge erfordernde Verantwortetheit auf der Seite der Eltern und einem Angewiesensein auf der Seite der Kinder, wie es in der Regel nur im Rahmen eines gemeinsamen Haushaltes praktizierbar ist.

Jedes dieser drei Beziehungsverhältnisse stellt eine gesellschaftlich vermittelte Möglichkeit für den einzelnen dar, sich selbst in enge Verbundenheit mit anderen Personen zu bringen und mit diesen in einer spezifischen Weise *gemeinschaftlich* zu leben. Wir möchten nachfolgend derartige Beziehungsverhältnisse zusammenfassend mit dem Begriff der *'sozialen Bindung'* kennzeichnen:

> **Soziale Bindung** = def. eine *soziale Beziehung*, mittels derer eine Person ihr Leben auf der Basis eines kooperativen Haushaltens, einer Geschlechtspartnerschaft und/oder einer praktizierten Elternschaft *gemeinschaftlich* führt.

Der Begriff der sozialen Bindung trennt in dem Beziehungskreis einer Person analytisch die sozialen Beziehungen *mit* Bindungsqualität von jenen *ohne* Bindungsqualität. Abb. II-2 (auf der folgenden Seite) zeigt diesen Sachverhalt in einem netzwerkanalytischen Beziehungsmodell. Es spannt ein Beziehungsnetz auf, wie es in die Perspektive einer Person geriete, wenn man diese Person nach dem Grade der Bedeutsamkeit ihrer Beziehungspersonen (Alteri) für ihre Lebensführung fragen würde.[31] Es ist ego-zentriert aufgebaut, d. h., in seinem Zentrum ist die Person selbst angeordnet und in den anschließenden konzentrischen Zonen ihre Beziehungspersonen, welche mit zunehmender Peripherie eine abnehmende Bedeutsamkeit für Ego erreichen.

In der zentralen Zone dieses Netzwerkes, der *'Zone sozialer Bindung'*, sind modellhaft diejenigen Beziehungspersonen Egos angeordnet, mit denen es gemeinschaftlich lebt - im Beispiel der Abb. II-2 etwa ein fester Partner. Je nach der Art (kooperatives Haushalten, Partnerschaft, Elternschaft) und dem Ausmaß (Zahl der Alteri) der Relation zwischen Ego und seinen Bindungspersonen fin

---

31 Vgl. BOISSEVAIN, M. (1974): Friends of Friends. Networks, Manipulators and Coalitions, Oxford, S. 45 ff.

Abb. II-2: Ein ego-zentriertes Beziehungsnetz-Modell

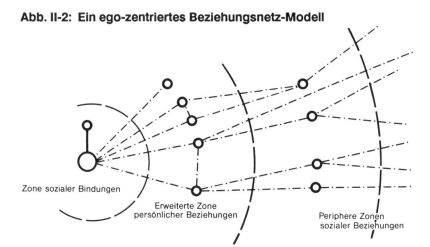

Quelle: eigen.

den wir eine spezifische intime soziale Umwelt von Ego vor. Derartige Bindungsgeflechte stellen die Gravitationszentren im gesamten gesellschaftlichen Beziehungsnetzwerk dar, in denen die Subjekte ihre private Lebensorganisation mit anderen Menschen verknüpfen und dadurch in spezifischer Gemeinschaftlichkeit leben. Die 'Zonen sozialer Bindung' kennzeichnen dabei die analytischen Orte in diesem 'Hyper-Netzwerk', die das *Gemeinsame* und zugleich *Abgrenzende* dessen beinhalten, was bislang in der Literatur mit Begriffen wie 'Lebensstil', 'Haushaltstyp' oder 'Familienform' konturiert sein sollte.

Derartige Begriffe erscheinen jedoch wenig geeignet, das *gesamte* Spektrum an empirisch vorfindlichen Bindungskonstellationen unter den Gesellschaftsmitgliedern zu symbolisieren:

- Soziale Bindungen geben nur selektiv und fragmentarisch wieder, was der Begriff des *'Lebensstils'* zur Sprache bringen will. In der Soziologie besitzt er die vorherrschende Bedeutung einer "unverwechselbaren Struktur und Form eines subjektiv sinnvollen, erprobten Kontextes der Lebensorganisation eines privaten Haushaltes, der diesen mit einem Kollektiv teilt, dessen Mitglieder deswegen einander als sozial ähnlich wahrnehmen und bewerten"[32]. In eine spezifische Bindungskonstellation eingefügt zu leben erlangt sicher eine wichtige Funktion für die personale Identität und als symbolisch-soziale Form der Privatsphäre eine expressive Bedeutung gegenüber der jeweiligen sozialen Umwelt. Insofern stellen soziale Bindungen wichtige Komponenten zur Stilisierung des eigenen Lebens dar. Aber 'Lebensstil' bedeutet weit mehr: spezifische Ernährungsgewohnheiten, Geschmacksrichtungen, Weltanschauungen, Konsumstile, Moden, Umgangsformen, Freizeitvorlieben, berufliches Können und andere Fähigkeiten, anhand welchen Gesellschaftsmitglieder ihre Individualität und ihre jeweilige soziale Zugehörigkeit anderen Menschen gegenüber zu demonstrieren wissen.

- Der Begriff der *'Familie'* hat in den letzten Jahren eine erhebliche Bedeutungsausweitung erfahren. Es sind Tendenzen sichtbar, ihn auch auf jene Lebensweisen auszudehnen, die sich weder mit dem alltagsweltlichen Sprachverständnis von 'Familie' decken noch vorbehaltlos in den Kontext von familientheoretischen Aussagen passen: kinderlose Ehepaare und nicht-eheliche Partnerschaften, unverheiratet Getrenntlebende, Alleinlebende, Singles oder Wohngemeinschaften ohne Kinder.[33] Auch die amtliche Statistik begreift 'Familie' in einem erstaunlich weiten Sinne - selbst Geschiedene und Verwitwete ohne Kinder gehören dazu.[34] Eine derartige Überstrapazierung des Bedeutungsinhaltes von 'Familie' wird den Verlust ihres eigentlichen semantischen Schwerpunktes zur Folge haben: die Indizierung von Elternschaftsverhältnissen. Wir halten es aus theoretischen Gründen für sinnvoll, diesen Begriff auf die reproduktiven Beziehungsverhältnisse in der Gesellschaft zu beschränken.

- Die Rede von 'neuen Haushaltstypen'[35] stellt einen Versuch dar, Lebensweisen jenseits von Ehe und Familie begrifflich zusammenzufassen. Dabei geht es um den *Haushalt* als übergreifenden Lebenszusammenhang, in dem Gesellschaftsmitglieder vereinzelt ('Ein-Personen-Haushalte') oder gemeinschaftlich ('Mehr-Personen-Haushalte') wohnen und wirtschaften und in ein mehr oder weniger komplexes Beziehungsgeflecht und Rollengefüge integriert sind. Der Begriff ist jedoch nicht dimensioniert genug, um die *ganze* Vielfalt gesellschaftlicher Bindungsstrukturen zu

---

32 LÜDTKE, H. (1987): Lebensstile. Präferenzpalette der Sozialstruktur - Medium und Ausdruck biographischer Entwicklung, Fernuniversität - Gesamthochschule Hagen.
33 Siehe beispielsweise das Spektrum der thematischen Beiträge in SUSSMAN, M. B., STEINMETZ, S. K. (Hrsg.): Handbook of Marriage and the Family, New York.
34 Siehe Kap. II 1.1.
35 SPIEGEL, E. (1986): Neue Haushaltstypen. Entstehungsbedingungen, Lebenssituation, Wohn- und Standortverhältnisse, Frankfurt, New York, S. 9 f.

repräsentieren. Zum einen ist ein kooperatives Haushalten für Bindungsverhältnisse nicht allein bestimmend - etwa im Falle einer Partnerbindung, die weit mehr beinhaltet als ein gemeinsames Wohnen und Wirtschaften. Zum anderen liegen manche Bindungskonstellationen *quer* zu dem Lebenszusammenhang eines Haushaltes. Eine Partnerschaft auf der Basis getrennter Wohnungen beispielsweise überschreitet die Systemgrenzen eines Haushaltes, ohne daß der jeweilige 'Haushaltstyp' der Partner dies anzeigen würde.

Wir greifen im folgenden den - in der Literatur gelegentlich verwendeten - Begriff der *'familialen Lebensform'* auf und versehen ihn mit einem Bedeutungsgehalt, der das *Gemeinsame* und *Abgrenzende* zugleich wiederzugeben vermag, was sich analytisch in den 'Zonen sozialer Bindungen' und empirisch als die intimen Beziehungskonstellationen, in denen Personen ihren Alltag leben, zeigt:

> **Familiale Lebensform** = def.
> spezifische *Art* und spezifisches
> *Ausmaß* der *sozialen Bindung* einer
> Person.

Der Begriff der familialen Lebensform konstituiert einen übergeordneten und umfassenden Begriff zur semantischen Repräsentation *aller* familiären und nicht-familiären, ehelichen und nicht-ehelichen, gebundenen und ungebundenen Lebensweisen in unserer Gesellschaft - unter eventuellem Einbezug ergänzender Designate. Er gibt dem empirischen Spektrum von partnerschaftlichen, ehelichen, familiären und ungebundenen Lebensweisen eine *gemeinsame* begriffliche Struktur, auf deren Basis die Eigenarten von Lebensweisen jeweils herausgearbeitet werden können, wie sie dem einzelnen als die erfahrenen Wirklichkeiten von 'Familie', von 'Ehe', von 'Partnerschaft', von 'Wohngemeinschaft', des 'Single-Daseins' etc. erscheinen. Die jeweilige familiale Lebensform ergibt sich dabei in quantitativer Hinsicht aus dem *Ausmaß* an sozialer Bindung einer Person: die Anzahl der Bindungen, über die sie jeweils verfügt. In qualitativer Hinsicht läßt sich die *Art* ihrer Bindungen bestimmen: die Funktionalität und die spezifische Multiplexität der Bindungen, in der eine Person ihren Lebensvollzug mit derjenigen anderer Menschen verknüpft.

Der Begriff der familialen Lebensform schließt in sich ein, was die Begriffe der 'Familienform' und des 'Haushalttyps' jeweils in den Vordergrund rücken. Er kann zu einer Abgrenzung und Präzisierung dessen, was unter 'Formen von Familie' zu verstehen sei, herangezogen werden, wenn man sich auf - im enge-

Kap. II 1. Eine Terminologie des Singlelebens 43

ren Sinne - *familiäre* Lebensformen konzentriert, welche Elternschaftsverhältnisse in sich tragen. Unterschiedliche *Typen von Haushalten* sind anhand der bindungsbegründenden Beziehungsverhältnisse eines kooperativen Haushaltens leicht identifizierbar. Darüber hinaus gewinnen familiale Lebensformen Relevanz für Formen der *Stilisierung* des Lebens, da sie für die Herausbildung und Stabilisierung von personaler und sozialer Identität einer Person einen bedeutsamen Kontext der Lebensorganisation darstellen.

Das *Singleleben* ist diejenige familiale Lebensform des radikalen Bindungsverzichtes. **Singles leben jenseits aller sozialen Bindung** - ohne die Gemeinschaftlichkeit, die sich aus einem kooperativen Haushalten, einer festen Partnerschaft oder einem Erziehungsverhältnis ergibt. Die besondere Typik ihrer Lebensweise besteht also gerade in dem *Wegfall* eines jeglichen beziehungsstrukturellen Gefüges, das Personen in anderen familialen Lebensformen in unterschiedlichem Maße als ihre jeweilige intime soziale Umwelt vorfinden.

Ein derartiger Bindungsverzicht bedeutet eine *Vereinzeltheit in Bezug auf soziale Bindungen, nicht unbedingt eine soziale Vereinzeltheit generell*. Der Unterschied zwischen einem sozialen Ungebundensein und einer sozialen Vereinzeltheit wird bei einem erneuten Blick auf das Beziehungsmodell in Abb. II-2 deutlich. Dort schließen sich in der ego-zentrierten Perspektive konzentrisch weitere Zonen von sozialen Beziehungen an. Der Übergang von der 'Zone sozialer Bindung' in die anschließende 'erweiterte Zone persönlicher Beziehungen' kennzeichnet dabei die Schwelle, an der sich Beziehungen *mit* Bindungsqualität von Beziehungen *ohne* diese Eigenschaft trennen. In der 'erweiterten Zone' finden sich all jene Beziehungspersonen, mit denen Ego zwar nicht in sozialer Bindung lebt, denen er aber einen ausgesprochen bedeutsamen Stellenwert für sein Leben zuspricht: seien es die Eltern, seien es enge, verläßliche Freunde, seien es diejenigen Verwandten, mit denen er sich über alle räumliche Trennung hinweg zusammengehörig fühlt. In den *peripheren* Zonen sozialer Beziehungen finden wir lebensbegleitende Menschen in einem weniger persönlichen und weniger intimen Sinne vor: Partner in der Freizeit, Kollegen im Betrieb und Nachbarn am Wohnort, mit denen ein persönliches Gespräch besteht; pragmatische und instrumentelle Unterstützungsbeziehungen in der Logistik des Alltags; ruhende, aber jederzeit aktivierbare Beziehungen; "Freunde von Freunden", die soziale Ressourcen aus ganz anderen Beziehungsnetzen verfügbar machen können;[36] bis hin zu ausgesprochen unpersönlichen Beziehungen und flüchtigen Kontakten zu anderen Menschen. Singles mögen ihr Leben unter

---

36 BOISSEVAN, M. (1974): Friends of Friends. Networks, Manipulators and Coalitions, Oxford.

Umständen in einer dichten Vernetzung mit derartigen Beziehungspersonen führen. Und je mehr sie dies tun, desto integrierter und gemeinschaftlicher leben sie - bei Verzicht auf alle soziale Bindung.

Abb. II-3 (auf der folgenden Seite) zeigt das *Singleleben* im Zusammenhang mit weiteren familialen Lebensformen Alleinstehender. Gemeinsam ist allen diesen Lebensformen ein unterschiedlich ausgeprägtes Moment von sozialer Unabhängigkeit, das *zumindest* darin besteht, daß ein *eheliches Zusammenleben* in ihnen *ausbleibt*. Alleinstehende können ansonsten mit anderen Personen *gemeinschaftlich* wohnen und wirtschaften (*Zusammenleben*) oder für sich alleinhaushalten (*Alleinleben*). Sie können sich an einen Partner gebunden fühlen oder partnerlos leben. Sie mögen in Elternschaft stehen oder auf Kinder verzichten. Das Singleleben als eine familiale Lebensform alleinlebender Alleinstehender steht in diesem Spektrum auf der Extremseite sozialen Ungebundenseins.

Eine solche Lebensform-Typologie verdeutlicht die begrifflichen Unterschiede zwischen Singles und Angehörigen anderer familialer Lebensformen, denn diese Unterschiede sind in der Alleinstehenden-Literatur weitgehend übersehen worden:

- Alleinlebende Personen mit einem festen Partner *sind keine Singles*, sondern leben in einem *Living Apart Together (LAT)*[37] mit einem getrenntwohnenden Partner. Es ist die partnerschaftliche Alternative im Alleinleben, welche sich dahingehend unterscheiden läßt, ob ein eheliches Getrenntleben *(eheliches LAT)* oder ein nicht-eheliches Getrenntleben vorliegt *(nichteheliches LAT)*. Das nicht-eheliche LAT wird anderenorts auch eine 'nichteheliche Lebensgemeinschaft ohne gemeinsamen Haushalt'[38] genannt.

- Personen, die mit einem festen Partner nicht-ehelich zusammenleben, *sind keine Singles*, sondern 'Persons of Opposite Sex Sharing Living Quarters', kurz: 'POSSLQ'[39]. Ihre Lebensform - die *nicht-eheliche Lebensgemeinschaft (NeL)* - steht einem *ehelichen Zusammenleben* weitaus näher als dem Bindungsverzicht eines Singlelebens. Trotzdem werden in der Allein-

---

37 STRAVER, C. J., HEIDEN, AB M. V. D., ROBERT, W. C. J. (1980): Lifestyles of Cohabiting Couples and their Impact on Juridical Questions, in: EEKELAAR, J. M., KATZ, S. N. (Hrsg.): Marriage and Cohabitation in Contemporary Societies, Toronto, S. 39-45.
38 DER BUNDESMINISTER FÜR JUGEND, FAMILIE UND GESUNDHEIT (Hrsg.) (1985): Nichteheliche Lebensgemeinschaften in der Bundesrepublik Deutschland, Stuttgart, Berlin, Köln, Mainz.
39 SPIEGEL, E. (1983): Neue Haushaltstypen - Alternativen zu Ehe und Familie?, in: BAETHGE, M., EBBACH, W. (Hrsg.): Soziologie: Entdeckungen im Alltäglichen, Frankfurt a. M., New York, S. 73 ff.

Abb. II-3: Familiale Lebensformen Alleinstehender

Singleleben					
ALLEINLEBEN (allein wohnen und wirtschaften)		ALLEINSTEHEN (Verzicht auf ein eheliches Zusammenleben)			
		ohne Ehepartner gemeinschaftlich wohnen und wirtschaften — nicht ehelich ZUSAMMENLEBEN			
ohne Partner	mit Partner	mit Partner	mit Kind	mit Eltern	mit Wohnpartner
	Living Apart Together	Nicht- eheliche Lebens- gemeinschaft	Ein-Elternteil Familie	Elternhäusliche Gemeinschaft	Wohn- gemeinschaft
	LAT	NeL	EEF	EhG	WG

stehenden-Literatur nicht selten Singles und 'POSSLQ' unbesehen miteinander vermengt.[40]

- Alleinstehende, die mit ihren Kindern unter Verzicht auf einen Partner in einem Haushalt gemeinschaftlich leben, *sind keine Singles*, sondern Alleinerziehende in *Ein-Elternteil-Familien (EEF)*. Im Mittelpunkt steht dabei die soziale Bindung einer praktizierten Elternschaft. Es erscheint sehr unplausibel, annehmen zu dürfen - wie es etwa die GETAS-Studie über Alleinstehende tut -, daß "das Zusammenwohnen mit Kindern ... das Alleinleben in seinem essentiellen Gehalt nicht berührt"[41]. Alleinerziehende stehen in einem *familiär* geprägten, mehr oder weniger kindzentrierten Lebensalltag, wie ihn Singles nicht praktizieren.

- Erwachsene Personen, die mit ihren Eltern(teilen) gemeinschaftlich haushalten, *sind keine Singles*, sondern leben in einer *elternhäuslichen Gemeinschaft (EhG)*. Soweit sie dabei partnerlos sind, unterscheiden sie sich von Singles in erster Linie durch ihre residentielle, möglicherweise auch subsistentielle Abhängigkeit von ihrem Elternhaus.

- Sind Mitglieder von *Wohngemeinschaften (WG)* Singles? Sind sie es dann, wenn sie über keine feste Partnerschaft verfügen? Kaum eine familiale Lebensform ist schwieriger zu definieren als eine Wohngemeinschaft,[42] denn sie faßt begrifflich ganz unterschiedliche Beziehungskonstellationen zusammen: eine Gruppe mit oder ohne Kinder, mit oder ohne Partner, mit oder ohne Verwandte. Es kann sich um bloße Wohnpartnerschaften, Gruppen mit integrierten Partnerschaften wie auch um Gruppen mit Familienkern handeln. Wohngemeinschaften können ebenso dyadisch wie großgruppenhaft aufgebaut sein. Doch die grundlegende Eigenschaft einer WG besteht in dem *kooperativen Haushalten* aller Gruppenmitglieder. Und diese Bindungseigenschaft trennt Mitglieder von Wohngemeinschaften von Personen, die als Singles leben.

---

40 Beispielsweise im häufigen Falle der Gleichsetzung von Singles mit Unverheirateten.
41 SCHREIBER, H. (1977): Singles. Allein leben - besser als zu zweit?, Frankfurt a. M., S. 238.
42 WAGNER, M. (1983): Wohngemeinschaften, in: WAGNER, M., DROTH, W., DANGSCHAT, J. (Hrsg.): Räumliche Konsequenzen der Entwicklung neuer Haushaltstypen, Hamburg, S. 135.

2. Eine Sozialgeschichte des Singlelebens

Nachdem die begriffliche Erscheinungsweise des Singlelebens geklärt ist, wird nun seiner *historischen* Erscheinungsweise nachgegangen. Wir möchten fragen, ob es nicht schon immer Mitglieder in der mitteleuropäischen Gesellschaft gegeben hat, die auf jegliche soziale Bindungen verzichteten und ein autonomes Leben führten. Was ist durchaus traditional an Singles, und was kann an dieser Lebensform als etwas wirklich Neues festgehalten werden? Dabei beschränken wir uns bei unserem Rückblick auf das Zeitalter der gesellschaftlichen Moderne.

In dem vierten Jahrzehnt des individuellen Lebenslaufs - im Alter zwischen 30 und 40 Jahren - *ohne einen Ehepartner* zu leben, ist nicht erst eine neue Erscheinung der achtziger und neunziger Jahre unseres 20. Jahrhunderts. Auch ein Leben *außerhalb von Familienbindungen* zu führen ist nicht gänzlich neu. Historisch ungewöhnlich ist eher das Gegenteil: der für die fünfziger und sechziger Jahren dieses Jahrhunderts sehr hohe Anteil derjenigen Personen, die zwischen 30 und 40 Jahren bereits eine Heirat hinter sich wußten und eine eigene Familie gegründet hatten.

Personen, die auf die sozialen Bindungen von Ehe und Familie verzichteten, finden sich im 18. und in der ersten Hälfte des 19. Jahrhunderts vor allem in drei Lebensaltersphasen:[43] unter den jungen Leuten, überwiegend Männer, die zur Ausbildung in die Stadt oder auf Wanderarbeit gingen, unter den 20- bis 35jährigen Personen, die noch ledig waren und in der bäuerlichen Gesellschaft des ausgehenden Feudalsystems keine 'ökonomische Vollstelle' eingenommen hatten, sowie unter den alten Leuten, die ihre Angehörigen verloren und daher auf das übliche 'Altenteil' unter Umständen zu verzichten hatten. Doch bei all dem gilt auch: *Ein Alleinstehen hieß im ausgehenden Mittelalter sehr viel seltener als heute zugleich ein Alleinleben.* Vielmehr hatten sich eine Reihe von gesellschaftlichen Institutionen entwickelt, die diesen Personen materielle Sicherung, sozialen Rückhalt und soziale Kontrolle zuteil werden ließen: für den Studenten das Kolleg oder die Burse, für den Gesellen auf der 'Walz' das Haus des Handwerkmeisters, für die Verwaisten und Hinterbliebenen die Spitäler und Stiftungen, für die unverheiratet Gebliebenen im jüngeren und mittleren Lebensalter die Haushalte von Dienstherren.[44]

---

43 SPIEGEL, E. (1986): Neue Haushaltstypen. Entstehungsbedingungen, Lebenssituation, Wohn- und Standortverhältnisse, Frankfurt, New York, S. 168.
44 SIEDER, R. (1987): Sozialgeschichte der Familie, Frankfurt am Main.

So fanden Frauen der unteren sozialen Stände Arbeit und Unterkommen in Hauswirtschaften der gehobenen Stände, als Schankwirtinnen in Gastwirtschaften oder als Spinnerinnen (daher der Begriff 'Spinster' für ledige Frauen[45]) auf dem Land. Personen aus unterbäuerlichen und kleinbäuerlichen Schichten, zum Teil aber auch nichterbende bäuerliche Abkömmlinge stellten als 'Gesinde' ein verhältnismäßig flexibel einsetzbares Arbeitskräfte-Reservoir an den bäuerlichen Höfen dar.[46] Zum ledigen 'Gesinde' zu gehören war meist auf das dritte und vierte Lebensjahrzehnt beschränkt. Wo Abkömmlinge von Bauern in eine Familienstelle einheirateten oder mit Hilfe ihres Erbteils ein kleines Haus erwerben konnten, löste ein eheliches Zusammenleben die alleinstehende Daseinsweise als Knecht oder Magd ab. Unverheirateten Personen in den höheren Ständen bot sich die Aufnahme als Mönche und Nonnen in Klöstern an. Nur sehr Wohlhabende waren zu dieser Zeit imstande, sich einen eigenen Haushalt mit den entsprechenden Bediensteten zu leisten.

Mit wenigen Ausnahmen war ein unverheiratetes Leben im 18. und dem beginnenden 19. Jahrhundert kein attraktives Leben und mit wesentlich erweiterten Abhängigkeiten verbunden als das Verheiratetsein. Ein *Alleinleben* im Sinne eines hauswirtschaftlich selbständigen Lebens war zu dieser Zeit ein sehr seltenes Phänomen. Haushaltsökonomisch ganz für sich allein dazustehen war kaum zu verwirklichen. Sozial vereinzelt zu leben, ohne den sozialen Rückhalt eines gemeinschaftlichen Lebens- und Kontrollzusammenhanges zu existieren, wäre weniger eine Sache ersönlicher Freiheit als vielmehr eine Existenzbedrohung subsistentieller und sozialer Art gewesen.

Mit der beginnenden Industrialisierung, der zunehmenden Verstädterung und der Aufhebung gesetzlicher Ehebeschränkungen entstanden Freisetzungseffekte im gesellschaftlichen Zusammenleben. Die neuen Arbeitsmöglichkeiten lösten Wanderungsströme in die Städte aus - in ihnen enthalten eine große Zahl lediger Männer und Frauen des jüngeren Lebensalters. Doch auch ihnen war eine selbständige Haushaltsführung in der Regel verwehrt. Die geringen Löhne und die fehlenden Wohnungen in den Städten machten die Gründung eines eigenen Haushaltes für ein eheliches Zusammenleben weiterhin zu einer nicht leicht realisierbaren Angelegenheit. Die Alternativen waren Übergangslösungen bis zu einer Heirat: Schlafbursche oder Kostgänger zu sein, ein Dienstmädchen im Haushalt der 'Herrschaft' abzugeben.

---

45   KAIN, E. L. (1984): Surprising Singles, in: AMERICAN DEMOGRAPHICS, August, S. 19.
46   SIEDER, R. (1987): Sozialgeschichte der Familie, Frankfurt am Main, S. 48 ff.

Seit dieser Zeit, bis in die sechziger Jahre unseres Jahrhunderts hinein, gewann das eheliche und familiäre Zusammenleben stetig an Zugkraft für den Lebenszuschnitt des einzelnen. Und je stärker sich ein solches gemeinschaftliches Zusammenleben durchgesetzt hat, desto gesellschaftlich auffälliger wurde eine Lebensführung, die diesen Maßstäben nicht genügte: "Die 'alte Jungfer' und der 'Hagestolz' wurden zu negativen Sozialfiguren, denen ihre Ehelosigkeit nicht als unverschuldetes Schicksal, sondern als persönliches Versagen angerechnet wurde. Lediglich der 'Junggeselle', vor allem wenn er als wohlhabend und 'eingefleischt' galt, konnte sich diesem Odium entziehen. Es war und blieb aber eine Ausnahme."[47]

Der Blick zurück in die Bevölkerungsgeschichte der letzten hundert Jahre zeigt eine langsame, aber *stetige Zunahme des Alleinlebens* unter den Alleinstehens: von gerade 6,2 % aller Haushalte im Jahre 1871, über 7,3 % im Jahre 1910, 19,4 % im Jahre 1950 bis zu vorläufig 34,3 % im Jahre 1986 entwickelte sich die Zahl der Personen in Ein-Personen-Haushalten.[48] Voraussetzung für eine Verbreitung des Alleinlebens - und damit auch eines Singlelebens - war eine gesellschaftliche Wirtschaftsweise, die es dem einzelnen ermöglicht hatte, verhältnismäßig unabhängig von sozialen Bindungen - insbesondere von Ehe und Familie - eine eigene Subsistenz zu erlangen. Doch nicht im sich stetig verjüngenden Eheschließungsalter, sondern in der 'unproduktiven' Lebensphase des *hohen* Alters zog ein selbständiges Leben zuerst ein. Der Tod des jeweiligen Partners war in der Zeit um die Jahrhundertwende ein typischer Ausgangspunkt von Alleinleben und Singleleben. Wir können es als das **'traditionale Singleleben'** bezeichnen. Eine solchermaßen autonome Witweroder Witwenschaft ließ sich mit der sukzessive verbesserten Hinterbliebenenversorgung verwirklichen. Das Rentensystem versetzte eine zunehmende Zahl von Hinterbliebenen in die Lage, den bisherigen Hausstand zu halten und solche sozialen Abhängigkeiten, die sich mit dem 'Altenteil' im Haushalt der Kinder und dem Leben in 'verwahrenden' Organisationen ergeben, zu vermeiden.

Unverheiratete Personen im *jüngeren* und *mittleren* Lebensalter befanden sich zu Beginn unseres Jahrhunderts in einer anderen Lage. Ledige Personen, insbesondere Frauen, waren meist nicht zu einer eigenständigen Haushaltsführung fähig. Sie wohnten bei Verwandten oder im Hause des jeweiligen Dienstherrn; in

---

47 SPIEGEL, E. (1986): Neue Haushaltstypen. Entstehungsbedingungen, Lebenssituation, Wohn- und Standortverhältnisse, Frankfurt, New York, S. 169.
48 STATISTISCHES BUNDESAMT (1988): Haushalte und Familien 1986, Fachserie 1, Reihe 3, Stuttgart, Mainz, S. 186.

selteneren Fällen taten sie sich mit unverheirateten Schwestern oder Freundinnen zu 'Frauengemeinschaften' zusammen - eine der Vorläufer heutiger Wohngemeinschaften.[49] Dabei trennten sich die 'Schicksale' verheirateter und nichtverheirateter Frauen gleichen Alters zusehends: in dasjenige der Familienarbeit für die Ehepartnerinnen und in dasjenige der Erwerbsarbeit für die Alleinstehenden. Erwerbsarbeit allerdings galt für die alleinstehende Frau gesellschaftlich als eine 'bittere Notwendigkeit', nicht als der Ausdruck einer freien Entscheidung oder von Selbstverwirklichung.[50] Nicht die alleinstehenden berufstätigen Frauen, ein Stück weit aber die kleine Minderheit der wirtschaftlich gutgestellten, alleinstehenden Männer ('Bachelors') erfuhren die Freiräume, die das Singleleben als familiale Lebensform beinhalten kann.

Die beiden Weltkriege führten zu einer weiteren Zunahme und Verjüngung *verwitweter* Frauen. Das Kriegsgeschehen zerriß Familien; Frauen und Mütter blieben allein zurück und mußten sich - zum Teil dienstverpflichtet - in Industrie und Büro behaupten. Durch die Kriegsteilnahme der Männer geriet der 'Heiratsmarkt' in Ungleichgewicht. Diese Umstände sprechen eigentlich für eine starke Zunahme von Singles in der Gesellschaft. Doch die Rahmenbedingungen für eine solche Lebensweise waren zu dieser Zeit noch nicht gegeben. Das Bild von der berufstätigen alleinstehenden Frau war auch in diesen Zeiten stark von der Norm verheirateten Zusammenlebens geprägt. Selbst die stetige Zunahme ehelicher Scheidungen zwischen den Kriegen vermochte daran nichts zu ändern, zumal die Bereitschaft zur Wiederverheiratung außerordentlich hoch blieb. Die aus den Kriegen heimkehrenden Männer lösten die Frauen am Arbeitsplatz wieder ab und verdrängten sie in die Sphäre der Haus- und Familienarbeit.[51] Das Alleinleben stieß für jüngere Gesellschaftsmitglieder in der Nachkriegszeit an subsistenz- und wohnungswirtschaftliche Grenzen. Das *Singleleben* blieb bis in die sechziger Jahre unseres Jahrhunderts eng an den Verlust des Ehepartners und an die eigenen Subsistenzchancen im Rahmen des Systems sozialer Sicherung gebunden. Es blieb bis dahin im wesentlichen ein Ausdruck einer neu gewonnenen Selbständigkeit *älterer* Menschen.

---

49   Die zu diesem Thema auffindbare Literatur behandelt nur die Situation in England: VICINUS, M. (1985): Lebensgemeinschaften alleinstehender Frauen in England des 19. Jahrhunderts, in: STUBY, A. M. (Hrsg.): Frauen: Erfahrungen, Mythen, Projekte, Frankfurt am Main, S. 29-44.
50   KRÜGER, D. (1990): Alleinleben in einer paarorientierten Gesellschaft. Eine qualitative Studie über die Lebenssituation und das Selbstverständnis 30- bis 45jähriger lediger, alleinlebender Frauen und Männer, Pfaffenweiler, S. 51 ff.
51   MEYER, S., SCHULZE, E. (1985): Wie wir das alles geschafft haben. Alleinstehende Frauen berichten über ihr Leben nach 1945, München.

Um die Mitte der sechziger Jahre des 20. Jahrhunderts bahnte sich ein grundlegender sozio-kultureller und demographischer Wandel an, und das *Singleleben im jüngeren und mittleren Lebensalter* ist eine dabei sich ausdifferenzierende Komponente dieses Umbruchs. Die Zahl der Eheschließungen ging vergleichsweise drastisch zurück und die Bereitschaft steigt seitdem, familiäre Karriereschritte lebenszeitlich hinauszuzögern oder mittels Scheidungen abzubrechen. Während sich das 'traditionale Singleleben' im Zuge der steigenden Verwitwung im höheren Lebensalter ausbreitet und ein - aufgrund der Kriegsfolgen und der höheren Lebenserwartung der Frauen - zunehmend *weibliches* Singleleben wird, beginnt sich ein autonomes Leben allmählich auch in den jüngeren und mittleren Altersjahrgängen auszubreiten. Wir bezeichnen es als das **'neue Singleleben'**, das im dritten Jahrzehnt des individuellen Lebenslaufs - in der postadoleszenten Passage des Erwachsenenseins - in einem engen Zusammenhang mit der Ausweitung des Bildungssystems und der Verbesserung der ökonomischen Lage der jüngeren Bevölkerung steht, und im vierten Lebensjahrzehnt - dem traditionalen "Familienlebensalter" - als ein Ausdruck eines veränderten Bindungsgeschehens im Kontext von Ehe und Familie erscheint.

Ein Singleleben im Lebensalter zwischen 30 und 40 ist - so können wir resümieren - keine althergebrachte, traditionale Lebensweise. *Im "Familienlebensalter" unter Verzicht auf soziale Bindungen zu leben ist ein historisch nicht gekanntes, überaus neuartiges gesellschaftliches Phänomen.* Es ist das Ergebnis der allerjüngsten gesellschaftlichen Entwicklung: in den vergangenen ein oder zwei Generationen.

3. Eine Sozialstatistik des Singlelebens

Die Ausbreitung des Singlelebens findet Aufmerksamkeit. "Single-Haushalte nehmen drastisch zu"[52], "Immer mehr Singles in Bayern"[53] - solcherart Pressemeldungen sind uns seit jüngerer Zeit geläufig und tragen erheblich zu dem öffentlichen Bewußtsein bei, daß unsere Gesellschaft auf dem Weg zu einer Art 'Single-Gesellschaft' sei. Ist diese Kennzeichnung ein Stück weit zutreffend, oder handelt es sich um ein bloßes Schlagwort über ein gesellschaftliches Randphänomen, dem es verstärkt gelingt, in die Tagespresse zu geraten? Wer sind die 'neuen Singles', und inwieweit tragen sie - in einem statistischen Sinne - zu einer Verdrängung traditionaler Formen des Zusammenlebens bei?

Die Beantwortung dieser Fragen setzt eine Reihe von statistischen Informationen über diese Lebensform voraus. Die bisherige Informationsbasis über Singles ist aber - wie wir in einem ersten Schritt aufzeigen werden - allzu dürftig. In einem zweiten Schritt werden wir versuchen, diese Informationsbasis zu verbessern und eine Sozialstatistik der 'neuen Singles' im "Familienlebensalter" zu präsentieren.

3.1. Statistische Unschärfen

Der Mikrozensus[54] des STATISTISCHEN BUNDESAMTES stellt in den Jahren zwischen den Volkszählungen eine wichtige Informationsgrundlage über die Struktur und die Entwicklung von familialen Lebensformen dar. In Bezug auf die Lebensform des Singlelebens jedoch erweist sich diese Grundlage als unzureichend. Es sind hauptsächlich zwei Probleme, die für erhebliche statistische Unschärfen des Singlelebens verantwortlich sind: ein *Kategorienproblem* und ein *Überschätzungsproblem*.

- Das *Kategorienproblem* besteht darin, daß Singles in der Nomenklatur der amtlichen Statistik nicht enthalten sind. Es gibt keine Kategorie der 'Singles', wie es etwa die Kategorien der 'Familie', der 'nicht-ehelichen Lebensge-

---

52 FAZ vom 31.03.1990.
53 SZ vom 22.05.1990.
54 Der Mikrozensus basiert auf einer 1 %-Stichprobe der Wohnbevölkerung der Bundesrepublik Deutschland einschl. West-Berlins. Seine Methodik ist ausführlich dargestellt in STATISTISCHES BUNDESAMT (1972): Bevölkerung und Kultur, Fachserie A, Reihe 6/I, Stuttgart, Mainz.

meinschaft', der 'Alleinstehenden' gibt. Wenn in den öffentlichen Medien von 'Singles' gesprochen wird, ist in der Regel eine spezifische Kategorie des Haushalt-Konzeptes des STATISTISCHEN BUNDESAMTES gemeint: der sogenannte 'Ein-Personen-Haushalt' als Privathaushalt. Mit Personen in 'Ein-Personen-Haushalten' sind diesem Konzept nach "Personen, die allein wohnen und wirtschaften"[55], einschließlich Untermieter, gemeint. Eine solchermaßen definierte Kategorie liefert jedoch nicht unmittelbar Informationen über Singles, sondern über *Alleinlebende*.[56] Anders gesagt: Die amtliche Statistik trennt nicht Singles von Personen in LATs, sondern weist sie nur in ihrer Addition als die Gesamtheit der Alleinlebenden aus. Der entscheidende Grund für diesen Umstand ist, daß das STATISTISCHE BUNDESAMT es - möglicherweise aus guten Gründen der Befragtensensibilität - versäumt hat, über die Feststellung eines autonomen Haushaltens hinaus in allen Fällen die Existenz einer festen Partnerbindung zu erheben. Soweit eine solche Bindung *nicht-ehelich* ausgeprägt ist, bleibt sie von dem Meßraster des üblicherweise eingesetzten, *ehezentrierten* 'Familienstand'-Indikators ("ledig, verheiratet, verwitwet, geschieden") unerkannt.

- Das *Überschätzungsproblem* trägt einen weiteren Anteil zu den statistischen Unschärfen des Singlelebens bei. Dabei handelt es sich um Probleme der Erkennung von Ein-Personen-Haushalten im Rahmen der Erhebung des Mikrozensus. Das Kriterium des 'Alleinwirtschaftens' bietet einen zu großen Interpretationsspielraum, um Alleinlebende von Personen anderer Lebensformen zu unterscheiden. Zu diesem Problem gibt DROTH ein typisches Beispiel: "Vier erwachsene, nicht miteinander verwandte Personen leben in einer gemeinsamen Wohnung. Einer von ihnen ist der Haupt-, die anderen drei sind Untermieter. Verstehen sich die vier Personen als eine 'Wirtschaftsgemeinschaft', so bilden sie einen Vier-Personenhaushalt; tun sie das hingegen nicht, so werden sie als vier Ein-Personenhaushalte erfaßt"[57]. Die Zuordnung von Personen zu bestimmten Haushaltstypen führt in einer unbekannten Zahl von Fällen dazu, Mitglieder von Wohngemeinschaften, aber auch Personen in nicht-ehelichen Lebensgemeinschaften fälschlicherweise als Alleinlebende zu erheben. Wir müssen daher davon ausgehen, daß die Zahl der Alleinlebenden (und implizit die Zahl der Singles) in der amtlichen Statistik eher *überschätzt* wird.

---

55 STATISTISCHES BUNDESAMT (1988): Haushalte und Familien, Fachserie 1 Reihe 3, Stuttgart, Mainz, S. 13.
56 Vgl. unsere Definition des Alleinlebens in Kap. II 1.
57 DROTH, W. (1983): Demographische Entwicklungen in der Bundesrepublik Deutschland, in: WAGNER, M., DROTH, W., DANGSCHAT, J. (Hrsg.): Räumliche Konsequenzen der Entwicklung neuer Haushaltstypen. Eine Literaturstudie, Hamburg, S. 7.

54   Kap. II 3. Eine Sozialstatistik des Singlelebens

In dieser Situation mag es hilfreich sein, die unscharfen Informationen der amtlichen Statistik mit dem Datenmaterial von bundesweiten sozialwissenschaftlichen Repräsentativumfragen zu ergänzen. Sozialwissenschaftliche Repräsentativumfragen bieten auf der einen Seite in der Regel einen tiefer gliederungsfähigen und aktuelleren Kategorienapparat. Auf der anderen Seite können sie in puncto Repräsentativität nicht mit dem Mikrozensus konkurrieren. Geringe Auswahlsätze und hohe Ausfallquoten schmälern typischerweise die Generalisierbarkeit ihrer Daten.

Mit diesen Vorzügen und Nachteilen ist auch die 'Allgemeine Bevölkerungsumfrage der Sozialwissenschaften' (ALLBUS)[58] als bundesweite Repräsentativumfrage behaftet. Auf der einen Seite ermöglicht die ALLBUS eine eindeutige Identifikation von Singles. Wir können uns mit ihrer Hilfe einen Überblick über die Verbreitung des Singlelebens in der uns interessierenden Altersstufe verschaffen. Auf der anderen Seite erscheinen aber auch die ALLBUS-Daten aufgrund der relativ geringen Fallzahl (ca. 3000 Befragte insgesamt) und einer hohen Ausfallquote (ALLBUS 1986: 41,3 %) einigermaßen unzuverlässig. In dem folgenden statistischen Überblick über Singles beziehen wir uns auf *beide* Datenquellen - und ausschließlich in Bezug auf die alten Bundesländer. Mit dem Datenmaterial des Mikrozensus nähern wir uns den Singles nur ein Stück weit an, wenn wir auf seiner Basis Aussagen über die Struktur und Entwicklung des Alleinlebens treffen. Unsere Recherchen in der ALLBUS des Jahres 1986 bieten dagegen Informationen über das Singleleben selbst. Kein Weg aber führt an dieser Stelle daran vorbei, daß es sich um statistisch 'weiche' Daten handelt. Sie zeigen das Singleleben nur im Zerrspiegel.

3.2. Die "neuen Singles" im "Familienlebensalter"

Der *Ausbreitungstrend des Alleinlebens* (und in ihm implizit und maßgeblich enthalten derjenige des Singlelebens), wie er auf dem Gebiet der alten Bundesländer zwischen den Jahren 1961 und 1981 mit Hilfe der Kategorie der 'Bevölkerung in Ein-Personen-Haushalten' festgestellt werden kann, ist offenbar nicht nur ein typisch deutsches Phänomen. Der alleinlebende Bevölkerungsanteil stieg in den letzten zwanzig Jahren hierzulande von 7,2 % auf 12,9 % der

---

58   Projektleitung: LEPSIUS, M. R. (Heidelberg), SCHEUCH, E. K. (Köln), ZIEGLER, R. (München). Durchgeführt in Kooperation mit dem Zentrum für Umfragen, Methoden und Analysen (ZUMA) e. V. in Mannheim und dem Zentralarchiv für empirische Sozialforschung der Universität zu Köln.

Gesamtbevölkerung an. Der Anteil der Ein-Personen-Haushalte an allen Privathaushalten stieg in dem gleichen Zeitraum von 20,6 % auf 31,3 %, in Österreich von 20 % auf 27 %, in der Schweiz von 14 % auf 29 % (1960/80), in den Niederlanden von 12% auf 18 % (1960/78), in Großbritannien von 11 % auf 22 % (1961/80), in Schweden von 20 % auf 33 % (1960/80) und in den Vereinigten Staaten von 13 % auf 23 % (1960/81).[59] Der Anstieg des Alleinlebens ist internationalisiert: ein allgemeines Phänomen der westlichen Industrieländer. Darüber hinaus ist dieser Ausbreitungstrend offenbar noch nicht abgeschlossen. In den alten Bundesländern setzte sich dieser Trend bis zum Jahre 1988 auf 34,9 % Ein-Personen-Haushalte an allen Privathaushalten fort. Diesem Anteil entsprechen fast 10 Mio. Alleinlebenden - zusammengenommen fast 10 Mio. Singles und Personen in LATs zwischen Hamburg und München also.

Sind wir auf dem Weg in eine 'Single-Gesellschaft'? Verdrängt das Singleleben Ehe und Familie?

Ein Blick in die Abb. II-4 (auf der folgenden Seite) relativiert diese Gedanken. Sie zeigt uns für das Jahr 1988 eine sehr ungleiche Verteilung des Alleinlebens im Bevölkerungsaufbau. Der Übersicht zufolge ist das Alleinleben überwiegend ein *weibliches* Alleinleben. 63,5 % aller Alleinlebenden sind Frauen. Die Männer dominieren nur im mittleren Lebensalter (von 25 bis 55 Jahren); in allen anderen Altersstufen überwiegen die Frauen unter den Alleinlebenden. Die statistische Dominanz der Frauen wird besonders *im hohen Lebensalter* ersichtlich: Mehr als *sechs* Mal so viele Frauen finden sich unter den über 65jährigen Alleinlebenden im Vergleich zu den Männern. Dabei handelt es sich um das *'traditionale Singleleben'* (und einem Anteil in LATs lebender) älterer, verwitweter Frauen. Wie sehr Witwen das Alleinleben insgesamt bestimmen, wird aus der folgenden Übersicht deutlich:[60]

```
Witwen ............................ 34,6 %
ledige Frauen ..................... 22,0 %
ledige Männer ..................... 20,5 %
geschiedene Frauen ................ 6,7 %
Witwer ............................ 5,5 %
geschiedene Männer ................ 5,5 %
verheiratet-getrenntleb. Männer ... 3,5 %
verheiratet-getrenntleb. Frauen ... 1,7 %

Alleinlebende ..................... 100,0 %
```

---

59 SCHWARZ, K. (1983): Die Alleinlebenden, in: ZEITSCHRIFT FÜR BEVÖLKERUNGSWISSENSCHAFT, 9/2, S. 242 f.
60 STATISTISCHES BUNDESAMT (1990): Haushalte und Familien 1988, Fachserie 1 Reihe 3, Stuttgart, S. 90.

Abb. II-4:

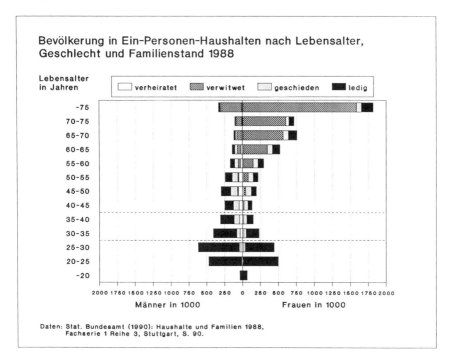

Der Schwerpunkt des Alleinlebens liegt also im hohen Lebensalter. Und auch nur dort macht die Rede von einer 'Single-Gesellschaft' Sinn. Vor allem unter den Frauen über 75 Jahren herrscht das Alleinleben als Lebensform in unserer Gesellschaft vor: 64 % von ihnen sind alleinlebend, die allermeisten von ihnen Singles.[61] In allen anderen Altersphasen erreichen Singles nur einen eindeutigen gesellschaftlichen Minderheitenstatus. In der Alleinstehenden-Literatur werden Singles jedoch selten mit älteren Menschen in Verbindung gebracht.[62] Vorherrschend ist das Bild von jüngeren, berufstätigen Singles. *Jüngere Singles* aber *erreichen nur einen geringen Anteil unter allen Alleinlebenden.* Während 40 % aller Alleinlebenden bereits über 65 Jahre alt sind, gehören nur 22 % von ihnen

---

61   STATISTISCHES BUNDESAMT (1990): Haushalte und Familien 1988, Fachserie 1 Reihe 3, Stuttgart, S. 89.
62   Eine Ausnahme ist beispielsweise TISSUE, T. (1979): Low-Income Widows and Other Aged Singles, in: SOCIAL SECURITY BULLETIN, S. 3-10.

Kap. II 3. Eine Sozialstatistik des Singlelebens 57

Abb. II-5: Veränderung der Zahl der Männer in 1-Pers.-Haushalten gegenüber 1957 nach Alterskategorien

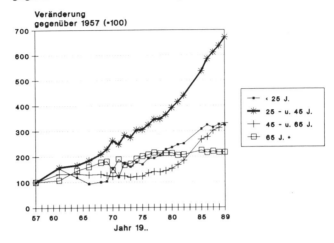

Daten: Stat. Bundesamt (1990): Haushalte und Familien.
Fachserie 1 Reihe 3, Stuttgart, S. 220.

Abb. II-6: Veränderung der Zahl der Frauen in 1-Pers.-Haushalten gegenüber 1957 nach Alterskategorien

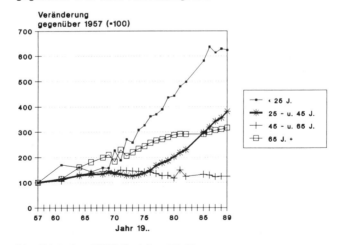

Daten: Stat. Bundesamt (1990): Haushalte und Familien.
Fachserie 1 Reihe 3, Stuttgart, S. 220.

58 Kap. II 3. Eine Sozialstatistik des Singlelebens

Abb. II-7:

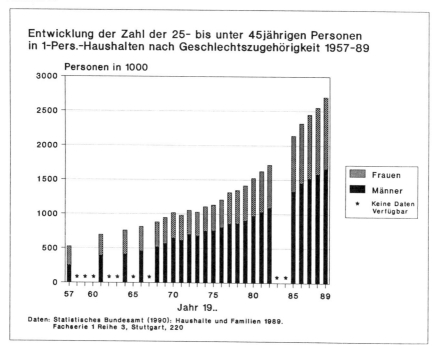

Entwicklung der Zahl der 25- bis unter 45jährigen Personen in 1-Pers.-Haushalten nach Geschlechtszugehörigkeit 1957-89

Daten: Statistisches Bundesamt (1990): Haushalte und Familien 1989. Fachserie 1 Reihe 3, Stuttgart, 220

zu den unter 30 Jährigen und 12 % zu den Singles und LATs im "Familienlebensalter" zwischen 30 und 40.

So unbedeutend sich das 'neue Singleleben' unter den Alleinlebenden ausnimmt, so *überragend* ist auf der anderen Seite seine *Entwicklungsdynamik*. Nicht das 'traditionale Singleleben' des höheren Lebensalter, sondern das 'neue Single- und LAT-Leben' - indiziert als unter 45 jährige Personen in Ein-Personen-Haushalten - gewinnt in den letzten Jahren enorm an quantitativer Bedeutung (Abb. II-5 und II-6). So hat sich gegenüber dem Jahre 1957 die Zahl der alleinlebenden *Frauen* im Alter zwischen 25 und 45 Jahren[63] bis zum Jahre 1989 fast vervierfacht. Im Lebensalter unter 25 Jahren leben heute mehr als sechsmal so viele Frauen in einem eigenen Haushalt für sich allein als noch 1957. Unter den *Männern* im Lebensalter zwischen 25 und 45 Jahren ist in diesem Zeitraum

---

63 Die Mikrozensus-Veröffentlichungen des STATISTISCHEN BUNDESAMTES sehen zu diesem Gesichtspunkt nur Daten für die Alterskategorie 25-45, nicht für 30-40 vor.

Kap. II 3. Eine Sozialstatistik des Singlelebens 59

fast eine *Versiebenfachung* der Zahl der Alleinlebenden festzustellen. Die Gesamtzahl der Alleinlebenden über 65 Jahre hat sich gegenüber 1957 dagegen 'nur' verdreifacht. Die ungewöhnliche Entwicklungsdynamik der 'neuen Singles' wird auch in absoluten Zahlen deutlich (Abb. II-7): Lebten 1957 erst 521.000 Personen im Alter zwischen 25 und 45 Jahren in Ein-Personen-Haushalten, so hat diese Zahl bis zum Jahre 1989 auf 2,7 Mio. Personen zugenommen - mit der Tendenz: weiter steigend. In diesen Zahlen spiegelt sich ein historisch nicht gekanntes Phänomen der Freisetzung aus gemeinschaftlichen Lebenszusammenhängen wider. Nur zu einem Drittel ist diese Freisetzung im "Familienlebensalter" demographisch zu erklären: als das Resultat einer sich seit den fünfziger Jahren wandelnden Altersstruktur. Zwei Drittel der Entwicklungsdynamik des Alleinlebens zwischen 25 und 45 Lebensjahren müssen vielmehr als der Ausdruck eines *veränderten Bindungsverhaltens* interpretiert werden - mit einer stark zunehmenden Aktivität bzw. Betroffenheit von Männern.

Wenn wir beide Erhebungen - den Mikrozensus[64] und den ALLBUS - als Datenquellen zu einer Sozialstatistik des Singlelebens heranziehen, so können wir in Bezug auf die *30- bis 40jährige Wohnbevölkerung deutscher Staatsangehörigkeit in Privathaushalten im Jahre 1986* folgende Eckwerte für das traditionale "Familienlebensalter" festhalten:[65]

- 74 % sind keine Alleinstehenden, sondern *leben mit einem Ehepartner zusammen* (Mikrozensus).

- 26 % gehören dagegen zu den *Alleinstehenden*. Sie leben in den unterschiedlichsten Lebensformen, aber *nicht* zusammen mit einem Ehepartner in einem gemeinsamen Haushalt (Mikrozensus).

- 14 % sind Alleinstehende, die mit anderen Personen (nicht ehelich) *zusammenleben* (Mikrozensus).

- 12 % sind *Alleinlebende*. Dabei handelt es sich um insgesamt 45 % aller Alleinstehenden in dem Lebensalter zwischen 30 und 40 Jahren (Mikrozensus).

- 3 % leben als Alleinlebende mit einem festen Partner in einem *LAT-Verhältnis* (ALLBUS).

---

64 STATISTISCHES BUNDESAMT (1988): Haushalte und Familien, Fachserie 1 Reihe 3, Stuttgart, Mainz, S. 94.
65 Zum besseren Verständnis der folgenden Übersicht vgl. Abb. II-3.

- **9 % leben als Singles.** Etwa *jeder dritte Alleinstehende* im Lebensalter zwischen 30 und 40 Jahren lebt demnach als Single. Dieser Anteil entspricht etwa *800.000 30- bis 40jährigen Singles* auf dem Gebiet der alten Bundesländer in einer deutschen Wohnbevölkerung von insgesamt knapp 9 Mio. Personen in dieser Altersphase (ALLBUS).

Diese Übersicht relativiert noch einmal die Vorstellung von einer 'Single-Gesellschaft' ganz gehörig. Zwar erreicht das 'neue Singleleben' unter den *alternativen* Lebensformen - jenseits von Ehe und Familie - einen beachtlichen Stellenwert, aber in der Relation zu Ehe und Familie selbst sind Singles kaum mehr als eine - wenn auch sich dynamisch entwickelnde - *Randerscheinung*. Die nach wie vor herrschende Dominanz der traditionalen Lebensformen gegenüber dem Singleleben zeigt sich etwa darin, daß acht mal mehr Personen in einer ehelichen Bindung leben als in einem Singleleben. Nicht ein Single, sondern ein Ehegatte zu sein ist im Lebensalter zwischen 30 und 40 auch heute noch statistisch 'völlig normal'.

Typische Kennzeichen der Lebensform von *30- bis 40jährigen 'neuen Singles'* sind:[66]

- eine *Dominanz der Ledigen*: Über zwei Drittel dieser Singles verfügen über keinerlei Eheerfahrung, eine Minderheit ist bereits geschieden.

- eine *Dominanz der Männer*: Männer sind zu 86 % 'anfälliger' für ein Singleleben im "Familienlebensalter" als die Frauen. Betrachtet man die folgende Übersicht:

Lebensform	Geschlechterproportion
Alleinstehen	1 zu 1,32
Alleinleben	1 zu 1,66
Singleleben	1 zu 1,86

so läßt sich das folgende 'Gesetz' basteln: Eine Lebensform ist im mittleren Lebensalter desto eher eine Lebensform der Männer, je vereinzelter diese konstruiert ist. Den Frauen wird zwar mehr Lebenszufriedenheit und Kreativität in individualisierten Lebensformen nachgesagt[67], solche Lebens-

---

66 Eigene Auswertung des ALLBUS 1986.
67 So etwa die These von MEYER, S., SCHULZE, E. (1989): Balancen des Glücks. Neue Lebensformen: Paare ohne Trauschein, Alleinerziehende und Singles, München.

Abb. II-8:

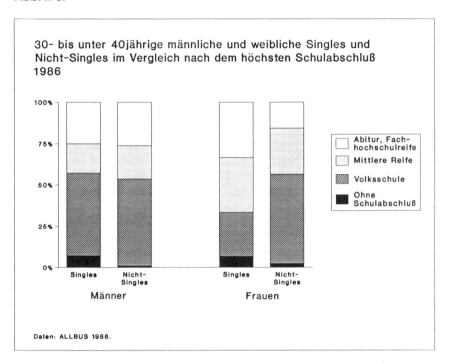

30- bis unter 40jährige männliche und weibliche Singles und Nicht-Singles im Vergleich nach dem höchsten Schulabschluß 1986

Daten: ALLBUS 1986.

formen konkret zu leben ist aber in erster Linie 'Männersache'. Die Gründe dafür liegen auf der Hand: Zum einen heiraten Männer durchschnittlich etwas später als Frauen, so daß es im Lebensalter zwischen 30 und 40 mehr *ledige* Männer als ledige Frauen gibt, zum anderen ist der Anteil derjenigen *geschiedenen* Männer wesentlich höher, welche nach ihrer Scheidung Singles werden und nicht als Alleinerziehende mit dem Recht auf elterliche Sorge um ihre Kinder leben, als dies unter geschiedenen Frauen der Fall ist;

- ein *hohes schulisches Bildungsniveau der Frauen*: Während männliche Singles in etwa das gleiche Bildungsniveau wie Männer in anderen Lebensformen aufweisen, sind weibliche Singles weitaus gebildeter als andere Frauen (Abb. II-8). So ist der Anteil von Abiturienten unter den weiblichen Singles mehr als doppelt so hoch wie unter anderen Frauen. Selbst gegenüber den männlichen Singles erweisen sich die partnerlos alleinlebenden Frauen überlegen;

62 Kap. II 3. Eine Sozialstatistik des Singlelebens

- eine *hohe Erwerbsbeteiligung der Frauen*: Das Singleleben ist eine am Arbeitsmarkt orientierte Lebensführung - und dies nicht nur unter den Männern (Abb. II-9). Geschlechtsspezifische Differenzen am Arbeitsmarkt sind unter den Singles weitgehend aufgehoben. 74 % der Männer und 80 % der Frauen unter den 30- bis 40jährigen Singles erzielen ihren Lebensunterhalt in erster Linie aus eigenem Erwerbseinkommen und Vermögen. Wem dies nicht gelingt, greift typischerweise nicht auf die Ressourcen der Herkunftsfamilie oder eines früheren festen Partners zurück, sondern findet in der *Anonymität* öffentlicher Transferleistungen eine finanzielle Unterstützung.

Entsprechend unterscheiden sich *weibliche* Singles von verheirateten Frauen hinsichtlich ihres Erwerbsverhaltens besonders drastisch. 'Familienfrauen' erzielen ihren Unterhalt in der Regel durch den Ehepartner und seine berufsorientierte Lebensführung. Sie sind sozusagen 'eheversorgt'. Nur eine Minderheit (36 %) unter den Frauen zwischen 30 und 40 sichert ihre Existenz aus eigener Kraft am Arbeitsmarkt. Nicht so die *Singles* unter den Frauen. An die Stelle einer Eheabhängigkeit setzen sie eine *Erwerbsabhängigkeit* ihrer Lebensführung, welche unter Umständen ganz andere Fragen von persönlicher Autonomie aufwerfen mag;

Abb. II-9:

30- bis unter 40jährige männliche und weibliche Singles und Nicht-Singles im Vergleich nach der überwiegenden Einkunftsquelle 1986

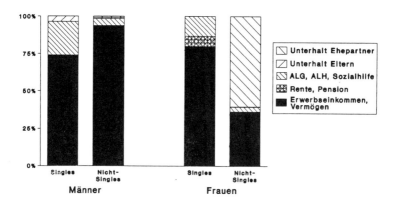

Daten: ALLBUS 1986.

Kap. II 3. Eine Sozialstatistik des Singlelebens

- ein *großstädtisches Phänomen*: Den Informationen des Mikrozensus[68] nach leben 56 % aller 25- bis 45jährigen Personen in Ein-Personen-Haushalten im Jahre 1988 in Städten mit mehr als 100.000 Einwohnern, und 31,8 % in Städten mit mehr als 500.000 Einwohnern. Betrachtet man 25- bis 45jährige Bezugspersonen in Haushalten, so läßt sich ein Anstieg des Anteils der Ein-Personen-Haushalte an allen Haushalten mit der Größe der Gemeinde feststellen (Abb. II-8): von 12,9 % in Kleingemeinden bis zu 5.000 Einwohnern bis zu 42,0 % in Städten mit 500.000 Einwohnern und mehr.

Wie sehr sich die Großstädte in den alten Bundesländern zu *Zentren des Alleinlebens im mittleren Lebensalter* entwickelt haben, zeigen die Beispiele von Bremen, Hamburg und Berlin (West). Während in dem gesamten Gebiet der alten Bundesländern im Jahre 1988 13 % aller 30- bis 40jährigen Einwohner in Ein-Personen-Haushalten leben, steigt dieser Anteil in Bremen auf 21 %, in Berlin (West) auf 26 % und in Hamburg sogar auf 28,6 %.[69] In Hamburg lebt demnach mehr als jede vierte Person im "Familienlebensalter" nicht in Ehe und Familie, sondern als Single oder als Alleinlebender in einem LAT-Verhältnis.

Abb. II-10: Anteil der Ein-Personen-Haushalte an allen Haushalten mit einer 25- bis 45jährigen Bezugsperson nach der Gemeindegröße 1988

Gemeindegrößenklasse	Anteil
bis 5.000 Einwohner	12,9 %
5.000 bis 10.000 Einwohner	16,2 %
10.000 bis 20.000 Einwohner	20,1 %
20.000 bis 50.000 Einwohner	23,2 %
50.000 bis 100.000 Einwohner	28,4 %
100.000 bis 200.000 Einwohner	35,7 %
200.000 bis 500.000 Einwohner	35,5 %
500.000 und mehr Einwohner	42,0 %

Daten: STATISTISCHES BUNDESAMT (1990): Haushalte und Familien 1988, Fachserie 1 Reihe 3, Stuttgart, S. 65 ff.

---

68 STATISTISCHES BUNDESAMT (1990): Haushalte und Familien 1988, Fachserie 1 Reihe 3, Stuttgart, S. 65 ff.
69 STATISTISCHES BUNDESAMT (1990): Haushalte und Familien 1988, Fachserie 1 Reihe 3, Stuttgart, S. 100.

Abb. II-11:

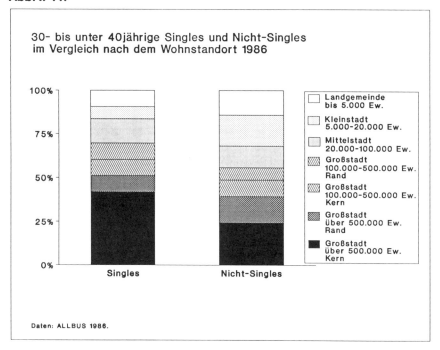

Daten: ALLBUS 1986.

Der ALLBUS vermittelt nicht nur ein Bild über die räumliche Verteilung von Ein-Personen-Haushalten, sondern über diejenige von *Singles* selbst. Ein Vergleich von 30- bis 40jährigen Singles mit Personen anderer Lebensformen der gleichen Altersstufe nach der Größe der Gemeinde, die sie jeweils bewohnen, zeigt uns deutliche geographische Abweichungen (Abb. II-11). *Über 40 % der Singles nehmen einen Wohnstandort im Kerngebiet einer Stadt mit 500.000 Einwohnern und mehr* ein, dagegen wohnen dort nur 24 % der Nicht-Singles. Das Singleleben entfaltet sich vor allem in den Standorten einer mobilen und fluktuierenden Wohnbevölkerung der Metropolen und in der räumlich unmittelbaren Nähe zu dem Konsum- und Kulturangebot der City. In den suburbanen Zonen dieser bevölkerungsreichen Städte - in den Eigenheim-, Reihenhaus- und Hochhaussiedlungen im Grünen - sind Singles wesentlich geringer vertreten, als es proportional zu erwarten wäre. Und sie sind im klein- und landstädtischen Bereich deutlich *unter*repräsentiert: Insgesamt nur 16 % der Singles, aber 32 % der Nicht-Singles wohnen in Gemeinden mit weniger als 20.000 Einwohnern.

KAP. III KONZEPTION DER STUDIE

1. Theoretische Konzeption

Ein *psychologischer* Blick auf Singles könnte es nahelegen, von einem Bindungsverzicht als den Ausdruck spezifischer Persönlichkeitseigenschaften der Betroffenen zu sprechen. In dieser Perspektive erscheint das Leben als Single beispielsweise im Sinne des Defizitansatzes[70]: als das Ergebnis persönlicher Schwächen oder Unfähigkeiten oder als die Folge einer narzißtischen Persönlichkeit und eines mangelnden Bindungswillens des einzelnen. Ebenso sind in einer psychologischen Perspektive vorteilhafte Eigenschaften von Singles, die ihren Status zu bewirken vermochten, denkbar: Innovationsbereitschaft, Kreativität, Selbstverwirklichungsstreben als vorherrschende Charakterzüge.

Die vorliegende Untersuchung macht sich einen solchen Blick nicht zu eigen. Sie eröffnet vielmehr eine *soziologische* Perspektive auf das Singleleben, in der ein Bindungsverzicht als ein Ausdruck spezifischer gesellschaftlicher, historisch 'verordneter' Verhältnisse erscheint, wie sie in den Erfahrungsraum des einzelnen eingreifen und psycho-soziale Bewältigungsweisen herausfordern. Das Aufkommen der Lebensform von Singles und die subjektiven Bedeutsamkeiten, die Angehörige dieser Lebensform ihrer Art zu leben beimessen - die *Identitäten* der Singles - werden im folgenden unter der Folie sich wandelnder gesellschaftlicher Lebensverhältnisse interpretiert. In dieser Perspektive sind 'neue Singles' in erster Linie **Figuren einer fortgeschrittenen, einer sich modernisierenden gesellschaftlichen Moderne.** Ihr Auftreten und ihre sinnhafte Lebensbewältigung sind eng an jüngere Entwicklungen im Zusammenleben der Menschen gebunden, die ein Zusammenleben gerade zusehens zu erschweren und in sich mehrenden Fällen zu seiner Auflösung zu bringen vermögen.

Der theoretische Bezugsrahmen, in dem das 'neue Singleleben' im "Familienlebensalter" als eine gesellschaftlich bedingte Existenzweise aufscheint, wird nachfolgend in drei Schritten entfaltet:

Schritt 1: Das Singleleben als Selbsterfahrung zu analysieren - wie es unsere Fragestellung vorgibt - nimmt Bezug auf die Eigeninterpretationen der Singles, anhand derer sie ein Selbstverständnis von sich selbst gewinnen und sich

---

[70] Vgl. Kap. I 2.

anderen Menschen zu präsentieren wissen. Eine solche Perspektive bezieht sich auf die Selbstbilder, die Selbstwertgefühle und die Motivationen, die Singles in ihrem Status der Partnerlosigkeit, des Alleinwohnens und ihres Verzichts auf Kinder entwickeln. Ein Schlüsselbegriff für den Zugang zu dem psychischen Erleben des einzelnen ist derjenige der *Identität*. Was ist mit Identität gemeint, und inwieweit macht uns dieser Begriff die Selbsterfahrung von Singles nicht nur einer psychologischen, sondern auch einer soziologischen Analyse zugänglich?

Schritt 2: Wir wollen anschließend klären, welche Bedeutung soziale Bindungen und familiale Lebensformen - unter ihnen das Singleleben - für die Identität von Erwachsenen, die in diese Lebensformen eingebunden sind, besitzen.

Schritt 3: Wir stellen die Erscheinungsweise des sich ausbreitenden Single-Daseins, insbesondere seine psycho-soziale Bewältigung durch die betroffenen einzelnen, in den Bezugsrahmen der *Individualisierungsthesen* von BECK[71] und BECK-GERNSHEIM[72], die eine zentrale Entwicklungslinie der Modernisierung zu benennen versuchen und möglicherweise einen besonderen Erklärungsbeitrag in Hinblick auf eine ungebundene Lebensführung leisten.

Unsere theoretischen Überlegungen münden abschließend in eine Reihe von *Hypothesen* zur sinnhaften Identifikation von Singles mit ihrer Lebensweise.

1.1. Identität

Es ist eine dem Menschen offenbar spezifisch gegebene Fähigkeit, sich selbst zum Gegenstand seiner Bewußtseinsprozesse zu machen. Ein Mensch kann sich selbst fragen: 'Wer bin ich?' oder 'Was bin ich?' und zu Antworten kommen, die etwas über ihn selbst aussagen, ihn sich selbst beurteilen lassen und Wissen von sich selbst - *Selbst*bewußtsein - darstellen. Sich mit sich selbst auseinander-

---

[71] BECK, U. (1983): Jenseits von Stand und Klasse? Soziale Ungleichheiten, gesellschaftliche Individualisierungsprozesse und die Entstehung neuer sozialer Formationen und Identitäten, in: KRECKEL, R. (1983): Soziale Ungleichheiten, Soziale Welt Sonderband 2, Göttingen, S. 35-74.
BECK, U. (1986): Risikogesellschaft. Auf dem Weg in eine andere Moderne, Frankfurt am Main, S. 113 ff.

[72] BECK-GERNSHEIM, E. (1983): Vom 'Dasein für andere' zum Anspruch auf 'ein Stück eigenes Leben' - Veränderungen im weiblichen Lebenszusammenhang, in: SOZIALE WELT, 3, S. 307-340.
BECK-GERNSHEIM, E. (1986): Von der Liebe zur Beziehung? Veränderungen im Verhältnis von Mann und Frau in der individualisierten Gesellschaft, in: BERGER, J. (Hrsg.): Die Moderne - Kontinuitäten und Zäsuren, Soziale Welt Sonderband 4, Göttingen, S. 209-233.

Kap. III 1. Theoretische Konzeption

setzen heißt: die eigene Person in Übereinstimmung mit spezifischen Eigenschaften bringen, sich selbst anhand bestimmter Maßstäbe beurteilen und identifizieren. Eine Person verschafft sich Wissen davon, was und wie sie eigentlich 'ist' und erlangt so Authentizität mit sich selbst. Die Prozesse der Selbst-Typisierung ermöglichen die Herstellung von "Sichselbstgleichheit"[73] einer Person. In der Sozialwissenschaft wird in diesem Zusammenhang von *Identität* gesprochen. Gemeint ist - genauer gesagt - *personale Identität* im Sinne von *Erfahrungen, die eine Person in Bezug auf sich selbst macht*. Damit ist in etwa angesprochen, was andernorts 'subjektive' oder 'persönliche Identität'[74], 'Ich-Identität'[75], 'Selbst-Identität'[76] oder prinzipiell 'Identität'[77] einer Person genannt wird.

Der Begriff der *personalen* Identität ist von demjenigen der *sozialen* Identität unterschieden.[78] Während personale Identität die *Selbst*einschätzungen einer Person und die mit ihnen verbundenen emotionalen und motivationalen Erfahrungen anspricht, meint soziale Identität die *Fremd*einschätzungen einer Person durch ihre soziale Umwelt. Soziale Identität umschreibt als Begriff die spezifische Kombination von Verhaltenserwartungen anderer, mit denen eine Person in einer Situation umgehen muß. Die vorliegende Arbeit ist an den Erwartungen, Typisierungen, Status- und Rollenzuschreibungen vonseiten der sozialen Umwelt nur insoweit interessiert, wie sie von einer Person in Interaktion mit anderen Personen auch tatsächlich *wahrgenommen* werden.

Dem Identitätsmodell von FREY/HAUBER[79] nach besitzt personale Identität im Blickfeld der *wahrgenommenen Außenperspektive* einer Person eine Schnittstelle zu ihrer sozialen Umwelt. Deren Inhalte werden offenbar, wenn man sich Fragen wie 'Was erwarten die anderen von mir?' oder 'Wie sehen mich die anderen?' stellt. In diesem Blickfeld erkennt eine Person die an sie gerichteten Erwartungen, wehrt sie ab, wertet sie um, oder macht sie sich als Teil ihrer eigenen Persönlichkeit zu eigen. Dabei handelt es sich um einen aktiven Prozeß der Selektion, Interpretation und Gewichtung der im sozialen Erfahrungsraum vermittelten und in der Außenperspektive wahrgenommenen Erwartungen, Vor-

---

73 BROCKHAUS: Stichwort 'Identität'.
74 LUCKMANN, TH. (1979): Persönliche Identität, soziale Rolle und Rollendistanz, in: MARQUARD, O., STIERLE, K. (Hrsg.): Identität, München, S. 293-313.
75 ERIKSON, E. D. (1966): Identität und Lebenszyklus, Frankfurt.
76 RECK, S. (1981): Identität, Rationalität und Verantwortung, Frankfurt.
77 FREY, H.-P., HAUBER, K. (1987): Entwicklungslinien sozialwissenschaftlicher Identitätsforschung, in: FREY, H.-P., HAUBER, K. (Hrsg.): Identität. Entwicklungen psychologischer und soziologischer Forschung, Stuttgart, S. 3-26.
78 FREY, H.-P., HAUBER, K. (1987): a. a. O.
79 FREY, H.-P., HAUBER, K. (1987): a. a. O.

stellungen und Zuschreibungen. Durch das Filter von Selbstreflexivität werden Fremdeinschätzungen zu Eigeneinschätzungen, zu personaler Identität verarbeitet und sedimentiert.

Das Filter von Selbstreflexivität, das die Aneignung von sozialen Erwartungen zu *Eigen*erwartungen steuert, ist das *biographisch akkumulierte Wissen über sich selbst*, das eine Person in der *Innenperspektive* auf sich selbst gewinnt. Die Eigenerfahrungen, die eine Person im Verlaufe ihrer Biographie macht, offenbaren sich nach Fragen wie 'Wie sehe ich mich selbst?' oder 'Wer bin ich vor mir selbst?'. Eine Person stellt Identität mit sich selbst durch die aktive Auseinandersetzung mit sozialen Erwartungen aufgrund derartiger *eigener* Erwartungen her. Dabei sollte der Begriff der 'eigenen Erwartungen' nicht mißverstanden werden. Das Wissen über sich selbst, wie es sich in der Lebensgeschichte einer Person angesammelt hat, ist nur in Abhängigkeit von denjenigen Informationsquellen denkbar, die der historisch sich entfaltende gesellschaftliche Kontext dieser Person bereithält.

Identität ist demnach kein psychologistisches Konzept. Sie entwickelt sich für eine Person nicht "von 'Innen nach Außen', sondern von 'Außen nach Innen'"[80], von der Gesellschaft in das Individuum hinein. Erfahrungen, die ein Mensch mit sich selbst macht, offenbaren ihn nicht nur als ein personales, sondern auch als ein soziales, *vergesellschaftetes* Wesen. Anders ausgedrückt: Die gesellschaftlichen Verhältnisse, denen die Menschen biographisch unterliegen, scheinen in den Selbsterfahrungen der Gesellschaftsmitglieder wie auch in ihren Selbstdarstellungen in Interaktion mit anderen Menschen auf.

1.2. Soziale Bindungen und Identität

Fragen wir Personen in ihrem Alltag, wer sie jeweils sind, erhalten wir von ihnen eine entsprechende Aufzählung von Eigenschaften, die die eigene Person kurz und prägnant umreißen sollen: 'Ich bin Maurer von Beruf', 'Ich bin Vater dreier Kinder', 'Ich bin verheiratet', 'Ich bin 59 Jahre alt', 'Ich bin aus Hessen' etc. Eine solche Liste von 'Ich bin'-Aussagen stellt nur jeweils einen Ausschnitt aus dem Universum aller möglichen Bezeichnungen einer Person dar. Wie dieser Ausschnitt von einer Person gewählt wird, unterliegt jedoch nicht dem Zufall. Eine

---

80 LUCKMANN, TH. (1979): Persönliche Identität, soziale Rolle und Rollendistanz, in: MARQUARD, O., STIERLE, K. (Hrsg.): Identität, München, S. 299.

solche Auswahl ist auch nicht autonome Sache eines Individuums. Es gibt gesellschaftlich bedeutsamere und weniger bedeutsamere, zentrale und eher periphere Prädikate zur Selbst-Identifikation. In einer Zusammenfassung bisheriger empirisch hergeleiteter Systematisierungsversuche von Identität stellen FREY/HAUBER[81] fest, daß in unserer Gesellschaft Personen häufig solche Bezeichnungen ihrer Identität verwenden, die Bezug nehmen auf ihre Positionen in der Gesellschaft, auf die zentralen Interaktionsfelder in ihr und auf die Qualität ihrer Rollen und den mit ihnen verbundenen Gefühlen.

Zu den zentralen, identitätsstiftenden Rollen in unserer Gesellschaft gehören auch diejenigen, in denen die Gesellschaftsmitglieder ihr Leben in ihrer Privatsphäre führen: als Vater, als Ehefrau, als Partner, als Elternteil, als Alleinstehende, als Single. Es machen sich typischerweise beide Aspekte von Identität einer Person - soziale wie personale Identität - daran fest, in welcher familialen Lebensform eine erwachsene Person lebt: über welche sozialen Bindungen sie verfügt, welche Positionen in dem jeweiligen Bindungsgefüge sie einnimmt, und wie sie die auf diese Positionen gerichteten Rollen auszufüllen imstande ist.

In der *Innenperspektive* personaler Identität kann die Zugehörigkeit zu einer spezifischen familialen Lebensform als ein symbolhafter Ausdruck des eigenen Selbst situativ infragegestellt erlebt werden. In solchen Momenten der Selbstreflexion ist das Subjekt gefordert, sich im Kontext seiner biographisch entwickelten Ansprüche hinsichtlich der eigenen Lebensgestaltung (Lebensvorstellungen und Lebenswünsche) und der gesellschaftlich vermittelten Chancen ihrer Verwirklichung, selbstdeutend zu seiner Lebensweise in Beziehung zu setzen. Eine sinnhafte Aneignung der eigenen Lebensweise meint, für sich selbst schlüssige Antworten auf Fragen zu finden wie: 'Paßt diese Art zu leben zu mir und meinen Lebensvorstellungen?' und 'Mit welchen Gefühlen erlebe ich meine Art zu leben? Bin ich so eigentlich glücklich, wie ich lebe?'. Auf diese Fragen mehr oder weniger überzeugende Antworten zu finden bewirkt eine Verortung und Stabilisierung des einzelnen auf der - neben derjenigen von Erwerbsarbeit und Beruf - zweiten Koordinatenachse der Lebensführung: der *privaten* Lebensorganisation.

In einer spezifischen Bindungskonstellation zu leben gewinnt über die Momente der Eigenbewertung und Selbsttypisierung hinaus eine expressive Bedeutung gegenüber der jeweiligen sozialen Umwelt. Verheiratet zu sein, Familie zu

---

81 FREY, H.-P., HAUBER, K. (1987): Entwicklungslinien sozialwissenschaftlicher Identitätsforschung, in: FREY, H.-P., HAUBER, K. (Hrsg.): Identität. Entwicklungen psychologischer und soziologischer Forschung, Stuttgart, S. 15.

haben, in Scheidung zu leben, alleinstehend zu sein, als Single zu leben gehören zu den charakteristischen Aspekten des jeweiligen Lebensstils, mittels dessen eine Person ihre Identität gegenüber anderen Personen mit der Erwartung von Bestätigung und Respekt handhabt und inszeniert. Eine solche Selbst-Präsentation in Interaktion mit anderen Menschen nimmt Bezug auf die Erfahrungen, die das Subjekt in seiner sozialen Umwelt mit ihrer Lebensweise macht. In der *Außenperspektive* personaler Identität offenbaren sich solche Erfahrungen in Fragen wie 'Was denken die anderen von mir?', 'Wie stehe ich mit meiner Lebensart vor den anderen da?', 'Bin ich in meiner Lebensweise wirklich akzeptiert?'. Dabei bilden die wahrgenommenen Fremdbilder, die die jeweilige soziale Umwelt an das eigene Selbst heranträgt, das Erfahrungsmaterial, das die Subjekte über sich selbst in interaktiven Kontexten gewinnen. Derartige Fremdbilder - die eigene Person als Familienvater, Ehegattin, Mutter, Alleinstehender, Single - verdichten sich situational zu einer *sozialen* Identität und können jeweils, wenn sie als überzeugend erlebt werden, in die wahrgenommene Außenperspektive als zutreffende Kennzeichen des eigenen Selbst einfließen.

In einem spezifischen Bindungsgefüge zu leben impliziert vor dem Hintergrund eigener, biographisch angeeigneter Lebenserwartungen mehr oder weniger *vielfältige* interaktive Erfahrungen mit anderen Menschen im Alltagsleben. Entsprechend *facettenreich* sind familiale Lebensformen als Quellen personaler Identität. Die Selbstidentifikation einer Person als Single beispielsweise beinhaltet meist nicht nur diese eine Information des Single-Seins, sondern eine ganze Reihe weiterer Vorstellungen, Gefühle und Motivationen zu dieser Eigenschaft: etwa 'Ich habe es endlich geschafft, ein eigenes Leben zu leben' oder 'Ich fühle mich von anderen allein gelassen' oder 'Ich möchte lieber mit jemanden zusammenleben' oder 'Für meine weitere Zukunft stelle ich mir aber eine richtige Familie vor'. Personen setzen sich in der Regel nicht mit je nur *einem* Merkmal bzw. 'Ich-Satz' zu zentralen Erfahrungsbereichen in Beziehung, sondern gewinnen aus ihnen anhand mehrerer Maßstäbe ein *vieldimensionales* Bild von sich. Die Erfahrungen, die die Subjekte mit sich selbst als Zugehörige einer spezifischen familialen Lebensform machen, konstituieren einen regelrechten *Definitionsraum*[82] ihrer Identität. Identität entfaltet sich in Bezug auf derartige, analytisch abgrenzbare Wirklichkeitsbereiche: nicht nur in Bezug auf die jeweilige Lebensform, sondern auch in Bezug auf andere identitäts-

---

82 FREY, H.-P., HAUßER, K. (1987): Entwicklungslinien sozialwissenschaftlicher Identitätsforschung, in: FREY, H.-P., HAUßER, K. (Hrsg.): Identität. Entwicklungen psychologischer und soziologischer Forschung, Stuttgart, S. 14 ff.

bestimmende Eigenschaften - Geschlecht, Alter, Körper, Psyche, Arbeit, Beruf, Freizeit, Wohnregion, politisches System etc.

Wir sprechen im folgenden von *Single-Identität*, wenn wir die spezifischen Erfahrungen meinen, die Singles in dem Definitionsraum ihres Bindungsverzichtes in der Innenperspektive auf sich selbst und in ihrem Umgang mit anderen Menschen gewinnen. Sie kennzeichnet die "selbstreflexiven Balanceleistungen"[83], die Singles hinsichtlich ihrer Eigenschaft als autonom lebende Personen im Sinne eines Spannungsfeldes zwischen sozialen Fremderwartungen und den sich biographisch angeeigneten Eigenerwartungen zu erbringen haben. Single-Identitäten offenbaren sich in den Antworten auf die Frage nach der subjektiven Bedeutung des Single-Daseins, in der Selbstdefinition in einer Lebenslage außerordentlicher Unabhängigkeit - jenseits von Zweisamkeit, Ehe, Kindern und Familie.

1.3. Gesellschaftliche Individualisierungsprozesse

Die gesellschaftlichen Verhältnisse, in denen sich das 'neue Singleleben' als eigenständige Lebensführung ausdifferenziert und in denen die Angehörigen dieser Lebensform einen Bedingungskontext für ihre subjektive Lebensbewältigung vorfinden, werden im folgenden im Sinne der *Individualisierungsthesen* von BECK[84] und BECK-GERNSHEIM[85] interpretiert. Dabei wird das 'soziale Außen', das über die Schnittstelle der personalen Identität im subjektiven Erleben des einzelnen zur Wirkung kommt, als eine gesellschaftliche Umbruchsentwicklung der Moderne begreiflich. *Der sich in einem Umbruch befindliche gesellschaftliche Kontext* - so lautet die zentrale These - *unterwirft die in ihm lebenden Subjekte verstärkt Tendenzen einer Individualisierung* - bis hin zu dem radikalen Bindungsverzicht eines Singlelebens - *und gibt sich ihnen in dem eigenartigen*

---

83 KRAPPMANN, L. (1982): Soziologische Dimensionen der Identität, Stuttgart.
84 BECK, U. (1983): Jenseits von Stand und Klasse? Soziale Ungleichheiten, gesellschaftliche Individualisierungsprozesse und die Entstehung neuer sozialer Formationen und Identitäten, in: KRECKEL, R. (1983): Soziale Ungleichheiten, Soziale Welt Sonderband 2, Göttingen, S. 35-74.
BECK, U. (1986): Risikogesellschaft. Auf dem Weg in eine andere Moderne, Frankfurt am Main, S. 113 ff.
85 BECK-GERNSHEIM, E. (1983): Vom 'Dasein für andere' zum Anspruch auf 'ein Stück eigenes Leben' - Veränderungen im weiblichen Lebenszusammenhang, in: SOZIALE WELT, 3, S. 307-340.
BECK-GERNSHEIM, E. (1986): Von der Liebe zur Beziehung? Veränderungen im Verhältnis von Mann und Frau in der individualisierten Gesellschaft, in: BERGER, J. (Hrsg.): Die Moderne - Kontinuitäten und Zäsuren, Soziale Welt Sonderband 4, Göttingen, S. 209-233.

'Doppelgesicht' ausgeweiteter persönlicher Freiheiten und Momente erzwungenen Freigesetztseins zu erkennen. Wir werden diese These zunächst argumentativ entfalten und anschließend - in dem darauf folgenden Textabschnitt - ihre Aussage in einen Zusammenhang mit der sinnhaften Lebensbewältigung von Singles bringen.

Modernisierung heißt in seiner allgemeinsten Form ein Prozeß, bei dem Bisheriges durch Neues ersetzt wird. Wenn wir diesen Begriff einmal für einen Vergleich der Lebensverhältnisse der Menschen in sogenannten vormodernen, feudalen Gesellschaften und in modernen, industrialisierten und 'nachindustrialisierten' Gesellschaften heranziehen, so geraten auf vielen Ebenen - Wirtschaft, Kultur, Soziales - Entwicklungen in den Blick, die alle in eine gemeinsame Grundrichtung zu wirken scheinen: in Richtung einer *Individualisierung* des Menschen im Sinne seiner Herauslösung aus traditional gewachsenen Bindungen, Glaubenssystemen und Sozialbeziehungen. Der Begriff der Individualisierung kennzeichnet

- in *kultureller* Hinsicht eine zunehmende Verselbständigung des einzelnen gegenüber übergeordneten, institutionalisierten Sinn- und Geltungszusammenhängen, die traditional den Erfahrungshorizont des einzelnen begrenzten und ihn in einen festgefügten 'Kosmos' der Wirklichkeitssicht und der Lebensinterpretation einbanden;

- in *sozialer* Hinsicht einen Trend zur Autonomisierung des einzelnen gegenüber sozialen Gemeinschaften, die ihm diese traditionalen Geltungsansprüche in aller Verbindlichkeit vermittelten;

- in *wirtschaftlicher* Hinsicht die Herausbildung einer Gesellschaft von eigenständig Subsistenz erzielenden Akteuren - in Erwerbsarbeit am Arbeitsmarkt bzw. durch gesellschaftliche Transferleistungen alimentiert.

Vergleichen wir einmal skizzenhaft die Lebensverhältnisse in der gesellschaftlichen Vormoderne mit den Verhältnissen in der industrialisierten Moderne, um diesen Individualisierungstrend zu verdeutlichen.[86]

Der Mensch der *Vormoderne* lebte typischerweise in einem dicht geknüpften Netz ökonomischer, sozialer und kultureller Bindungen: in der Familienwirtschaft des 'ganzen Hauses', in den Gemeinschaften des Dorfes, in der kulturellen

---

86 BECK-GERNSHEIM, E. (1986): Von der Liebe zur Beziehung? Veränderungen im Verhältnis von Mann und Frau in der individualisierten Gesellschaft, in: BERGER, J. (Hrsg.): Die Moderne - Kontinuitäten und Zäsuren, Soziale Welt Sonderband 4, Göttingen, S. 209-233.

Verwurzelung mit der Heimatregion, in den Verheißungen der Religion und in den Lebensperspektiven, die ihm seine Geschlechtszugehörigkeit und sein sozialer Stand qua Geburt mitgaben. Der Gedanke eines autonom lebenden, entscheidenden, handelnden Individuums war dem Verständnis des mittelalterlichen Menschen fern. Er suchte Halt in der Kontinuität der Überlieferung, in der das einzelne Leben beschlossen war, und Zuflucht in der stützenden und schützenden Gemeinschaft.

Solche Bindungen hatten folglich sehr zwiespältige Wirkungen auf die Lebensführung des einzelnen. Auf der einen Seite sahen derart vorstrukturierte Erfahrungswelten vergleichsweise nur wenige Wahlmöglichkeiten der Lebensgestaltung für den einzelnen vor. Der Lebensverlauf war in seinen Grundzügen weitgehend vorherbestimmt - gleich einer Funktion der jeweiligen sozialen Herkunft und des sozio-ökonomischen Kontextes, in den man hineinwuchs und in dem man 'nun einmal' zu leben hatte. Der Spielraum des einzelnen, einen derart vorbestimmten Lebenszusammenhang zu verlassen und nach Alternativen Ausschau zu halten, war denkbar gering. Auf der anderen Seite bedeutete die enge ökonomische, soziale und kulturelle Gebundenheit des vormodernen Menschen auch ein hohes Maß an Vertrautheit im Leben, an Schutz vor unbotmäßigen Risiken, Vagheiten und Unbestimmtheiten, eine Grundlage für personale Stabilität und Identität.[87] Nie war der Mensch alleingelassen; stets konnte er in der Gewißheit, in einem größeren Ganzen aufgehoben zu sein, sein Leben führen - bei aller Gefährdung durch Naturkatastrophen, Krankheit und materieller Not.

Der Übergang in eine *moderne* Gesellschaft - die philosophische, politische und rechtliche Entdeckung des Individuums als gesellschaftliche Handlungseinheit, die Herausbildung eines kapitalistischen und industrialisierten Wirtschaftssystems, die Tendenzen der Durchmarktung vormals gemeinschaftlicher Lebensbereiche, die Erweiterung individueller Erfahrungswelten im Zuge der Durchdringung der Gesellschaft mit einer Kommunikationsinfrastruktur, die steigende intragesellschaftliche Mobilität, die Änderung des Gemeinschaftslebens im Zuge der fortschreitenden Urbanisierung - brachte für den einzelnen eine Veränderung seiner Lebensverhältnisse im Sinne einer *Befreiung* aus feudalen Kontrollbindungen und sozialen Zwängen der Lebensführung. An die Stelle ständisch vorgeschriebener und geprägter Lebensweisen traten neue Formen der individuellen Lebensgestaltung, wie sie durch eine marktvermittelte Existenzführung des einzelnen in einer auf Erwerbsarbeit und Konkurrenz beruhenden bürgerlichen Gesellschaft ermöglicht wurden. Die Verwirklichung *eigener* Vorstellungen und Bedürfnisse - in den Karrieremobilitäten von Ausbildung und

---

87   IMHOF, A. E. (1984): Die verlorenen Welten, München 1984.

Beruf, in den Spontaneitäten von partnerschaftlicher Liebe, in den erweiterten Wahlmöglichkeiten im Bereich der Sozialbeziehungen - bildete sich zu einem zentralen Kriterium der Lebensführung aus. Vor allem die *Männer* unterlagen derartigen Befreiungsprozessen; den Frauen wurden dagegen vergleichsweise nur geringe Handlungsspielräume zugestanden.[88]

Die Kehrseite dieses Modernisierungsprozesses war ein *erzwungenes Freigesetztsein* aus Lebensbedingungen, die den Menschen in der vormodernen Gesellschaft Halt, Solidarität und Sicherheit gaben. Die Modernisierung riß die Individuen aus der Eingebundenheit des 'ganzen Hauses' und machte sie zu selbständigen, eigenverantwortlichen Akteuren am Arbeitsmarkt - dem Wagnis einer freien Lebensführung ausgesetzt. Im Zuge der fortschreitenden Säkularisierung, der beginnenden Pluralisierung von Lebenswelten, der Konkurrenz von Werten und Glaubenssystemen wurden viele Bezüge aufgelöst, die dem einzelnen ein 'Weltbild', einen sinnstiftenden Zusammenhang vorgaben und ihn in einer überschaubaren Lebensordnung existieren ließen. Die "Entzauberung der Welt" (MAX WEBER) bedeutete zugleich einen tiefgreifenden Verlust an innerer Stabilität und eine Überantwortung des einzelnen an Erfahrungen von Einsamkeit und Entfremdung.[89] Eine Voraussetzung für das Bestehen in einer Gesellschaft, in der individuelle Leistung und Selbstverwirklichung zu bestimmenden Werten wurden, war die für viele Menschen schwierige Einübung von Individualismus, der ihnen fremd war und wie ein verlorener Schutz ihrer Existenz anmutete.[90] Mit ihr einher ging die Entdeckung des Ich als ein autonomes Handlungssubjekt, die es den Menschen mehr oder weniger ermöglichte, die Erfahrungen von Vereinzelung auszuhalten und als Chance zu einem selbstbestimmten Leben zu begreifen.

Auf dieser *ersten Stufe* gesellschaftlicher Individualisierung - einer vornehmlich *männlichen* Individualisierung im Kontext der sich industrialisierenden Moderne - hatte Vereinzelung *neue Formen der Bindung und Solidarisierung* zur Folge: auf der Ebene der Familie, der Nachbarschaft, des städtischen Wohnquartiers, des betrieblichen Lebenszusammenhanges, der Solidargemeinschaften, die gemeinsamen Betroffenheiten von ökonomischen Risiken entsprangen. Es war es *nicht* der 'atomisierte Einzelne', der einer sich modernisierenden Gesellschaft als - sozial ungeschützte - Grundeinheit gegenüberstand, sondern in erster Linie die emotionalisierte Bindungskonstellation der bürgerlichen Form von Familie. Die

---

88 BECK-GERNSHEIM, E. (1983): Vom 'Dasein für andere' zum Anspruch auf 'ein Stück eigenes Leben' - Veränderungen im weiblichen Lebenszusammenhang, in: SOZIALE WELT, 3, S. 307-340.
89 BECHER, U. A. J. (198?): Geschichte des modernen Lebensstils. Essen - Wohnen - Freizeit - Reisen, München, S. 19 ff.
90 WEBER, M. (1984): Die protestantische Ethik I. Eine Aufsatzsammlung, Tübingen.

Frauen hatten sich in erster Linie auf die Binnenwelt der Familie als Kleinhaushalt zu beschränken. Die *Männer* fanden in ihr den ausschlaggebenden psychosozialen Rückhalt in Abschottung gegenüber der bisweilen als übermächtig und unerträglich erfahrenen Arbeitswelt. Die intimisierte Familie entwickelte sich - angesichts der verlorengehenden Deutungsmuster, Bindungen und Sozialbeziehungen - auf dem Basiskonzept einer romantisierten und emotionalisierten Liebe der Geschlechter zu einer kompensatorischen, ideologisch verfestigten Institution der Vergemeinschaftung gegenüber den Formen der Vergesellschaftung im öffentlichen Leben.[91]

Der Prozeß der Individualisierung blieb - so mutet es aus heutiger Sicht an - auf halbem Wege stecken zugunsten einer Integration des einzelnen in die private, nicht entfremdete Binnenwelt der Familie.[92] Spätestens aber seit Beginn der sechziger Jahre dieses Jahrhunderts vollzieht sich eine, bis dato offenbar nicht abgeschlossene, *zweite Stufe* gesellschaftlicher Individualisierung - vor dem Hintergrund von Tendenzen der "Ent-Spezialisierungen, Segmentierungen, De-Institutionalisierungen, Ent-Standardisierungen, 'Ent-Materialisierungen' und (anderen) .. Abwendungen vom industriegesellschaftlichen Weg der Moderne"[93] zu einer gewissermaßen *fortgeschrittenen Moderne*. Im Rahmen dieses erneuten Individualisierungsschubs beginnen sich die Individuen ihrer klassen- und schichtenbezogenen, lokalen und regionalen Bindungen zu entkleiden und zunehmend Bindungsverluste bis hinein in Familie und Partnerschaft zu erfahren.[94] Der dynamische 'Motor' dieser Entwicklung ist ein wohlfahrtsstaatlich organisierter Arbeitsmarkt. Mit ihm in Zusammenhang stehen:

- ein verhältnismäßig *hohes Wohlstandsniveau* auf der Basis von Arbeits- und Transfereinkommen, das die Chancen und Risiken für eine *eigen*bestimmte Lebensgestaltung auf immer weitere Bevölkerungskreise ausweitet;

- die *Ausweitung der schulischen und beruflichen Qualifizierung* als eine Moratoriums- und Orientierungsphase gegenüber dem Erwerbstätigenleben bis in das mittlere Erwachsenenalter hinein und die damit verbundenen Pro-

---

91 BECK-GERNSHEIM, E. (1986): Von der Liebe zur Beziehung? Veränderungen im Verhältnis von Mann und Frau in der individualisierten Gesellschaft, in: BERGER, J. (Hrsg.): Die Moderne - Kontinuitäten und Zäsuren, Soziale Welt Sonderband 4, Göttingen, S. 209-233.
92 RERRICH, M. S. (1988): Balanceakt Familie. Zwischen alten Leitbildern und neuen Lebensformen, Freiburg i. Breisgau.
93 HRADIL, S. (1990): Postmoderne Sozialstruktur?, in: BERGER, P. A., HRADIL, S. (Hrsg.): Lebenslagen, Lebensläufe, Lebensstile, Soziale Welt, Sonderband 7, Göttingen, 125-150.
94 BECK, U. (1983): Jenseits von Stand und Klasse? Soziale Ungleichheiten, gesellschaftliche Individualisierungsprozesse und die Entstehung neuer sozialer Formationen und Identitäten, in: KRECKEL, R. (1983): Soziale Ungleichheiten, Soziale Welt Sonderband 2, Göttingen, S. 35-74.

zesse der Herauslösung des einzelnen aus seinem Herkunftsmilieu und die entstehenden Freiräume zur Erprobung nicht-traditioneller, alternativer Lebensweisen;

- die gegenüber den Männern gleichartige *Einbeziehung der Mädchen und Frauen in die schulischen und beruflichen Bildungsprozesse* und die mit ihr einhergehende *vermehrte Teilhabe der Frauen am Erwerbsleben* - allmählich auch in höher dotierten und qualifizierteren Positionen -, deren Folgen sich in verbesserten sozio-ökonomischen Status der Frauen und in einer Flexibilisierung der traditionalen Rollenteilung zwischen den Geschlechtern abzeichnen;

- die *sich steigernde Arbeitsmarktmobilität*, die die Lebenswege der Menschen aus lokalen, regionalen und sozialen Bindungen löst und neue Beziehungsmuster - teilweise auf der Basis großer räumlicher Distanzen - entstehen läßt;

- die *zunehmenden Konkurrenzbeziehungen* der Menschen untereinander: in der Schule, im Übergang zum Beruf, am Arbeitsplatz, und die mit ihnen einhergehenden Entsolidarisierungen und Entfremdungen voneinander;

- die *zunehmende Ersetzung traditionaler, sozial vernetzter Wohnquartiere* durch urbane und suburbane Großstadtsiedlungen mit ihren gelockerten Bekanntschafts- und Nachbarschaftsbeziehungen;

- die *Ausweitung der Freizeit* und die mit ihr erweiterten Möglichkeiten der Entwicklung und Inszenierung differenzierter Lebensstile und viele weitere Aspekte mehr.

Diese zweite Stufe der gesellschaftlichen Individualisierung greift bis in die intimsten Bindungen der Menschen hinein und legt im traditionellen "Familienlebensalter" bereits eine kleine, aber wachsende Minderheit von Menschen - Singles - von *allen* sozialen Bindungen - an einen Partner, an Kinder, an Mitbewohner - bloß.[95] Mit einer am Arbeitsmarkt orientierten Existenzführung erweitern sich die *Freiheiten* des einzelnen zu vermehrten Wahlmöglichkeiten in seiner individuellen Lebensgestaltung. Zugleich setzen sich aber auch die Prozesse der *erzwungenen Freisetzung* aus ökonomischen, kulturellen und sozialen Bindungen fort. Je stärker die Logik der Individualisierung in den Lebenslauf des einzelnen eingreift, desto deutlicher zeigt sich auf der Ebene der subjektiven Erfahrung als vorläufiges Ergebnis dieser Entwicklung eine zunehmende *Herausbildung eines*

---

95 Für einen statistischen Überblick siehe Kap. II 2.2.2.

individuellen Anspruches, aber auch eines Zwanges zu einem 'eigenen Leben' - jenseits der integrativen Kräfte traditionaler Formen der Vergemeinschaftung.

Ein solches Streben nach Verwirklichung des eigenen Selbst ist jedoch nicht mehr nur auf die *männlichen* Ambitionen in Bezug auf ein erfolgreiches und erfülltes Berufsleben beschränkt, sondern erfaßt jetzt auch die Lebensentwürfe der *Frauen* und ihre Vorstellungen von einer an den *eigenen* Interessen - und das sind auch in zunehmendem Maße *berufliche* Interessen - orientierten Biographie. In der fortgeschrittenen Moderne werden offenbar die Lebensläufe *beider* Geschlechter zunehmend den Segnungen und Lasten eines 'eigenen Lebens' unterstellt, sprich: an vielen Punkten offener und gestaltbarer und zugleich unmittelbarer den Anforderungen des Marktes: der Mobilität, Flexibilität, Konkurrenz und Karriere, unterworfen.

Das Verhältnis der Geschlechter kann von dieser Entwicklung nicht unberührt bleiben. "Die Liebe wird schwieriger denn je", wenn sich Mann und Frau als zwei jeweils *selbständige Individuen* mit *eigenen* Lebenswegen und Rechten auf den Balanceakt zwischen einem 'eigenen Leben' und einem 'Leben zu zweit' einzulassen haben.[96] Unter der Regie der Arbeitsmarktmobilität mag für zwei gleichberechtigte Einzelakteure ein *gemeinsamer* Lebensweg nicht mehr recht realistisch erscheinen. Die Aushandlungsprozeduren über gemeinsame Lebenswege bergen das Risiko in sich, sich zu 'Beziehungskisten' zu entwickeln, und ihr mögliches Ende in einer 'Zerreißprobe' von Partnerschaft: in einer 'Wochenend-Partnerschaft' mit Anreiseverzögerung, in einem Auseinanderleben, in Trennung und Scheidung, in einem *Single-Dasein* zu finden. Das Bild von einem *Ohneeinander* in der Bindung von Mann und Frau, welche sich als modernisierte, androgynisierte "eng vertraute Fremde"[97] *nicht mehr finden*, überzeichnet das gegenwärtige Bindungsgeschehen bei weitem, wirft aber ein Licht auf die weitere Zukunft, wenn sich gegenwärtige Tendenzen durchsetzen sollten.

Aber nicht nur die Liebe wird im Rahmen dieser Entwicklungen schwieriger, sondern auch die Vergemeinschaftungen, die mehr denn je auf der Idee und dem Gefühl von Liebe beruhen - allen voran die *Familie*. Eine Gesellschaft, die zunehmend auf eine arbeitsmarktvermittelte Existenzführung des *Einzelnen* setzt, zugleich aber im *kollektiven* Projekt 'Familie' ihre ideale Lebensform

---

96   BECK-GERNSHEIM, E. (1986): Von der Liebe zur Beziehung? Veränderungen im Verhältnis von Mann und Frau in der individualisierten Gesellschaft, in: BERGER, J. (Hrsg.): Die Moderne - Kontinuitäten und Zäsuren, Soziale Welt Sonderband 4, Göttingen, S. 209-233.
97   RUBIN, L. B. (1983): Intimate Strangers. Men and Women Together, New York.

betont, trägt strukturelle Spannungsmomente für diejenigen in sich, die die gesellschaftlich vorgesehenen Programmpunkte für das "Familienlebensalter" für sich einlösen wollen.[98] Während sich die modernisierende Gesellschaft zunehmend zu rationaler Lebensgestaltung, individueller Freiheit und zu freiem Wettbewerb untereinander bekennt, ist der familiäre Erlebensbereich als ein Ort der Liebe, der Gefühle, der Solidarität und des Natürlichen konzipiert. Eine Gesellschaft, die auf individuelle Leistung und Selbstverwirklichung in öffentlichen Relevanzbereichen setzt, beschränkt eine derartige Lebensführung in erster Linie auf die *männlichen* Gesellschaftsmitglieder, während sie zugleich - nach Maßstaben einer Ständegesellschaft - darauf vertraut, daß die Ehe*frauen* unentgeldlich und privatisiert die Verrichtung der Familienarbeit übernehmen. Die Widersprüche zwischen den Prinzipien von Arbeitsmarkt und Familie konnten so lange verdeckt bleiben, wie sie als 'natürliche' und 'selbstverständliche' Gegebenheiten unhinterfragt geblieben sind - solange also "Ehe für Frauen gleichbedeutend war mit Familienzuständigkeit, Berufs- und Mobilitätsverzicht"[99]. Die Widersprüche brechen heute in dem Maße auf, "indem die Teilung von Berufs- und Familienarbeit in die Entscheidung der (Ehe-)Partner gelegt wird"[100], indem die Aufgabenteilung zu einem Resultat von Aushandlungen zweier individueller, zunehmend geschlechtsunspezifische Lebensentwürfe 'bastelnder' Partner wird. Um so mehr unter den Frauen die *arbeitsmarkt*bezogenen Werte der Lebensführung an Durchsetzungskraft gegenüber dem Ideal einer familiären 'Hingabe' gewinnen, und je beharrlicher die Männer auch förderhin betont arbeitsmarktbezogen leben, desto stärker gerät die 'Lebensaufgabe Familie' unter 'Modernisierungsdruck'.

Das 'neue Singleleben' profitiert unmittelbar von den krisenhaften Erscheinungen im Partnerschafts-, Ehe- und Familienleben. In dem aufbrechenden Konfliktfeld von Arbeit und Familie entsteht der Möglichkeitsraum für die Erprobung und Erfahrung einer derartigen Lebensführung, die diese Spannungsmomente zugunsten einer *individualistischen* Existenzweise 'löst'. *Singles wirken beinahe vollindividualisiert.* Sie sind *extrem frei* von sozialen Abhängigkeiten: mit historisch nie gekannt weiten Handlungsspielräumen, ohne

---

98   Zur These der strukturellen Paradoxie von Arbeitsmarkt und Familie in der Moderne siehe BECK, U. (1986): Risikogesellschaft. Auf dem Weg in eine andere Moderne, Frankfurt am Main, S. 176 ff., BECK-GERNSHEIM, E. (1983): Vom 'Dasein für andere' zum Anspruch auf ein Stück 'eigenes Leben'. Individualisierungsprozesse im weiblichen Lebenszusammenhang, in: SOZIALE WELT, S. 307-340 und RERRICH, M. S. (1988): Balanceakt Familie. Zwischen alten Leitbildern und neuen Lebensformen, Freiburg i. Breisgau, S. 17 ff.
99   BECK, U. (1986): Risikogesellschaft. Auf dem Weg in eine andere Moderne, Frankfurt am Main, S. 199.
100 BECK, U. (1986): Risikogesellschaft. Auf dem Weg in eine andere Moderne, Frankfurt am Main, S. 199.

mit irgendwelchen Ansprüchen an Zeitverwendung, an Zuwendung an andere oder mit sonstigen Pflichten gegenüber Zweiten, denen sie sich nicht erwehren könnten, konfrontiert zu sein. Sie erscheinen zugleich *extrem freigesetzt* von dem psycho-sozialen Rückhalt partnerschaftlicher und familiärer Bindungen und aus den Lebensperspektiven, die mit diesen Bindungen assoziiert sind. Möglicherweise sind sie Vorboten einer gesellschaftlichen Verfassung, in der nicht mehr soziale Bindungen, sondern andere Formen der Vernetzung unter den Menschen eine atomistische Auflösung von Gesellschaft verhindern.

1.4. Hypothesen

Singles - so läßt sich unsere theoretische Perspektive zusammenfassen - leben individualisiert unter an Wirksamkeit gewinnenden gesellschaftlichen Individualisierungsbedingungen. Eine sich individualisierende Gesellschaft pluralisiert sich in relativ autonome Teilsysteme, temporalisiert sich durch schnellen sozialen Wandel und relativiert sich in ihrer Werteordnung. Dabei ist es ein spezifisches Kennzeichen dieses Gesellschaftstypus, daß sich sozial vorgegebene Biographien in sich selbst herstellende - 'selbstbezügliche' - Biographien transformieren. Ihre Mitglieder gewinnen *sich erweiternde Spielräume* in der Entwicklung ihrer Identität und in ihrer biographischen Lebensgestaltung und avancieren zu entscheidenden Konstrukteuren ihres eigenen Selbst und ihrer Lebensentwicklung.[101] Traditionale Handlungsstrukturen und vorgegebene Deutungsmuster stehen in der Tendenz, ihre alltäglich-selbstverständliche Prägekraft für die individuelle Lebensgestaltung einzubüßen und zusehens abhängig von den biographiegestaltenden Entscheidungen des einzelnen zu werden.[102] Dabei verbreitet sich das Spektrum der Wahlmöglichkeiten, die dem einzelnen für seine Lebensgestaltung zur Verfügung stehen, und die eigentliche Wahl ist gesellschaftlich immer weniger vorbestimmt.[103]

In diesem sich entfaltenden gesellschaftlichen Kontext - dem Kontext einer 'Multi-Options-Gesellschaft' - muß der einzelne "bei Strafe seiner permanenten

---

101 LUCKMANN, T. (1979): Persönliche Identität, soziale Rolle und Rollendistanz, in: MARQUARD, O., STIERLE, K. (Hrsg.): Identität, München, S. 293-313.
102 WEYMANN, A. (1989): Handlungsspielräume im Lebenslauf. Ein Essay zur Einführung, in: WEYMANN, A. (Hrsg.): Handlungsspielräume. Untersuchungen zur Individualisierung und Institutionalisierung von Lebensläufen in der Moderne, Stuttgart, S. 1-39.
103 BECK, U. (1986): Risikogesellschaft. Auf dem Weg in eine andere Moderne, Frankfurt am Main, S. 215 ff.

Kap. III 1. Theoretische Konzeption

Benachteiligung lernen, sich selbst als Handlungszentrum, als Planungsbüro in Bezug auf seinen eigenen Lebenslauf ... zu begreifen"[104]. Es ist nicht der traditional handelnde, von den institutionellen Vorgaben und Sicherheiten entlastete Mensch, den die sich modernisierende Gesellschaft zur Leitfigur erhebt, sondern der wagemutige Projektemacher, der 'Life Designer', der biographische Unternehmer, der sich die aufbrechenden Freiheiten aktiv zunutze macht. In dieser Aufwertung des handelnden Subjektes ist auch ein Möglichkeitsraum zur Entfaltung eines *freiwilligen und 'kreativen' Singlelebens* angelegt.

Die sinnhafte Bewältigung eines Bindungsverzichts im "Familienlebensalter" findet aber keine Rückgriffsmöglichkeit auf gängige Sinnschablonen der privaten Lebensgestaltung - wie sie beispielsweise eine Partnerschaft in der Idee von 'Liebe' und eine Elternschaft in der Idee der eigenen 'Selbstreproduktion' besitzen. Keine dieser Vorstellungen taugen als Abziehbilder für das Entwerfen von Single-Identität. Wo es nicht gelingt, einen sinnhaften Rahmen um den Verzicht auf alle Bindungen zu ziehen, liegen Autonomie und Anomie in einem *'einsamen' Singleleben* nahe beieinander. In ihm zeigt Individualisierung sozusagen ihr 'häßliches Gesicht': als eine bedrohliche 'Sinnleere' jenseits der 'ewig lockenden' Attraktion von Liebe und Zweisamkeit, als eine psychische Last, als ein persönliches Versagen, als eine 'Vereinzelungsfalle'.

Wir werden im folgenden einige Vermutungen darüber anstellen, inwieweit es 'neuen Singles' unter derartigen Bedingungen gelingen mag, ihrer Lebensführung eine sinnhafte Grundlage zu verleihen und die eigene Lebensweise als Ausdruck einer biographischen Gestaltungs*chance* zu erkennen und kreativ zu nutzen, und welche 'neuen Singles' eher von den *Risiken* eines Bindungsverzichtes betroffen sind bzw. in der Vorstellung von einem eher benachteiligenden Lebenszustand befangen sind. Unsere Vermutungen fassen wir dabei zu einigen überprüfbaren *Hypothesen* zusammen.

- *Erfahrungen im Eintritt in ein Singleleben*:

Je nachhaltiger sich unter fortgeschrittenen Individualisierungsbedingungen *sozial vorgegebene* Biographien in *sich selbst herstellende* Biographien transformieren, desto größeres Gewicht erhalten die reflexiven Identitäten der Subjekte als Steuerungsinstanzen der individuellen Lebensführung. Identität entwickelt sich von einer allgemeinen gesellschaftlichen Grund-

---

[104] BECK, U. (1986): Risikogesellschaft. Auf dem Weg in eine andere Moderne, Frankfurt am Main, S. 217.

tatsache zu einer permanenten Konstruktionsaufgabe des einzelnen, und personale Identität übernimmt in verstärktem Maße biographische Sinngebungsaufgaben. Diese Sinngebungsaufgaben sind für den einzelnen desto leichter bewältigbar, je stärker das "Identitätsarbeit"[105] leistende Subjekt auf gesellschaftlich vermittelte bzw. biographisch eingeübte Interpretationsmuster Bezug nehmen und sich anhand dieser Bezüge in einer biographischen Kontinuität erfahren kann.

Der *Eintritt in ein Singleleben* - der Moment des Verzichtes auf alle sozialen Bindungen infolge von Scheidung, Trennung, Umzug, Auszug oder Wegzug - findet im Lebensalter zwischen 30 und 40 keine vergleichbar nachdrückliche 'ideologische' Unterstützung wie ein Eintritt in die Lebensmodelle von Liebe, Zweisamkeit, Zusammenleben, Ehe oder Familie. Sich (erneut) binden zu wollen ist in unserer Gesellschaft 'selbsterklärend', aber ohne eine feste Bindung dazustehen läßt eine Reihe von Fragen und Zweifeln an der Sinnhaftigkeit einer solchen Lebenssituation aufkommen. Wir vermuten, daß die sinnhafte Bewältigung des Überganges in eine partnerlose Lebensführung in einem starken Maße davon abhängt, wie die Betroffenen auf einen derartigen 'Individualisierungsprozeß' biographisch vorbereitet sind: in einem psychischen, sozialen wie auch ökonomischen Sinne.

Hypothese 1 - *Je ausgeprägter eine autonome Lebensführung biographisch antizipiert ist, desto leichter wird der Eintritt eines solchen Lebensereignisses sinnhaft bewältigt.*

Wer bis in das Lebensalter zwischen 30 und 40 Jahren hinein unverheiratet und kinderlos gelebt hat, hat bereits vielfältige biographische Entscheidungen getroffen und Lebenserfahrungen hinter sich, die für eine autonome Lebensführung typisch sind. Zu diesen Erfahrungen gehört eine Lebensorganisation, die den Abbruch, das Wechseln und das Neueingehen von sozialen Bindungen ein Stück weit vorwegnimmt und gegen derartige Ereignisse abgesichert ist. Wer jedoch in dem Moment des Verzichtes auf alle sozialen Bindungen auch das Ende einer ehelichen bzw. familiären 'Normalbiographie' zu gegenwärtigen hat, steht in einem biographischen 'Karrierebruch' mit besonderen Anforderungen an die Bewältigung dieser Lebenssituation. Singles mit einer 'Normalbiographie' haben ihr Leben damit verbracht zu lernen, daß man mit anderen Menschen *gemeinschaftlich* lebt und wie man ein solches Leben praktiziert. Nicht im Mittelpunkt ihres 'Ausbildungsprogrammes' stand dagegen die psychische, soziale und öko-

---

105 COHEN, S., Taylor, L. (1980): Ausbruchsversuche: Identität und Widerstand in der modernen Lebenswelt, Frankfurt, S. 23.

nomische Organisierung einer Lebensführung als Single. Der Verlust alter sozialer Bindungen auf einem 'normalbiographischen' Entwicklungsweg ohne die Perspektive neuer, verläßlicher Bindungen stellt eine verunsichernde, eine das eigene Selbst infragestellende, eine identitätskritische Lebenssituation dar, in der familiär geprägte Routinen der Lebensführung und erlernte Muster der Lebensinterpretation für die Betroffenen 'überraschend' zur Disposition stehen.

- *Erfahrungen als Single in der sozialen Umwelt*

Wir vermuten, daß eine sich entfaltende 'Multi-Options-Gesellschaft' den normativen Rahmen für die Lebensführung von Singles im traditionellen "Familienlebensalter" verändert. Noch bis in die siebziger Jahre hinein gaben Singles und andere Alleinstehende genügend Stoff für eine wenig schmeichelhafte Bewertung von seiten ihrer sozialen Umwelt ab. Es wurden Bilder von Personen vermittelt, denen 'etwas fehlt', die 'keine(n)' abgekriegt haben', die 'abweichend' und 'unangepaßt' sind, sich nicht binden wollen oder können und eigentlich nichts anderes als 'einsam' sind.[106] Zu Beginn der neunziger Jahre haben sich die gesellschaftlichen Bedingungen für ein Leben jenseits von Ehe und Familie zu einem deutlichen Mehr an Toleranz entwickelt. Diese 'Normalisierung' vormals 'undenkbarer' Lebensformen läßt sich beispielsweise an nicht-ehelichen Lebensgemeinschaften ablesen: Eltern, Vermieter, Nachbarn und Arbeitgeber tolerieren das Fehlen eines Trauscheins, während noch eine Generation zuvor mit deutlichen Sanktionen zu rechnen war.[107] Auch das Singleleben dürfte von den aufbrechenden Freiheiten der Lebensgestaltung profitiert haben und dort, wo es noch mit abwertenden Fremdbildern über Singles konfrontiert ist, kaum in seiner alltäglichen Ausgestaltung beeinträchtigt werden. Zusammengefaßt lautet unsere Erwartung:

Hypothese 2 - *Singles im "Familienlebensalter" leben nicht in einem gesellschaftlichen Status der Abweichung.*

---

[106] CARGAN, L., MELKO, M. (1982): Singles. Myths and Realities, Beverly Hills, London, New Delhi, S. 18 ff.

[107] BUNDESMINISTERIUM FÜR JUGEND, FAMILIE UND GESUNDHEIT (Hrsg.): Nicht-eheliche Lebensgemeinschaften in der Bundesrepublik Deutschland, Band 170, Stuttgart.

Kap. III 1. Theoretische Konzeption

- *Bindungsvorstellungen und Bindungswünsche:*

Die sich in der fortgeschrittenen Moderne entfaltende zweite Stufe eines gesellschaftlichen Individualisierungsprozesses ist in erster Linie eine Individualisierung der *Frau*.[108] Sie hat unter den Frauen eine deutliche Einstellungsänderung gegenüber Männern, Familie und Hausarbeit mit sich gebracht. Immer mehr Frauen sehen ihre Perspektive (auch) in einer auf Dauer angelegten qualifizierten Berufstätigkeit und sind weniger als früher bereit, die Familienaufgaben ganz alleine zu übernehmen.[109] Frauen versuchen zunehmend, die traditionelle Rollenverteilung in der Ehe zu ihren Gunsten zu verändern, und sind vermehrt an Lebensformen interessiert, die ihnen ein größeres Ausmaß an persönlicher Autonomie gegenüber den Ansprüchen eines männlichen Partners gewähren.[110]

Kosten und Nutzen des Singlelebens sind, so unsere Vermutung, nach der Geschlechtszugehörigkeit ungleich verteilt. So sehr auch die *Männer* statistisch einem wesentlich höheren Risiko für eine ungebundene Lebensführung als die Frauen ausgesetzt sind,[111] spricht auf der anderen Seite einiges dafür, daß *weibliche* Singles die persönliche Freiheit und Unabhängigkeit, die mit einem Single-Dasein verbunden sind, in einem stärkeren Maße zu schätzen wissen. Anders gesagt:

Hypothese 3 - *Im "Familienlebensalter" stehen weibliche Singles sozialen Bindungen skeptischer gegenüber als männliche Singles.*

Könnte ein *Single*leben nicht eine besonders konsequente und radikale Lösung für *Frauen* darstellen, wenn es ihnen um ein selbstbestimmtes und gegenüber den männlichen Ansprüchen autonomes Leben geht? Ein weibliches Singleleben wäre nicht mehr ein familiäres 'Leben für andere', sondern ein *'eigenes* Leben' ohne familiäre Handlungsrücksichten.[112] Herausgelöst aus sozialen Bindungen könnten Frauen ohne Kompromisse finanziell eigenständig leben, im Rahmen gegebener ökonomischer Spielräume nach eigenen Vorstellungen wohnen, ihre 'eigene' Freizeit ausleben,

---

108 Kap. III 1.3.
109 Vgl. MÜLLER, W., WILMS, A., HANDL, J. (1983): Strukturwandel der Frauenarbeit 1880-1980, Frankfurt. HANDL, J. (1988): Berufschancen und Heiratsmuster von Frauen. Empirische Untersuchungen zu Prozessen sozialer Mobilität, Frankfurt, New York.
110 MEYER, S., SCHULZE, E. (1988): Absage an die Ehe - Frauen suchen neue Beziehungsformen. Empirische Ergebnisse über die Heiratsneigung Nichtehelicher Lebensgemeinschaften, in: LIMBACH, J., SCHWENZER, I. (Hrsg.): Familie ohne Ehe, Frankfurt, München, S. 11-19.
111 Kap. II 3.2.
112 BECK-GERNSHEIM, E. (1983): Vom 'Dasein für andere' zum Anspruch auf ein Stück 'eigenes Leben'. Individualisierungsprozesse im weiblichen Lebenszusammenhang, in: SOZIALE WELT, S. 307-340.

ausschließlich für sich allein haushaltwirtschaftliche Entscheidungen treffen und erworbene schulische und berufliche Qualifikationen im Rahmen einer eigenen Erwerbskarriere handlungspraktisch werden lassen.

Die Lebensaussichten, die das Singleleben den Frauen bietet, finden eine 'ideologische' Unterstützung von seiten der Frauenbewegung. Ohne einen Partner leben wird in der feministischen Literatur[113] als eine Möglichkeit für Frauen gedeutet, neue Verhaltensspielräume zu erproben, sich Chancen zu verschaffen, emanzipatorische Ansprüche in die Realität umzusetzen und eine Ausgangsbasis für eine gleichberechtigte Partnerschaft zu erreichen. So definieren etwa HILLINGER[114] und MÜLLER[115] in ihren Beiträgen das Alleinleben als einen "Schutz vor Vereinnahmung und unerwünschter Nähe" und als eine Möglichkeit, "den Kreislauf der Anpassung zu durchbrechen und andere Verhaltensmöglichkeiten, als sie der traditionalen Frauenrolle zugeschrieben werden, zu entwickeln"[116]. Nicht in der männerdominanten Struktur von Ehe und 'Normalfamilie', sondern - zumindest eine Moratoriumszeit lang - "allein lebt sich's glücklicher"[117]: So könnte eine solche feministische Idee heißen und einen sinnstiftenden Rahmen um das weibliche Singleleben ziehen.

Der Wandlungsdruck zu neuen Lebensformen hin geht offenbar in erster Linie von den Frauen aus.[118] Unter den *Männern* hört man vergleichsweise wenig von der Vorstellung, daß es für sie vorteilhaft und besser sei, ganz *ohne* Partner ein eigenständiges Leben zu führen. Männer können nicht auf eine ideelle Basis des Singlelebens zurückgreifen, wie dies manchen feministisch inspirierten Frauen gelingen mag. Es liegt nahe zu vermuten, daß dieser Sachverhalt etwas mit der traditionalen Rolle der Männer in den Ehen und Familien zu tun hat: als Leistungsträger in der beruflichen Außenwelt und als unentbehrliche Familienernährer, als Haushaltsvorstände und prestigevermittelnde Repräsentanten der gesamten Familie, als 'starke' Partner der Frauen mit Führungseigenschaften.

---

113 Vgl. zusammenfassend KRÜGER, D. (1990): Alleinleben in einer paarorientierten Gesellschaft. Eine qualitative Studie über die Lebenssituation und das Selbstverständnis 30- bis 45-jähriger Lediger, alleinlebender Frauen und Männer, Pfaffenweiler, S. 80 ff.
114 HILLINGER, D. (1977): Alleinstehende Frauen, in: FRAUENOFFENSIVE JOURNAL, München, S. 37-42.
115 MÜLLER, C. (1982): Alleinleben ist für mich eine Herausforderung, in: COURAGE, 5, S. 8-11.
116 Nach der Rezeption von KRÜGER, D. (1990): Alleinleben in einer paarorientierten Gesellschaft. Eine qualitative Studie über die Lebenssituation und das Selbstverständnis 30- bis 45-jähriger Lediger, alleinlebender Frauen und Männer, Pfaffenweiler, S. 81.
117 ELSNER, C. (1983): Allein lebt sich's glücklicher. Ohne Männer sind Frauen besser dran, München.
118 MEYER, S., SCHULZE, E. (1988): Absage an die Ehe - Frauen suchen neue Beziehungsformen. Empirische Ergebnisse über die Heiratsneigung Nichtehelicher Lebensgemeinschaften, in: LIMBACH, J., SCHWENZER, I. (Hrsg.): Familie ohne Ehe, Frankfurt, München, S. 11-19.

Der Verzicht auf eine Partnerbindung und das Ausbleiben von Ehe und Familie *reduziert* die männliche Rolle auf diejenige einer Erwerbstätigenrolle ohne die traditionell angestammten 'Besitz- und Verfügungsrechte' über die jeweilige Partnerin oder Ehefrau. Was für viele weibliche Singles als ein Ausdruck einer aussichtsreichen Neugestaltung ihres Lebens erscheinen mag, dürfte für die Männer unter den Singles typischerweise nichts anderes als eine gewohnte Selbstverständlichkeit sein: eine an Arbeit und Beruf orientierte Lebensführung, welche im Rahmen eines Single-Daseins höchstens den Effekt mit sich bringt, das 'Joch' der familiären Ernährerrolle nicht auf sich nehmen zu müssen. Ihre *private* Welt erscheint eigentümlich verlassen. Männliche Singles müssen ohne den emotionalen und sozialen Rückhalt auskommen, der ihnen in Partnerschaft, Ehe oder Familie quasi automatisch gewährt werden würde und ihnen traditionell den Rücken für eine berufliche Karriere freihält. Darüber hinaus ist es ihnen aufgrund ihrer Geschlechtsrolle weniger vertraut als den Frauen, als Singles emotionale 'Beziehungsarbeit' zu leisten, gefühlsbezogene Beziehungen aufzubauen und für sich selbst einen persönlichen Beziehungskreis zu intensivieren.

- *Identifikation mit Erwerbsarbeit und Beruf*:

Mit der aufbrechenden Vielfalt an Möglichkeiten, das eigene Leben zu gestalten, geht in der sich individualisierenden Gesellschaft offenbar auch eine neue *Einheitlichkeit* unter den Individuen einher: die sich entwickelnde Einheitlichkeit der *individuellen Erwerbskarriere am Arbeitsmarkt*. Je stärker der Arbeitsmarkt als der 'Motor' der gesellschaftlichen Individualisierung über die Männer hinaus auch die *Frauen* und ihre Lebensvorstellungen und Lebensentscheidungen erfaßt, desto *standardisierter* erscheinen die flexibilisierten Lebenswege der Gesellschaftsmitglieder. Ob Männer oder Frauen - in einem zunehmenden Maße sind sie in ihrer Eigenschaft als 'Arbeitsmarktsubjekte' der gleichen, einheitlichen Zweckrationalität einer arbeitsmarktorientierten Lebensführung unterworfen. Die vormals 'männliche' Tugend des instrumentellen Handelns weitet sich zu einem 'rationalen' Entscheidungskalkül von Mann *und* Frau aus, um die Vielfalt an möglichen biographischen Entwicklungswegen in einer quasi 'unternehmerischen' Manier zu einer jeweils individuellen und konsistent erscheinenden Biographie 'kleinzuarbeiten'. Die sich in der Moderne entfaltende 'Institution des Selbstverwirklichungsstrebens', welche das biographische Handeln der Individuen immer ausgeprägter reguliert, mutet wie der 'Überbau' einer in den Biographien der einzelnen zur Wirkung kommenden 'Arbeitsmarktgesellschaft' an.

Wir vermuten, daß Erwerbsarbeit und Beruf desto ausgeprägter zu einem 'inneren Rückgrat' der individuellen Lebensführung generalisieren, je brüchiger die zweite biographische Koordinatenachse erscheint: die Sphäre von Familie und Gemeinschaftlichkeit. Wenn sich im Leben des einzelnen soziale Bindungen in einer sich dynamisch wandelnden Gesellschaft nicht mehr als Sicherheiten bewähren, dann verbleibt noch der Beruf als die entscheidende 'Innenstabilität' des Lebens -[119] mit allen Risiken, die mit einem erwerbsorientierten Leben verbunden sind.

Das Singleleben im "Familienlebensalter" realisiert unter allen Lebensformen am nachdrücklichsten die Einheitlichkeit einer individuellen Erwerbskarriere am Arbeitsmarkt: Männer wie Frauen unter den 'neuen Singles' sind in gleichem Maße am Arbeitsmarkt aktiv.[120] Wo derart radikal soziale Bindungen im Leben ausbleiben, bietet sich der berufliche Erfahrungsbereich als ein wichtiges Identifikationsfeld zur Stabilisierung von Identität an. Unsere Erwartung lautet demnach:

Hypothese 4a - *Singles im "Familienlebensalter" leben in einem hohen Maße berufsorientiert.*

Wir gehen allerdings davon aus, daß eine Integration in das Erwerbssystem für das Selbstverständnis der *Frauen* unter den Singles eine größere Bedeutsamkeit erreicht als für die männlichen Singles:

Hypothese 4b - *Erwerbsarbeit besitzt für das Selbstverständnis von weiblichen Singles im "Familienlebensalter" eine wichtigere Bedeutsamkeit als für die männliche Single-Identität in dieser Lebensphase.*

Während es unter *Männern* traditionell ein wichtiger Bestandteil ihrer Geschlechtsrolle ist, eine arbeitsmarktvermittelte Existenz zu führen, ist ein solches Leben für die *Frauen* (noch) nicht selbstverständlich. Weibliche *Singles* sind aus der geschlechtsrollenspezifischen Fixierung auf Familien- und Hausarbeit herausgelöst, aus der Versorgung über die Institution der Ehe 'entlassen' und auf eine eigene Erwerbskarriere verwiesen. Daß sie auf ein solches Leben verhältnismäßig gut vorbereitet sind, zeigt der hohe schulische Bildungsgrad, über den weibliche Singles typischerweise verfügen.[121] Der Freiraum für eine Berufstätigkeit, den weibliche Singles in ihrer Lebensführung vorfinden, kann den Erfahrungshorizont dieser Frauen drastisch

---

119 SCHELSKY, H. (1972): Die Bedeutung des Berufs in der modernen Gesellschaft, in: LUCKMANN, TH., SPRONDEL (Hrsg.): Berufssoziologie, Köln.
120 Kap. II 3.2.
121 Kap. II 3.2.

verändern. Für sie könnte ein berufsorientiertes Leben als Single zu einem Ausdruck ihrer Befreiung aus sozialen Abhängigkeitsverhältnissen werden.

- *Soziale Integration*:

Die Herauslösung der Biographien aus vorgegebenen Rollenmustern und Verhaltensschablonen und die dabei auftretenden Freiheiten und Freisetzungen in der sich individualisierenden Gesellschaft verändern auch die Mechanismen der Assoziierung des einzelnen Subjektes mit seinen Beziehungspersonen. Soziale 'Verkehrskreise' verlieren ihren Selbstverständlichkeitscharakter.[122] Gesellschaftlich fixierte und verbindlich vorgegebene Beziehungskreise wandeln sich tendenziell zu individuell herzustellende 'Beziehungsarrangements'. Beziehungskreise werden in einem zunehmenden Maße zu einer Sache des einzelnen und sind von ihm aktiv in Gestalt einer "Geometrie sozialer Beziehungen"[123] zu schaffen und zu erhalten. Für eine individualisierte Gesellschaft ist bezeichnend, "daß die jetzt entstehenden Sozialbeziehungen und Kontaktnetze *individuell* selegiert, *individuell* hergestellt, erhalten und immer wieder erneuert werden müssen. Das durch Mobilität etc. entstehende soziale 'Beziehungsvakuum' setzt zu seiner Auffüllung das *Subjekt* als entscheidenden und aktiven Initiator und Gestalter seiner eigenen Kontakt-, Bekanntschafts-, Freundschafts- und Nachbarschaftsbeziehungen voraus."[124] BOURDIEU spricht in diesem Zusammenhang von dem "sozialen Kapital" einer Person, das von ihr - unter Bedingungen einer sich verstärkenden Individualisierungsdynamik - in einer "unaufhörlichen *Beziehungsarbeit* in Form von ständigen Austauschakten"[125] zu reproduzieren ist. Dabei bilden Beziehungen von der Qualität sozialer Bindungen sozusagen den 'Grundstock' des 'sozialen Kapitals', in dem sich persönliche und mehr oder weniger emotionalisierte Beziehungen zu einem Erfahrungsbereich von sozialer Verbundenheit und Gemeinschaftlichkeit verdichten und ein Interaktionsfeld eröffnen, in dem sich eine Person authentisch erfahren und Identität ausbilden kann,[126] dessen unvorhergesehener Verlust (z. B. im Falle einer 'Partnertrennung') oder

---

122 SENNET, R. (1983): Verfall und Ende des öffentlichen Lebens. Die Tyrannei der Intimität, Frankfurt.
123 SIMMEL, G. (1968): Soziologie, Berlin.
124 BECK, U. (1983): Jenseits von Stand und Klasse. Soziale Ungleichheiten, gesellschaftliche Individualisierungsprozesse und die Entstehung neuer sozialer Formationen und Identitäten, in: KRECKEL, R. (Hrsg.): Soziale Ungleichheiten, Soziale Welt Sonderband 2, Göttingen, S. 50.
125 BOURDIEU, P. (1983): Ökonomisches Kapital, kulturelles Kapital, soziales Kapital, in: KRECKEL, R. (Hrsg.): Soziale Ungleichheiten, Soziale Welt Sonderband 2, Göttingen, S. 193.
126 BERGER, P. L., LUCKMANN, TH. (1980): Die gesellschaftliche Konstruktion der Wirklichkeit. Eine Theorie der Wissenssoziologie, Frankfurt am Main, S. 157 ff.

dessen grundsätzliche Infragestellung (z. B. in der Phase einer 'Ehezerrüttung') sie jedoch in einem besonderem Maße einer Identitätskrise überantworten kann.

Je instabiler soziale Bindungen erfahren werden, desto wichtiger erscheint die aktive Herstellung und Sicherung eines sozialen Beziehungsnetzes, das auch im Falle einer Bindungskrise oder eines Bindungsverlustes ausreichenden sozialen Rückhalt und soziale Unterstützung bereitzustellen vermag. Dies trifft in einem besonderem Maße für *Singles* zu, deren Kennzeichen es ist, auf alle sozialen Bindungen zu verzichten, also in einem regelrechten 'Bindungsvakuum' zu leben. Singles profitieren von den aufbrechenden Freiheiten eines 'Beziehungsmanagements' und den sich erweiternden Möglichkeiten, eigenbestimmt soziale Unterstützungsressourcen mobilisieren zu können. Aber sie sind auch mehr als alle anderen Gesellschaftsmitglieder auf eine ausgesprochene 'Beziehungsarbeit' verwiesen, wenn sich das 'Bindungsvakuum' in ihrer Lebensumwelt nicht zu einem generellen '*Beziehungs*vakuum' - zu einer 'Beziehungsarmut' - verschärfen soll. Singles müssen sich in einer Gesellschaft, die es mehr denn je dem einzelnen überläßt, den Kreis seiner Beziehungspersonen selbst zu bestimmen, als 'Organisatoren' ihrer sozialen Integration, ihres eigenen sozialen Beziehungsnetzes begreifen, wollen sie nicht Erfahrungen von sozialer Isolation in ihrem Leben machen.

Es ist eine die gesamte Alleinstehenden-Literatur durchziehende These, daß die Verfügbarkeit von Sozialbeziehungen große Bedeutung für die psychische Befindlichkeit von für sich allein lebenden Gesellschaftsmitgliedern habe.[127] Wie zentral der Faktor der Integration in Sozialzusammenhänge für die Befindlichkeit Alleinstehender ist, zeigt beispielsweise AUSTROM[128] in einer Vergleichsstudie zwischen Verheirateten und Unverheirateten mittleren Lebensalters: Wenn Nichtverheiratete nicht so glücklich und zufrieden mit ihrem Leben wie Verheiratete sind, so sei das weniger auf die bloße Tatsache ihres unterschiedlichen Familienstandes, sondern in erster Linie auf das größere Ausmaß an sozialem Rückhalt, den Verheiratete quasi institutionell gesichert vorfinden können, zurückzuführen. Je weniger es Singles gelingt, ihre ungebundene Lebensführung zu soziabilisieren, desto eher bedeutet ihre soziale Autonomie - unserer Erwartung nach - zugleich einen Zustand von sozialer *Anomie*: desto desintegrierter ist ihr Status in der

---

127 Vgl. zusammendfassend DROTH, W. (1983): Die Alleinlebenden, in: WAGNER, M., DROTH, W., DANGSCHAT, J. (Hrsg.): Räumliche Konsequenzen der Entwicklung neuer Haushaltstypen. Eine Literaturstudie, Hamburg, S. 51 f.
128 AUSTROM, D. R. (1984): The Consequences of Being Single, New York.

Gesellschaft und desto eher entstehen subjektive Überzeugungen des sozialen Ausgeschlossenseins und Gefühle von Einsamkeit.

Wie muß eine Gemeinschaftlichkeit mit anderen Menschen beschaffen sein, damit es Singles gelingt, bei aller sozialen Autonomie derartige 'Individualisierungsrisiken' zu vermeiden? Welche Ressourcen an Rückhalt und Unterstützung haben sie sich in ihrer sozialen Umwelt verfügbar zu machen, um möglicherweise in aller Freiwilligkeit auf soziale Bindungen verzichten zu können? Unsere Hypothese ist, daß den sozialen Unterstützungsressourcen, wie sie typischerweise eine *feste Partnerbindung* mobilisierbar macht, eine entscheidende Bedeutung für ein subjektiv befriedigendes Singleleben im "Familienlebensalter" zukommt. Partnerlos mit dem Wissen und dem Gefühl leben zu können, für andere Menschen emotional bedeutsam zu sein, persönliches Vertrauen in andere Menschen setzen und sexuellen Austausch erfahren zu können, scheinen uns das unverzichtbare "soziale Kapital"[129] für ein freiwilliges und subjektiv befriedigendes Singleleben zu sein:

Hypothese 5a - *Die Erfahrung einer partnerbindungsäquivalenten Unterstützung aus der jeweiligen sozialen Umwelt ist eine wesentliche Voraussetzung für die Lebenszufriedenheit von Singles im "Familienlebensalter".*

Aus der sozialen Netzwerkforschung ist bekannt, daß es *Frauen* offenbar besser als Männern gelingt, vertrauensvolle und emotionalisierte Beziehungen zu anderen Menschen zu unterhalten.[130] Aufgrund ihrer geschlechtstypischen Sozialisation erwarten wir unter den weiblichen Singles mehr Kompetenz, sich ein psychisch bedeutsames soziales Umfeld zu schaffen und ein Singleleben in den Kontext sozialer Gemeinschaftlichkeit zu stellen:

Hypothese 5b - *Weibliche Singles im "Familienlebensalter" machen sich in einem stärkeren Maße emotionale und vertrauensvolle Sozialbeziehungen verfügbar als männliche Singles.*

Auf der anderen Seite treffen *Männer* auf mehr gesellschaftliche Toleranz als Frauen, wenn es sich um Sexualverhältnisse ohne eine feste Bindung handelt - bei aller Lockerung sexueller Normen in einer sich pluralisierenden gesellschaftlichen Wertestruktur. So berichtet beispielsweise die Studie von

---

129 BOURDIEU, P. (1983): Ökonomisches Kapital, kulturelles Kapital, soziales Kapital, in: KRECKEL, R. (Hrsg.): Soziale Ungleichheit, Göttingen, S. 190.
130 KEUPP, H., RÖHRLE, B. (1987): Soziale Netzwerke, Frankfurt, New York. FISCHER, C. S. (1982): To Dwell Among Friends. Personal Networks in Town and City, Chicago, S. 251 ff.

KRÜGER[131] über Diskriminierungserfahrungen von alleinlebenden Frauen im sexuellen Verhaltensbereich, während von den alleinlebenden Männern sogar sexuelle Kontakte sozial erwartet, wenn nicht verlangt werden: "Männer werden bewundert aufgrund ihrer angenommenen sexuellen Abenteuer, Frauen bleiben sexuelles Objekt, das es zu erobern gilt"[132]. Wir vermuten daher, daß sich männliche Singles in einem stärkeren Maße sexuelle Beziehungen erschließen als die Frauen unter den Singles:

Hypothese 5c - *Männliche Singles im "Familienlebensalter" machen sich in einem stärkeren Maße Sexualkontakte verfügbar als weibliche Singles.*

---

131 KRÜGER, D. (1989): Alleinleben in einer paarorientierten Gesellschaft. Eine qualitative Studie über die Lebenssituation und das Selbstverständnis 30- bis 45-jähriger lediger, alleinlebender Männer und Frauen, Pfaffenweiler, S. 160 ff.
132 KRÜGER, D. (1989): Alleinleben in einer paarorientierten Gesellschaft. Eine qualitative Studie über die Lebenssituation und das Selbstverständnis 30- bis 45-jähriger lediger, alleinlebender Männer und Frauen, Pfaffenweiler, S. 161.

2. Methodische Konzeption

Die vorliegende Untersuchung dient als *Pilotstudie* der Vorbereitung einer Repräsentativuntersuchung über Alleinlebende mittleren Lebensalters in der Bundesrepublik Deutschland, wie sie von der Sozialwissenschaftlichen Forschungsstelle der Universität Bamberg (Prof. Dr. Dr. h. c. L. A. Vaskovics) beabsichtigt ist.

Sie läßt sich bewußt nicht in die kontrastierenden Schemata einer ausschließlich quantifizierenden oder rein qualifizierenden Sozialforschung einordnen. Sie versteht sich vielmehr als eine Vorgehensweise, welche sowohl an einer Konfrontation von Hypothesen mit den 'Wirklichkeiten' des Single-Daseins und an einer statistischen Vergleichbarkeit der Untersuchungsfälle interessiert ist, als auch Elemente einer Methodik integriert, welche bestimmte Einzelfälle zu vertiefen und zu 'verstehen' versucht. Ihr Blick sollte zielgerichtet und offen zugleich auf die psychosoziale Lebensbewältigung von Singles gerichtet sein. Der methodologische Status der Untersuchung ist demnach derjenige einer hypothesenprüfenden *und* thesengenerierenden Untersuchung.

Zu unserer Auswertungsstrategie gehörte es demnach, einerseits die quantifizierten Informationen über die Untersuchungspersonen mit Hilfe geeigneter statistischer Verfahren (Tabellenanalysen, Clusteranalysen) als auch die qualifizierbaren Mitteilungen der Singles in den offenen Gesprächen einer *typisierenden Beschreibung* zugänglich zu machen und in ihrem Aussagegehalt aufeinander zu beziehen. Die Ergebnisse unserer Untersuchung enthalten entsprechend sowohl numerisierende Graphiken als auch einige authentische Gesprächsausschnitte mit Singles. Sie dienen der Illustration bzw. Exemplifizierung der typisierenden Aussagen nach quantitativen bzw. qualitativen Gesichtspunkten.

Alle im empirischen Teil präsentierten Ergebnisse stehen unter dem *Vorbehalt* einer zwar quotierten, aber - aus forschungsökonomischen Gründen - stark verkleinerten Stichprobe. Insbesondere die quantitativen Aussagen in Form von Prozentzahlen können daher nur als erste **Hinweise** auf die Beschaffenheit des Untersuchungsgegenstandes, nicht aber als bereits "bewährte Forschungsergebnisse" gelten. Diese Einschränkung wollen wir in unserer Ergebnisdarstellung vorausgesetzt wissen.

2.1. Befragungsinstrumentarium

Die empirische Erhebung beruht auf zwei unterschiedlichen Befragungsinstrumenten. Auf der einen Seite war die Studie an solcherart Informationen über Singles interessiert, welche eine gezielte empirische Prüfung der aufgestellten Hypothesen ermöglichten. Zu diesem Zwecke war es wichtig, die der Studie zugrundeliegende Fragestellung und die Hypothesen in geeigneter Weise zu operationalisieren und einer strukturierten und vergleichbaren Messung zugänglich zu machen. Dabei stand das *mündliche Interview auf der Grundlage eines standardisierten Fragebogens* zur Protokollierung von Informationen im Mittelpunkt. Auf der anderen Seite schränkt eine stark strukturierte Datenerhebung die Messung auf solche Antworten der Untersuchungsobjekte ein, wie sie von dem jeweiligen theoretischen Vorwissen des Forschers und den aus diesem Vorwissen resultierenden Fragen hervorgerufen werden. Im Sinne einer Verbreiterung und Vertiefung der empirischen Erfahrung sah die Studie daher zusätzlich die Durchführung von *Intensivinterviews auf der Basis eines Gesprächsleitfadens* mit einer Auswahl der Untersuchungspersonen vor. Auf diese Weise waren ergänzende Informationen über die 'Wirklichkeitssichten' und Motivlagen der Befragten in ihrer Lebensführung einholbar.

Der *standardisierte Fragebogen*[133] behandelte im wesentlichen folgende Themen:

- Biographische Aspekte der Singles;

- Erfahrungen von Singles in der Phase des Eintritts in ihre ungebundene Lebensweise in der Retrospektive;

- Erfahrungen von Singles in ihrer sozialen Umwelt;

- Eigenbewertungen und Selbstwertgefühle von Singles;

- Bindungsvorstellungen und Bindungswünsche von Singles;

- Stellenwert von Erwerbsarbeit und Beruf im Rahmen der Lebensentwürfe von Singles;

- persönliche Sozialbeziehungen von Singles und ihre Bedeutung für ihre Lebenszufriedenheit.

---

133 Dokumentiert in Anhang B.

Kap. III 2. Methodische Konzeption 93

Abb. III-1: Persönliche Beziehungen eines Single als ego-zentriertes Beziehungsnetz-Modell

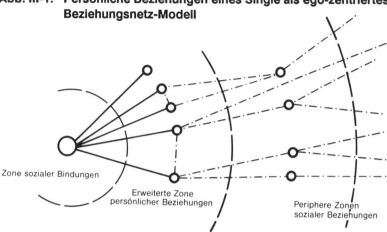

Zone sozialer Bindungen
Erweiterte Zone persönlicher Beziehungen
Periphere Zonen sozialer Beziehungen

Quelle: eigen.

Abb. III-2: Netzwerkgeneratoren im standardisierten Fragebogen

Unterstützungsdimension: *persönliche Vertrautheit*   "Angenommen, Sie fühlten sich wegen eines für Sie äußerst enttäuschenden Vorfalls richtig niedergeschlagen oder depressiv. Hätten Sie da jemanden, den Sie um ein sehr vertrauliches Gespräch bitten könnten, oder bliebe es Ihnen selbst überlassen, mit dieser Situation zurechtzukommen?   .....   Welche Personen oder Personengruppen sind das, zu denen Sie so viel Vertrauen haben könnten?"
Unterstützungsdimension: *emotionale Verbundenheit*   "Gibt es für Sie zur Zeit Personen, denen Sie von Ihren Gefühlen her ganz besonders nahestehen, oder gibt es für Sie solche Personen nicht?   .....   Welche Personen oder Personengruppen sind das, denen Sie von Ihren Gefühlen her ganz besonders nahestehen?"
Unterstützungsdimension: *sexueller Austausch*   "Haben Sie zur Zeit sexuelle Kontakte?   .....   Sind diese Kontakte wechselnd, oder haben Sie feste Kontakte?   .....   Zu welchen Personen haben Sie feste Kontakte?"

Die persönlichen Sozialbeziehungen von Singles wurden nach der Logik der *ego-zentrierten Netzwerkanalyse*[134] exploriert, welche den 'persönlichen Beziehungskreis' - jenseits von sozialen Bindungen - aus der Perspektive und anhand der Mitteilungen von Ego erschließt (Abb. III-1). Das partnerbindungsäquivalente Unterstützungspotential, auf das Singles in ihrer sozialen Umwelt zurückgreifen können, wurde im Sinne der Hypothese 5a[135] definiert als eine *Versicherung des Wissens und des Gefühls einer Person* durch andere Menschen, nicht allein dazustehen, sondern diesen Menschen zu-gehörig und sich mit ihnen *verbunden fühlen* zu können, sich anderen Menschen in der ganzen Bandbreite ihrer Persönlichkeit öffnen und *persönliche Vertrautheit erfahren* zu können sowie für jemanden sexuelle Attraktivität zu besitzen und in einem *sexuellen Austausch* zu stehen. Mit Hilfe der in Abb. III-2 dokumentierten Netzwerkgeneratoren ließen sich Struktur und Funktion der subjektiv bedeutsamen Beziehungsnetze von Singles erfassen. Dabei zeigt sich, daß Singles in der Regel auf *multiple* Beziehungspersonen angewiesen sind, wenn sie sich Unterstützungsressourcen verschaffen wollen, wie sie in einer Partnerbindung "gebündelt" bereitgestellt werden.

Der *Gesprächsleitfaden* für Intensivinterviews mit Singles befaßte sich zentral mit dem Thema *Single-Identität*. Es handelte sich um Fragen nach der Selbstinterpretation von Singles und nach ihren Ambitionen auf Beibehaltung bzw. Veränderung ihrer Lebenssituation in der weiteren Zukunft. Der Schwerpunkt dieses Erhebungsteils lag in der Erfassung der 'subjektiven Wirklichkeitsdefinition' als Single in einer offenen, einfühlenden und verstehenden Art und Weise im Rahmen eines gering vorstrukturierten, 'natürlichen' Gesprächs.

2.2. Gewinnung der Stichprobe

Die Grundgesamtheit der vorliegenden Studie bildeten *Singles im traditionellen "Familienlebensalter"*. Genauer gesagt handelte es sich um *30- bis unter 40jährige Personen deutscher Staatsangehörigkeit, die zum Zeitpunkt der Erhebung ganz für sich allein haushalteten, nicht in Elternpflichten standen und ohne festen Partner lebten*. Aus der Grundgesamtheit *ausgeschlossen* waren demnach alle Personen, die ihr Leben im Rahmen sozialer Bindungen führten.

---

134 KNOKE, D., KUKLINSKY, I. H. (1982): Network Analysis, Beverly Hills.
135 Kap. III 1.4.

Zu den Zielpersonen gehörten Männer wie Frauen, ebenso Ledige, Verheiratet-getrenntlebende, Geschiedene und Verwitwete.

Die Sicherstellung von *Repräsentativität* im engeren statistischen Sinne im Rahmen einer Teilerhebung ist an eine Zufallsauswahl ohne systematische Verzerrungen aus einer konkreten Auswahlbasis gebunden. Im Falle einer Untersuchung von Singles lassen sich solche Bedingungen nicht herstellen. Singles entziehen sich aufgrund ihrer mangelnden Erfassung in der amtlichen Statistik einem erhebungstechnischen Zugriff.[136] Sie zeigen darüber hinaus unserer Erfahrung nach nur eine geringe Bereitschaft, an einem Forschungsprojekt teilzunehmen, das ihre privaten Lebensverhältnisse thematisiert. Die ausgesprochen sensiblen Themen (Fragen über Gefühle von Einsamkeit, zur Bedeutung von Partnerlosigkeit, über Partner- und Kinderwünsche, zum Verhältnis zu den Eltern, über persönliche Beziehungen, über Sexualität etc.) ließen von vornherein die Realisation einer unverzerrten Zufallsstichprobe nicht durchführbar erscheinen.

Wir beschritten daher den Weg einer *Quotenauswahl* und beschränkten uns aus forschungsökonomischen Gründen auf einen verhältnismäßig *geringen Stichprobenumfang* und ein *eng begrenztes Auswahlgebiet*:

- Mit der Region *Ober- und Mittelfranken* wurde ein Lebensraum mit einer breiten Streuung an Urbanität als Auswahlgebiet gewählt. Untersuchungspersonen wurden sowohl in dem großstädtischen Ballungsraum Nürnberg-Fürth-Erlangen als auch in den Mittelstädten Bamberg und Bayreuth und dem sie verbindenden, vorwiegend ländlich geprägten Raum rekrutiert.

- Wir setzten vier sich ergänzende Stichprobenverfahren ein:

Kontaktaufnahme in Kneipen und 'Single-Clubs': In Kneipen und in Freizeiteinrichtungen, die als typische Treffpunkte von Alleinstehenden im mittleren Lebensalter bekannt waren, wurden Einladungen zur Projektmitarbeit ausgehängt und verteilt.

Kontaktaufnahme mittels Announcen: In Anzeigen in unterschiedlichen lokalen Zeitungen, Zeitschriften und Anzeigenblättern in der Region Ober- und Mittelfranken wurde versucht, unter unterschiedlichen Leserkreisen Singles für eine Mitarbeit in dem Projekt zu gewinnen. Diese Anzeigen hatten folgenden Inhalt:

---

[136] Kap. II 3.1.

Alleinwohnende

(30 bis 40 Jahre, ohne festen Partner)

werden im Rahmen einer wissenschaftlichen Untersuchung für ein Einzelinterview gesucht.

Entschädigung: 1 Glücksspiral-Los

Universität Bayreuth, Lehrstuhl Regionale Entwicklungsforschung, Tel. 0921/55-2285, täglich 9 - 18 Uhr.

Kontaktaufnahme durch Vermittlung von Beratungsstellen: Um eine möglichst breite Streuung von Single-Identität in unserer Untersuchung zu gewährleisten, baten wir eine Reihe von psycho-sozialen Beratungsstellen in der Auswahlregion um Mithilfe, um mit denjenigen Singles in ein Gespräch zu kommen, die Probleme mit ihrer Lebensweise hatten.

Kontaktaufnahme durch Schneeballverfahren: Wir fragten Untersuchungspersonen, ob sie noch weitere Singles kennen würden, welche unter Umständen an unserem Projekt teilnehmen würden.

Dabei richteten wir einen Telefondienst in den Städten Erlangen und Bayreuth ein, der die Anrufe von teilnahmebereiten Singles entgegenzunehmen und mit ihnen Befragungstermine festzulegen hatte.

- In dem viermonatigen Erhebungszeitraum von November 1989 bis zum Februar 1990 wurden auf diese Weise insgesamt **65 Singles nach statistischen Quoten** (Geschlechtszugehörigkeit, Familienstand), wie sie der ALLBUS 1986 vorgibt,[137] rekrutiert.

Setzt man die Anzahl der erreichten Singles in ein Verhältnis zu den insgesamt über unterschiedliche Medien adressierten Singles in der Region, so muß man festhalten, daß nur ein sehr kleiner Bruchteil interessiert und zugleich zu einer Mitarbeit motiviert werden konnte. Die Gleichgültigkeit, das Mißtrauen, die Skepsis und die Ablehnung der Adressaten waren offenbar weit größer als der Wille zur Teilnahme. Dies gilt insbesondere für die *Männer* unter den Singles. Während es unter allen 30- bis 40jährigen Singles fast doppelt so viele Männer

---

137 Kap. II 3.1. und 3.2.

Kap. III 2. Methodische Konzeption

Abb. III-3: Demographische Beschreibung der Population

	Männer in %	Frauen in %
Lebensalter		
30 - u. 34 Jahre	43	41
34 - u. 38 Jahre	43	30
38 - u. 40 Jahre	14	29
Familienstand		
ledig	67	61
verheiratet-getrenntlebend	0	7
verwitwet	0	3
einmal geschieden	33	29
Schulische Bildung		
ohne Abschluß	0	0
Hauptschule	14	18
Mittlere Reife	19	41
Abitur, Fachhochschulreife	67	41
Berufliche Bildung		
ohne Abschluß	19	9
Lehre	23	32
Berufsfachschule	10	16
Fachschule	5	14
Universität, Fachhochschule	43	29
Überw. Quelle des Lebensunterhalts		
eigenes Erwerbseinkommen	90	90
Vermögen	5	0
Eltern	0	3
Arbeitslosenunterstützung	5	4
Rente	0	3
Monatl. Lebensunterhalt netto		
DM bis 800	19	0
DM 800 bis 1200	10	5
DM 1200 bis 1600	14	13
DM 1600 bis 2000	14	22
DM 2000 bis 2400	19	22
DM 2400 bis 2800	5	21
DM 2800 bis 3200	0	5
DM 3200 bis 3600	5	9
DM 3600 bis 4000	0	0
DM 4000 und mehr	14	3
Wohnstandort		
Großstadt: N-FÜ-ER	38	41
Mittelstadt: BT, BA	38	39
Kleinstadt, Land	24	20

wie Frauen gibt,[138] zeigten sich etwa doppelt so viele Frauen wie Männer zu einem Interview bereit.[139]

Die Stichprobenstruktur (Abb. III-3) entspricht in etwa der demographischen Struktur der Singles in den alten Bundesländern, wie sie der ALLBUS 1986 als Repräsentativumfrage ausweist. Mit 23 Frauen und 42 Männern in der Untersuchung ist eine zu erwartende *Geschlechterproportion* von 1 zu 1,8 erreicht. Die Population weist eine Gliederung nach dem *Familienstand* auf, wie sie auch bundesweit unter den Singles in dem Alter zwischen 30 und 40 Lebensjahren zu verzeichnen ist: Etwa zwei Drittel der Befragten sind ledig, und ein Drittel hat bereits eine Scheidung hinter sich.

Abweichungen ergeben sich bei den Merkmalen der *schulischen Bildung* und der *Gemeindegröße*. Während die Struktur der schulischen Bildung unter den weiblichen Singles mit den Proportionen übereinstimmt, die der ALLBUS 1986 ausweist, erweisen sich die Männer in der vorliegenden Stichprobe gegenüber den bundesweiten Verhältnissen als schulisch 'überqualifiziert'. Bundesweit haben etwa 18 % der Männer unter den Singles im "Familienlebensalter" das Abitur erreicht; in meiner Stichprobe ist es jedoch ein fast viermal so hoher Anteil. Dabei besteht unter den Männern in der Stichprobe ein Bildungsgefälle zwischen den Ledigen und den Geschiedenen. Die ledigen Männer besitzen überwiegend die Hochschulreife, während ein derart hohes Qualifikationsniveau nur wenige geschiedene Männer erreicht haben. Wir müssen daher festhalten, daß *schulisch gering qualifizierte ledige Männer* unter den Singles in der vorliegenden Studie *unterrepräsentiert* sind, und sind der Ansicht, daß es sich um das Problem einer außerordentlich geringen Teilnahmebereitschaft dieser Gruppierung handelt. Die Ressentiments gegenüber einer wissenschaftlichen Untersuchung ihrer Lebensweise sind unter ihnen offenbar am größten.

Die Befragten nehmen in einem geringerem Maße großstädtische *Wohnstandorte* ein, als nach den Informationen des ALLBUS bundesweit zu erwarten wäre.[140] Statt ein Anteil von 70 % aller Singles in großstädtischen Räumen findet sich in unserer Population nur ein Anteil von etwa 40 %. Diese *Unterrepräsentation großstädtischer Singles* fällt zugunsten von mittelstädtischen Singles aus, während sich die Stichprobenquote in Bezug auf die Kleinstädte und den ländlichen Raum in etwa proportional zur bundesweiten Verteilung verhält.

---

138 Kap. II 3.2.
139 Diese Erfahrung deckt sich mit jener von SPIEGEL in ihrer Alleinstehenden-Studie. SPIEGEL, E. (1986): Neue Haushaltstypen. Entstehungsbedingungen, Lebenssituation, Wohn- und Standortverhältnisse, Frankfurt a. M., New York, S. 81.
140 Vgl. Abb. II-9 in Kap. II 2.2.2.

Kap. III 2. Methodische Konzeption 99

2.3. Durchführung der Befragung

Der *Befragungsort* war in der Regel die jeweilige Wohnung der Befragten, in einigen Fällen aber auch Besprechungsräume an den Universitäten Bayreuth und Bamberg. In dem viermonatigen *Befragungszeitraum* von November 1989 bis Februar 1990 führten zwei Interviewer insgesamt 73 Gespräche mit Singles: 65 strukturierte und 8 wenig strukturierte.

Die Interviewgespräche fanden in dem *standardisierten Fragebogen* ihre feste Struktur. Er bildete quasi das 'Rückgrat' der Untersuchung, der für jeden Befragten ein gleichartig abgedecktes Themenspektrum vorgab, welches von vornherein im Zentrum des theoretischen Interesses stand. Er garantierte eine Vergleichbarkeit der Information über alle Befragten hinweg. Während bzw. nach Abschluß der standardisierten Interviews ergaben sich *informelle Gespräche* über spezifische Teilaspekte der angesprochenen Themen. Die Interviewer waren angehalten, derartige Gelegenheiten für ein vertiefendes Nachfragen zu nutzen und die ihnen bedeutsam erscheinenden Gesprächsaspekte in einem Protokoll zusätzlich schriftlich festzuhalten.

Wir führten mit 8 bewußt ausgewählten Personen aus der Gesamtheit der 65 Befragten - 5 Frauen und 3 Männer - teilstrukturierte *Intensivinterviews* durch. Die Wahl der Gesprächsteilnehmer fiel jeweils während des standardisierten Teils ihrer Befragung. Die Kriterien ihrer Auswahl waren: die Einwilligung des Befragten, der Grad der Interessantheit und Originalität der standardisiert erhobenen Informationen und das Vertrauen und die Offenheit, die der Befragte im Interview zeigte. Frauen erwiesen sich typischerweise als offener und bereitwilliger als Männer, über die standardisierten Interviews hinaus einen tieferen Einblick in ihre Lebensführung zu gewähren.

Je nach der Größe des zu explorierenden Beziehungsnetzwerkes und der Bereitschaft für ein informelles Gespräch betrug die *Dauer* der standardisierten Interviews zwischen 1.5 und 2 Stunden. Schloß sich ein Intensivinterview an, weitete sich die Befragungsdauer auf bis zu 3 Stunden aus.

Die inhaltliche Komplexität und der persönliche Charakter der anzusprechenden Themen stellte vergleichsweise hohe Anforderungen an das Gesprächsverhalten der Interviewer. Da die Befragten über sehr private Dinge berichten sollten, war es entscheidend, bereits zu Beginn der Interviews so schnell wie möglich eine entspannte, offene und vertrauensvolle Atmosphäre herzustellen - unter Beibehaltung eines möglichst neutralen Interviewerverhaltens. Unabdingbar war eine nicht-wertende, voraussetzungslos akzeptierende Einstellung gegenüber den Befragten und den Informationen, die sie über sich preisgaben. Unsere Erfahrung ist, daß eine derartige Interviewereinstellung erheblichen Anteil an der Bereitwilligkeit der Befragten hat, sich in der verhältnismäßig anonymen Interviewsituation offen und wahrhaftig zu geben. Inwieweit dies gelungen ist, läßt sich nicht mit Bestimmtheit sagen. Es lassen sich jedoch Hinweise für ein Gelingen einerseits und für ein mangelndes Gelingen andererseits benennen.

Für das Gelingen eines von Offenheit und Vertrauen gekennzeichneten Gesprächsablaufes spricht zunächst einmal die Tatsache, daß kein einziges Interview verweigert oder abgebrochen wurde. Unsere Erfahrung ist vielmehr, daß etliche Befragte bereits nach wenigen einführenden Fragen in ein informelles Gespräch übergingen und weitere Hintergrundinformationen mitteilten. Für ein Gelingen spricht auch die erstaunliche Offenheit der meisten Befragten, wenn es darum ging, persönliche und sensible Fragen zu ihrer Sexualität oder zu ihrem 'sozialen Kapital' - dem Kreis ihrer subjektiv bedeutsamen Beziehungspersonen - oder nach ihren ökonomischen Lebensverhältnissen zu beantworten, bei denen man hätte starke Widerstände der Befragten erwarten können. Alle Befragten fanden sich zu Informationen darüber bereit, und nur wenige Befragte nutzten die ihnen gebotene Gelegenheit, ihre Informationen vor dem Interviewer zu verschlüsseln.[141] Die Befragten waren zudem ausnahmslos dazu bereit, ihre Beziehungspersonen nach allen Eigenschaften zu beschreiben, wie sie der Fragebogen vorsah. In der Regel arbeiteten der Interviewer und der jeweilige Befragte regelrecht vertrauensvoll zusammen, um das persönliche Beziehungsnetzwerk des Befragten in seinem ganzen Umfang zu erschließen.

Wir gewannen in den meisten Fällen den Eindruck, daß die Befragten die Gespräche sehr ernst nahmen, nicht zuletzt weil sie sich selbst ernst genommen fühlen wollten. Ihre eigene Person, ihr eigenes Leben war das zentrale Thema - es bestand für sie wenig Grund, an ein solches Thema nicht mit aller Ernsthaftigkeit heranzugehen.

In einigen Fällen schien es weniger gelungen, eine Skepsis der Befragten ganz zu überwinden. Dies mag auch daran gelegen haben, daß die Interviewer in Situationen, in denen sie Widerstände spürten, nicht den richtigen Zugang gefunden haben. Die deutlichste Auswirkung bestand darin, daß über die standardisierte Befragung hinaus kein informelles Gespräch mehr zustande kam.

---

141 Beispielsweise wurde die Möglichkeit kaum genutzt, die Beziehungspersonen nicht mit deren Vornamen, sondern mit irgendwelchen erfundenen Kürzeln zu benennen.

KAP. IV EMPIRISCHE ERGEBNISSE

1. Lebensformbiographien von Singles

Die Singles in der vorliegenden Population wurden zum Zeitpunkt der Interviewgespräche in recht unterschiedlichen Phasen des Verlaufes ihrer Lebensformbiographie angetroffen. Zu ihnen gehört beispielsweise eine 30jährige pädagogische Mitarbeiterin, welche erst seit einem Vierteljahr ohne einen Partner lebte und sich zuvor etliche Jahre an einen festen Partner in einem LAT-Verhältnis gebunden gefühlt hatte. Andererseits finden wir einen 32jährigen Taxiunternehmer mit einer dreijährigen Single-Erfahrung, nachdem sich seine damalige Freundin gegen seinen Willen von ihm getrennt und auch das gemeinsame Kind mitgenommen hatte. Da ist aber auch beispielsweise eine 33jährige Buchhändlerin in der Population, welche seit nun schon 11 Jahren als Single gelebt und seit dem Ende ihrer Berufsausbildung ganz für sich allein gewohnt hatte. Für die einen Singles war es gerade eine neue Erfahrung, ohne einen Partner zu leben, und der Entstehungszusammenhang ihres Bindungsverzichtes war daher noch in ihrem gegenwärtigen Erleben gedanklich und gefühlsmäßig sehr präsent. Andere, langjährige, erfahrenere Singles hatten schon wesentlich mehr Distanz zu den vorangehenden biographischen Ereignissen gewonnen.

Systematisiert man die unterschiedlichen Biographiekarrieren der Singles in ihrem Erwachsenenalter, so lassen sich im wesentlichen *drei Entwicklungsmuster* erkennen, die die Lebensläufe der Befragten kennzeichnen und ihre Identität als Singles in einen je spezifischen Erfahrungskontext stellen.

Ein Drittel der Singles hat bereits eine Scheidung hinter sich gebracht und vor dem Bindungsverzicht in erster Linie eine von **Ehe bzw. Familie** geprägte 'Normalbiographie' gelebt. Der *Ein*stieg in das Singleleben bedeutet zugleich den *Aus*stieg aus einer mehr oder weniger fortgeschrittenen Familienkarriere. Dabei waren die geschiedenen *Männer* vorwiegend in einem Familienleben mit einem oder zwei Kindern gestanden, während die geschiedenen *Frauen* unter den Singles überwiegend kinderlos geblieben sind. Diese Disproportion überrascht wenig, sind es in der Scheidungspraxis doch vor allem die Frauen, die das Recht der elterlichen Sorge zugesprochen bekommen und demnach nicht - wie viele geschiedene Männer - Singles, sondern Alleinerziehende in Ein-Elternteil-Familien werden.

Familiär geprägte Singles haben in ihrem Leben fragmentarisch verwirklicht, was die gesellschaftlich vorherrschenden Modelle der Lebensgestaltung dem einzelnen für seinen Lebensweg sinnhaft nahelegen. Zu ihnen gehört ein 34jähriger männlicher Single, welcher sich mit 22 Jahren verheiratet und im Verlaufe einer neunjährigen Ehe ein Familienleben mit zwei Kindern hergestellt, in der Phase der 'Ehezerrüttung' den Wegzug seiner Familienmitglieder zu gegenwärtigen und ein Scheidungsverfahren hinter sich zu bringen hatte und seit dieser Zeit - seit über 2 Jahren - partnerlos als Single lebte. Zu ihnen gehört eine 39jährige Frau in der Population, welche insgesamt 16 Jahre mit ihrem Ehepartner zusammengelebt und infolge einer 'Auseinanderentwicklung' der beiden Partner eine Scheidung bewußt herbeigeführt und dafür ein Singleleben, das sie seit 2 Jahren führte, inkaufgenommen hatte. Das gemeinsame Kennzeichen ihrer Lebensformbiographien ist, daß ihr gegenwärtiges Singleleben einem früheren Zusammenleben mehr oder weniger kontrastreich gegenübersteht.

Ein zweites, in der Population relativ gering vertretendes Muster ist dasjenige einer, von einem oder mehreren **nicht-ehelichen Zusammenleben** geprägten Erwachsenenbiographie. Singles mit diesen Biographien wissen verhältnismäßig verbindlich und dauerhaft gestaltete Partnerschaften hinter sich. In dieser Weise läßt sich beispielsweise die Lebensformbiographie eines 35jährigen männlichen Single beschreiben, welcher auf zwei "große Partnerschaften" in seinem Leben zurückblicken konnte ("Ich war damals schon so gut wie verheiratet ..."), anschließend mit einem weiteren Partner getrenntgelebt hatte und seit bald 2 Jahren schließlich Single war. Derart partnerbindungsgeprägte Biographien enthalten in den Zwischenphasen des Partnerverzichts typischerweise Intermezzi des Singlelebens und des 'Living Apart Together' mit einem neuen Partner. 'Normalfamiliäre' Karriereschritte kommen nur im Ansatz vor.

Vorherrschend unter den Singles in der Population sind ausgesprochen *individualisierte* Biographien. Es sind Lebensläufe, die nicht maßgeblich von Partnerbindungen beeinflußt, sondern in einem **Alleinleben** - mal mit, mal ohne festen Partner - zentriert sind. Zu diesen Befragten ist beispielsweise eine 30jährige weibliche Single zu zählen, welche in den letzten 10 Jahren ihres Lebenslaufs ausschließlich für sich allein gelebt hatte: insgesamt sechs Jahre davon in sequentiell sich entwickelten LAT-Verhältnissen und in Zwischenphasen partnerlos als Single. In unserer Untersuchung finden sich auch Singles ohne jegliche Erfahrungen mit Partnerbindungen. Sie lebten eine einige Jahre schon als Singles und zuvor in einer Wohngemeinschaft oder in einer elternhäuslicher Gemeinschaft bei ihren Eltern. Diese Singles sind nicht das Zusammenleben, Ehe, Kinder oder Familie vertraut. In ihren Erwachsenenbiographien haben sich

Kap. IV 1. Lebensformbiographien von Singles

vielmehr Daseinsweisen unter Bindungsverzicht bzw. mit eingebauten Bindungsdistanzen lebensgeschichtlich ein Stück weit 'normalisiert'.

Die Vorstellung, Single zu werden sei gleichbedeutend mit einem mehr oder weniger dramatisch verlaufenden Bindungsverlust, würde demnach wenig zutreffend erscheinen. Die Mehrheit der Singles - zwei Drittel von ihnen sind ledig - hat nie ein eheliches oder familiäres 'Lebensprojekt' begonnen. Sie wechselten von einer 'alternativen' Lebensform in die nächste, ohne wirklich eine kontrastreiche Änderung ihrer privaten Lebensorganisation hervorzurufen. Der Eintritt in das Singleleben erscheint in ihren Lebensläufen wie eine bloße Bestärkung und Radikalisierung eines Lebensweges, der ohnehin seit Jahren weitab von den Modellen des gemeinschaftlichen Zusammenlebens verläuft.

Paradigmatisch für die Partnerbindungserfahrungen der ledigen wie auch einiger geschiedenen Singles, deren Scheidung schon lange zurückliegt, ist die Lebensform des *'Living Apart Together' (LAT)*. Es steht mit einem Singleleben in einem ausgesprochen engen Verhältnis. Es ist eine Partnerkonstellation, deren Labilität in vielen Fällen ein Singleleben einleitet. Das LAT folgt zudem einem Single-Dasein typischerweise zeitlich nach, wenn eine erneute Partnerbindung zustandekommt. Es verweist zugleich auf einen Übergang in ein neues partnerschaftliches Zusammenleben. Jede zweite Frau und fast zwei Drittel aller Männer unter den Singles in unserer Befragung hatten in den letzten zehn Jahren einige Zeit, zum Teil vorherrschend mit einem Partner auf der Basis getrennter Haushalte gelebt.

2. Single Werden. Identität im Übergang in ein Singleleben

Nur für eine Minderheit der Singles bedeutet die Erfahrung, in den Bindungsverzicht eines Single-Daseins *ein*zusteigen, zugleich auch ihren *Aus*stieg aus einer mehr oder weniger fortgeschrittenen 'Normalfamilien-Karriere'. Die Mehrheit hat - zum Teil zum wiederholten Male - zur Kenntnis zu nehmen, daß eine Partnerschaft offenbar in ihrer grauen Alltagsrealität nicht jenen Eigenschaften entspricht, die ihr in dem Idealbild romantischer Liebe zugetragen werden. 62 % der Männer und 55 % der Frauen in der vorliegenden Befragtenpopulation sahen sich nicht das erste Mal in ihrem Leben mit einer Lebensführung konfrontiert, in der man als Single in erster Linie auf sich selbst gestellt ist. Und 82 % der Befragten hatten in den letzten zehn Jahren wenigstens ein Jahr lang in einer Wohnung für sich allein gelebt - zum Teil auch wesentlich länger. 'Ein Single werden' ist oftmals eine *Wiederholungs*erfahrung, die dem einzelnen die Bewältigung eines Bindungsverlusts und einer Lebensführung ohne festen Partner einigermaßen vertraut machen kann.

In jedem Falle ist der Beginn des Singlelebens ein Stück weit eine *Distanzierung* von Personen, mit denen man vorher sein Leben eingerichtet, gewohnt, gewirtschaftet, sich verbunden gefühlt oder welche man geliebt hat - wenn nicht alles zugleich. Wenn wir das Selbsterleben, das den Einstieg in ein Single-Dasein begleitet, verstehen wollen, ist es wichtig, die näheren Umstände dieses Einstieges, seine Ursachen und Hintergründe wie auch die Motivationslage der Singles, die sie in diesem Übergangsgeschehen in bestimmter Weise handeln ließ, in Erfahrung zu bringen. Daß die Gründe für den Beginn eines Singlelebens insgesamt vielfältig sind, darauf weisen die mannigfaltigen biographischen Entwicklungspfade hin, die in das Single-Dasein hineinverlaufen und unter der Oberfläche der Gleichartigkeit einer sich entfaltenden Bindungslosigkeit im Leben des einzelnen möglicherweise unterschiedliche Erfahrungskontexte dieses Lebenszustandes hervorrufen. Abb. IV-1 auf der folgenden Seite deutet diese unterschiedlichen *Entstehungszusammenhänge des Singlelebens* an. Sie vermittelt einen Überblick über die jeweils dem gegenwärtigen Singleleben zeitlich vorangehende Lebensform, den Eintrittsgrund in das Singleleben und die jeweilige Motivationslage der Betroffenen in Bezug auf die Beendigung der vorangehenden und in Bezug auf den Eintritt in eine unabhängige Lebensführung.

Wir wollen aber auch fragen, welche Bedeutung es für die Betroffenen hat, sich derart weitgehend zu individualisieren, und wie eine solche Lebensänderung *subjektiv erlebt* wird. Ist der Übergang in die Partnerlosigkeit des Singlelebens nur ein Wechsel aus einer problematischen Lebenssituation in die nächste?

Abb. IV-1: Entstehungszusammenhänge des Singlelebens

Vorangehende Lebensform	Beendigungs- motivation	Ursache für das Singleleben	Eintritts- motivation	Singles insg. in %	Männl. Singles in %	Weibl. Singles in %
Familie	gering hoch	Scheidung und Ende von Elternschaft	gering gering	9 1	14 0	0 2
Kinderlose Ehe	gering hoch hoch	Getrenntleben/ Scheidung/ Verwitwung	gering gering hoch	2 2 1	0 0 0	5 5 2
NeL LAT WG mit Partner	gering hoch hoch	Partnertrennung	gering gering hoch	16 18 30	14 19 38	20 16 16
NeL mit Kind	gering hoch	Partnertrennung/ Ende von Elternschaft	gering hoch	3 4	5 5	0 2
EEF	hoch	Ende von Elternschaft	hoch	3	0	9
WG ohne Partner EhG Heim/Internat	gering hoch hoch	Umzugsmobilität	gering gering hoch	2 3 6	0 5 0	5 0 18

Quelle: R. Bachmann. Empirische Erhebung 1989/90.

106   Kap. IV 2. Single werden

Handelt es sich um ein identitätsbedrohendes, *erzwungenes Freigesetztwerden* aus gemeinschaftlichen Lebensformen - als eine Herausforderung, die es wie eine Lebenskrise zu bewältigen gilt? Oder ist es ein Weg in einen attraktiven Lebenszustand der persönlichen Freiheit und Unabhängigkeit - eine *Befreiung* also aus sozialen Zwängen? Zur Beantwortung dieser Fragen gaben wir Singles drei aufeinanderfolgende Beurteilungszeit'punkte'[142] vor:

- *im Jahr zuvor*: in derjenigen Lebensform, in der sie vor ihrem gegenwärtigen Single-Dasein lebten,

- *zu Beginn*: die ersten Wochen ihres Single-Daseins und

- *gegenwärtig*: in ihrem augenblicklichen Singleleben,

wobei sie die ersten beiden Zeit'punkte' retrospektiv zu beurteilen hatten.

Abb. IV-2: Attraktivität des Singlelebens im Übergang in diese Lebensform

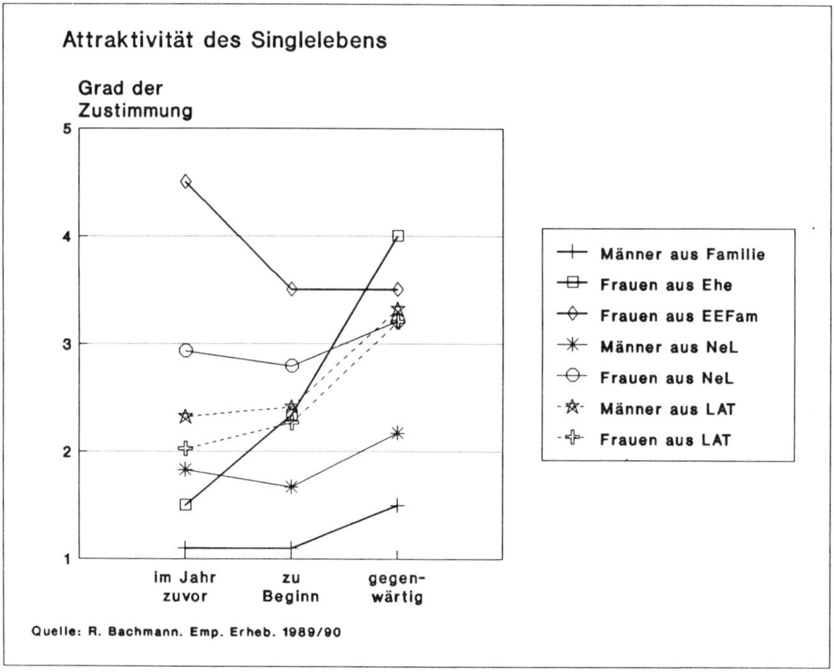

Attraktivität des Singlelebens

Grad der Zustimmung

—+— Männer aus Familie
—□— Frauen aus Ehe
—◇— Frauen aus EEFam
—*— Männer aus NeL
—○— Frauen aus NeL
-☆- Männer aus LAT
-⊕- Frauen aus LAT

im Jahr zuvor   zu Beginn   gegenwärtig

Quelle: R. Bachmann. Emp. Erheb. 1989/90

---

142 Die drei Zeit'punkte' sind, genau genommen, *Zeiträume*. Ihre Dauer variiert von Befragten zu Befragten je nach der Dauer ihres Singlelebens zum Befragungszeitpunkt.

Abb. IV-2 weist in dieser Verfahrenslogik den Grad der Attraktivität aus, den die Betroffenen einem Singleleben in der Übergangszeit jeweils beigemessen haben. Die Abbildungen IV-3, IV-4 und IV-5 auf den nachfolgenden Seiten zeigen drei Aspekte der emotionalen Selbsterfahrung im Übergang in das Singleleben: das Ausmaß an Gefühlen der Unzufriedenheit, der Einsamkeit und der Überforderung, mit denen es die Befragten zu den erwähnten drei Zeit'punkten' zu tun hatten.

Beginnen wir zunächst mit einem zusammenfassenden Bild über den Einstieg in das Singleleben. Eine deutliche *Mehrheit* - über zwei Drittel - aller Befragten, etwa ebenso viele Männer wie Frauen, waren in einem Rückblick auf den Verzicht auf ihre sozialen Bindungen, die sie noch vor ihrem Singleleben besessen hatten, der Ansicht, daß sie diese Bindungen *aktiv und mit Absicht* zu ihrer Auflösung gebracht hatten. Dies behaupteten nicht nur viele Frauen unter den Singles, sondern vor allem auch ledig gebliebene Männer. Dagegen findet sich unter den *geschiedenen Männern* kein einziger Single in der Population, der im nachhinein die Überzeugung vertrat, freiwillig und dem eigenen Wunsch nach seine familiären Bindungen aufgegeben zu haben.

Die Frage ist nun, ob sich unter den Singles eine ebenso große Mehrheit findet, die den Übergang in eine Lebensführung ohne festen Partner ausdrücklich gewünscht, vielleicht sogar regelrecht herbeigesehnt hatte? Ist das Singleleben also mehr als nur eine 'aus der Not des Partnerverlusts geborene' Lebensführung?

Ein Drittel aller Singles, die den Abbruch ihrer jeweiligen Bindungen aktiv betrieben hatten, hatten eindeutig *andere* Vorstellungen von ihrer weiteren Lebensgestaltung als ein Singleleben. Ihre Partnerschaft wollten sie bewußt beendet sehen, aber zugleich dachten sie an eine neue Partneralternative. Das Singleleben bedeutete eine *ungewollte Folge* ihres Bindungsverhaltens. Es war eine bloße *Inkaufnahme* einer Partnerlosigkeit mangels Alternative, aber kein Wunschbild ihrer privaten Lebensorganisation. Attraktiv empfanden sie das Single-Dasein kaum.

Zwei Drittel aller Singles, die aktiv und bewußt ihre Bindungen hinter sich ließen, lehnten ein Singleleben als Option der Lebensgestaltung nicht rundweg ab. Das entspricht beinahe *jedem zweiten Single in der Gesamtpopulation*. Die persönliche Unabhängigkeit wurde von ihnen als ein positives Moment des Single-Daseins angesehen. Die wenigsten hielten das Singleleben für eine wirklich gleichwertige Alternative zu einer erneuten Partnerbindung, aber für ein Single-

Abb. IV-3: Emotionalerfahrungen im Übergang in das Singleleben (I)

Männer aus einem Ehe- und Familienleben

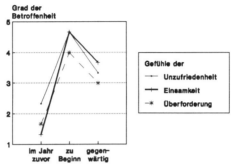

Frauen aus einem Eheleben

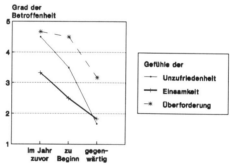

Frauen aus Ein-Elternteil-Familien

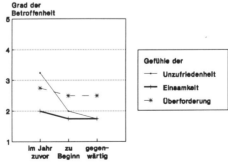

leben *auf Zeit* - eine überschaubare Übergangsphase der Selbstkonzentration und Neuorientierung - konnten sie für sich selbst durchaus Gründe finden. Hinter dieser Einstellung steht mehr als eine passive Betroffenheit von einem Singleleben. Auch die Vorstellung einer 'aus der Not geborenen' Lebensführung erscheint für diese Singles nicht zutreffend. Das Singleleben entfaltet zumindest lebenswerte Perspektiven: für eine Unabhängigkeit von Ansprüchen des Partners, für ein berufsorientiertes Leben, für eine Loslösung vom Elternhaus und andere Aspekte des individuellen Selbstverwirklichungsstrebens.

Ein kurzer Blick auf die Abbildungen IV-1, IV-2 und folgende macht deutlich, daß der Übergang in ein Singleleben ein subjektiv sehr unterschiedlich erlebtes Ereignis darstellt - je nach den spezifischen Entstehungsbedingungen, aus denen ein Alleinleben und ein Partnerverzicht resultieren.

Die *geschiedenen Männer* in unserer Untersuchung etwa hatten überwiegend 'normalfamiliär' gelebt: mit ihrer Ehefrau und einem oder mehreren Kindern. In den Interviews mit ihnen fiel uns auf, daß sie ihre Beziehungsprobleme in der Retrospektive auf ihre frühere Ehe wenig problematisierten. Wenn ihre Lebensführung auch nicht ihren idealen Vorstellungen entsprach, erschien ihnen das familiäre Zusammenleben selbst in den letzten Monaten ihrer Ehe noch als eine weit bessere Alternative als ein Leben unter Partnerverzicht (Abb. IV-2). Im Gegensatz zu den geschiedenen Frauen in der Population berichteten sie kaum von Gefühlen der Einsamkeit, Unzufriedenheit oder der persönlichen Überforderung in dem letzten Jahr ihrer Ehe (Abb. IV-3). Die geschiedenen Männer unter den Singles lebten bis zuletzt in dem sinnhaften Kontext einer 'normalfamiliären' Biographie. Daß das Privatleben eine plötzliche Wendung bekommen könnte, hatten sie im vorhinein offenbar nicht ernstlich mitbedacht.

Ihren Berichten zufolge waren nicht sie trennungsaktiv, sondern ihre Frauen stellten die treibenden Kräfte der Familientrennung dar. Keiner der geschiedenen Männer war mit der Auflösung der Ehe und den Trennungsumständen so richtig einverstanden (Abb. IV-1). Für ihre Frauen mag eine Scheidung das 'bessere Übel' gewesen sein, zu dem sie sich 'endlich durchringen' konnten. Sie erhielten das Recht auf elterliche Sorge zugesprochen und waren fortan mit dem Status von Alleinerziehenden konfrontiert. Die in Scheidung stehenden Männer fühlten sich in einer anderen Weise von einer neuen Lebenssituation betroffen, auf die sie nicht vorbereitet waren: ein Alleinleben ohne Partnerin und die meiste Zeit über ohne ihre Kinder.

Die geschiedenen Männer fühlten sich *erzwungenermaßen* freigesetzt aus vertrauten Lebenszusammenhängen und 'zu Singles gemacht', ohne daß sie einen solchen Einschnitt in ihrem Leben angemessen handhaben konnten. In ihrer Wahrnehmungsperspektive verloren sie nicht nur endgültig den emotionalen Rückhalt ihrer Frau, sondern auch das Zusammenleben mit den Kindern und damit ihr Familienleben überhaupt war infragegestellt. Sie gerieten gleichsam aus der Spur ihrer Lebensführung, die das Lebensmodell von 'Normalfamilie' so geradlinig vorgezeichnet und deren Verheißungen sie sich in ihrem Leben mehr oder weniger 'blind' anvertraut hatten. Sie fühlten sich aus den alltäglichen 'Selbstverständlichkeiten' ihrer familiären Gemeinschaftlichkeit herausgerissen und waren damit wichtigen Fundamenten ihrer 'Innenstabilität' beraubt und den gesellschaftlich vermittelten Zwängen überstellt, diese Verlusterfahrung bei Strafe ihres permanenten Unglücklichseins als Chance einer biographischen Neuorientierung zu begreifen - wie dies typischerweise den geschiedenen Frauen zumindest nach einiger Anpassungszeit gelang.

In den Momenten des Scheiterns ihrer langjährigen familiären Biographie entstand für die geschiedenen Männer in unserer Single-Population eine mehr oder weniger ausgeprägte *identitätskritische* Situation, welche sie interpretativ und von ihrer lebenspraktischen Seite her nur mit Mühe bewältigen konnten. Die Schwierigkeiten der Bewältigung dieser Krise lassen sich an den Parametern des Selbsterlebens in Abb. IV-3 ablesen: Unzufriedenheit, Einsamkeit und Gefühle der Überforderung kennzeichneten die Situation in der ersten Zeit ihrer Partnerlosigkeit, und diese Gefühle begleiteten sie in abgemilderter Form auch in ihrem gegenwärtigen Singleleben noch. Ein Single zu sein geriet ihnen zu einem Symbol ihres Familienverlustes. Es bedeutete in ihren Augen vor allem auch das bedrohliche Ausbleiben einer realistischen Partneralternative.

Eine Identitätsbedrohung entstand auch aus ihrem sozialen Umfeld heraus. Zu ihren Familienzeiten besaßen sie vergleichsweise sehr wenige besonders enge und affektbeladene Freundschaften. Der intime und emotionalisierte Erfahrungsraum ihres Lebens bestand im wesentlichen in dem Kreis der Familie und der Beziehung zu ihrer jeweiligen Partnerin. Der Eintritt in das Singleleben war für die geschiedenen Männer unter den Singles eine *Verlusterfahrung* dieses vertrauten Rückhalts, ohne daß die in Scheidung stehenden Männer willens oder fähig gewesen wären, diesen Verlust durch 'Beziehungsarbeit' in ihrem Kontaktkreis einigermaßen auszugleichen. Auch von daher erklären sich die Gefühle der Verlassenheit und Einsamkeit, die für ihr Selbsterleben ein Stück weit bestimmend wurden.

Im Unterschied zu den geschiedenen Männern hatte die Mehrheit der *geschiedenen bzw. getrenntlebenden Frauen* die Auflösung ihrer ehelichen Bindungen unter den gegebenen Umständen ausdrücklich *gewollt.* Die Frauen übten einen Wandlungsdruck in ihren - überwiegend kinderlos gebliebenen - Ehen aus, indem sie bewußt Konsequenzen aus Lebensumständen zogen, wie sie ihnen nicht mehr erträglich erschienen. In unserer Untersuchung beschrieben die eheerfahrenen Frauen übereinstimmend das letzte Jahr ihrer Ehe als eine besonders problemreiche Lebenssituation - als eine 'Zerrüttungszeit'. Während sich die geschiedenen Männer in unserer Stichprobe von ihrem früheren Ehe- und Familienleben wenig distanzierten, fühlten sich die Frauen in ihrer Ehe - ihrem Rückblick zufolge - zunehmend unzufrieden, überfordert und alleingelassen (vgl. Abb. IV-3). Übereinstimmend berichteten sie davon, wie sehr sie sich von ihrem jeweiligen Partner vernachlässigt und in ihrer persönlichen Freiheit eingeschränkt fühlten.

Die in Scheidung stehenden Frauen waren sich sehr unsicher über ihre weitere Lebenszukunft: ein Leben *ohne* Ehe, *ohne* Partner, *ohne* Bindungen überhaupt? Noch einige Monate vor ihrem Single-Dasein konnten sich die meisten von ihnen eine derart ungebundene Lebensweise für sich selbst überhaupt nicht vorstellen. So sehr sie sich von der erdrückenden Realität ihrer bestehenden Ehe enttäuscht fühlten, so wenig generalisierten sie diese Erfahrungen auf das Lebensmodell der Ehe an sich. Keiner von ihnen erschien die sich anbahnende Alternative eines partnerlosen Lebens wirklich attraktiv und einem ehelichen Zusammenleben gleichwertig. Ohne Bindungen dazustehen zählte nicht als eine echte Lebensperspektive (Abb. IV-1). Eine solche Lebensweise gehörte nicht zu den Zielpunkten einer "Suche nach neuen, für sie befriedigerenden Lebensstilen und Beziehungskonzepten außerhalb der Ehe" - wie dies MEYER/SCHULZE[143] unter ehemals verheirateten Frauen feststellen. Der Eintritt in das Singleleben stand ganz im Zeichen des schwierigen Trennungs- und Scheidungsprozesses. Unser Eindruck ist, daß die geschiedenen Frauen vor allem wußten, was sie *nicht* wollten: ihre *derzeitige* Ehebindung. Darüber hinaus waren sie eher verunsichert: zwischen dem Ideal des Ehelebens und den Niederungen ihrer realen Ausgestaltung und dem nun folgenden Alleinleben ohne Partner. Dabei machten einigen von ihnen zusätzlich materielle Trennungsfolgen zu schaffen: ein Wechsel der Wohnung und Probleme mit dem Lebensunterhalt. Ihnen erschien eine Existenz *ohne* Partner zum damaligen Zeitpunkt wie ein Sprung ins psycho-soziale und materielle Ungewisse zugleich.

---

143 MEYER, S., SCHULZE, E. (1989): Balancen des Glücks. Neue Lebensformen: Paare ohne Trauschein, Alleinerziehende und Singles, München, S. 21 ff.

Die Ergebnisse unserer Befragung zeigen, wie sehr der Eintritt in das Singleleben für die in Scheidung stehenden Betroffenen - Männer wie Frauen - den Charakter eines 'Karrierebruchs' in ihrer Biographie annahm. Ihre Lebensvorstellungen waren fest in einem Ehe- bzw. Familienleben zentriert. Sie waren ihrer ehelichen Bindungen entkleidet, und so *fühlten* sie sich auch: regelrecht freigesetzt, ohne daß an die Stelle der Vergemeinschaftetheit ihres Lebens gleich etwas sinnhaftes Anderes getreten wäre. Im Unterschied zu den geschiedenen Männern unter den Singles gelang es den eheerfahrenen Frauen jedoch, als Singles nach einem längeren Anpassungsprozeß das Bewußtsein zu entwickeln, auch jenseits von partnerschaftlichen und ehelichen Bindungen glücklich leben zu können. Wir können diese Entwicklung an den sich sukzessive verändernden Parametern der subjektiven Betroffenheit in der Abb. IV-3 ablesen. Unter den geschiedenen Frauen ist im Zuge ihres Singlelebens ein Wandel ihrer ausgeprägten Eheorientierung zu einer Selbstorientierung feststellbar. Eine solche Selbstorientierung lernt ein Leben ohne die Abhängigkeiten von Bindungen allmählich schätzen (Abb. IV-2). *Dem Trend der individuellen Entwicklung geschiedener Frauen nach sinkt mit zunehmender Dauer ihres Singlelebens ihre Bereitschaft, ihr Leben noch einmal mit einem festen Partner zu teilen.*

Weibliche Singles mit 'Normalfamilien'erfahrung sind in der Lebensphase zwischen 30 und 40 kaum zu finden. Nur eine einzige Frau in der vorliegenden Population hatte vor ihrem Singleleben in der Konstellation einer 'Normalfamilie' - in einem 'VaterMutterKind' - gelebt. 'Normal' ist für familienerfahrene weibliche Singles in diesem Lebensalter vielmehr ein Vorleben in einer sogenannten 'unvollständigen' Familie: der *Ein-Elternteil-Familie*. Sie waren *Alleinerziehende*, die nach ihrer Scheidung das Recht der elterlichen Sorge für ihre Kinder behalten konnten, während ihre früheren Ehepartner in dieser Beziehung leer ausgingen. Der Übergang in ein Singleleben entstand nicht aus einer Trennungs- oder Scheidungssituation heraus, sondern war durch den *Auszug* des erwachsen gewordenen Kindes aus der gemeinsamen Wohnung und seinem nunmehr eigenständigen Haushalten bestimmt. Gemeinsam gilt für die ehemaligen Alleinerziehenden in der vorliegenden Stichprobe ein Lebensalter um die 40 Jahre. In den Kategorien des 'Normalfamilienzyklus' gedacht rücken diese Frauen bereits in die 'nachelterliche Phase' ein. Das Zyklusmodell sieht für sie nun einen Lebensabschnitt in 'nachelterlicher Gefährtenschaft' vor, aber ein 'Gefährte' fand sich in ihrem Leben nicht.

In diesem biographischen Kontext ist es wenig erstaunlich, daß die weiblichen Singles aus Ein-Elternteil-Familien retrospektiv die Situation ihres Eintritts in ein

Singleleben anhand ganz anderer Eigenschaften beschrieben als die geschiedenen Frauen aus kinderlosen Ehen. *Die Frauen aus Ein-Elternteil-Familien empfanden nicht das beginnende Singleleben, sondern ihre Situation als Alleinerziehende in der Zeit zuvor als besonders problematisch.* Zu den bestimmenden Erfahrungen als Alleinerziehende ihrer erwachsen werdenden Kinder gehörte die schwierige Balance zwischen einer verantworteten Elternschaft und den zunehmenden Eigeninteressen ihrer Kinder. Sie lebten seit Jahren in vergleichsweise eingeschränkten Verhaltensspielräumen, ohne ihre elterlichen Aufgaben mit einem Partner teilen zu können. Einschränkungen bestanden in ihrer Doppelexistenz als alleinerziehende Mütter und alleinverdienende Erwerbstätige, die ihren eigenen Lebenswünschen - insbesondere ihrem wachsenden Unabhängigkeitsbedürfnis - vergleichsweise wenig Realisierungschancen ließ. In der Zeit der Ablösung ihrer Kinder, die sie aktiv mitgestalteten, waren sie sich bewußt, daß nach langen Jahren ihrer Rolle als Mutter und Alleinerziehende ein neuer Abschnitt in ihrem Leben bevorstand: ein unabhängiges Leben als Single - und es erschien ihnen durchaus verheißungsvoll (Abb. IV-2).

Wie wir Abb. IV-1 entnehmen können, vollzog sich die Veränderung in dem Privatleben dieser Frauen mit ihrem vollen Einverständnis. Der Unzufriedenheitsparameter in Abb. IV-3 weist darauf hin, wie sehr der Eintritt in das Singleleben unter den ehemaligen Alleinerziehenden mit einem Anstieg ihrer Lebenszufriedenheit verbunden war. Single zu werden bedeutete für sie in erster Linie eine *Befreiung* aus einschränkenden Lebensverhältnissen. Es war damit aussichtsreich genug, dieses Leben als eine neue, sozusagen *nach*familiäre Phase in ihrer Biographie aufzufassen. In ihrem Bewußtsein ließen sie das Familienleben zugunsten eines Lebensentwurfs zurück, der nunmehr Bezug nahm auf das eigene Selbst und seinen Interessen und nicht mehr an dem familiären 'Leben für andere' orientiert war. Für ehemals alleinerziehende Frauen bedeutete der Eintritt in das Singleleben eine eigene Wohnung für sie allein, eine autonome Alltagspraxis und das Gefühl, sich 'endlich' um sich selbst kümmern zu können. Dabei waren sie auf ein Alleinleben außerordentlich gut vorbereitet. In ihrem Beruf waren sie bereits als Alleinerziehende fest etabliert, und finanziell hatten sie sich als Singles eher bessergestellt. Weder als Alleinerziehende noch in ihrem Singleleben kannten sie ausgeprägte Gefühle von Einsamkeit. Schon längst hatten sie sich als Alleinerziehende einen Kreis von Freunden aufgebaut, auf den auch dann Verlaß war, als ihre Kinder sich selbständig machten. Es gehörte seit langen Jahren zu ihrer Erfahrung, im privaten Leben selbständig zurechtzukommen und in erster Linie auf sich selbst zu vertrauen - eine Grundqualifikation für ein Singleleben.

Abb. IV-1 weist die *Trennung von einem nicht-ehelichen Partner* als den mit Abstand häufigsten Anlaß für ein Singleleben aus. In zwei Drittel aller Fälle in unserer Untersuchung ist eine solche Trennung der Ausgangspunkt des Single-Daseins. Dabei handelt es sich um die Trennung von einem Partner, mit dem im Rahmen einer *Wohngemeinschaft* oder in Gestalt einer *nicht-ehelichen Lebensgemeinschaft*, aber vor allem - in der größten Zahl der Fälle - in der Form eines 'Living Apart Together' zusammengelebt wurde. Viel Bindung war es nicht, die diese Singles hinter sich ließen. Für jeden zweiten Single bedeutete der Eintritt in das Single-Dasein nicht einmal einen Wechsel von einem *Zusammen*leben zu einem *Allein*leben: Sie lebten bereits vorher - zum Teil recht lange schon - für sich allein in ihrer Wohnung. Das entscheidende Eintrittsereignis in ein Singleleben bestand unter ihnen vielmehr in dem Verzicht auf einen Partner, mit dem man nicht zusammenwohnte, mit dem man sich aber mehr oder weniger fest verbunden fühlte. Es ist der vergleichsweise wenig 'spektakuläre' Übergang von einer Konstellation des 'Living Apart Together' zu der Partnerlosigkeit des Single-Daseins, den jeder zweite männliche ebenso wie jeder zweite weibliche Single zu bewältigen hatten. Dabei war ein solches LAT-Verhältnis von ganz unterschiedlicher Dauer gewesen: angefangen von einer bloßen Bindungsepisode von einem Vierteljahr bis zu einer Dauer von sechs Jahren getrennt gelebter Zweisamkeit. Jeder der Partner war es gewohnt, ein ganzes Stück weit sein 'eigenes Leben' zu leben und sich jederzeit in die eigene Wohnung zurückziehen zu können. Derartige Erfahrungen vermag ein Singleleben eigentlich nur noch zu radikalisieren.

Die Eintrittsursache 'Partnertrennung' wurde in der Mehrzahl der Fälle von den Befragten *absichtsvoll* herbeigeführt (Abb. IV-1). Regelrechte Trennungsabsichten bewegten vor allem die *ledigen Männer*. Vier von fünf ledigen Männern, die in einer partnerschaftlichen Trennung standen, waren der eigenen Interpretation nach die bewußt und zielstrebig vorgehenden Akteure ihrer Trennungen. Unter den ledigen Frauen waren in einer vergleichbaren Situation nur drei von fünf regelrecht trennungsaktiv. Geht der Wandlungsdruck zu individualisierten Lebensformen in Wirklichkeit in erster Linie von Teilen der *ledigen Männer* aus?

Um diese Frage auf der Basis der vorliegenden Population zu beantworten, müssen wir uns nicht nur mit der Motivation für eine Partnertrennung, sondern zusätzlich mit der Motivation für ein *Singleleben* beschäftigen. In diesem Punkt liefert uns Abb. IV-1 eine erste Information: Mehr als jeder zweite unter den in einer Partnertrennung gestandenen Männern trennte sich nicht nur freiwillig von seiner damaligen Partnerin, sondern schätzte das eintretende Singleleben für

Kap. IV 2. Single werden 115

Abb. IV-4: Emotionalerfahrungen im Übergang in das Singleleben (II)

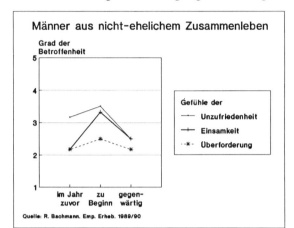

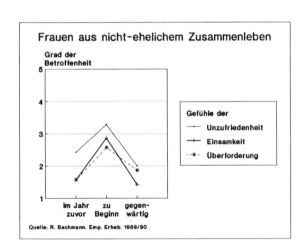

sich selbst zugleich als eine zumindest lebenswerte Rollenalternative ein. Zu einer solchen Sichtweise konnte sich in der gleichen Lebenslage nicht einmal jede sechste ledige Frau durchringen. Darüber hinaus zeigen die Abbildungen IV-4 und IV-5 deutliche Kontraste des Selbsterlebens in der Phase des Überganges in ein Single-Dasein zwischen den ledigen Männern mit LAT-Erfahr-

Abb. IV-5: Emotionalerfahrungen im Übergang in das Singleleben (III)

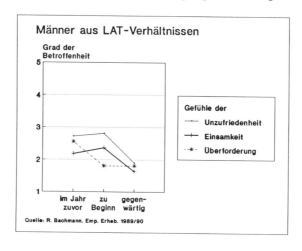

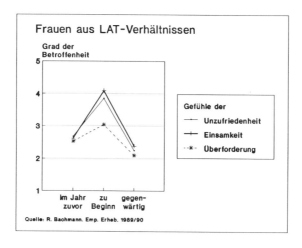

ungen und allen anderen ledigen Befragten unter den Singles. Während der graphische Verlauf der Parameter für Unzufriedenheit, Einsamkeit und Überforderung in den Abbildungen im Falle der ledigen Männer mit LAT-Erfahrungen kaum Ausschläge zeigt, besitzt er im Falle aller anderen ledigen Singles - insbesondere im Falle der weiblichen Singles aus LAT-Verhältnissen - eine dachförmige Gestalt, welche mehr oder weniger starke emotionale Betroffenheiten im Moment des Einstiegs in die Partnerlosigkeit und ihre - im Laufe des Singlelebens erst allmähliche - Bewältigung indiziert. Entgegen unserer Vermutung, daß das Singleleben für Frauen im "Familienlebensalter" einen positiveren Stellenwert einnimmt als für Männer (Hypothese H 3)[144], und dem im wesentlichen gleichlautenden Tenor in der Forschungsliteratur über Alleinstehende[145] zeigt sich in unserer Untersuchung in der Phase des Eintritts in das Single-Dasein vielmehr eine kontrastreiche *Differenz des Selbsterlebens zwischen Männern mit mehr oder weniger bindungsbetonten Biographien* (Eheleben, Zusammenleben) *und Männern mit Erfahrungen im Single- und LAT-Leben*, wobei sich diese in Bezug auf ein Single-Dasein insgesamt überzeugter gaben als die Frauen mit vergleichbaren Beziehungsbiographien.

Es handelt sich vornehmlich um gut gebildete, in akademischen Berufen stehende Männer, die den Übergang in ein Singleleben derart 'undramatisch' bewältigten. Sie fühlten sich in der Zeit des Überganges in eine Partnerlosigkeit ausgeglichener und zufriedener als alle anderen Singles in der Population. Dazu trug nicht zuletzt ihre günstige berufliche Situation bei. Doch dies ist es nicht allein. Sie erscheinen unter allen Befragten *am stärksten individualisiert*. Ihre Erwachsenenbiographie ist in erster Linie von einem Alleinleben gezeichnet, und vor dem Eintritt in das Single-Dasein haben sich in ihrem Leben bereits vielfach Phasen des LAT-Lebens und des Singlelebens untereinander abgewechselt. Wir vermuten, daß ein solcher biographischer Kontext mit Reaktionen dieser Männer auf erfahrene Auswirkungen der weiblichen Individualisierung in unserer Gesellschaft zu tun hat. Sie sind offenbar dabei, mit mehr oder weniger großen Erfolg nunmehr selbst eine unter den Vorzeichen von Individualisiertheit stehende Lebensführung biographisch einzuüben.

Worin zeigt sich die Herauslösung der Männer mit LAT-Erfahrungen aus traditionalen sozialen und kulturellen Bindungen? Priorität besitzt nicht die Verwirklichung vorgegebener Lebensvorstellungen: das Ideal von Zweisamkeit und die Ergänzung der eigenen Person durch einen Partner und durch eine Familie in die eigene Lebenspraxis zu überführen, sondern Priorität besitzt die Verwirk-

---

144 Siehe Kap. III 1.4.
145 KRÜGER, D. (1990): Alleinleben in einer paarorientierten Gesellschaft. Eine qualitative Studie über die Lebenssituation und das Selbstverständnis 30- bis 45-jähriger lediger, alleinlebender Frauen und Männer, Pfaffenweiler.
SPIEGEL, E. (1986): Neue Haushaltstypen. Entstehungsbedingungen, Lebenssituation, Wohn- und Standortverhältnisse, Frankfurt, New York.

lichung des eigenen Selbst in der Strategie der Minimierung von Beziehungszwängen. Liebe vermag ihr sonstiges Tun und Planen nicht mehr nachhaltig einzuschränken. Eine Partnerin besitzen oder nicht besitzen verändert für sie nicht entscheidend ihre Privatwelt. Ihre Selbsterfahrung hängt nicht maßgeblich von dem Kommen und Gehen einer Partnerin ab. Nicht eine Partnerin würde ihre Sozialwelt bedeuten, sondern eine Partnerin würde gegebenenfalls in die Sozialwelt der eigenen Freunde und Bekannten integriert. Demnach zieht der Verlust einer Partnerin nicht einen Verlust oder eine Halbierung ihrer Lebenswelt und ihres sozialen Beziehungsnetzes mit sich. Das 'eigene Leben' ist gesichert; der Eintritt einer erneuten Bindungslosigkeit wirft den persönlichen 'Bauplan' des Lebens nicht um. Sie haben offenbar Verhaltensmechanismen übernommen, um die Risiken partnerschaftlicher Bindung in der fortgeschrittenen Moderne aushalten und handhaben zu können. Das Gegenbeispiel der geschiedenen Männer hat gezeigt, wie sehr ein solches Sichselbstbegreifen von denjenigen Gesellschaftsmitgliedern, die in ihrem Privatleben mehr oder weniger unvorbereitet von den Individualisierungsschüben der fortgeschrittenen Moderne erfaßt werden, erst einmal gelernt sein will.

Ebenso stark wie eine - manchmal verborgene - Sehnsucht nach *der* anderen Person erscheint die Unmöglichkeit, diesen Menschen nun wirklich in das 'eigene Leben' aufzunehmen und ein *Zusammen*leben daraus zu gestalten. Diese Erfahrung kommt in der folgenden Interviewsequenz eines 32jährigen ledigen männlichen Single zum Ausdruck:

> *"Ich weiß auch nicht ... wenn ich eine Zeitlang mit einer zusammen bin, fühle ich mich bald ziemlich eingeschränkt ... irgendwie diesen Ansprüchen ausgesetzt: immer schön Zusammensein, 'Was machste heut Abend?', 'Woll'n wir uns treffen?' ... und ich weiß auch nicht, irgendwie ist mir das bald zu viel. Das vereinnahmt mich."*

Die dauerhafte emotionale Verbundenheit und all die Verbindlichkeiten des Verhaltens, die aus ihr erwachsen können, werden von einem Teil der ledigen Männer mitunter als Hindernisse in ihrem Streben nach Autonomie und eigener Individualität empfunden.

Wenden wir uns noch einmal den Frauen unter den Singles zu. Während es für die verheirateten Frauen in der vorliegenden Population kennzeichnend ist, in ihren damaligen Lebensformen verhältnismäßig unzufrieden gelebt zu haben, berichten *Frauen aus nicht-ehelichen Partnerschaften* von weitaus positiveren Erfahrungen. Sie lebten mit ihrem jeweiligen Partner vorwiegend in Gestalt eines 'Living Apart Together' zusammen, zum Teil auch in Form einer nicht-ehelichen

Lebensgemeinschaft. Die auf einer räumlichen Distanz beruhenden LAT-Verhältnisse ermöglichten den weiblichen Partnern eine weit egalitärere und mit wesentlich erweiterten Handlungsspielräumen ausgestattete Position gegenüber ihren Männern, als es die Ehegattinnen in ihrem Zusammenleben je erreichten. Sie lebten allein, besaßen einen eigenen Haushalt, waren beruflich, wirtschaftlich und finanziell von ihren Partnern unabhängig und besaßen - wenn es ihnen beliebte - im Prinzip jederzeit die Freiheit, sich in ihre Wohnung zurückzuziehen. Autonomie und Abhängigkeit schienen in einer individualistischen Balance.

Die Frauen aus derartigen nicht-ehelichen Partnerschaften in der Population betrachteten den Eintritt in ihr Single-Dasein in ihrer Mehrheit als einen *Verlust* an Bindung, die ihr Leben eher bereichert hatte. Wenn es offenbar auch nicht der 'richtige' Partner war - eine Partnerschaft sollte in ihr privates Leben dennoch fest eingebaut sein. Der Einstieg in das Singleleben wurde im wesentlichen als ein *unfreiwilliger Ausstieg aus den sinnstiftenden Lebenskonzepten* von partnerschaftlicher Liebe und Zweisamkeit empfunden. Für die Frauen drohten die Freiheit und die persönliche Autonomie ihrer LAT-Lebensweise in einen subjektiv erfahrenen Lebenszustand von Verlassenheit und Isolation umzuschlagen. Die Parameter in der Abb. IV-5 zeigen es an: Mit dem Verlust ihrer Bindung fühlten sie sich unzufriedener, einsamer, ihrer Lebenssituation in defensiver Weise ausgesetzt. Obwohl sie den sozialen Rückhalt aus ihren Freundeskreisen im Zuge ihrer Partnertrennung aktivierten und sich mit ihren Freunden eng verbunden fühlten, blieb eine ganze Übergangszeit lang der Verlust der zentralen Sozialbeziehung - der Partnerbindung - ein schwerwiegendes Ereignis, mit dem abzufinden sie sich verhältnismäßig schwer taten. Diese Frauen schilderten sich in einer weit stärkeren emotionalen Betroffenheit als die LAT-erfahrenen Männer in der gleichen Lebenslage. Selbst zum Befragungszeitpunkt - nach einiger Dauer des Singlelebens - fiel uns ihre gedankliche Beschäftigung mit den Umständen des Scheiterns ihrer Bindungen auf, während die ledigen Männer typischerweise viel schneller 'zur Tagesordnung' übergingen.

Der Eintritt in das Singleleben infolge von *Umzugsmobilität* wurde von den Betroffenen - in der vorliegenden Population vor allem *ledige Frauen* (Abb. IV-1) - dagegen im wesentlichen als eine Verbesserung ihrer Lebenssituation erfahren. Wer Single infolge von Umzugsmobilität wurde, hatte schon einige Zeit vorher, zum Teil schon immer, auf einen festen Partner verzichtet. Die Gründe sind vielfältig, die hinter dem lebensverändernden Moment von Umzugsmobilität ein partnerloses Zusammenleben in ein Alleinleben wandeln und ein Single-Dasein herbeiführen. Beispiele aus der vorliegenden Befragung sind: berufliche Gründe; der Auszug aus einer Wohngemeinschaft, um endlich einmal für sich ganz allein wohnen zu können; die Auflösung einer Wohngemeinschaft, weil alle Wohnpartner aus dem gemeinsamen Haushalt auszogen und für die eigene Person ein großes 'Single-Domizil' hinterließen; der Auszug aus dem Elternhaus, der mit Beginn der Erwerbsbiographie einen neuen, von persönlicher Eigenständigkeit geprägten Lebensabschnitt markierte; der Bezug einer eigenen Wohnung, nachdem mit dem Ausbildungsabschluß das Zimmer in dem Studentenwohnheim oder Internat nicht mehr länger zu halten war und der Arbeitsplatz in einer anderen Stadt lag. Im einen Teil der Fälle handelt es sich um die Absicht des jeweiligen Akteurs, mit Hilfe der Umzugsmobilität die eigene Lebenssituation in Hinsicht auf Selbständigkeit und Unabhängigkeit zu verbessern und dabei ein Single-Dasein als die *relativ* besser erscheinende Alternative zu verwirklichen, in einem anderen Teil der Fälle hat das Singleleben sich eher 'so ergeben'.

Wenn wir den Ertrag unserer Analysen noch einmal in seinen wesentlichen Kernpunkten zusammenfassen, können wir folgende *Thesen* zur Selbsterfahrung von Singles im Übergang in das Singleleben festhalten:

- Der Eintritt in ein Singleleben im "Familienlebensalter" hat nur in einer Minderheit der Fälle etwas mit einem mehr oder weniger dramatischen Abbruch einer fortgeschrittenen 'Familienkarriere' zu tun. **Die Mehrheit der Singles zwischen 30 und 40 hat bereits vor ihrem Bindungsverzicht eine von Individualisierungsprozessen gezeichnete Erwachsenenbiographie hinter sich**: in Partnerbindungen jenseits von Ehe und Familie, insbesondere auf der Basis getrennter Haushalte ('Living Apart Together'), oder ganz ohne festen Partner.

- Dabei ist das Singleleben im "Familienlebensalter" mehr als eine nur 'aus der Not des Partnerverlusts geborene' Lebensführung. Zwar halten die wenigsten Betroffenen ein solches Leben im vorhinein für eine wirklich gleichwertige Alternative zu einer erneuten Partnerbindung, aber **für ein Singleleben auf Zeit - als eine Phase der Neuorientierung und des Selbstverwirklichungsstrebens - ist jeder zweite Betroffene offen eingestellt**.

- Unter den Betroffenen gehören vor allem die *in Scheidung stehenden Männer*, die aus einem Familienleben in ein Singleleben wechseln, zu denjenigen, die diesen Übergang als ein identitätsbedrohendes Freigesetztwerden aus gemeinschaftlichen Lebenszusammenhängen erfahren.

- Die *in Scheidung stehenden Frauen* unter den Singles finden sich in der Phase des Überganges in ein Singleleben in der widersprüchlich erscheinenden Situation wieder, an dem Ideal des Ehelebens prinzipiell festzuhalten, Erfahrungen des Scheiterns eines solchen Lebens hinter sich zu wissen und nunmehr unvorbereitet mit einem Alleinleben ohne Partner konfrontiert zu sein. Mit zunehmender Dauer ihres Singlelebens sinkt ihre Bereitschaft, ihr Leben noch einmal mit einem festen Partner zu teilen.

- Denjenigen *geschiedenen Frauen*, die als langjährige *Alleinerziehende* mit dem Auszug ihrer erwachsenen Kinder nunmehr Singles werden, bedeutet dieser Schritt in erster Linie ein Zugewinn an persönlicher Freiheit und Unabhängigkeit - als eine neue, *nach*familiäre Phase in ihrem Leben. Nicht das beginnende Singleleben, sondern ihre Rolle als Alleinerziehende zuvor wird als problematisch empfunden.

- Kontrastreich unterscheidet sich in der Übergangszeit das Selbsterleben von *ledigen Männern mit einer ausgeprägten Erfahrung mit einem Alleinleben* von demjenigen der in Scheidung stehenden Männer. Es handelt sich vornehmlich um gut gebildete, in akademischen Berufen stehende Männer mit einem veränderten Rollenverständnis, die den Übergang 'undramatisch', in einer individualistischen Manier, mit einer starken Selbstorientierung, bewältigen.

- Die von einer Partnertrennung betroffenen *ledigen Frauen* erfahren den Übergang in ein Singleleben in erster Linie als ein *Verlust*ereignis und haben diese Veränderung im Laufe ihres folgenden Singlelebens psychisch mit einer ausgeprägteren 'Identitätsarbeit' zu bewältigen als die ledigen Männer.

Die Vermutung unserer *Hypothese 1*, daß der Eintritt in ein Singleleben desto leichter sinnhaft bewältigt wird, je ausgeprägter eine autonome Lebensführung biographisch antizipiert ist,[146] erscheint angesichts der vorliegenden empirischen Ergebnisse *plausibel*. Die geschiedenen Männer mit bindungsbetonten Biographien erweisen sich am schlechtesten auf ein bindungsloses Leben vorbereitet. Am weitesten aus traditionalen Vorstellungen des intimen Zusammenlebens gelöst erscheinen die LAT-erfahrenen ledigen Männern unter den Singles, die in ihrem Erwachsensein nicht ein gemeinschaftliches Leben, sondern ein Alleinleben eingeübt haben. Dabei erweisen sie sich insgesamt noch weniger in der Vorstellung von Liebe und Zweisamkeit verhaftet als die ledigen Frauen unter den Singles.

---

146 Kap. III 1.4.

3. Bindungsvorstellungen und Bindungswünsche von Singles

Singles leben - ex definitione[147] - ohne soziale Bindungen. Sie mögen in unterschiedlichem Maße in Netzwerke persönlich gefärbter Sozialbeziehungen integriert sein, aber diese Integration beinhaltet zugleich soziale Distanzen: keine Bindung an einen festen Partner, kein Zusammenleben in einem gemeinsamen Haushalt, keine Familie. Die meisten Befragten in der vorliegenden Population leben nun schon bald drei Jahre für sich allein, einige wenige Befragte auch schon zehn Jahre und länger. Sie besitzen eine ausgiebige Erfahrung mit dem Singleleben. Dagegen verfügen wir über wenig begründete Anhaltspunkte über die Ursachen und Motive der Singles, ein solches Leben in einer biographischen Phase, die traditionell auf Ehe und Familie zugeschnitten ist, eine derart lange Zeit zu praktizieren und als privaten Lebensalltag aufrechtzuerhalten.

Wir näherten uns dieser Problemstellung aus der Perspektive der Betroffenen selbst und fragten Singles nach den *Vorstellungen*, die sie mit ihrer derzeitigen Lebenslage und ihren traditional vermittelten Alternativen: Partnerbindung, Ehe, Kinder, Familie, verbinden, und nach ihren *Wünschen*, das Singleleben in ein gemeinschaftliches Zusammenleben zu überführen. Stellt ihre Lebensführung im "Familienlebensalter" eine unfreiwillige, als defizitär empfundene Daseinsweise dar - eine ausgesprochene 'Verlustsituation', verbunden mit der Hoffnung der Betroffenen auf eine neue 'große Liebe' in ihrem Leben? Handelt es sich ihrem Bewußtsein nach um ein bloßes Intermezzo bis zu einer neuen Partnerschaft? Gibt es vielleicht Bindungsvorbehalte unter Singles, die ihnen ihre Lebensform als durchaus lebenswert erscheinen lassen? Oder handelt es sich um eine echte Alternative zu den vorherrschenden Modellen des Zusammenlebens?

Unsere Vorannahmen bezogen sich in Gestalt der Hypothese 3[148] insbesondere auf die *Frauen* unter den Singles. Wir vermuteten, daß in erster Linie sie es sind, die auf der Suche nach gleichberechtigten und mehr persönliche Unabhängigkeit versprechenden Rollen in Geschlechterverhältnissen verstärkt Veränderungsdruck zu neuen Lebensformen ausüben und dabei möglicherweise ein Leben als Single als funktional für die Verwirklichung des eigenen Selbst begreifen. Die bisherige Alleinstehenden-Literatur legte es uns dagegen nahe, das - statistisch vorherrschende - *männliche* Singleleben als eine eher unfreiwillige, die traditionale männliche Rolle im Privatleben bedrohende Lebensform zu denken.

---

147 Vgl. Kap. II 1.2.
148 Kap. III 1.4.

3.1. Partnerlosigkeit

Wie verschieden die Erfahrungswelten von Singles und von in festen Partnerschaften lebenden 'Doubles' sein können, und wie übermächtig sich die Welt der 'Doubles' im mittleren Lebensalter entfalten kann, zeigen einige illustrierende Beispiele. Im Beruf etwa mögen Singles auf Arbeitskollegen treffen, die in der Mehrheit nicht nur mit ihren Partnern in *Zwei*samkeit leben, sondern längst verheiratet sind und eine eigene Familie haben. Die privaten Gesprächsthemen drehen sich infolgedessen um andere Erfahrungsinhalte, als sie Singles einzubringen haben: um den Bau des Eigenheimes im Grünen, die Eheprobleme zuhause und die Freuden und Leiden, die ihnen die Kinder bereiten mögen. In der Freizeit dominieren paarzentrierte Gestaltungsformen. Paare flanieren Hand in Hand durch die Innenstadt, Paare sitzen in den Restaurants und Cafes, Paare laden zu sich nach Hause ein, Paare unternehmen Ausflüge am Wochenende, Paare oder Gruppen von Paaren reisen in den Urlaub. Singles sind von all diesen 'Double'-Aktivitäten nicht ausgeschlossen, aber sie scheinen in vielen Situationen kaum umhinzukommen, sich selbst als *anders*lebende Personen, als Personen *ohne* soziale Bindungen, zu erkennen und diese Differenzerfahrungen zu bewältigen.

Wir haben Singles danach gefragt, wie sehr sie sich in ihrem Lebensalltag *daran erinnert fühlen, daß sie ohne einen festen Partner leben*. Das Ergebnis ist wenig überraschend. Eine eindeutige Mehrheit - über zwei Drittel aller befragten Singles - fühlt sich in ihrem Alltag "oft" oder sogar "sehr oft" daran erinnert, daß sie ohne einen festen Partner lebt. Und acht von neun Singles in unserer Befragung tritt es zumindest "gelegentlich" (oder öfter) in das Bewußtsein, als Singles in einem 'besonderen' Lebenszustand zu leben. Die meisten Singles sind in ihrem Alltagsleben kontinuierlich damit beschäftigt, die zentrale Differenz, die ihre Lebensführung gegenüber traditionalen Lebensformen abgrenzt, zu evaluieren. Sie sind sich bewußt, daß sie in einigen wesentlichen Aspekten die dominante Erfahrungswelt der 'Doubles' nicht teilen. Single zu sein ist für sie nicht etwas Routiniertes und Rollenhaftes, sondern - in ihren Augen - eine gewissermaßen 'atypische' Lebenssituation. Das muß nicht bedeuten, daß sie sich ehelich oder familiär lebenden Mitmenschen gegenüber benachteiligt fühlen würden. Unser Ergebnis deutet aber darauf hin, daß **dem Verzicht auf einen Partner eine ausgesprochene Wichtigkeit für die Identität der Singles im "Familienlebensalter" zukommt**. Ihr Single-Dasein fordert sie wiederkehrend heraus, neu zu überdenken, wie sie zu sich selbst als Single stehen und wie sie ihre Art zu leben anderen gegenüber vertreten wollen.

Es gibt Ausnahmen unter den Singles, die den Verzicht auf eine Partnerbindung als etwas vollkommen Selbstverständliches erleben. Sie fühlen sich *so gut wie nie* daran erinnert, Single und nicht Liebespartner oder Ehegatte zu sein. Zu ihnen gehört beispielsweise eine 39jährige geschiedene Frau unter den Befragten. Sie hatte vom Zeitpunkt der Trennung von ihrem Ehepartner an nunmehr insgesamt 11 Jahre ausschließlich als Single gelebt. Ein Zusammenleben mit einem Partner oder eine eigene Familie gehörten für sie selbst nicht mehr zu realistischen Vorstellungen. Das Singleleben erschien ihr einem 'Tatbestand' gleich, den es nicht fortwährend zu überdenken und zu durchfühlen galt. Mögliche Alternativen des Singlelebens wurden nicht permanent mitgedacht.

3.1.1. Partnerlosigkeit als Stigma?

In einer auspluralisierten Gesellschaft könnte ein 'Andersleben' als Single eine von mehreren gesellschaftlich zulässigen Möglichkeiten sein, sein privates Leben zu gestalten. In einem derartigen Gesellschaftstypus läge für die jeweilige soziale Umwelt keine Provokation ihrer Normalitätsvorstellungen vor, wenn sich eine Person im mittleren Lebensalter ihren Mitmenschen als ein Single präsentierte. Vielmehr gehörte es zu einem Teil der gesellschaftlichen Normalität, jeweils *anders* zu leben als andere Menschen. In einer Gesellschaft jedoch, in der Liebe, Zweisamkeit und Familienleben als Institution normativ durchgesetzt sind, würde sich ein Singleleben als ausgesprochen normverletzend erweisen und mehr oder weniger außerhalb der gesellschaftlich tolerierten Handlungsspielräume liegen. Unsere Vermutung zielt auf die Vorstellung einer sich pluralisierenden, permissiver werdenden Gesellschaft, in der sich Singles nicht mehr in einem Status der Abweichung befinden (Hypothese 2)[149].

Wir haben Singles im "Familienlebensalter" danach gefragt, inwieweit ihre Partnerlosigkeit von ihrer Seite selbst bzw. von seiten ihrer sozialen Umwelt als der Ausdruck eines negativ zu bewertenden, abweichenden Verhaltens eingeschätzt wird. Inwieweit also haben es Singles in Kontakt mit ihren Mitmenschen mit Fremdzuschreibungen von negativen Eigenschaften - *Stigmata* - zu tun, die sich ganz gezielt auf ihren partnerlosen Lebenszustand beziehen wollen? Und für wie 'normal' empfinden sich Singles selbst, wenn sie daran erinnert werden, daß sie bislang entscheidende Schritte zu einer familiären Karriere unterlassen haben bzw. eine solche Karriere in ihrem Leben ein abruptes Ende fand?

---

[149] Kap. III 1.4.

Zunächst sprechen unsere empirischen Ergebnisse gegen unsere Vermutung. **Über zwei Drittel aller Befragten berichteten, daß sie sich in ihrer Eigenschaft als Singles "oft und wiederholt" mit negativen Stereotypen aus ihrer Umwelt konfrontiert fühlten.** Dabei unterscheiden sich männliche und weibliche Singles voneinander hinsichtlich des Ausmaßes ihrer Betroffenheit im wesentlichen nicht. Einer Mehrheit der Singles ist es vertraut, Bemerkungen oder Andeutungen zu hören, daß mit ihnen etwas "nicht stimmen" würde, oder daß sie in einem gewissen Sinne "bedauernswert" seien. Offenbar besitzt es in unserer Gesellschaft nach wie vor einen normabweichenden Charakter, im traditionellen "Familienlebensalter" auf einen festen Partner zu verzichten, geschweigedenn in Ehe und Familie zu leben. Allein und partnerlos zu sein, auf soziale Bindungen zu verzichten - diese spezifischen Merkmale der Singles werden in ihrer sozialen Umwelt sehr genau wahrgenommen, zu sozialen Identitäten verdichtet und in Interaktionen zum Gegenstand sozialer Zuschreibungsprozesse gemacht. Nicht einmal jeder zehnte Befragte in der Population hatte keine wesentlichen Erfahrungen mit Partnerlosigkeit als Stigma gemacht. Eine solche Aufmerksamkeit, die ungebunden lebende Personen in ihren Beziehungskreisen erregen, dürfte ein wesentlicher Grund für die hohe Identitätsrelevanz des Singlelebens für die Betroffenen sein.

Auf der Suche nach den dominanten *Stigmatisierungsakteuren* sind wir auf die Kollegen am Arbeitsplatz und die Eltern der Singles gestoßen - wie auch auf die Singles selbst.

Die *Kollegen am Arbeitsplatz* spielen als Transmitter normativer Botschaften an Singles offenbar eine große Rolle - für männliche wie auch für weibliche Singles. Im Beruf treffen Singles zwangsläufig auf Kollegen, die ganz anders leben als sie selbst: zumeist in Ehe und Familie. Da ist es nicht erstaunlich, wenn die Unterschiede in der Lebensführung und Lebenserfahrung zum Thema werden. In dieser Weise berichteten Singles von mehr oder weniger offen vorgetragenen, wiederholten Aufforderungen, sich doch 'normal' zu verhalten, sprich: sich fest zu binden. Beispielhaft führen wir eine Aussage eines 33jährigen männlichen Single an, der als Verwaltungsangestellter tätig war:

"... na ja, da kommt es schon mal vor, daß Du gefragt wirst: 'Sag mal, warum bleibst denn Du ohne?', 'Angle Dir doch mal eine! Mann, so allein!'. Da hat man schon das Gefühl, daß man sich rechtfertigen müßte. Auf der anderen Seite: So richtig ernst ist das auch nicht."

Implizit unterstellt wird von seiten der sozialen Umwelt eine Lebensweise, die einfach kein Ausdruck persönlicher Lebenswünsche sein *kann*. So berichtete eine weibliche Single von immer wieder vorgebrachten Bindungsofferten seitens ihrer Arbeitskolleginnen:

> "Wenn von irgendeinem Typen die Rede ist, der seine Frau verloren hat oder sich grade von seiner Freundin getrennt hat, dann geht die obligatorische Frage an mich: 'Na, wie wärs denn mit dem? Wär das nicht was für Dich?'. Das ist natürlich völlig abwegig ... großes Gekicher ... ich auch ... aber die Frage kommt garantiert."

Ebenfalls eine wichtige Rolle in der Vermittlung von abwertenden Stereotypen spielen die *Eltern* der Singles. Eine Analyse der persönlichen Beziehungsnetze der Befragten hat uns gezeigt, daß viele Singles nicht nur eines oder mehrere ihrer Elternteile noch besitzen, sondern diesen Elternteilen auch eine besondere emotionale Bedeutung in ihrem derzeitigen Leben zuweisen. *Ein* Aspekt dieser besonderen Bedeutung besteht jedoch darin, daß die Beziehungen zu den Elternteilen zwischen den Beteiligten Fragen nach dem 'richtigen' Lebensstil aufwerfen und latente bzw. manifeste *Konflikte* hervorrufen. Zum Vergleich: Jede zweite Elternteilbeziehung der Singles war von mehr oder weniger offenen Auseinandersetzungen über Fragen der Lebensführung überschattet; dagegen war unter den Freunden der Singles nur jeder siebente nicht vorbehaltlos bereit, einen partnerlosen Lebenszustand zu akzeptieren. Eltern hat man, Freunde wählt man. Von den nicht frei wählbaren, aber persönlich bedeutsamen Beziehungen in den Beziehungskreisen der Singles geht offenbar die größte 'ideologische' Bedrohung eines partnerlosen Daseins aus.

Besonders *konfliktreich* erweist sich *das Verhältnis lediger Frauen unter den Singles zu ihren Müttern*. Während die Mütter in der Regel als Hausfrauen 'normalfamiliäre' Erwachsenenbiographien hinter sich wissen, gehen ihre partnerlos lebenden Töchter ganz andere Lebenswege. Vielen Müttern fällt es offenbar schwer, das Singleleben ihrer Töchter als eine gleichwertige Alternative zu Ehe, Kindern und Familie zu bewerten und ihnen einen unabhängigen Erwachsenenstatus zuzubilligen.

Mit welchen *Stereotypen* haben es Singles typischerweise zu tun? Dabei ist es, wenn wir die Frage zu beantworten versuchen, wichtig, darauf hinzuweisen, daß wir die Fremdbilder der Singles durch den Filter der *subjektiv wahrgenommenen* Außenperspektive[150] der Betroffenen auf die jeweilige soziale Umwelt betrachten, nicht die Fremdbilder selbst.

---

150 Vgl. Kap. III 1.1.

An erster Stelle aller Vorurteile, die Singles in ihrem Alltag wahrzunehmen haben, steht die Ansicht, Singles seien im Grunde genommen *"bindungsscheu"*. Sie hätten Angst oder seien unfähig, dauerhafte Verpflichtungen in ihrem Privatleben einzugehen. Etwa ein Drittel aller Befragten fühlte sich mit dieser Wertung "oft", zum Teil "sehr oft" konfrontiert. Es ist ein typisches Vorurteil gegenüber *weiblichen* Singles. Ihnen wird unterstellt, daß sie sich in ihrem Leben zu große Freiheiten angewöhnt hätten, um noch ernsthaft eine feste Bindung einzugehen. Sie werden mitunter auch als "schwierige" oder "egoistische" Charaktere bezeichnet, mit denen es sich nicht einfach gestalten würde, gegebenenfalls ein Zusammenleben zu realisieren. Ihnen werden - den Wahrnehmungen der Betroffenen nach - unrealistisch anspruchsvolle Vorstellungen über Bindungen und mangelnde Kompromißbereitschaft in diesen Fragen zugeschrieben. Den *Männern* wird dagegen eher nachgesagt, daß es ihnen bedauerlicherweise *"an Gelegenheiten fehlen"* würde, eine feste Bindung einzugehen. An ihrem Bindungswillen wird offenbar weitaus weniger gezweifelt.

Es sind in einem besonderen Maße die *geschiedenen Männer* unter den Singles, die sich mit den Vorurteilen konfrontiert fühlen, sie seien als partnerlos lebende Menschen besonders *"einsam"* und in einem starken Maße *"an einer Partnerin interessiert"*. In die gleiche Perspektive zielt die Vorstellung über geschiedene Männer, sie seien als Singles sozusagen *"ständig auf der Suche nach Sexualkontakten"*. Mit diesem Stereotyp haben auch etliche *weibliche* Singles zu kämpfen. Solche Fremdbilder von Einsamkeit und sexueller Frustration nehmen die *ledigen Männer* unter den Singles kaum wahr. Ihnen wird offenbar in einem viel stärkerem Maße unterstellt, zwar prinzipiell unfreiwillig, aber verhältnismäßig gut angepaßt als Singles zu leben.

Die Wahrnehmung der Singles in ihrer Außenperspektive auf ihre soziale Umwelt nimmt nicht nur abwertende, negativ gefärbte Vorurteile über ihre Lebensform auf, sondern stößt auch auf ambivalente Signale und deutliche Zeichen der Zustimmung. Ein Beispiel für eine *ambivalente* Bewertung des Singlelebens wußte eine ledige Frau in der Befragung zu berichten:

"Was da (unter den verheirateten Frauen am Arbeitsplatz, R. B.) *an Problemen mit den Männern und den Kindern gewälzt wird, da ist jeden Tag etwas anderes ... nur Probleme ... ein Geschimpfe über die Männer. Da geht meinen Kolleginnen manchmal auch ein Licht auf. Da heißt es dann: 'Mensch, hast Du es gut, mußt Dich mit niemanden rumärgern, hast Deine Freiheit. Du machst es richtig!'. Auf der anderen Seite zeigen sie einem aber auch, daß man ohne diese Erfahrungen das Leben so richtig noch nicht mitbekommen hat."*

Einerseits fühlte sie sich von ihren Arbeitskolleginnen um ihre persönliche Freiheit und Unabhängigkeit beneidet, auf der anderen Seite spürte sie, wie ihr als eheunerfahrene Single Inkompetenz bei ehelichen und familiären Problemen zugesprochen wurde.

Andere Singles erfahren aus ihrer sozialen Umwelt, wie wichtig es sei, "frei" zu sein und sich nicht zu sehr gebunden zu haben. So berichtete etwa ein 33jähriger lediger Mann über die Ansichten seines Vaters:

"'Bloß nicht zu sehr binden!', sagt er immer, 'die meisten machen den Fehler, binden sich viel zu sehr, ohne sich zu überlegen, auf was sie sich da für ihr ganzes Leben eingelassen haben'. Viel besser wäre es doch, nicht jeden Tag das gleiche Gesicht zu sehen, sondern Abwechslung im Leben zu haben. Mein Vater findet das richtig gut, so wie ich lebe."

Auch *die Betroffenen selbst* - die Singles - sind aktiv an den Bewertungsprozessen der eigenen Partnerlosigkeit beteiligt. Wir möchten diese Vorgänge nachfolgend an zwei Indikatoren - des emotionalen Selbsterlebens und der kognitiven Selbsteinschätzung - aufzeigen. Zum einen haben wir Singles nach ihrem *Selbstwertgefühl* als partnerlos lebende Personen gefragt, wenn sie sich in einer Vergleichssituation mit einem familiär lebenden Mitmenschen wiederfinden würden. Wie würden sie auf eine solche Situation reagieren, wenn es an ihnen liegen würde, ihre Lebensweise einer anderen Person zu präsentieren? Würden sie versuchen, dieser Situation möglichst zu entgehen und sich zurückzuziehen? Oder würden sie ihre Art zu leben offensiv zu vertreten wissen? Zum zweiten haben wir Singles danach gefragt, ob und wie sehr sie sich *als 'Außenseiter' fühlen*. Empfinden sich Singles in einer 'randständigen' Position einer 'Paar-Gesellschaft', oder ist ihr Platz ohne Partner 'mitten im Leben'?

Eine *Selbst*stigmatisierung als *"Außenseiter"* ist in einem wesentlich stärkeren Maße unter *männlichen* Singles feststellbar als unter den weiblichen Partnerlosen. Fast *zwei Drittel* aller Männer in der Stichprobe waren der Meinung, daß dieses Etikett zumindest etwas Wahres über sie aussagen würde, zum Teil fanden sie die Vokabel auch sehr zutreffend. Unter den weiblichen Befragten fand sich eine solche Einstellung nur bei einem Viertel der Personen. Die Bedeutung dieses Stigmas ist unter den Singles jedoch im wesentlichen zweigeteilt. Singles mit einer von Partnerlosigkeit und Alleinleben geprägten Erwachsenenbiographie bedienen sich des Begriffs des 'Außenseiters', um ihre individualistisch und nonkonform gestaltete Lebensgeschichte zu verdeutlichen.

Es ist eher Eigen*beschreibung* als Eigenbewertung. Dagegen neigen vor allem geschiedene Männer zu der bewertenden Ansicht, sie seien als Partnerlose im privaten Lebensbereich ein Stück weit außerhalb der gesellschaftlichen Normalität: im Abseits einer 'Familiengesellschaft'.

In einer sozialen Vergleichssituation würden Singles mit einem unterschiedlich ausgeprägten Selbstwertgefühl reagieren. Wir haben unter den Befragten im wesentlichen drei *Typen des Selbsterlebens* und der mit ihm in Zusammenhang stehenden Selbstpräsentation als Single gefunden: eine Selbstakzeptanz, eine offensive Haltung und eine Selbstablehnung als partnerlos lebender Mensch.

Etwa jeder zweite Single würde in einer Vergleichssituation - der eigenen Einschätzung nach - die eigene Lebensweise als eine 'normale' Angelegenheit wie andere Dinge auch präsentieren: mit Selbstüberzeugung, ohne Schamgefühle, ohne Anzeichen besonderer persönlicher Identifikation mit dem Singleleben. Etwaige negative Eigenschaftszuschreibungen würden sie wenig berühren. Sie zeigen *Selbstakzeptanz* in ihrer Lebensform. Negative Stereotype gewinnen wenig Wirkung in ihrem Präsentationsverhalten.

Eine eher *weibliche* Strategie der Selbstpräsentation als Single stellt eine *offensive* Vertretung der eigenen Lebensführung in Vergleichssituationen dar. Typisch für dieses Selbsterleben ist eine persönliche Identifikation mit ihrer gegenwärtigen Lebenslage und eine hohe Abwehrbereitschaft gegenüber einem sozialen Konformitätsdruck hin zu einer erneuten Bindung. Das Singleleben wird als Ausdruck des eigenen biographischen Werdeganges empfunden, und seine Infragestellung durch andere Menschen gegebenenfalls mit einem 'Gegenangriff' auf deren Lebensweise zu beantworten versucht. Diese Singles haben das Gefühl, sich als Angehörige einer partnerlosen Lebensform ihre 'Freiräume' ein Stück weit erkämpfen zu müssen.

In einer sozialen Vergleichssituation gerät nur eine kleine Minderheit von Singles in eine *defensive* Selbstpräsentation. In erster Linie gehören *geschiedene Männer* zu den *sich selbst ablehnenden* Partnerlosen. Ihnen würde es schwerfallen, die eigene Lebensführung als genauso sinnvoll und gleichwertig auszuweisen, wie es dies familiär lebenden Mitmenschen typischerweise mit wenig Überzeugungsaufwand gelingt. Befragte dieses Identitätstypus berichteten von Gefühlen der Scham und von psychischer Unsicherheit, wenn sie sich anderen offenbaren müßten, daß sie ohne Partner lebten. Dieses Selbstverständnis schließt das Bewußtsein ein, als Single geltende Normen der Lebensgestaltung zu verletzen. Entsprechend ratsam erscheint es manchen Singles, derartigen Vergleichssituationen möglichst aus dem Wege zu gehen.

Fassen wir im folgenden unsere empirischen Ergebnisse zur Frage der Stigmatisierung von Singles zu einigen wenigen zentralen *Thesen* zusammen:

- Die Partnerlosigkeit des Singlelebens ist ein wesentlicher Ansatzpunkt zur sozialen Konstruktion der Identität der Singles. Dabei spielen *abwertende* Fremdbilder eine besondere Rolle. **Zwei Drittel aller Singles fühlen sich in ihrem Alltagsleben "oft und wiederholt" mit negativen Stereotypen aus ihrer sozialen Umwelt konfrontiert.**

- Die wesentlichen Stigmatisierungsakteure der Singles entstammen in erster Linie den nicht frei wählbaren, persönlichen Sozialbeziehungen - namentlich die Kollegen am Arbeitsplatz und die jeweiligen Elternteile der Singles.

- Aber auch die Singles selbst sind aktiv an den Bewertungsprozessen ihrer Partnerlosigkeit beteiligt. Zwei Drittel aller Männer, aber nur ein Viertel aller Frauen unter den Singles etikettieren sich selbst als "Außenseiter". Die wenigsten jedoch begreifen dieses Etikett als eine Abwertung ihrer Person. Vielmehr dient es der Beschreibung ihrer individualistisch ausgerichteten Lebensgeschichte.

Die vorliegenden empirischen Ergebnisse sprechen soweit *gegen* die Hypothese 2[151]. Unseren Ergebnissen zufolge **existiert Partnerlosigkeit als negatives Stigma**. Für eine große Mehrheit der Singles gilt, daß sie sich wiederholt und nachdrücklich mit negativen Single-Stereotypen von seiten ihrer sozialen Umwelt auseinanderzusetzen haben. Die sozialen Identitäten der 30- bis 40jährigen Partnerlosen sind von Kategorien der Abweichung geprägt, welche normativ durchsetzungsfähig und wirkungsvoll genug sind, um in der wahrgenommenen Außenperspektive etlicher Singles als einigermaßen zutreffende Charakterisierungen des eigenen Selbst ("Außenseiter") erkannt und akzeptiert zu werden.

Negative Stigmatisierung stellt jedoch nur *ein* Aspekt eines - in der Hypothese 2 angesprochenen - gesellschaftlichen Abweichungsstatus dar. Ein weiterer Aspekt zeigt sich in dem Ausmaß der gesellschaftlichen *Diskriminierung*: des Ausschlusses aus gesellschaftlich relevanten Handlungszusammenhängen. Wir fragten auch in dieser Hinsicht in der Perspektive der Betroffenen selbst nach. Fühlen sich Singles in ihrer Partnerlosigkeit benachteiligt und isoliert? Bleibt es

---

151   Kap. III 1.4.

nicht bei der Erfahrung abwertender Fremdbilder, sondern erwachsen ihnen auch konkrete Nachteile als Singles im "Familienlebensalter"? Im folgenden Abschnitt werden wir unter anderen diese Fragen zu beantworten und die vorliegende Hypothese abschließend zu bewerten versuchen.

3.1.2. Die 'zwei Gesichter' eines partnerlosen Lebens

Wir hatten an früherer Stelle[152] bereits feststellen können, daß jeder zweite Befragte in der Population vor Beginn seines partnerlosen Lebens ein Singleleben *auf Zeit* als eine mehr oder weniger attraktive Option der Lebensführung betrachtet hatte. Etliche Erfahrungszeit in einem Singleleben war zum Zeitpunkt der Befragung bereits vergangen - im Durchschnitt drei Jahre -, und wir wollten von den Singles wissen, welche Bedeutungen und welche Erfahrungen sie mit ihrem *anhaltenden* Singleleben verbanden. Hat Partnerlosigkeit einiges für sich, das Singles nicht mehr missen möchten? Wie sehr ist das Singleleben eine Erfahrung des 'Verzichts' und der 'Benachteiligung' gegenüber Menschen, die in festen Bindungen leben? Im thematischen Mittelpunkt stehen nachfolgend die Vor- und Nachteile einer Partnerlosigkeit, wie sie von den Betroffenen selbst gesehen werden.

Die **Vorteile** eines Singlelebens lassen sich als die *Freiheit*, ein eigenbestimmtes Leben führen zu können, zu einem einzigen Faktor zusammenfassen. Das Bewußtsein, das private Leben so gestalten zu können, wie man es selber gerne will, steht für die meisten Singles an allererster Stelle, wenn es um die Vorzüge ihrer Lebensweise geht. Zwei Drittel aller Befragten rückten diesen Aspekt eindeutig in den Vordergrund, als sie um eine Bewertung ihrer Lebensweise gebeten wurden. Dabei handelt es sich um viele situative Details, in denen ein 'Anderen-keine-Rechenschaft-ablegen-müssen' in einem Single-Alltag zum Ausdruck kommt. Einige solcher Details schildert der folgende Interviewauszug mit einer weiblichen Single:

> "Niemand redet mir rein, ob ich abends weggeh' oder nicht, was ich am Wochenende mache oder nicht mache. Ich ruf 'ne Freundin an und mache was aus - aber eben nur, wenn ich es wirklich will. Es ist Wahnsinn, was ich für Freiheiten hab', auch so in Kleinigkeiten: wie ich in der Wohnung rumlaufe, wann ich zu Bett gehe, ob ich noch

---

152 Kap. IV 2.

meine (Yoga-, R. B.) Übungen vorher mache und so weiter. Wenn ich da sehe, wie das bei anderen läuft, die verheiratet sind ... ."

Auf niemanden muß im Privatbereich Rücksicht genommen werden. Verpflichtungen des Sichkümmerns, des Sichtreffens, des 'Aufeinander-Eingehens' existieren nicht, wenn sie nicht gewollt sind. Es gibt keine verbindlichen Zeiteinteilungen: des Nachhausekommens, des Abendessens, des Zubettgehens, der Wochenendgestaltung - sofern es nicht selbstgetroffene Einteilungen sind. Vor allem gewinnen Singles Zeit für den Beruf. Insbesondere die *Frauen* unter den Singles beziehen aus ihrem beruflichen Engagement, für dessen Anforderungen ihnen in ihrer Eigenschaft als Singles genügend Zeit bleibt, einen hohen Selbstwert.[153]

Den *ledigen Männern* ist es in ihrem Single-Dasein vor allem wichtig, ihren eigenen Lebensrhythmus beibehalten zu können, sich nicht von anderen vereinnahmt fühlen und nicht so viel Verantwortung in ihrem Leben für andere übernehmen zu müssen. Die *geschiedenen Frauen* betrachten die Freiheiten eines Singlelebens als eine Möglichkeit, sich ein 'eigenes Leben' aufzubauen. In diesem Sinne erstellte in unseren Interviews eine geschiedene Frau ihre persönliche Bilanz:

"Es ist einfach unvorstellbar, was das für ein Unterschied ist gegenüber damals, wo ich noch verheiratet war. Ich bin persönlich unabhängig, habe meinen Beruf, eine schöne Wohnung und kann in meiner Freizeit im Prinzip machen, was ich will. So richtig voll nutze ich das eigentlich noch gar nicht so richtig aus ... ."

Abb. IV-6 (auf der folgenden Seite) weist uns jedoch auch darauf hin, daß die Assoziierung des Singlelebens mit der Erfahrung persönlicher Freiheiten nicht für alle Betroffenen gilt. Während die große Mehrheit der Frauen und - vor allen anderen - der ledigen Männer die Vorzüge eines ungebundenen Lebens durchaus zu schätzen weiß, ist das Singleleben für einen Großteil der *geschiedenen Männer* kein besonders freiheitlicher und damit anstrebenswerter Lebenszustand. Drei Viertel aller geschiedenen Männer unter den Befragten wußten in Verbindung mit ihrer Partnerlosigkeit wenig mit dem Attribut der 'Freiheit' anzufangen. Unter den ledigen Männern beispielsweise behaupteten drei Viertel aller Befragten das ganze Gegenteil. Frei hatten sich die geschiedenen Männer eher in ihrer früheren Ehe gefühlt. Der Verzicht auf Liebe und Zweisamkeit hatte für sie nicht viel mit 'Freiheit' zu tun, wohl aber mit dem Bewußtsein eines 'Freige-

---

153   Vgl. Kap. IV 5.1.

Abb. IV-6:

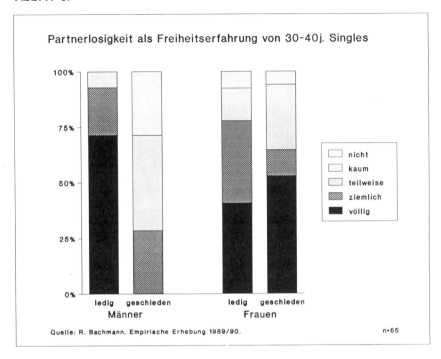

setztseins' im Sinne eines 'Ausgesetztseins' aus sozialen Bindungen. Während sich die meisten Singles mit einem partnerlosen Leben alltagspraktisch weitgehend arrangiert haben, ist es für die geschiedenen Männer auch nach längerer Single-Erfahrung verhältnismäßig prekär, ohne den sozialen Rückhalt einer Partnerin auskommen zu müssen.

Die kontrastreichen Erfahrungsunterschiede zwischen den geschiedenen Männern und allen anderen Befragten in der Population werden noch einmal deutlich, wenn wir uns mit den **negativen Seiten** des Single-Daseins auseinandersetzen. Solche negativen Seiten haben im weiteren Sinne etwas mit *Gefühlen von Einsamkeit* zu tun. Es sind Erlebensmomente, in denen das Fehlen von vertraulichen Kommunikationsmöglichkeiten offenbar wird, niemand da scheint, der sich für einen ernsthaft interessiert, keine Zuwendung in emotionaler Hinsicht erfahren und doch so sehr vermisst wird, in denen der Austausch von Zärtlichkeiten und Sexuellem gewünscht, aber nicht befriedigt wird; wenn einem

134 Kap. IV 3. Bindungsvorstellungen und Bindungswünsche

Abb. IV-7:

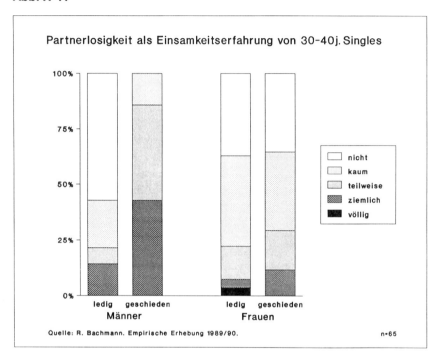

"die Decke auf den Kopf fällt", man sich als Single von anderen Menschen verlassen und diskriminiert fühlt und nichts mit sich selbst anzufangen weiß, psychisch "abstürzt" und sich "wie gelähmt" vorkommt.

Abb. IV-7 weist auf die *geschiedenen Männer* unter den Singles hin, welche in erster Linie mit Gefühlen der Einsamkeit, Verlassenheit und Benachteiligung in ihrer Lebensführung zu kämpfen haben. Vier von fünf geschiedenen Männern in unserer Stichprobe gaben offen zu, das Singleleben als eine *defizitäre* Lebensform zu erfahren. Die Schwierigkeiten der Lebensbewältigung beschränken sich unter ihnen demnach nicht auf die Phase des Eintritts in das Single-Dasein,[154] sondern bleiben mit zunehmender Dauer des Singlelebens virulent.

Geschiedene, partnerlos lebende Männer sind bindungsorientierter als alle anderen Singles und haben demzufolge am stärksten mit Diskrepanzen

---

154 Kap. IV 2.

zwischen ihrem tatsächlichen Lebenszustand und den Inhalten ihres Lebensentwurfs zu tun. Ein weiterer Grund für ihre ausgeprägten Einsamkeitserfahrungen besteht in ihrer Unzufriedenheit im Bereich der persönlichen Sozialbeziehungen. Es fällt ihnen weniger leicht als allen anderen Singles, in Anbetracht ihrer Defiziterfahrung ausgleichende, persönlich gefärbte Sozialbeziehungen (Freundschaften) herzustellen bzw. zu sichern. Beide Aspekte ihrer Lebenssituation - die starke Bindungsorientiertheit und die mangelnde Beziehungskompetenz - verweisen auf eine zentrale Ursache für den problematischen Single-Status der geschiedenen Männer. Es ist ihre *emotionale Unselbständigkeit* - das Ergebnis einer biographisch eingeübten traditionalen Ehemann- und Familienvaterrolle vor dem Hintergrund einer an Erwerbsarbeit und Beruf orientierten Lebensführung. Die berufsbiographisch entfaltete Vereinseitigung ihrer Kompetenzen auf eine *rationale* Lebensführung hält die geschiedenen Männer in Abhängigkeit von der emotionalen 'Zuarbeit' einer weiblichen Partnerin und läßt ihre Fähigkeiten, persönliche, emotionale, intime Beziehungen zu entwickeln, einigermaßen unterentwickelt. Diese Unselbständigkeit der traditionalen Männerrolle wird ihnen in einem Singleleben gewissermaßen zum Verhängnis.

Für alle anderen (und damit die Mehrheit der) Singles trifft die Feststellung zu, daß sie **nicht oder nur episodenhaft Erfahrungen mit Einsamkeitsgefühlen oder Gefühlen der Benachteiligung machen müssen**. Für drei Viertel der ledig gebliebenen Männer und der ledigen und geschiedenen Frauen unter den Singles ist Einsamkeit kein nennenswertes Problem. So sehr sie sich in ihrem Lebensalltag mit negativen Stereotypen über Partnerlose auseinandersetzen müssen,[155] so wenig fühlen sie sich durch derartige Vorurteile in ihrem Lebensgefühl beeinträchtigt. Sofern sie sich eine (neue) Bindung in ihrem Leben wünschen, besteht dieser Wunsch nicht in erster Linie aus lebenspraktischen Nöten. Das Singleleben ist für sie vielmehr eine weitgehend bewältigte Alltagspraxis.

Fassen wir unsere empirischen Ergebnisse zur Selbsterfahrung von Singles in einem partnerlosen Leben zu den folgenden beiden *Thesen* zusammen:

- Nur eine *Minderheit* der Singles - in erster Linie eheerfahrene Männer - sieht sich ohne einen festen Partner auch nach längerer Single-Erfahrung in einem *defizitären* Lebenszustand.

---

155 Kap. IV 3.1.1.

- **Die meisten Singles** - ledige Männer ebenso wie ledige und geschiedene Frauen - **rücken den Aspekt der persönlichen Freiheit und Unabhängigkeit in den Vordergrund, wenn es um eine Bewertung ihrer Lebensform geht.** Unter ihnen spielen Erfahrungen der Einsamkeit und Benachteiligung in ihrer Lebensführung nur eine untergeordnete Rolle.

Aus unserem empirischen Material gewinnen wir den *vorherrschenden* Eindruck, daß das Singleleben für die Betroffenen zwar eine sich wiederholende Erfahrung von abwertenden sozialen Vorurteilen mit sich bringt, daß diese Erfahrungen aber zugleich das Lebensgefühl der meisten Singles nicht entscheidend beeinträchtigen. Die meisten Singles reagieren in sozialen Vergleichssituationen mit einem positiven Selbstwertgefühl und fühlen sich in ihrer Rolle als Singles nicht spürbar benachteiligt. Wir halten daher unsere Vermutung in Hypothese 2[156] in Form einer Trendaussage aufrecht, daß **Singles im "Familienlebensalter" nicht in einem gesellschaftlichen Status der Abweichung leben, sondern im Begriffe sind, eine als lebenswert erfahrene Option der Lebensgestaltung alltagspraktisch zu erschließen.** Dieses Ergebnis deckt sich mit den Aussagen der Studie der GETAS[157] über Alleinstehende und der Arbeit von KRÜGER[158] über ledige Alleinlebende im mittleren Lebensalter.

3.1.3. Partnerlosigkeit als Lebensentwurf

Wir haben feststellen können, daß sich die 'zwei Gesichter' des Singlelebens - auf der einen Seite Attribute wie Selbständigkeit, Unabhängigkeit, Selbstverwirklichung und Freiheit, auf der anderen Seite Einsamkeit und das Fehlen von Intimpersonen - für die Mehrheit der Singles eher zu ihrer positiven Seite neigen. Vor diesem Hintergrund interessiert die Frage, ob und inwieweit Partnerlosigkeit in der Einschätzung der Singles *mehr* als positive Seiten für ihr Leben aufweist, sondern regelrecht ihre Selbstverwirklichungswünsche widerspiegelt. Wie stark also identifizieren sich Singles mit einem Leben unter Partnerverzicht? Lassen sich unter den Singles Identitäten finden, die einen partnerlosen Lebenszustand zu einem Ausdruck der eigenen Lebenswünsche erheben: eine ausgesprochen

---

156 Kap. IV 1.4.
157 SCHREIBER, H. (1977): Singles. Allein leben - besser als zu zweit?, Frankfurt a. M., S. 235 ff.
158 KRÜGER, D. (1990): Alleinleben in einer paarorientierten Gesellschaft. Eine qualitative Studie über die Lebenssituation und das Selbstverständnis 30- bis 45jähriger lediger, alleinlebender Frauen und Männer, Pfaffenweiler.

Abb. IV-8:

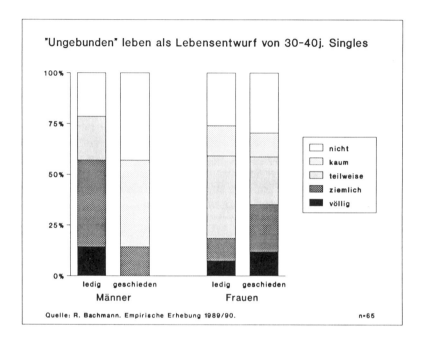

freiwillige Partnerlosigkeit also?[159] Dabei achteten wir insbesondere auf unterschiedliche Vorstellungen von Männern und Frauen unter den Singles, denn unsere Vermutung war, daß weibliche Singles festen Partnerbindungen skeptischer gegenüberstehen als männliche Singles (Hypothese 3)[160].

Etwas mehr als jeder zweite Single in der Befragtenpopulation legte auf die Bewahrung der persönlichen Freiheiten, die in einem Singleleben erfahren werden können, auch für die weitere Zukunft ausdrücklich Wert - in welcher Lebensform sie dann auch immer leben würden. Ein ausgeprägtes "Gefühl der Unabhängigkeit und Freiheit" machte *jeder dritte* Single gar zu einer *unerläßlichen* Voraussetzung für eine neue Bindung. Diese Singles sind zu individualisiert, um sich nahtlos in traditionale Geschlechterrollen einzufügen: die Frauen in

---

159 Der spezifische Fall einer religiös motivierten Partnerlosigkeit (Zölibat) bleibt in unserer Untersuchung thematisch unbesehen.
160 Kap. III 1.4.

Abhängigkeiten vom Ehemann, die Männer in eine 'Versorgerrolle' gegenüber der Frau und den Fixierungen, die sich aus dieser Rolle ergeben. Sofern sie sich überhaupt wieder binden wollen, stellen sie sich eher 'unkonventionelle' Bindungskonstellationen vor.

Zu den entschiedendsten Verfechtern persönlicher Unabhängigkeit zählen - entgegen unseren ersten Vermutungen - viele Männer unter den Singles (Abb. IV-8). Es sind im wesentlichen *ledig gebliebene, akademisierte Männer*, deren Lebensentwürfe die Möglichkeit einer persönlichen Autonomie zum zentralen Inhalt haben. Beinahe vier von fünf *ledigen Männern* unter den Singles legen Wert auf ihre "persönliche Freiheit" und können sich größtenteils für sich selbst nur noch Bindungen vorstellen, die - wie es ein Befragter plakatierte - "einem die Luft zum Atmen lassen". Der Freiheitswille ist für sie ein ganz wesentliches Element ihres Bindungsverhaltens. Am ehesten stellen sie sich Partnerverhältnisse vor, die ein Paradoxon zu vereinen garantieren: Intimität ebenso wie persönliche Autonomie.

Die *Frauen* unter den Singles erweisen sich als weniger radikal in ihrem Freiheitsstreben als die ledigen Männer. "Ungebunden" leben zu können ist für eine knappe Minderheit unter ihnen sogar kein wesentliches Kriterium ihres Lebensentwurfes (Abb. IV-8). Daneben dominiert unter den *ledigen* Frauen die Zuversicht, im Falle einer erneuten Bindung Elemente persönlicher Autonomie ebenso wie intimer Nähe in befriedigender Weise austarieren zu können. Bindungsskepsis macht sich eher unter den *eheerfahrenen* weiblichen Singles breit. In Anbetracht ihrer negativ gefärbten Eheerfahrungen finden sich unter den geschiedenen Frauen doppelt so viele Singles mit einer ausgeprägten Bindungsskepsis als unter den ledigen Frauen.

Auch in der Frage der Attraktivität des Singlelebens für die weitere Lebenszukunft zeigen sich kontrastreiche Einstellungsunterschiede zwischen *geschiedenen Männern* und den meisten anderen Singles (Abb. IV-8). So sehr eheerfahrene Männer ihre Partnerlosigkeit nicht mit persönlicher Freiheit, sondern eher mit Gefühlen der Einsamkeit und Benachteiligung in Verbindung bringen, so wenig ist ihnen daran gelegen, auch in ihrer weiteren Lebenszukunft das Bewußtsein von "Ungebundenheit" aufrechtzuerhalten. In unserer Stichprobe waren es beinahe neun von zehn geschiedenen Männern, die eindeutig auf eine Partnerbindung, weniger aber auf persönliche Autonomie einen großen Wert legten.

Wir können - noch einmal zusammenfassend - feststellen, daß sich **etwa jeder zweite Single, insbesondere ledige Männer und geschiedene Frauen, die Vorstellung von einem "freien Leben" zur Lebensperspektive gemacht** hat. Wir fanden in unserer Population in dieser Hinsicht nicht die erwarteten Einstellungsdifferenzen zwischen den Männern und Frauen unter den Singles, sondern ermittelten in erster Linie **deutliche Kontraste zwischen den geschiedenen Männern und allen anderen Singles**. Dabei erwiesen sich geschiedene Männer am ausgeprägtesten, ledig gebliebene, seit Jahren alleinlebende Männer am wenigsten bindungsorientiert. Die Vorstellung, daß weibliche Singles bindungsskeptischer eingestellt sind als männliche Singles (Hypothese 3)[161], ist demnach in Hinblick auf unterschiedliche biographische Erfahrungen der Betroffenen differenzierter zu betrachten.

Doch freiheitsbetont leben zu wollen ist noch kein sicheres Indiz für eine wirklich *freiwillige* Partnerlosigkeit. *Freiwillig* partnerlos zu leben bedeutet, dem eigenen bewußten Beschluß nach eine gewisse Zeit lang oder auf Dauer auf eine Partnerbindung verzichten zu wollen. Es sind Singles, die eine monogame und exklusive Zweisamkeit mit einem Partner für ihr gegenwärtiges und (soweit überschaubar) zukünftiges Leben definitiv ablehnen. Erst recht kommt für sie nicht infrage, mit einem Partner in einer Wohnung zusammenzuleben oder gar eine Ehe einzugehen oder eine Familie zu realisieren. Wir nennen sie *bindungsdesinteressierte Singles*, welche explizit gewillt sind, auch in ihrer weiteren Lebenszukunft ein Singleleben aufrechtzuerhalten.

Wir trafen in unserer Untersuchungspopulation nur auf eine kleine Minderheit (15 %) aller Singles, die eine Lebensweise nach dem traditionalen Modell fester Partnerschaft für sich selbst eindeutig ablehnt. Eine **freiwillige Partnerlosigkeit** ist unter Singles offenbar eine eindeutige **Ausnahmeerscheinung**. Vielmehr herrscht ein anderes Bild vor: **Die große Mehrheit (85 %) aller Singles möchte für die eigene Lebenszukunft eine (erneute) Partnerbindung nicht ausschließen - auch wenn teilweise mehr oder weniger große Vorbehalte gegen ihre konkrete Realisation bestehen**. Das Ideal von Liebe und Zweisamkeit scheint unter Singles ungebrochen. Liebe und Zweisamkeit sind auch in den Lebensentwürfen der Singles zentrale Vorstellungen der eigenen Lebenspraxis. Doch von einer derartigen Lebenspraxis sind sie als Singles einigermaßen entfernt.

Unter den wenigen *bindungsdesinteressierten Singles* in der vorliegenden Population haben wir es mit zwei unterschiedlichen Identitäten zu tun. Auf der

---

[161] Kap. III 1.4.

einen Seite handelt es sich um Singles, welche nicht nur an einer Partnerbindung, sondern an jeder geschlechtlichen Zweisamkeit - auch in einer lockeren Konstellation - nicht interessiert sind. Wir nennen sie **sexuell autonome Singles**, denn ihr besonderes Kennzeichen ist das Bewußtsein und Gefühl, in sexueller Hinsicht von anderen Menschen unabhängig zu sein, d. h., sich nicht in die Handlungssysteme von zwischengeschlechtlicher Liebe, Partnersuche und Partnerwahl einbinden lassen zu wollen. Es sind Singles, die ihre Partnerlosigkeit gewissermaßen in aller Radikalität aufrechtzuerhalten versuchen. Auf der anderen Seite sind wir auf einige Singles gestoßen, deren Vorstellung es ist, unterhalb der Ebene von Bindung zwischengeschlechtliche Affären, Romanzen, Liebschaften in ihr Singleleben einzubeziehen. Solcherart **liebschaftsorientierte Singles** lehnen für sich selbst zwar ebenso feste Bindungen mit Nachdruck ab, möchten ihr Freiheitsstreben jedoch nicht mit dem Verzicht auf sexuelle Erfahrungen erkaufen. Eigenbestimmte, temporäre Liebschaften erscheinen ihnen vielmehr als eine Loslösung von kulturell "vorgestanzten" Bindungsvorstellungen und der Ausdruck ausgeweiteter persönlicher Handlungsmöglichkeiten.

3.1.3.1. Sexuell autonomes Singleleben

Die Identität eines *sexuell autonomen Singlelebens* faßt all jene Bindungsvorstellungen zusammen, die nicht nur das Modell einer verbindlichen, "festen" Partnerschaft weit von sich weisen, sondern darüber hinaus derzeit überhaupt nicht an dem jeweils anderen (wie auch an dem gleichen) Geschlecht Interesse zeigen. In unserer Population handelt es sich um zwei ledige Männer und eine ledige und eine geschiedene Frau, die sich in dieser Weise selbstbeurteilen und als Singles bewußt jenseits von Kriterien der Liebe und Zweisamkeit leben. Männer wie Frauen dieses Typus bezeichnen sich als "derzeit nicht an Sexualität interessiert". Sie verfügen über keine Sexualkontakte und leben in der Überzeugung, daß Sexualität und Paarbildung nicht zu den wesentlichen Dingen in ihrem derzeitigen Leben gehören und ohne Probleme alltagspraktisch ausgeklammert sein können. Sie nehmen kein Erlebensdefizit wahr. Sie sind - der eigenen Einschätzung nach - *freiwillig non*sexuell orientiert. Das Alleinleben bereitet ihnen auch in anderen Erfahrungsbereichen wenig Bewältigungsprobleme; ihre Unabhängigkeit als Singles wissen sie vielmehr außerordentlich zu schätzen.

Die *Gründe* für ein sexuell autonomes Singleleben sind recht vielfältig. Greifen wir die in der Befragung thematisierten Beispiele heraus. Zu den sexuell autonomen Singles in der Population gehörte etwa eine 30jährige ledige Frau, welche in ihrem Leben noch nie mit einem festen Partner zusammengelebt hatte und sich ein Leben in Zweisamkeit auch nicht so recht als eigenes Lebensmodell vorstellen konnte. Ihre Identität war ihrer individualisierten Beziehungsbiographie weitgehend angepaßt: Sie zeigte eine hohe Identifikation mit dem Singleleben und keine ernsthafte Ambition für ein Bindungsverhältnis. Zu den sexuell autonom lebenden Singles in der Befragung gehört aber auch eine 40jährige, geschiedene Schulleiterin in einem ausgesprochen berufsorientierten Leben (mit einer 80-Stunden-Woche). Ihrer Aussage nach wäre ein Partner in ihrem Leben nicht nur "völlig überflüssig", sondern in ihren Lebensrhythmus auch nicht mehr integrierbar. Ein weiteres Motiv für sexuelle Autonomie stellen die schweren psychischen 'Verletzungen' dar, die in einer Ehekrise oder in einer Scheidungszeit erfahren werden und ein partnerschaftliches Zusammenleben als Lebensmodell nachhaltig diskreditieren können. *Gemeinsam* ist allen sexuell autonomen Singles, daß sie keinerlei Veranlassung für sich sehen, entscheidende Schritte in die Welt der 'Doubles' und Familien zu unternehmen.

3.1.3.2. Liebschaftsorientiertes Singleleben

Einen weiteren Identitätstypus mangelnden Bindungsinteresses stellt das *liebschaftsorientierte Singleleben* dar. Eine solche Single-Identität lehnt auf der einen Seite die Dauerhaftigkeit und Verbindlichkeit einer traditional angelegten Partnerbindung ab, ist aber unterhalb der Ebene von Bindung an ein Leben unter Einschluß von Liebschaften interessiert. Es handelt sich in der vorliegenden Population um einige wenige ledige und geschiedene Männer und Frauen mit einem geringen Interesse, sich in die 'totale Institution' einer Partnerbindung zu begeben und die Ansprüche und Eigenarten eines Partners zu "ertragen". In dieser Weise äußerte sich beispielsweise eine 31jährige ledige Sekretärin mit einer jahrelangen Erfahrung mit dem Alleinleben und dem Bewußtsein, die einmal erlangte Unabhängigkeit keinesfalls wieder aufgeben zu wollen. Zu ihnen gehört auch ein geschiedener Unternehmer unter den Befragten, welcher seinen Beruf im Mittelpunkt seines Lebens sah und die Vorteile eines 'Netzes' von Sexualpartnerinnen schätzte. Einen anderen Fall stellt eine verheiratet-getrenntlebende kaufmännische Angestellte dar, deren besonderes Augenmerk als Single ihrer persönlichen Unabhängigkeit und Freiheit im Rahmen ihrer privaten Lebensgestaltung galt. Nicht ein enges Zusammenleben, sondern intime,

Sexualität einbeziehende Beziehungen mit eingebauten psychischen und räumlichen *Distanzen* sind es, in denen diese Singles ihr Leben gerne führen wollen: ohne dauerhafte Verpflichtungen, jenseits von 'großer Liebe', auf der Basis eines getrennten Wohnens. Mit diesen Vorstellungen wenden sie sich deutlich gegen traditionale Normen einer 'richtigen' Lebensführung im "Familienlebensalter". Insbesondere die Lebenskonzepte liebschaftsorientierter *Frauen* unter den Singles konterkarieren traditionale Normen der Bindung und des sexuellen Verhaltens besonders drastisch. Statt als ungebundene bzw. unverheiratete Frauen strikte Zurückhaltung im sexuellen Verhaltensbereich zu wahren, gehören für sie selbst multiple Sexualverhältnisse zu ausgesprochen attraktiven Lebensgestaltungen.

Inwieweit gelingt es den liebschaftsorientierten Singles, ihr Selbstverständnis auch tatsächlich in die Tat umzusetzen? Anders gefragt: Verfügen liebschaftsorientierte Singles über Liebschaften? In der vorliegenden Population besitzen alle Singles dieses Identitätstypus Erfahrungen mit Sexualbeziehungen im Rahmen ihres Singlelebens. Auffallend ist dabei die ausgesprochene Dauerhaftigkeit ihrer Sexualverhältnisse. Wir konnten unter diesen Singles keine auf kurze Zeit terminierte, wechselnde Geschlechtskontakte feststellen. Typisch waren vielmehr auf Dauer angelegte Sexual*partnerschaften* - gewissermaßen mit einer je eigenen Beziehungsgeschichte.

Zur Verdeutlichung derartiger Sexualpartnerschaften wollen wir einen Blick auf die Beziehungsnetze der Befragten werfen. Beispielsweise fand sich in der Stichprobe ein 34jähriger geschiedener Mann mit einem seit zwei Jahren andauernden Verhältnis zu einer verheirateten, familiär lebenden Arbeitskollegin, mit der er sich ein- oder zweimal in der Woche incognito traf. Seiner Einschätzung nach fühlte er sich auch emotional zu ihr hingezogen, aber nicht im Sinne der "Besitznahme" einer Partnerbindung. Daß seine Liebhaberin ehelich gebunden war, empfand er als "glücklichen Umstand", um die eingespielte Balance der eigenen persönlichen Unabhängigkeit und der zwischenmenschlichen Intimität wahren zu können. Ein anderer Fall in der Stichprobe ist derjenige einer verheiratet-getrenntlebenden Frau in einem Sexualverhältnis mit einem ebenfalls partnerlos lebenden Freund. Sie trafen sich seit etwa zwei Jahren regelmäßig einmal in der Woche - und eine andere Bedeutung als Sexualität kam dieser Beziehung aus der Sichtweise der Frau im wesentlichen nicht zu.

In der Befragung wurde uns deutlich, daß sexuelle Beziehungen für die *Männer* unter den liebschaftsorientierten Singles eine andere Bedeutung haben als für die liebschaftsorientierten Frauen. Für die Männer scheint es von größerer

Wichtigkeit zu sein, als partnerlos lebende Menschen sexuelle Kontakte *vorweisen* zu können: als Symbol ihrer unverminderten Attraktivität, ihrer aufrechterhaltenen sozialen Integration und einer 'erfüllten' Lebensführung. Typisch ist es für die liebschaftsorientierten Männer, keine Partnerlosigkeit ohne sexuelle Kontakte erleben zu wollen. Die liebschaftsorientierten *Frauen* rücken den sexuellen Erfahrungsbereich dagegen weniger in den Mittelpunkt ihrer Lebensvorstellungen. Wichtiger ist für sie die Aufrechterhaltung ihrer persönlichen Unabhängigkeit und Freiheit, deren Ausdruck auch jene Verhaltensspielräume sind, die sie sich in sexuellen Dingen zubilligen. In diesen Einstellungsunterschieden kommen traditionale Geschlechterrollen in abgeschwächter Form zur Wirkung.

3.2. Alleinleben

Singles leben in einer eigenen Wohneinheit für sich ganz allein und führen diesen Haushalt in überwiegender finanzieller Eigenständigkeit. Ein solches *Alleinleben*[162] ist - neben der Partnerlosigkeit - ein spezifisches Kennzeichen ihrer Lebensführung. Eine solche Lebensführung ist untypisch im "Familienlebensalter".[163] Die große Mehrheit der Gesellschaftsmitglieder lebt in dieser Altersphase *gemeinschaftlich*: mit dem Partner, mit den eigenen Kindern, als eine Familie. Das Privatleben stellt bei dieser Mehrheit in der Regel ausgesprochen soziabile Erfahrungswelten dar: das vorbehaltlose Gespräch unter den Eheleuten, die eingeschliffenen Routinen der Zuständigkeiten und des Zusammen- und Nebeneinanderwirkens im Haushalt, die Höhen des Liebens und die Niederungen des Streitens, welche diesem gruppenhaften Leben seine spezifischen Dynamiken verleihen können, das Versorgen, Spielen, Lachen und Schimpfen mit den Kindern, die gemeinsamen Freizeitunternehmungen in der familiären Außenwelt und vieles andere mehr. Ein solches gemeinschaftliches Leben sieht vergleichsweise wenig Rückzugsmöglichkeiten für den einzelnen vor. Sie beschränken sich im Zweifel auf die wenigen Abendstunden, wenn der Partner unterwegs ist und die Kinder erfolgreich in die Betten gebracht sind. Auch in der Frage des Lebensunterhaltes regiert nicht das Prinzip von Eigennutz und Unabhängigkeit, sondern das Solidarprinzip des Teilens bzw. gemeinsamen Verbrauchens.

---

162 Zum Begriff des Alleinlebens siehe unsere Explikation in Kap. II 1.1.
163 Vgl. Kap. II 3.2.

Wenn *Singles* in ihre Wohnung zurückkehren, kehren sie in eine vergleichsweise eigenbestimmte und eigeninszenierte Wirklichkeit zurück. Es ist keine Welt sozialer Beziehungen, die auf sie wartet. Ihre Wohnung gleicht einer "Höhle des Individuums"[164]: das materiale Zentrum ihrer Ungebundenheit und Unabhängigkeit. Das Alleinleben bietet ausgeweitete Rückzugsmöglichkeiten. Dem Prinzip nach unterliegt jeder Sozialkontakt der bewußten Entscheidung des Alleinwohnenden. Ist ein Kontakt unerwünscht, kann er vermieden werden; ist er erwünscht, kann (bzw. muß) er aktiviert werden. Kein Gespräch gibt es in der Wohnung von Singles, wenn es nicht mehr oder weniger absichtsvoll herbeigeführt worden ist. Auch in haushaltswirtschaftlicher Hinsicht sind Singles eigenständige Akteure. Vor dem Hintergrund all der Zwänge und Freiheiten, die ein berufsorientierter Alltag mit sich bringen kann, stehen sie in der Regel in finanzieller Autonomie - ohne Absprachen, ohne Kompromisse, ohne Rücksichtnahmen auf andere, aber möglicherweise auch ohne das Gefühl eines aktivierbaren materiellen Rückhalts durch andere Menschen.

Zunächst fragten wir nach Aspekten der Alltagspraxis des Alleinlebens. Wie sehr ist ein Alleinleben wirklich ein *Allein*leben, bzw. wie sehr wird das Alleinleben von den Betroffenen in eine Gemeinschaftlichkeit mit anderen Menschen verwandelt? Auf der Basis dieser Informationen gehen wir der sinnhaften Bedeutung des Alleinlebens für Singles nach. Schätzen Singles die eigene Wohnung als ein 'Wohnrefugium' positiv ein, oder ist das Alleinleben in ihren Augen nur eine Not- oder Übergangssituation bis zu einem erneuten Zusammenleben? Wünschen sich Singles die ökonomische Sicherheit durch einen festen Partner, oder ist es gerade ihre finanzielle Unabhängigkeit, auf die sie nicht verzichten wollen? Wie sehen das die Männer unter den Singles, und wie sehen das die Frauen? Unsere Vermutung war, daß das Alleinleben für weibliche Singles einen positiveren Stellenwert gewinnt als für männliche Singles (Hypothese H 3)[165]. Läßt sich diese Vermutung anhand der vorliegenden Befragungsdaten bestätigen?

3.2.1. Autonomes Wohnen

Die erste Dimension des Alleinlebens von Singles, die wir im folgenden betrachten wollen, ist diejenige des *Alleinwohnens*. Dabei zeigen wir zunächst - zeitlich

---

164 MEYER, S., SCHULZE, E. (1989): Balancen des Glücks. Neue Lebensformen: Paare ohne Trauschein, Alleinerziehende und Singles, München.
165 Kap. III 1.4.

ausgehend von dem erstmaligen Auszug aus dem Elternhaus - den biographischen Erfahrungskontext von Singles mit dem Wohnen auf. In welchen Wohnformen haben Singles als Erwachsene schon gelebt? Wie sehr kennen Singles bereits das Alleinleben? Anschließend werden - mit Blick auf die gegenwärtige Lebenssituation - einige Wohnbedingungen aufgezeigt, die einem Singleleben einen materiellen Rahmen geben. Wir fragen in einem nächsten Analyseschritt nach dem Ausmaß an Gemeinschaftlichkeit mit anderen Menschen, das Singles als Alleinlebende inszenieren. Paßt das Bild von zurückgezogen lebenden Singles - das Etikett der "Einsiedler in einer Paargesellschaft"? Oder sind Singles in einem hohen Maße freizeitmobil: immer "auf Achse" auf der Suche nach Sozialkontakt? Im Mittelpunkt steht jedoch die Frage nach einem *bewußt und freiwillig praktizierten* autonomen Wohnen, das den Wunsch nach einem Zusammenleben nicht (mehr) kennt.

3.2.1.1. Wohnbiographien von Singles

Allen Singles in der vorliegenden Stichprobe gemeinsam ist - ex definitione - ein Leben in einem Ein-Personen-Haushalt. Darüber hinaus brachten sie in ihr gegenwärtiges Singleleben bereits einige biographische Erfahrungen mit einem Alleinwohnen ein. 60 % aller Befragten hatten in ihrer Erwachsenenbiographie insgesamt 8 Jahre und länger, zum Teil von dem Auszug aus ihrem Elternhaus an, in einer Wohnung für sich alleingelebt. Fast alle Singles hatten vor ihrem gegenwärtigen Singleleben eine wohnliche Autonomie in ihrem Leben schon einmal oder mehrmals realisiert. In unserer Stichprobe findet sich nur eine einzige Befragte ohne eine entsprechende Vorerfahrung. Diese Informationen geben uns einen Hinweis darauf, wie sehr einzelne *Phasen* des Alleinlebens bzw. das Alleinleben als ein *dauerhafter* Lebenszustand in die Biographien der Singles eingelassen sind und ihnen eine Lebensführung, in der der einzelne in erster Linie auf sich selbst gestellt seine Existenz sichert, mehr oder weniger vertraut gemacht haben.

Abb. IV-9 (auf der folgenden Seite) vermittelt einen Überblick über das Ausmaß an *Vor*erfahrungen von Singles mit dem Alleinleben und unterschiedlichen Konstellationen des Zusammenwohnens. Etwa drei von vier Singles in unserer Befragung - unter den Frauen ein etwas größerer, unter den Männern ein etwas geringerer Anteil - hatten früher schon einmal ganz für sich allein gewohnt. Entsprechend verbreitet stellt sich das Zusammenleben mit anderen Menschen in

Abb. IV-9: Wohnvorerfahrungen von 30–40j. Singles (seit Auszug aus dem Elternhaus)

Wohnvorerfahrungen (Mehrfach-Nennungen)	Männer in %	Frauen in %	Insgesamt in %
Alleinwohnen	64	88	73
Zusammenwohnen	77	65	72
- in nicht-ehelicher Lebensgemeinschaft	43	30	38
- in nicht-ehelicher Familie	10	5	8
- in kinderloser Ehe	5	16	8
- in 'Normalfamilie'	24	3	16
- in Ein-Elternteil-Familie	0	5	2
- in Wohngemeinschaft	0	7	2
- in elternhäuslicher Gemeinschaft	3	5	4
- im Heim/Internat	5	3	4

Quelle: R. Bachmann. Empirische Erhebung 1989/90.

den Biographien der Singles dar. Ein verfeinerter Blick zeigt uns eine ausgesprochene *Vielfalt* der Wohnerfahrungen von Singles mit einem Zusammenleben: die *Männer* in erster Linie im Rahmen einer nicht-ehelichen Lebensgemeinschaft, einer 'Normalfamilie' ("VaterMutterKind") oder einer nicht-ehelichen Familie, die *Frauen* vor allem in nicht-ehelichen Lebensgemeinschaften und 'Normalfamilien'. Dabei lassen sich in den Lebensläufen vieler *lediger* Singles wohnbiographische Verlaufsmuster entdecken, wie sie theoretisch in dem Modell der Lebensspirale[166] gedacht sind: zirkulierende Folgen des Alleinlebens und des partnerschaftlichen Zusammenlebens über die Lebenszeit.

---

166 ETZKOWITZ, H., STEIN, P. J. (1978): The Life Spiral. Human Needs and Adult Roles, in: ALTERNATIVE LIFESTYLES, 1, S. 434-446.

3.2.1.2. Wohnverhältnisse unter Singles

Jeder fünfte Single in unserer Befragung war Eigentümer der Immobilie, die er selbst bewohnte. Zu ihnen gehörte beispielsweise ein 30-jähriger Außendienst-Mitarbeiter, welcher seit seiner Scheidung ganz allein in seinem 'Ein-Familien'-Haus wohnte und in seiner Eigenschaft als Single über insgesamt 7 Wohnräume verfügen konnte. Diesem Befragten blieb damit über die noch bestehenden Beziehungen zu seiner geschiedenen Frau und seinen beiden Kindern hinaus eine *materielle* Hinterlassenschaft seines ehemaligen Familienlebens. Ein anderes Beispiel für Wohneigentum unter Singles bildet das ältere Bauernhaus eines 34jährigen Landwirts, dessen drei Zimmer er seit seiner Scheidung ganz allein bewohnte. Unter den Befragten finden sich aber auch einige ledig gebliebene Männer und Frauen mit einer langjährigen Erfahrung als Alleinlebende, die sich in ihrer Wohnsituation nicht wesentlich von familiär 'etabliert' lebenden Personen unterscheiden und sich als Singles ein Haus oder eine Wohnung gekauft hatten. Die große Mehrheit der Singles lebt jedoch nicht in eigenem Eigentum; typisch ist vielmehr die Mietwohnung eines Mehr-Parteien-Hauses.

In unserer Stichprobe verfügen die meisten Singles über 2 bis 3 Zimmer - nicht mitgerechnet Küche, Bad, Toilette und Flur. Nur eine Frau und einige wenige Männer unter den Befragten hatten sich mit einem einzigen Zimmer in Mietwohnungen zu begnügen. Für sie waren aber berufliche Übergangsphasen in vergleichsweise bescheidenen Einkommensverhältnissen kennzeichnend: eine Zeit der Arbeitslosigkeit oder der beruflichen Ausbildung. Darüber hinaus trafen wir zum Zeitpunkt der Befragung zwei männliche Befragte in relativ provisorischen Wohnverhältnissen an. Im einen Fall stand gerade ein Umzug bevor, im anderen Fall handelte es sich um ein scheidungsinduziertes "Wohnen aus dem Koffer heraus", ohne daß für den Betroffenen eine annehmbare Wohnalternative in Sicht gewesen wäre. Doch diese Fälle sind nicht typisch für die Singles in der Stichprobe. Typisch ist vielmehr eine ausgesprochen günstige Wohnsituation, in der sich ein befriedigendes Alleinleben entfalten könnte. Dieses Urteil spiegelt sich auch in den Einschätzungen der Befragten wider. Die große Mehrheit der Singles fühlte sich in ihren Wohnungen wohl.

Das Singleleben im mittleren Lebensalter ist in erster Linie ein *großstädtisches Phänomen*,[167] und auch in der vorliegenden Population überwiegen großstädtische Wohnstandorte (im Ballungsraum Nürnberg/Fürth/Erlangen). Wir möchten das Augenmerk an dieser Stelle jedoch auch auf die Wohnumstände einer Minderheit von Singles lenken, die ihren Wohnsitz in einem ausgesprochen dörf-

---

167 Vgl. Kap. II 3.2.

lich geprägten Milieu innehatten. In der Stichprobe sind wir auf zwei weibliche und einen männlichen Single in einer solchen Wohnsituation gestoßen. Ein gemeinsames Kennzeichen ihres Wohnens ist die Übernahme einer Fremdenrolle als Singles in der dörflichen Gemeinschaft. Die drei Befragten berichteten übereinstimmend von einer ausgeprägten Anteilnahme und Neugierde "im Dorf" gegenüber ihrer vereinzelten, emeritären Lebensweise und der Vermittlung von Fremdbildern, die sich an ihrer Partnerlosigkeit und ihrem Alleinwohnen orientierten. Eine Befragte schilderte uns derartige Identifikationsprozesse:

> "Mit Sicherheit bin ich immer wieder einmal der Gesprächsmittelpunkt im Dorf - etwa, wenn bei mir mal wieder ein Mann zu Besuch war. ... Das kommt öfters vor, daß ich im Garten arbeite, und oben an der Straße stehen'se dann und schauen, was das wohl für eine ist, was die so alleine macht. ... Einmal nachts, da kam ein Mann aus dem Dorf, ich kenn den, der ist verheiratet, der war plötzlich im Flur gestanden, ich hatte die Tür nicht abgeschlossen, der war stockbesoffen und glotzte mich nur an. Ich hab ihn mit allem Nachdruck rausgeworfen. Ich bin mir sicher, der wollte nichts Böses, der wollte nur endlich mal sehen, was hier vorgeht, und hat sich das nur in seinem Suff getraut."

3.2.1.3. Formen des Alleinwohnens unter Singles

Singles setzen ihr Alleinleben in einer unterschiedlichen Art und Weise in Szene. Wenn wir versuchen, einander ähnliche Muster des Selbstverständnisses und Verhaltens im Erfahrungsfeld des Wohnens zusammenzufassen, lassen sich im wesentlichen vier *Formen des Alleinwohnens* unter Singles aufzeigen: ein gemeinschaftliches Alleinwohnen, ein zurückgezogenes Alleinwohnen, ein freizeitmobiles Alleinwohnen und ein defizitäres Alleinwohnen. Dabei wird sich im folgenden erweisen, daß das Alleinleben von Singles ein Leben für sich allein sein *kann*, aber keineswegs sein muß.

Beinahe jeder zweite Single arrangiert das Alleinleben im Sinne eines **gemeinschaftlichen Alleinwohnens**. Eine solche Lebensführung wird auch ein 'Alleinwohnen' genannt, doch erfüllt bei dieser Gestaltungsform die Wohneinheit des Single die Funktion eines sozialen Kommunikationsraumes: ein Treffpunkt mit Freunden und Bekannten, ein Ort der Geselligkeit und Gemeinschaftlichkeit. Es ist kein Zurückgezogensein von anderen Menschen, kein Privatismus in den

Kap. IV 3. Bindungsvorstellungen und Bindungswünsche

eigenen vier Wänden, sondern eine Integration der jeweils bestehenden sozialen Beziehungen in die "Welt" des privaten Wohnens. Besuche durch andere Menschen sind an der Tagesordnung. Wer gemeinschaftlich alleinlebt, inszeniert das Wohnen als ein durch 'Beziehungsarbeit' hergestelltes 'Zusammen'leben. Singles mit dieser Wohnform aktivieren Sozialbeziehungen, wenn sie gewünscht sind, und stellen sie in den materiellen Rahmen ihres Wohnens: ein Zusammensein mit Eltern, Freunden, Arbeitskollegen, selbst Nachbarn. Sie leben bewußt in Balancen persönlicher Autonomie und sozialer Integration, und ihre Wohnung ist der dazu eingesetzte Dreh- und Angelpunkt - ein Lebensschwerpunkt gleichermaßen. Das Alleinleben ist alltagspraktisch eingeübt. Langeweile in den eigenen vier Wänden verspüren, das Bewußtsein der Isoliertheit und Gefühle der Einsamkeit sind eher seltene Erfahrungen dieser Singles.

Abb. IV-10 illustriert die Verbreitung des gemeinschaftlichen Alleinwohnens unter verschiedenen Kategorien von Singles. *Unter ledigen Männern und unter ledig-*

Abb. IV-10:

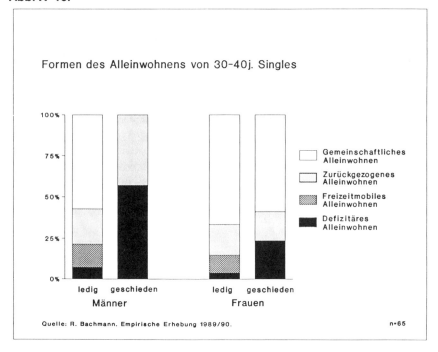

gen und geschiedenen Frauen überwiegt das gemeinschaftliche Alleinwohnen gegenüber anderen Formen der Wohngestaltung. Beispielsweise leben zwei von drei ledig gebliebenen weiblichen Singles ein Alleinleben, das häufige Besuche von Freunden, Verwandten bzw. Bekannten in der eigenen Wohnung einschließt. Auch eine Mehrheit der ledigen Männer erweist sich als Alleinlebende sozial integriert. Sie unterscheiden sich in ihrer Fähigkeit, als Singles soziale Beziehungen in das Wohnen einzubeziehen, von den weiblichen Singles sehr wenig. Unterschiede bestehen vielmehr zwischen geschiedenen Männern und allen anderen Singles in der Population. *Keinem der geschiedenen Männer gelingt es, sich ein derart ausgeprägtes Beziehungsumfeld zu schaffen und die eigene Wohnung zu einem Kommunikationsmittelpunkt im Privatleben auszugestalten. Sie entsprechen am ehesten der Vorstellung von zurückgezogen bzw. benachteiligt lebenden Alleinwohnenden. Doch typisch ist ein solches Bild von Singles nicht.*

Das **zurückgezogene Alleinwohnen** ist eine weitere Form des Wohnens von Singles, auf die wir in unserer Befragung gestoßen sind. Zurückgezogen wohnte in unserer Stichprobe jeder vierte Single. Unter ihnen finden sich einige ledige wie geschiedene Frauen sowie ledige Männer, deren gemeinsames Kennzeichen es ist, daß sie schon etliche Jahre für sich allein leben, aber vor allem in Scheidung lebende Männer (Abb. IV-10). Typisch für sie ist eine hohe Identifikation mit ihrer Wohnung als ein Lebensmittelpunkt. Soweit unterscheiden sie sich nicht von gemeinschaftlich alleinlebenden Singles. Wer jedoch zurückgezogen lebt, wohnt in einem konsequenten Sinne des Wortes *allein*. Die eigene Wohnung übernimmt keine soziale Kommunikationsfunktion. Besuche von Freunden und Bekannten in der eigenen Wohnung kommen selten vor. Ein solches Alleinleben konstituiert eine "abgeschiedene" Erfahrungs"welt" des Wohnens, die von den Singles mit vielfältigen Aktivitäten ausgefüllt wird - unter anderem mit Aktivitäten, die gemeinhin in Mehr-Personen-Haushalten erwartet werden: Kochen, liebevolles Gestalten der Wohnung, umfängliche Hausarbeit. Langeweile an den Abenden oder an den Wochenenden kennen sie nur selten. Ihre Wohnung symbolisiert für sie einen Freiraum, den sie nicht missen wollen.

Zurückgezogen wohnende Singles nennen aber auch Kehrseiten ihrer Wohnerfahrungen. Die geringe Einbindung von Sozialbeziehungen in ihre "Wohnwelt" empfanden etliche Befragte als ein Manko ihres Singlelebens. Die Trennung von "Wohnwelt" und "Beziehungswelt" entsprach nicht ihren Lebensvorstellungen. Sie fühlten sich als Alleinwohnende zu distanziert von anderen Menschen. Sie verspürten Erfahrungsdefizite im Bereich persönlicher bzw. intimer Sozialbeziehungen. Als Problemlösung stellten sie sich jedoch nicht die Strategie gemeinschaftlich wohnender Singles vor: die Aktivierung eines persönlichen Beziehungsumfeldes, sondern die Aufhebung ihrer Partnerlosigkeit durch eine erneute feste Bindung. Eine solche Problemlösung aber stand zum Befragungszeitpunkt (noch) aus.

Das Alleinwohnen kann für Singles auch die Erfahrung von sozialer Isolation und Benachteiligung bedeuten. In einer derartigen verschärften Problemlage stehen Singles, die das Alleinwohnen als den Ausdruck einer unfreiwilligen Einzelexistenz definieren. Ein solches **defizitäres Alleinwohnen** ist ein Selbstverständnis, das sich über die gegebene Wohnsituation unzufrieden zeigt. Die eigene Wohnung wird nicht als ein "Zuhause" empfunden, das ein Gefühl der Geborgenheit vermitteln und einen Lebensmittelpunkt abgeben könnte. Typisch ist für Singles dieser Wohnform das Bewußtsein, in einem "Übergang" zu leben: zwischen einer Trennung und einer erneuten Bindung. Doch solch ein "Übergang" kann sich als eine verhältnismäßig dauerhafte Einrichtung erweisen. Beispielsweise wohnte ein geschiedener Befragter seit nunmehr zwei Jahren in einem "Provisorium" mit Einfachausstattung, nachdem er sich im Zuge der Trennung von seiner Ehefrau und seinen Kindern kurzfristig nach einer Wohnalternative umsehen mußte. Seinen Wohnwünschen entsprach eine solche Lösung nicht.

Singles in einer defizitären Wohnform verbringen ihre Freizeit weitgehend für sich allein - und ihrer Überzeugung nach *zu allein*. Sie verfügen über wenig Sozialkontakt und fühlen sich dadurch an ihre Wohnung stärker gebunden, als ihnen manchmal lieb ist. Gefühle der Langeweile und der Benachteiligung im Bereich zwischenmenschlicher, insbesondere persönlicher Beziehungen kommen vor. Ihren Wünschen nach würden sie lieber gemeinschaftlich leben - und zwar mit einem neuen festen Partner.

Defizitär alleinzuwohnen ist unter Singles nicht typisch. Gerade jeder fünfte Befragte in der Untersuchungspopulation empfand das Alleinwohnen als eine Situation, die Lebensvorstellungen und Lebenswünsche einschränkt und konterkariert. Dabei beschränkt sich diese Erfahrung auf Geschiedene unter den Singles, insbesondere auf *geschiedene Männer* (Abb. IV-10). Unter den ledigen Singles - seien sie Männer oder Frauen - kommt eine solche Wohnform des Alleinlebens so gut wie nicht vor.

Bei einem vierten Typus des Alleinlebens liegt der Lebensschwerpunkt im Privatleben im wesentlichen außerhalb der eigenen Wohnung. Es sind in hohem Maße **freizeitmobile** Singles, deren Wohnung in erster Linie die Funktion einer

Basis für soziale Kontaktaktivitäten im weiteren Wohnumfeld und darüber hinaus zukommt. *Nur wenige, ausschließlich ledige Singles pflegen einen ausgesprochen freizeitaktiven Lebensstil*, der die eigene Wohnung mitunter zu einer bloßen Stätte des Essens und Schlafens reduziert. Wer freizeitmobil alleinwohnt, sieht sich als Single in einem Netz von Freizeitpersonen, das in seiner Kontaktintensität die Freiheiten einer Partnerlosigkeit geradezu voraussetzt. Paradigmatisch für dieses Freizeitverhalten ist der telefonische Anrufbeantworter von Singles, der auch bei Abwesenheit den vielfältigen Kontakt zur sozialen "Beziehungswelt" aufrechterhält. Dabei scheinen sich unter freizeitmobilen Singles typischerweise Phasen des 'Socializing' und des Rückzugs in die eigene Wohnung abzuwechseln. Beispielsweise beschrieb eine partnerlos lebende, ledige Frau unter den Befragten ihr Privatleben in einer solchen Weise:

> *"Dienstags und donnerstags nehme ich schon morgens* (in die Arbeit, R. B.) *alles mit, was ich abends brauche: die Tennissachen, Saunazeug usw., und gehe dann abends gar nicht erst heim, sondern gleich zum Sport. Danach gehen wir dann noch Essen. Na ja, ich komme dann gerade so 23 Uhr heim, höre noch die Gespräche* (im Anrufbeantworter, R. B.) *ab, ruf vielleicht noch den und den an - schlafen, aufstehen und dann geht's wieder los. ... Und dann gibt es immer wieder mal so Phasen, wo ich unheimlich froh bin, wenn ich niemanden sehe und höre - meistens an einem Wochenende, wenn ich mir mal nichts vorgenommen habe. Dann ziehe ich mich total zurück, gehe gerade noch mal zum Einkaufen außer Haus - selbst das ist mir dann schon fast zu viel. Ich schlaf mich mal wieder so richtig aus, lese, schreib 'nen Brief, bringe meine Wohnung mal wieder voll auf Trab. Und will bloß keinen hören und sehen. Also so was brauch ich auch."*

Wichtig ist für freizeitmobile Singles ihre Wohnung als Rückzugsmöglichkeit, bei der sie sicher sein wollen, daß sie sich auf niemanden sonst einstellen müssen als nur ganz auf sie selbst allein. Da wäre es nicht passend, zuhause noch auf irgendwelche Mitbewohner stoßen und Rücksichten nehmen zu müssen. Ihre Wohnform ist eine sorgfältig austarierte Balance zwischen sozialen Aktivitäten im öffentlichen Raum und der "Regeneration" in den eigenen vier Wänden. Diese Balance steht und fällt mit einem autonomen Wohnen.

3.2.1.4. Alleinwohnen als Lebensentwurf

Wir fragten Singles nach ihrer Bereitschaft, ihr Alleinwohnen im Falle einer neuen Liebe aufzugeben und mit dem Partner gemeinsam eine Wohnung zu beziehen. Inwieweit also sind Singles zu einem Zusammenleben bereit? Dabei ist es für die Suche nach einem freiwillig praktizierten Individualismus unter Singles noch interessanter zu fragen, inwieweit sie ausdrücklich einen hohen Wert auf ein *autonomes Wohnen* legen. Gibt es also ein Alleinwohnen als Lebensentwurf? Und wie ist ein solcher Lebenszuschnitt gegebenenfalls motiviert?

In diesen Fragen deuten unsere Befragungsinformationen ganz im Sinne der Hypothese H 3[168] darauf hin, daß die Bereitschaft der Singles, im Falle einer Partnerschaft auf ein Zusammenleben einzugehen und eine Wohnung mit dem Partner zu teilen, unter den Männern und Frauen unterschiedlich ausgeprägt ist. Während die Männer unter den Singles in ihrer großen Mehrheit das Alleinwohnen nicht zu einem relevanten Kriterium ihres Lebenszuschnittes machen, besitzt **jede zweite Frau unter den Singles konkrete Vorbehalte gegen ein Zusammenleben**. Wie sind diese Unterschiede zu deuten?

Unter den *Männern* treffen wir die verbreitete "Logik" an, daß sich ein Zusammenwohnen über kurz oder lang als eine "natürliche" Konsequenz aus einer festen Partnerbindung ergeben sollte. Dabei wird eine Bindung im vorhinein mit weit mehr Fragezeichen versehen als die nachgeordnete Entscheidung für ein Zusammenwohnen oder dagegen. In aller Regel hieß es unter den Männern: Wenn Bindung, dann auch ein Zusammenwohnen. Liebe in räumlicher Distanz, wie es die Lebensform des 'Living Apart Together' zum Ausdruck bringt, war wenig gefragt unter männlichen Singles - obwohl etliche unter ihnen einige Erfahrung damit aufweisen konnten. Eine derartige Bindung auf der Basis von gelegentlichen Besuchen und Gegenbesuchen erschien ihnen nicht attraktiv genug. Vorherrschend war die Vorstellung über Bindungen als eine *gemeinsam* gestaltete Lebenszukunft - in "voller Verfügbarkeit" über die jeweilige Partnerin. Dem Alleinwohnen selbst kommt im Falle einer Bindung kein auf Dauer bestehender Eigenwert zu - auch wenn es sich im gegenwärtigen Singleleben für viele Männer als eine vertraute und eingeübte Alltagspraxis erweist.

Je ausgeprägter die biographischen Erfahrungen der männlichen Singles mit dem Zusammenleben sind, desto stärker distanzieren sie sich von einer autonomen Wohnform. Besonders *geschiedene Männer* in unserer Stichprobe hielten es für "selbstverständlich", im Falle einer erneuten Partnerschaft auch mit der

---

[168] Kap. III 1.4.

jeweiligen Partnerin zusammenzuleben. In gleicher Weise äußerten sich auch ledige Männer, die in ihrer Erwachsenenbiographie vornehmlich in nicht-ehelichen Lebensgemeinschaften gelebt haben, positiv gegenüber einem gemeinschaftlichen Wohnen. Unter den geschiedenen Männern bestand deshalb eine hohe Identifikation mit einem Zusammenleben, weil sie in ihrer Rolle als Alleinlebende in einem besonderen Maße mit Gefühlen der Überforderung und Einsamkeit zu kämpfen hatten.

Nur jeder zehnte männliche Single besitzt gewisse Vorbehalte gegen ein Zusammenleben, und nicht einmal jeder weitere zehnte schließt für die eigene Lebenszukunft ein Zusammenwohnen freiwillig und definitiv aus. Das wesentliche Motiv dieser wenigen skeptischen Männer unter den Singles ist die Angst vor "Vereinnahmung" durch eine Partnerin. Ein Zusammenleben würde als "zu einengend" empfunden und wäre unvermeidbarer Weise nur erträglich, wenn es innerhalb der gemeinsamen Wohnung ausreichende Rückzugsmöglichkeiten für jeden der beiden Partner gäbe. Ebenso wichtig wäre - nach Auskunft dieser Singles - die Garantie, im Freizeitverhalten und im Bereich der persönlichen Beziehungen sich jene Freiheiten bewahren zu können, die in einem Singleleben so selbstverständlich sind.

Unter *weiblichen* Singles sieht dieses Meinungsbild ganz ähnlich aus, nur findet es bei ihnen eine viel größere Verbreitung. *Jede zweite Frau unter den Singles stellt an ein Zusammenleben ganz bewußt etliche zu erfüllende Vorbedingungen - oder schließt ein solches Ansinnen für die weitere Lebenszukunft schlichtweg aus.* Dabei läßt sich in der Frage des Alleinwohnens ein gewichtiger individualistischer "Kern" unter den weiblichen Singles ausmachen: *Jede vierte weibliche Single kann sich ein Zusammenleben mit einem Partner für sich selbst nicht (mehr) vorstellen.* Weibliche Singles neigen offenbar eher dazu, auf ihre residentielle Eigenständigkeit zu achten, als dies die Männer unter den Singles tun. Unter den Frauen sind nicht nur etliche Personen ausgesprochen skeptisch gegenüber einem Zusammenleben, die eine lange biographische Erfahrung mit dem Alleinleben aufweisen, sondern auch viele *geschiedene Frauen*, die mit einem autonomen Wohnen ihre negativ gefärbten Eheerfahrungen ganz bewußt konstrastieren wollen. In diesem Sinne äußerte sich uns gegenüber eine seit einem Jahr geschiedene Frau:

> *"Warum sollte ich mich wieder auf einen Mann einlassen? Um ihm das Essen zu kochen, die Hemden zu bügeln und ihn sonstwie zu umsorgen? Ich wüßte keinen Grund, warum ich so dumm sein sollte. Nein, wenn ich eins gelernt habe, dann ist das meine Unabhängigkeit."*

Wir haben in unserer Befragung eine ganze Reihe von *geschiedenen Frauen* angetroffen, die sich in ähnlichen Worten von einem erneuten Zusammenleben mit einem Partner eindeutig - zum Teil energisch - distanzierten. Die Frauen unter den Singles wußten für sich selbst weit mehr Gründe aufzuzählen, warum es für ihre Zukunft *nicht* ratsam wäre, sich einem Partner gegenüber kompromißbereit zu geben und ihre Wohnung für die Vorstellungen und Ansprüche eines Partners zu öffnen, als sich dazu die Männer veranlaßt sahen. Die eigene Wohnung besitzt für viele weibliche Singles einen ausgesprochen wichtigen Symbolgehalt für persönliche Autonomie und eine freibestimmte Lebensgestaltung. Sie sind sich in vielen Fällen bewußt, daß es für eine Frau im "Familienlebensalter" in unserer Gesellschaft noch keineswegs üblich ist, selbstbestimmt und nur auf sich selbst gestellt wohnen zu können, und sie wissen diese Eigenständigkeit sehr zu schätzen. Unter den *ledigen Frauen* sind wir auf den Vorbehalt gestoßen, daß im Falle eines Zusammenziehens "das Verhältnis stimmen", daß in einer Partnerbindung eine Grundlage an gegenseitiger Zuneigung und Vertrauen zu spüren sein müsse, die es Wert machten, ein gemeinsames "Wohnprojekt" zu starten.

Weibliche Singles kennen als Alleinlebende keinen so ausgeprägten Problemdruck, wie ihn die geschiedenen Männer in ihrem Alleinwohnen typischerweise erleben. Sie fühlen sich in ihrer Wohnung in erster Linie wohl und geborgen. Alleinleben hat für sie wenig mit Benachteiligung oder Gefühlen von Einsamkeit zu tun, sondern wird als eine wichtige Gelegenheit zur Verwirklichung eigener Lebensinteressen empfunden. Sie sehen daher weit weniger Veranlassung, möglichst schnell wieder ein Zusammenwohnen zu realisieren.

Fassen wir unsere empirischen Ergebnisse zur Frage der Freiwilligkeit des Alleinwohnens noch einmal in folgender These zusammen:

- **Weibliche Singles sehen einem (erneuten) Zusammenleben mit weitaus größerer Skepsis entgegen als die Männer unter den Singles**. Sie assoziieren ihr Alleinwohnen in einem sehr viel ausgeprägteren Maße mit persönlicher Unabhängigkeit und Freiheit.

In diesem Aspekt trifft die Vermutung der Hypothese 3[169] zu, daß weibliche Singles festen Bindungen skeptischer gegenüberstehen als männliche Singles.

---

169 Kap. III 1.4.

3.2.2. Finanzielle Eigenständigkeit

Ein zweiter Aspekt des Alleinlebens von Singles ist - neben dem Allein*wohnen* - ihre *finanzielle Eigenständigkeit* im Rahmen eines Ein-Personen-Haushaltes. Singles verkörpern sozusagen ihre eigenen Haushaltsvorstände und müssen sich in aller Regel[170] für niemanden sonst finanziell verantwortlich fühlen. Sie sind frei in der Verwendung ihres Lebensunterhalts, soweit sie sich nicht zu irgendetwas selbst verpflichtet haben. Auf der anderen Seite nimmt ihnen niemand die eigene "Pflicht und Schuldigkeit" ab, mittels Erwerbsarbeit bzw. Berufstätigkeit für einen ausreichenden eigenen Lebensunterhalt zu sorgen. Sie stehen also nicht nur in der Verwendung, sondern auch in der Erzielung des Lebensunterhaltes für sich allein da. Für Frauen im "Familien-lebens-alter" ist dies keine selbstverständliche Rolle. Die 'Versorgung in der Ehe' findet nicht statt. Sie sind den Anforderungen eines Erwerbsleben in gleichem Maße ausgesetzt wie die traditionellen 'Brotverdiener': die Männer.

Wir werden in einem ersten Schritt in kurzen Worten die *finanziellen Rahmenbedingungen* schildern, unter denen die Singles in unserer Stichprobe zu leben hatten, und mit ihnen zu umschreiben versuchen, wie sich die finanzielle Eigenständigkeit im Singleleben manifestiert. In einem zweiten Schritt fragen wir nach der *subjektiven Bedeutsamkeit* für Singles, in finanziellen Dingen so weitgehend autonom zu sein. Unsere Vermutung war, daß die Frauen unter den Singles - soweit sie beruflich etabliert sind - weit mehr Veranlassung haben, bewußt auf ihre finanzielle Eigenständigkeit zu achten (Hypothese 3).[171]

3.2.2.1. Finanzielle Rahmenbedingungen von Singles

Die meisten Singles in unserer Stichprobe waren ganztags erwerbstätig und lebten in erster Linie von ihrem eigenverdienten Lebensunterhalt. Durchschnittlich standen ihnen (im Jahre 1989) monatlich zwischen 2.000 und 2.400 DM zum Leben zur Verfügung - den Männern im Mittel etwas mehr, den Frauen etwas weniger. Die Spannweite der Nettoeinkommen ist unter den männlichen Singles gespreizter als unter den weiblichen Singles. In der Gehaltsklasse über 4.000 DM netto im Monat finden wir noch jeden fünften, ganztags

---

[170] Ausnahmen dieser Regel sind Beiträge zum Lebensunterhalt anderer Personen in Folge von familiärer Trennung, Scheidung, Bedürftigkeit Verwandter etc.
[171] Kap. III 1.4.

erwerbstätigen Mann, aber keine einzige Frau mehr unter den Befragten. Auf der anderen Seite gab es auch einige geschiedene Männer in der Gehaltsklasse unter 1200 DM - netto nach Abzug von Lebensunterhaltszahlungen an die jeweilige ehemalige Ehegattin und ihre Kinder. Diese Männer klagten über erhebliche Probleme mit ihrem Lebensunterhalt. Sie fühlten sich durch ihre familiäre Vergangenheit in der Gegenwart des Singlelebens finanziell belastet. Ein derart niedriges Einkommensniveau und alimentäre Verpflichtungen waren unter den ganztags erwerbstätigen Frauen in unserer Stichprobe nicht zu finden.

Wir trafen weitere Singles an, die einigen Grund dafür besaßen, über Probleme mit dem Lebensunterhalt zu klagen. Diese Singles arbeiteten nur halbtags oder stundenweise oder waren zur Zeit arbeitslos. Andere Singles waren im "Familienlebensalter" wieder in Ausbildung: in einem Zweitstudium oder in einer Umschulung. Sofern sie über ein eigenes Einkommen verfügen konnten, reichte dieses in der Regel nicht aus, sondern wurde durch Unterhaltszuschüsse seitens der Eltern bzw. durch Leistungen öffentlicher sozialer Sicherungssysteme (BAföG, ALG, ALH) ergänzt. In diesem Sinne war etwa jeder zehnte Befragte als Single nicht finanziell eigenständig, sondern von Unterstützungsleistungen anderer mehr oder weniger abhängig. Dieser kleinen Minderheit von Singles erwies sich die materielle Basis eines Singlelebens mehr oder weniger bedroht.

3.2.2.2. Finanzielle Eigenständigkeit als Lebensentwurf

Singles halten es in ihrer überwiegenden Mehrheit für unabdingbar, den Lebensunterhalt mit *eigener* Erwerbsarbeit verdienen und über das eigene Geld *selbständig verfügen* zu können. *Etwa zwei Drittel aller Singles - Männer wie Frauen gleichermaßen - legen einen großen Wert darauf, in finanzieller Eigenständigkeit zu leben.* Eine berufsorientierte Existenzweise am Arbeitsmarkt ist demnach als Lebensvorstellung unter Singles weit verbreitet. Nur unter Minderheiten von Singles beiderlei Geschlechts wird der Tatsache bzw. dem Gefühl, finanziell autonom zu leben, eine geringe oder gar keine Bedeutung beigemessen.

In der Frage der Subsistenzerzielung herrscht unter Singles allem Anschein nach eine Androgynie individualistischen Autonomiestrebens. Doch gewinnt ein solches Autonomiestreben für die Frauen unter den Singles eine andere Bedeutung als für die Männer. Für die *Männer* unter den Singles ist es angesichts ihrer traditionalen Rolle als "Brotverdiener" eine "Selbstverständlichkeit" und ein ausgesprochenes "Muß", sich am Arbeitsmarkt eine eigenständige Existenz zu schaffen. Daß sie sich in ihrer großen Mehrheit *für* ein arbeitsmarktorientiertes Leben aussprechen, macht nur deutlich, wie sehr sie die Handlungsperspektiven ihrer traditional zugedachten Rolle auch als Singles in ihre jeweilige Lebenszukunft perpetuieren. Doch bräuchten sie dazu nicht Singles zu sein. Das Gefühl, den Lebensunterhalt aus eigener Kraft zu bestreiten, könnten die Männer als beruflich orientierte Subjekte im Prinzip in jeder beliebigen Lebensform erreichen.

Die *Frauen* unter den Singles jedoch finden in dem Zusammenhang von Beruf und Alleinleben gewissermaßen eine Garantie zur Herstellung und Sicherung ihrer persönlichen Autonomie, wie sie in anderen Lebensformen nicht in diesem Maße gewährleistet werden kann. Dabei kommt ihrer Einstellung, ein eigenes Einkommen auf der Basis einer selbständigen Erwerbskarriere für außerordentlich wichtig zu erachten, eine *historische Neuartigkeit* zu. In ihren Lebensansprüchen spiegeln sich die Veränderungen der weiblichen Lebenslage in der fortgeschrittenen gesellschaftlichen Moderne, in der Frauen aus dem "Dasein für andere" in der Familie in den "Anspruch auf ein eigenes Leben" zu Arbeitsmarktbedingungen entlassen werden.[172]

Das Singleleben vermag als Lebensform einen solchen Anspruch in aller Radikalität einzulösen. Nicht nur das Alleinwohnen, sondern auch die **finanzielle Eigenständigkeit** erreicht unter vielen **weiblichen Singles einen hohen Symbolwert für psycho-soziale Unabhängigkeit - vor allem gegenüber einem männlichen Partner.** Dies wird auch in den folgenden Interviewauszügen mit einer geschiedenen und einer ledigen Frau deutlich:

> *"Für mich ist mein Beruf meine Lebensversicherung. Wenn ich mir vorstelle, vom Geldbeutel eines Mannes abhängig zu sein: Ich würd zuviel kriegen, ich würd mich nur streiten mit dem, wenn ich irgendwas rechtfertigen müßte oder mich nicht durchsetzen könnte."*

> *"Ich habe meinen Beruf, das ist das Wichtigste. Ich würde den nicht aufgeben, wenn ich mit einem Partner zusammen wäre. Zumindest dürfte ich nicht das Gefühl bekommen, ich wäre abhängig vom Mann, wenn ich auf den Beruf verzichten müßte - was weiß ich, bei einem Kind oder so."*

---

172 BECK-GERNSHEIM, E. (1983): Vom 'Dasein für Andere' zum Anspruch auf ein Stück 'eigenes Leben', in: SOZIALE WELT, 3, S. 307 ff.

Vor allem viele *ledige* Frauen unter den Singles haben sich in ihrer Biographie - in einer vergleichbaren Weise wie Männer - eine eigenständige berufliche Existenz aufgebaut. Diese Existenz aufzugeben würde für sie wesentlich mehr als nur die Aufgabe ihrer finanziellen Eigenständigkeit bedeuten. Ein beruflicher Ausstieg wäre für etliche unter ihnen auch ein Ausstieg aus einem bedeutsamen Lebenszusammenhang, welcher ihnen das Gefühl vermittelt, Handlungsträger und "Mitgestalter" in öffentlichen Wirkungsfeldern zu sein und persönliche Anerkennung in dieser Mitgestaltung erfahren zu können. Aber selbst diejenigen Frauen in der Stichprobe, die sich in der Frage der beruflichen Eigenständigkeit kompromißbereit zeigen und eine "Eheversorgung" zur Verwirklichung ihrer Kinderwünsche zu akzeptieren bereit wären, besaßen zumindest den Wunsch nach einer strikt gleichberechtigten Rolle in der Haushaltsgemeinschaft - und machten diesen Wunsch auch sehr deutlich kund.

Zusammenfassend können wir in der Frage der finanziellen Eigenständigkeit von Singles folgende, die Aussage der Hypothese 3[173] bekräftigende *These* festhalten:

- **Nicht nur das Alleinwohnen, sondern auch die finanzielle Eigenständigkeit erreicht unter weiblichen Singles einen weit höheren Symbolwert für psycho-soziale Unabhängigkeit als unter männlichen Singles.** Dabei wären viele weibliche Singles im Falle einer erneuten Bindung nur mit Vorbehalten, manche gar nicht bereit, ein solches Alleinleben aufzugeben.

3.3. Feste Partnerbindung

Die Gesellschaftsmitglieder verwenden sehr viel Gedanken, Gefühle und Zeit zur interaktiven Herstellung und Stabilisierung eines Sinn- und Lebenszusammenhanges, den wir im allgemeinen "Liebe" zu nennen pflegen. Liebe ist im wesentlichen *das* Ereignis im Lebensentwurf von Mann und Frau geblieben. Zu den wichtigsten Kriterien eines glücklichen Lebens gehört in unserer Gesellschaft immer noch in erster Linie die Realisation einer Bindung an einen *festen* Partner, mit dem eine solche Liebe realisiert werden kann.[174] Dabei könnte die Sehn-

---

173 Kap. III 1.4.
174 SCHULZ, W., BECKEMEYER, M., WOLTERHOFF, J. (1981): Glück, Zufriedenheit und objektive Indikatoren der Lebensqualität, Teil I, Arbeitsberichte und Forschungsmaterialien, Nr. 20, Universität Bielefeld, Fakultät für Soziologie, S. 10.

sucht nach einer festen Partnerbindung in einer Gesellschaftsformation, in der sich das "Rad der Moderne" weiterdreht, eher noch gesteigert werden. "Gott nicht, Priester nicht, Klasse nicht, Nachbar nicht, dann wenigstens DU. Und die Größe des DU ist die umgedrehte Leere, die (in der fortgeschrittenen Moderne, R. B.) sonst herrscht"[175]. Je mehr die gesellschaftlichen Individuen den Prozessen ihrer Herauslösung aus traditionalen Sozialzusammenhängen unterliegen, desto bedeutungs- und verheißungsvoller mag Liebe erscheinen, die eine Person nicht nur zweckgebunden und rollenhaft, sondern in ihrer Ganzheit und Einmaligkeit umgreift und ihr primärhafte Erfahrungen unbedingten und affektbeladenen Angenommenseins und Bestätigtwerdens zuteil werden läßt.[176]

Das bürgerliche Konzept von Liebe steht umso mehr unter Modernisierungsdruck, je mehr sich in der fortgeschrittenen gesellschaftlichen Moderne konterkarierende Prozesse der Mobilität, des Bindungszerfalls, der Rationalisierung der Lebensführung verstärken. Die "hingebungsvolle", "blinde", geschlechtshierarchisierte Liebe wandelt sich zu "Beziehungskalkülen" eines gleichberechtigten, prüfenden und risikominimierten Miteinanders von Mann und Frau, wie sie gegenwärtig in einer zunehmenden Zahl von Partnerschaften unter zeitlicher Aufschiebung von oder Verzicht auf eheliche und familiäre Bindungen in Erscheinung treten. Was ehedem als "Liebe" mit *sicherem* Verweis auf eine *gemeinsame Zukunft* erschien, wandelt sich gegenwärtig zu "Beziehungskisten", deren eigendynamische Verläufe im vorhinein von den Beteiligten nicht mehr getrost abschätzbar erscheinen. Der "Märchenprinz" im Partner wird zum bloßen Mythos und tritt zugunsten eines "eng vertrauten Fremden" ab,[177] der die *Gleich*artigkeit mit der eigenen Person besitzt, *eigene* und damit oftmals *konkurrierende* Interessen, Rechte, Zukunftspläne und Wahlmöglichkeiten der Lebensgestaltung zu besitzen. Es ist nicht zuletzt an den Indikatoren von Partnertrennung und Scheidung ablesbar,[178] wie sehr das Liebes*ideal* zugleich ein offen ausgetragenes Liebes*problem* geworden ist.

---

175 BECK, U. (1986): Risikogesellschaft. Auf dem Weg in eine andere Moderne, Frankfurt a. M., S. 188.
176 BECK-GERNSHEIM, E. (1986): Von der Liebe zur Beziehung? Veränderungen im Verhältnis von Mann und Frau in der individualisierten Gesellschaft, in: BERGER, J. (Hrsg.): Die Moderne - Kontinuitäten und Zäsuren, Soziale Welt Sonderband 4, Göttingen, S. 209-233.
177 RUBIN, L. B. (1983): Intimate Strangers. Men and Women Together, New York.
178 Vgl. Abb. I-1.

3.3.1. Liebe und Zweisamkeit in Biographien von Singles

In vielen Fällen haben Singles in ihren Erwachsenenbiographien mit der Problemhaftigkeit einer sich modernisierenden Liebe zu tun gehabt. Das "Liebesproblem" manifestiert sich dabei in einer unterschiedlicher Weise: als erfahrene Hindernisse der Partnersuche und Partnerfindung, als nicht eingelöste, womöglich nicht einlösbare Vorstellungen über Liebe und Zweisamkeit, als Konflikte in Bindungen mit Trennungs- bzw. Scheidungsfolgen und anderes mehr. Wir werden im folgenden Erfahrungen dieser Art anhand einiger biographischer Fälle in der vorliegenden Stichprobe näher beschreiben.

Einige wenige Singles in der Befragung lebten seit zehn Jahren und länger, zum Teil immer schon, *ohne einen festen Partner*. Dabei berichteten die Betroffenen von keinen besonderen Vorkommnissen oder Schlüsselerlebnissen, auf die ihre Partnerlosigkeit zurückgeführt werden könnte. Es hätte sich in ihrem Leben vielmehr "so ergeben", ohne Partner zu leben, ohne daß irgendwann eine bewußte Entscheidung dahinter gestanden wäre. In diesem Sinne beschrieb eine 34jährige ledige Frau in der Befragung ihren partnerlosen Lebensverlauf als ein persönliches Schicksal, das inzwischen als das "eigene Leben" begriffen und aneignet war:

> *"Damals* (bei dem Auszug aus dem Elternhaus, R. B.) *hat sich halt nix ergeben. Ich hätte schon gewollt, wenn ich jemanden kennengelernt hätte. ... Ich denke, das hat auch sein Gutes gehabt, daß ich allein geblieben bin. Ich hab 'ne wahnsinnige Freiheit, die hätte ich sonst nicht gehabt. ... Irgendwie habe ich mir inzwischen mein eigenes Leben aufgebaut, habe meinen Beruf und eine schöne Wohnung, und ich weiß nicht, ob da jetzt überhaupt noch ein Partner reinpassen würde."*

Die Lebensgeschichten der partnerlos gebliebenen Befragten hatten sich im Erwachsenenalter in erster Linie in der Achse von Ausbildung, Erwerbsarbeit und Beruf entwickelt. Diese Achse bildete quasi das "Rückgrat" ihrer Lebensführung, bestimmte ihre geographische und soziale Mobilität in der Biographie und war vor allem im Bewußtsein der partnerlos lebenden Frauen als Symbol ihrer Selbstständigkeit sehr präsent.

Wie sehr es partnerlos lebenden Frauen ermöglicht ist, auch ohne Bindung und die materielle Unterstützung durch einen Mann sich sukzessive ein "eigenes Leben" zu schaffen, wird beispielsweise an einer 33jährigen Beamtin des gehobenen Dienstes in der Stichprobe deutlich. Sie war zum Zwecke ihres Studiums von ihrem Elternhaus ausgezogen, hatte anschließend vier Jahre am Hochschulort in einem Studentenwohnheim gewohnt und war mit Beginn ihrer Erwerbstätigkeit in eine Wohnung für sich allein gezogen. In ihrem privaten Leben bahnte sich keine Partnerbindung an. Ihre berufliche Position ermöglichte ihr die Entwicklung eines sozialen Umfeldes, das auch sehr persönliche Beziehungen zu einigen Freundinnen einschloß. Ihrer Aussage nach spielte in ihrer Biographie der Gedanke an eine Partnerschaft eine verhältnismäßig untergeordnete Rolle:

> *"Ich weiß nicht ... ich war da nicht so interessiert. Mir war'n da meine Freunde wichtig, mit denen verstehe ich mich auch hervorragend. Mir ist eine tiefe Beziehung viel wichtiger, als irgendeinen Mann haben. Und mir ist halt noch kein Mann begegnet, daß ich ihn für so interessant gehalten hätte, daß ich unbedingt von dem was wollte. Ich glaube, ich habe mich in meinem Leben in erster Linie auf mich selbst konzentriert. Was anderes kann ich mir ... ich meine, für mich ... auch nicht vorstellen."*

Vorherrschend ist unter Singles jedoch eine mehr oder wenige ausgeprägte *Erfahrung mit Partnerbindungen*. Zum Teil handelte es sich um das Erproben von Bindungen, die mehr Individualität ermöglichen, ohne eine Bindung auf Lebenszeit signalisieren zu müssen. Das 'Living Apart Together' (LAT) ist das typisch vorgängige Lebensmodell des Single-Daseins und diejenige Lebensform, mit der die Befragten in den letzten zehn Jahren am häufigsten Bekanntschaft gemacht hatten. Auch das Zusammenleben mit einem Partner in einer nicht-ehelichen Lebensgemeinschaft gehörte zu einer verbreiteten Erfahrung unter den Befragten. Aber selbst in den Lebensläufen der bindungserfahrenen Singles überwogen seit dem Auszug aus ihrem Elternhaus die Zeiten der Partnerlosigkeit.

Ein Beispiel einer solchen, von Alleinleben und Partnerlosigkeit durchwirkten Biographie läßt sich anhand der "Beziehungskarriere" eines 35jährigen ledigen Befragten aufzeigen. Mit 18 Jahren Auszug aus dem Elternhaus, nach dem Wehrdienst schloß sich ein Studium an. Seine damalige, bereits erwerbstätige Freundin zog mit an den Studienort und nahm dort eine neue Berufsposition an. Beide lebten in einer nicht-ehelichen Lebensgemeinschaft zusammen. Nach zwei Jahren stellten beide fest, daß sie sich "auseinandergelebt" hatten. Trennung. Umzug in eine eigene Wohnung. Es ergab sich auf die Dauer von einem halben Jahr ein LAT-Verhältnis mit einer Freundin. Trennung und Beginn eines ersten Singlelebens. Liebschaften ("nichts Ernstes"). Nach drei Jahren kam ein weiteres LAT-Verhältnis zustande. Beide Partner beschlossen, sich eine Wohnung zu suchen und zusammenzuziehen. Es folgte eine dreijährige nicht-eheliche Lebensgemeinschaft, währenddessen der Befragte eine Berufstätigkeit am Studienort aufnahm. Seine Partnerin trat nach ihrem Studium eine Berufstätigkeit in einer anderen Region an. Es folgte ein auf die Wochenenden reduziertes LAT-Verhältnis mit dieser Partnerin über einen Zeitraum von zwei Jahren. Trennung. Seit nunmehr drei Jahren wieder ohne Partner: Ein zweites - zum Befragungszeitpunkt gegenwärtiges - Singleleben. Bleibt in einer solch flexiblen, jederzeit korrigierbar erscheinenden, diskontinuierlichen "Beziehungskarriere" sukzessiver Bindungen und Bindungsauflösungen das Liebesideal - die Idee von einer "großen Liebe" und von dauerhafter Zweisamkeit - im individuellen Lebensentwurf unbeschädigt und in ihrer Sinnhaftigkeit uneingeschränkt geltend?

Die *eheerfahrenen* Singles in unserer Stichprobe hatten weitaus stetigere Privatbiographien hinter sich als die ledigen Singles. Sie hatten in ihrem Leben bereits einige Karriereschritte unternommen, wie sie das Lebensmodell von 'Normalfamilie' vorzeichnet - bis hin zur Realisation einer eigenen Familie. Erst mit der Auflösung solch dauerhaft und fest erschienener Bindungen begannen sich in ihren Biographien ähnlich diskontiniuierliche 'Beziehungskarrieren' durchzusetzen, wie sie für viele ledige Singles typisch sind: auf der Basis von Liebschaften, LAT-Beziehungen, nicht-ehelichen Lebensgemeinschaften, ganz ohne Bindung als Single - und all dies in verschiedenartiger Kombinatorik. Keinen der eheerfahrenen Befragten war es in ihrer Lebensgeschichte wieder gelungen, diese "abgebrochene Normalbiographie" wieder aufzugreifen und in ihrem Leben erneut praktisch umzusetzen. Der erste Schritt dieser Umsetzung bestünde in einer neuen Partnerbindung. Wir haben an anderer Stelle bereits erfahren können, daß eine große Mehrheit der partnerlos lebenden *geschiedenen Männer* eine Ergänzung ihrer Person durch eine feste Partnerin ausdrücklich wünscht.[179] Können wir einen solchen Wunsch aber auch von den *geschiedenen Frauen* unter den Singles erwarten? Halten sie den "Glauben" an eine "große Liebe" auch nach ihren - selbst geschilderten - negativ gefärbten Eheerfahrungen noch aufrecht? Oder gibt es unter ihnen deutliche Vorbehalte gegen eine allzu feste Bindung?

3.3.2. Feste Partnerbindung als Lebensentwurf

Das Lebensmodell einer Zweisamkeit fester Partner erreicht unter Singles als Konzept der privaten Lebensgestaltung eine eminent große Bedeutung. Nur ein

---

[179] Vgl. Kap. IV 3.

geringer Anteil (15 %) der Singles legt sich für die weitere Lebenszukunft definitiv auf einen Partnerverzicht fest: zum Teil aufgrund mangelnder Interessen an sexuellen Erfahrungen mit anderen ("sexuelle Autonomie"), zum Teil wegen Vorlieben für sexuelle Erfahrungen ohne Bindungskonsequenzen ("Liebschaftsorientierung").[180] **Die große Mehrheit (85 %) aller Singles schließt - mit mehr oder weniger ausgeprägten Vorbehalten - eine (erneute) Partnerbindung in ihren Lebensentwurf mit ein.** Wenn von einer Bindung die Rede ist, werden von seiten der Singles Erwartungen nach Erfahrungen genannt, wie sie in einem Singleleben nicht ohne weiteres gegeben sind: die emotionale Unmittelbarkeit zu einem anderen Menschen; das Gefühl, geliebt zu werden; die Intimität und Sexualität, auch in ihrer herausragenden Bedeutung für das eigene Selbstwertgefühl; die Vertrautheit und Offenheit im Umgang mit dem Partner; das 'Sich-mitteilen-können', wann immer Kommunikation gewünscht ist. Nur wenige Singles gewinnen einer festen Partnerbindung keine solcher attraktiven Seiten ab. Die Verheißung von "Liebe" scheint auch unter den meisten Singles ungebrochen, das Ideal von Zweisamkeit nicht verblaßt.

Auf der anderen Seite wird eine neue Bindung von vielen Singles auch nicht vorbehaltlos gewünscht. Beispielsweise konnten wir **unter zwei Dritteln aller befragten Singles ein ausgesprochen hohes Anspruchsniveau gegenüber einer neuen Bindung** feststellen. Es wird offenbar keine neue Bindung um jeden Preis, sondern *die* Partnerschaft angestrebt, die den eigenen Anspruch auf ein persönliches Glück am besten zu realisieren verhofft. Im wesentlichen geht es dabei um die Verwirklichung einer "tiefen" und "intensiven" Beziehung zum Partner einerseits und um den Erhalt der persönlichen Unabhängigkeit und Freiheit andererseits, die eine (erneute) Bindung zugleich zu garantieren hätte. Die Bereitschaft, sich quasi "blind" auf eine "neue Liebe" einzulassen, ist unter vielen Singles recht gering. Bei aller Spontaneität des Flirtens und Verliebtseins laufen skeptische Gedanken mit: "Will ich eigentlich mehr von ihr?", "Auf was lasse ich mich da ein?", "Hoffentlich wird mir das nicht zu viel". Drastischer schilderten uns zwei geschiedene, partnerlos lebende Frauen ihre Vorbehalte:

"In erster Linie weiß ich, was ich für mich selbst erreicht habe. Da gehe ich ganz anderes ran ... mit 'nem ganz anderen Selbstbewußtsein, als ich das früher hatte. Wenn's nur um Angebote ginge, wär alles in Butter. Mehr als genug. Das Problem ist nur: Ich begegne immer wieder Männern, wie man sie sich im Bilderbuch vorstellt: furchtbar oberflächlich und wollen möglichst gleich alles ganz eng.

---

180 Vgl. Kap. IV 3.1.3.

Kap. IV 3. Bindungsvorstellungen und Bindungswünsche

Die machen sich Vorstellungen, als wär ich naiv. Ich gehe ja nicht eine Bindung ein, damit ich mich selbst wieder verliere."

"Für irgendeinen Einsamen, der selber nicht weiß, was er will, 'ne Hausfrau zum Bedienen und zum Bemuttern abgeben ... nee, das ist vorbei. So ein Mann muß schon wirklich etwas sehr Verheißungsvolles sein, damit ich ihm meine Freiheit dahingebe (lacht)."

Hinter derartigen Aussagen steht sehr viel mehr Selbstbewußtsein, als es Singles in manchen Alltagsstereotypen zugesprochen wird. Es geht ihnen um weit mehr als "endlich jemanden zu kriegen". Die eigene Person, die eigenen Wünsche und Bedürfnisse, die eigenen Vorstellungen und Zukunftspläne kommen ins Spiel, wenn die Überlegung ansteht, seinen Lebensbereich für eine Liebesbeziehung zu öffnen. Dabei steht die Bewahrung einer gewissen persönlichen Autonomie im Mittelpunkt. Die Gesprächsausschnitte verdeutlichen auch, wie sensibel eheerfahrene Frauen auf Versuche von Männern reagieren, ihre Handlungsspielräume einzuschränken und traditionale Rollenvorstellungen in einem Bindungsverhältnis handlungswirksam werden zu lassen. Die Vorstellung von einer Bindung, in der *beide* Partner persönliche Autonomieansprüche entwickelt haben und "in gegenseitigem Einvernehmen" versuchen, diese Ansprüche konkret zu verwirklichen, ist unter Singles weit verbreitet.

Unter den *Frauen* sind wir in unserer Befragung auf eine ausgeprägte 'emotionale Nacharbeit' ihrer gescheiterten Bindungen gestoßen. Erinnerungen, Sehnsüchte und Hoffnungen mit Blick auf vergangene Beziehungen, aber auch mit ihnen in Verbindung stehende "Verletzungen" der eigenen Identität und psychische "Wunden" tauchten in den Interviewgesprächen immer wieder auf und stellten auch schon mal ein im Gespräch geprägtes Urteil über das Singleleben im Zuge der Auseinandersetzung plötzlich wieder infrage. Wir gewannen den Eindruck, daß **weibliche Singles in einem starken Maße an den Idealen von Zweisamkeit und fester Bindung orientiert sind, aber den realen Ausgestaltungen dieses Liebesideals mit großer Skepsis entgegnen.** Die Betroffenheit unter weiblichen Singles über die Schwierigkeiten, im Verhältnis zu Männern intensive und egalitäre Beziehungen herzustellen, ist groß. Eine zwiespältige Situation in einer Phase gesellschaftlicher Neudefinitionen der Geschlechterrollen.

Unter den *männlichen Singles* konnten wir solche emotional geprägten Selbstreflexionen - soweit sie nicht explizit Gegenstand der Befragung waren - weit weniger feststellen. In der Frage einer neuen Bindung teilen sie sich jedoch im wesentlichen in zwei Lager. Auf der einen Seite standen **fast zwei Drittel**

aller ledig gebliebenen männlichen Singles einer festen Bindung - bei allen Bindungswünschen - auch mit einer gewissen Skepsis und besonders hohen Ansprüchen an eine Partnerin gegenüber. Wir stießen unter ihnen auf allerlei Befürchtungen, daß eine Bindung zu sehr einengen würde, daß man sich in Verpflichtungen wiederfinden könnte, die "einem eigentlich zu viel sind" (Zitat eines männlichen Befragten) und die die Freiheiten der Lebensführung als Single entscheidend einschränken würden. Diese Ambivalenzen werden in den folgenden zwei Äußerungen aus unseren Interviews deutlich - die eine mit eher emotionaler, die andere mit eher kognitiver Diktion:

"Klar will ich 'ne Frau, aber mir fällt's halt schon schwer, im richtigen Moment so richtig in die Gefühle reinzukommen. Meine Freunde verzweifeln schon, weil ich offensichtlich einfach zu blöd bin, mich an eine Frau ranzumachen. Aber ich weiß nicht, immer wenn ich das Gefühl hab', jetzt bahnt sich was Konkretes an, auf'm Fest oder bei 'ner Feier, wenn ich eine kennenlern', bekomme ich 'ne Hemmung innerlich ... ich weiß auch nicht, so das Gefühl, das war's dann. Es ist wirklich so, ich will dann irgendwie nicht mehr, das wird mir dann zu viel. Ich verspann' mich dann total. Ich glaube, ich brauch' ne Frau, die ich nicht kriegen kann."

"Für mich geht's nicht ums Binden. Binden - das klingt so, als wär's 'n Selbstzweck. Für mich ist wichtig, daß ich mit der Frau was anfangen kann. Daß die Tiefgang hat, daß man sich echt versteht. Binden ist mir unwichtig ... bei zu viel Bindung wird's kritisch. Da kommt zu viel gegenseitiges Besitzstreben ins Spiel."

Auf diese partnerlos lebenden Männer paßt das stereotype Bild von "Sitzengebliebenen" ebenso wenig wie auf viele weibliche Singles. Die meisten von ihnen maßen sich selbst Attraktivität am "Partnermarkt" zu und schätzten sich als bewußt und aktiv Selegierende im "Geschlechterspiel" ein. Die Motive der bindungsskeptischen Männer sind dabei recht unterschiedlich. Da spielen Unsicherheiten im Verhältnis zu Frauen ebenso eine Rolle wie Vorstellungen von einer 'ungebundenen Bindung' an eine Partnerin, die die Freiheit und Unabhängigkeit eines Singlelebens ermöglichen, aber auch das Gefühl von Geborgenheit und Liebe einschließen sollte. Diese Männer unter den Singles erscheinen - wie viele Frauen auch - auf der Suche nach einem neudefinierten Geschlechterverhältnis, das beide Bedürfnisse - Distanz und Nähe - in einer eher individualistisch austarierten Balance zu befriedigen verspricht. Möglicherweise stehen sie in Reaktion auf das gestiegene weibliche Selbstbewußtsein in der fortgeschrittenen gesellschaftlichen Moderne.

Abb. IV-11:

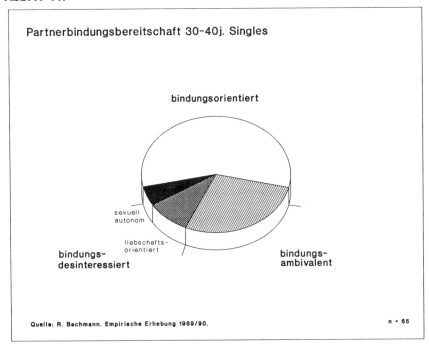

Auf der anderen Seite des Einstellungsspektrums finden sich über zwei Drittel aller *geschiedenen Männer* unter den Singles, wenn es um die Beantwortung der Frage nach einer erneuten Bindung geht. Sie legen einen außerordentlich großen Wert auf ein Zusammenleben mit einer Partnerin. Keine anderen Singles in der Untersuchung hatten derart unvoreingenommene Bindungswünsche, und keine anderen Singles standen derart vorbehaltlos einer traditional organisierten Rollenverteilung zwischen Mann und Frau in einer Bindung gegenüber. Ihnen lag nicht an neuen Bindungsformen, sondern an einer neuen Bindung überhaupt - unter wenig veränderten Vorzeichen.

Neben dem bereits an früherer Stelle[181] beschriebenen Einstellungstypus eines *bindungsdesinteressierten Singlelebens* lassen sich aufgrund der Selbsteinschätzungen der Befragten zwei weitere Perspektiven auf feste Partner-

---

181 Vgl. Kap. IV 3.1.3.

Kap. IV 3. Bindungsvorstellungen und Bindungswünsche

Abb. IV-12:

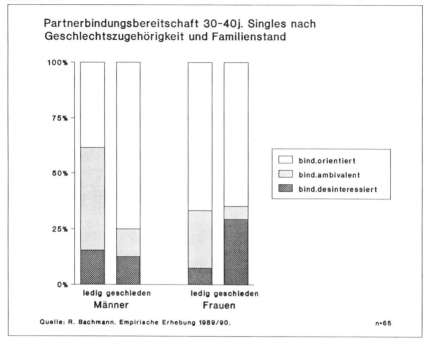

Partnerbindungsbereitschaft 30-40j. Singles nach Geschlechtszugehörigkeit und Familienstand

Quelle: R. Bachmann. Empirische Erhebung 1989/90. n=65

bindungen erkennen: ein **bindungsambivalentes Singleleben** und ein **bindungsorientiertes Singleleben**.

Bindungsambivalente Singles schließen eine neue feste Bindung in ihrem Leben nicht aus, verbinden diesen Gedanken aber im gleichen Moment mit Skepsis und starken Vorbehalten gegenüber ihrer konkreten Realisation, so daß zumindest Zweifel an ihrer tatsächlichen Bindungsbereitschaft angebracht sind. Es ist eher ein 'Nicht-Ausschließen-Wollen' als ein wirkliches 'Wollen'. Legt man die Ergebnisse aus der vorliegenden Stichprobe zugrunde, so können wir von einem Anteil von 28 % aller Singles ausgehen, die ihren Blick in diesem Sinne in erster Linie auf ihre Handlungsfreiheiten richten (Abb. IV-11). Dabei handelt es sich vor allem um *ledige* Singles, die eine von Phasen des Singlelebens und Alleinlebens gezeichnete, verhältnismäßig individualisierte Erwachsenenbiographie hinter sich wissen. Entgegen unserer generalisierenden Vermutung in

Hypothese 3[182], daß weibliche Singles Bindungen skeptischer gegenüberstehen als männliche Singles, stellte sich in unserer Untersuchung heraus, daß derartige **Bindungsressentiments unter ledigen Männern stärker verbreitet** waren als unter ledigen Frauen. 43 % der ledigen Männer unter den befragten Singles, aber nur 26 % der ledigen Frauen zeigten eine ausgesprochen ambivalente Einstellung gegenüber einer erneuten Bindung (Abb. IV-12).

Rechnet man definitiv bindungsdesinteressierte und eher bindungsambivalente Singles auf der Basis der vorliegenden Stichprobe zusammen, so kann von einem Anteil von 43 % aller Singles gesprochen werden, welche mehr oder weniger ausgeprägte Vorbehalte gegen die konkrete *Realisation* einer festen Partnerbindung vorzubringen haben, zum Teil auf der Suche nach veränderten, mehr persönliche Autonomie versprechenden Geschlechterverhältnissen sind bzw. sich bewußt und freiwillig nicht mehr binden wollen. Auf der anderen Seite findet sich eine knappe Mehrheit (57 %) von Singles (Abb. IV-11), welche ihren Wunsch nach einer (weiteren) "großen Liebe" gerne in die eigene Tat umsetzen würden. Zu ihnen zählen eindeutige Mehrheiten unter den geschiedenen Männern und unter den weiblichen Singles. Nur unter den *ledigen Männern* überwiegen Ressentiments: Ein bloßes Drittel unter ihnen stellt eine neue Partnerbindung in den Mittelpunkt ihres jeweiligen Lebenszuschnittes (Abb. IV-12). Anders gesagt: Zwei Drittel der partnerlos lebenden ledigen Männer stehen konkreten Bindungen zumindest skeptisch, zu einem geringen Teil sogar ablehnend gegenüber.

Die **bindungsorientierten Singles** sind eindeutig an einer Überwindung ihrer Partnerlosigkeit interessiert. Das Singleleben stellt in ihren Augen keine ernsthafte Lebensalternative zu den Erfahrungen von Liebe und Zweisamkeit dar. Etliche Singles unter ihnen erwarten sich von einer neuen Bindung im Gegenteil ihre weitere Verfestigung und Verstetigung hin zu einem "richtigen" Ehe- und Familienleben. Dabei stehen sie den Anpassungen und Abhängigkeiten eines solchen gemeinschaftlichen Lebens nicht gleichgültig gegenüber. Einerseits wünschen sie sich diese Einbindung, auf der anderen Seite negieren sie in ihrer Mehrheit die Risiken eines Scheiterns nicht. Insbesondere die bindungsorientierten *Frauen* erwarten sich die Realisation einer *egalitär* gestalteten Bindung an einen Mann. Am wenigsten tragen in dieser Hinsicht eheerfahrene Männer unter den Singles Sorge. Bei allen bindungsorientierten Singles aber überwiegt ein "Bindungsoptimismus" als Einstellungsmuster.

---

182   Kap. III 1.4.

Fassen wir unsere empirischen Ergebnisse zur Bedeutung von Partnerbindungen unter Singles zu folgenden *Thesen* zusammen - unter dem Vorbehalt einer stark verkleinerten Stichprobe:

- **Das Ideal von Liebe und Zweisamkeit besitzt unter Singles im "Familienlebensalter" eine ungebrochene Attraktivität. Skeptischer werden von vielen Singles die realen Ausgestaltungen dieses Liebesideals betrachtet.** Insbesondere viele *weibliche* Singles stehen in der 'inneren Auseinandersetzung' zwischen ihren Bindungswünschen und den erfahrenen Bindungswirklichkeiten.

- **Mehr als ein Viertel aller Singles steht einer neuen Partnerbindung - bei allen Bindungswünschen - besonders ausgeprägt skeptisch gegenüber.** Vor allem *ledige Männer*, aber auch etliche ledige Frauen mit einem individualisierten biographischen Erfahrungskontext geben sich ausgesprochen **bindungsambivalent**. Rechnet man die wenigen Singles hinzu, die für sich selbst definitiv feste Bindungen ablehnen (**bindungsdesinteressiert**), ergibt sich - unter Vorbehalt - ein **Veränderungspotential von 43 % aller Singles**.

- Eine knappe Mehrheit (57 %) aller Singles ist eindeutig **bindungsorientiert**. Insbesondere die bindungsorientierten *Frauen* unter den Singles erwarten für sich selbst aber ein prinzipiell egalitär gestaltetes Geschlechterverhältnis.

In der Frage der Bereitschaft von Singles zu einer neuen Partnerbindung erweist sich unsere Vermutung in Hypothese 3[183] als *wenig zutreffend*. **Ausgesprochen bindungsskeptisch unter den Singles sind nicht in erster Linie die Frauen, sondern langjährig bereits alleinlebende ledige Männer unter den Singles.** Im Unterschied zu vielen eheerfahrenen Männern legen diese einen besonders hohen Wert auf die Bewahrung ihrer persönlichen Autonomie. Sie stellen - neben etlichen geschiedenen Frauen - am nachdrücklichsten feste Bindungen infrage.

3.4. Ehe, Elternschaft und Familie

Das vierte Lebensjahrzehnt im individuellen Lebenslauf ist traditional mit weit mehr gesellschaftlich vermittelten Vorstellungen über das Privatleben verbunden, als sich an einen festen Partner zu binden. Die herkömmlichen

---

[183] Kap. III 1.4.

Prämissen einer "richtigen" Lebensgestaltung sind vielmehr ein Verheiratetsein, Kinder haben und in einer "richtigen" Familie leben. Von diesen lebenszeitlich normierten "Programmpunkten" sind diejenigen Personen, die als Singles leben, offenbar ganz besonders weit entfernt. Sei es, daß sie zu den *ledigen* Singles gehören und es ihnen in ihrem Leben noch immer nicht "geglückt" ist, eine stabile, dauerhafte, "familienfähige" Partnerbeziehung herzustellen und aufzuerhalten. Sei es, daß sich die Ehen und Familien der *geschiedenen* Singles in Erinnerungen auflösten oder in partikulare Sozialkontakte verfielen.

Wie sehr identifizieren sich 30- bis 40jährige Singles mit den "Programmpunkten" von "Normalfamilie": Ehe, Elternschaft, Familie? Können und wollen Singles im traditionalen "Familienlebens-Alter" für sich selbst einen biographischen Entwicklungspfad in eine familiäre Zukunft erkennen? Trifft dies insbesondere noch auf die 30- bis 40jährigen Frauen unter den Singles zu? Oder erscheinen Singles derart verpflichtende und enge Bindungen vor dem Hintergrund ihrer Freiheitserfahrungen längst indiskutabel? Wir vermuteten unter den männlichen Singles in dieser Hinsicht mehr Bindungswünsche und geringere Bindungswiderstände als unter den weiblichen Singles (Hypothese 3)[184], da ein Ehe- und Familienleben in die Position und das Selbstverständnis der Männer (immer noch) weniger verändernd eingreifen würde als bei den Frauen (Mutterrolle, berufliche Anpassungen).[185]

3.4.1. Die Heiratsbereitschaft von Singles

Der Wunsch nach einer Ehe ist unter Singles in der Lebensmitte verhältnismäßig gedämpft. Während sich mehr als die Hälfte aller Singles in der Stichprobe in eindeutiger Weise für die Realisation einer festen Partnerbindung ausgesprochen hatten, konnte sich insgesamt nur jeder vierte Single vorstellen, gegebenenfalls in eine Heirat einzuwilligen. Die meisten Singles beschäftigen sich mit der Frage einer neuen Partnerbindung, ein Eheleben aber gewinnt unter ihren Bindungsvorstellungen weit weniger Relevanz. Ein anderes Zahlenbild streicht die geringere Bedeutung eines Ehelebens stärker heraus: Nur jeder zweite Single, der sich ein Zusammenleben mit einem festen Partner wünscht, wäre auch zu einer Heirat zu bewegen. Das ist nicht viel Zuspruch für die Ehe, die noch ein, zwei Generationen zuvor das Bindungsgeschehen weitgehend

---

184 Kap. III 1.4.
185 METZ-GÖCKEL, S., MÜLLER, U. (1985): Der Mann. Brigitte-Untersuchung, Ms., Hamburg.

monopolisierte. Offenbar aber sind das 'Living Apart Together' und die nichteheliche Lebensgemeinschaft in den Lebensentwürfen der bindungsorientierten Singles zu ernsthaften Konkurrenten der Lebensgestaltung avanciert - zumindest im Lebensalter zwischen 30 und 40.

Heiratswillige Singles interpretieren die Gegenwart des Singlelebens als eine "vorübergehende" Phase in ihrem Leben. Ihnen schwebt ein ganz anderes: ein *gemeinschaftliches* Leben vor. Nicht die Bewahrung ihrer persönlichen Freiheiten und die Aufrechterhaltung von psycho-sozialen Distanzen stehen als Lebensvorstellungen im Vordergrund, sondern ein Familienleben, das sie gestalten und in das sie sich einbinden wollen. Eine Ehegründung wird unter den Singles dabei im wesentlichen als eine *kindorientierte* Ehegründung gedacht.[186] Heiratswillige Singles erkennen in einer Ehe den geeigneten institutionellen Rahmen für ein langjähriges "Bindungsprojekt", wie es eine Elternschaft in aller Regel mit sich bringt.

Die Heiratsbereitschaft unter den Singles ist nicht, wie wir vermuteten, generell eine unterschiedlich beantwortete Frage unter den Geschlechtern, sondern in erster Linie eine Frage des Kinderwunsches und die Frage eines individualisierten Selbstverständnisses, welches keinen Raum mehr läßt für die Superpersonalität eines "Wir" im Rahmen eines Ehe- und Familienlebens. Am stärksten distanziert von einem traditional geprägten Lebenszuschnitt erwiesen sich in unserer Befragung *ledig gebliebene, im Alleinleben erprobte, in akademischen Berufen stehende Männer* unter den Singles. Wir trafen unter ihnen auf eine Ehebereitschaftsquote von nicht einmal 10 %. Ein biographisches "Nachholbedürfnis" nach einer Ehe bewegt sie offenbar recht wenig. Typisch für die ledigen Männer unter den Singles ist vielmehr eine ausgesprochene Bindungsskepsis und eine distanzierte Haltung gegenüber dem Ideal eines Ehe- und Familienlebens. Die Vorstellung von einem "Eheglück" erscheint vielen von ihnen in Anbetracht ihrer realen Bindungserfahrungen einigermaßen unglaubwürdig. Soweit sie überhaupt an festen Bindungen interessiert sind, haben sie in erster Linie eine nicht-eheliche Lebensgemeinschaft im Blick (Abb. IV-13 auf der folgenden Seite). Eine Ehe halten sie für "überflüssig" ("Wozu heiraten?") und hinderlich im Bestreben nach Selbstverwirklichung, wenn diese Selbstverwirklichung "wieder einmal" die Trennung von einer Partnerin "verlangen" sollte.

---

186 Dieses Ergebnis ist soweit eine Bestätigung der entsprechenden These von NAVE-HERZ.
NAVE-HERZ, R. (1988): Kontinuität und Wandel in der Bedeutung, in der Struktur und Stabilität von Ehe und Familie in der Bundesrepublik Deutschland, in: NAVE-HERZ, R. (Hrsg.): Wandel und Kontinuität der Familie in der Bundesrepublik Deutschland, Stuttgart, S. 61-94.

Abb. IV-13:

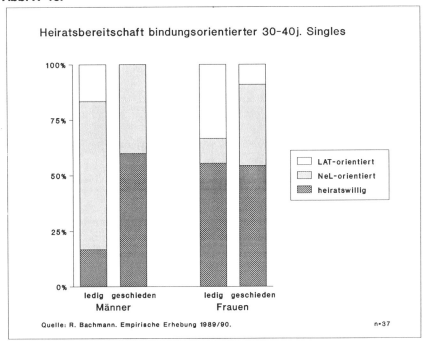

Vor allem das *Ideal* eines egalitär gedachten Ehelebens, weniger seine erfahrene Realität, erreicht unter den *weiblichen* Singles weit mehr Attraktivität als unter den ledig gebliebenen, partnerlos lebenden Männern. Selbst eine Mehrheit unter den eheerfahrenen, *geschiedenen* Frauen - welche einige "ernüchternde" Erfahrungen mit einem Eheleben hinter sich wissen -[187] stellt die Ehe nicht grundsätzlich infrage. Als entscheidende Hürden für ein erneutes Eheleben werden die Schwierigkeiten genannt, mit einem Mann eine strikt partnerschaftliche, im Prinzip egalitär gestaltete Bindung zur beiderseitigen Zufriedenheit einzugehen. Es ist also nicht die Ehe an sich, sondern das Mann-Frau-Verhältnis generell, das ihnen in der Bindungsfrage am meisten Schwierigkeiten bereitet. Wir haben unter den *ledig* gebliebenen weiblichen Singles etliche Befragte angetroffen, die ihre eindeutigen Bindungswünsche aus diesem Grunde in einen Lebenszuschnitt stellten, wie es das 'Living Apart Together' symbolisiert:

---

[187] Vgl. Kap. IV 2.

Zusammen leben, aber getrennt wohnen. Mit Ehe assoziierten sie ein unangenehmes "Ausgesetztsein" dem jeweiligen Partner gegenüber:

> "Ich kann mir das nicht mehr vorstellen, mich (in einer Ehe, R. B.) so anzupassen und - ja - unterzuordnen. Ich glaube, dazu lebe ich jetzt schon zu lange für mich allein."

> "Ich brauche meine Freiräume, unbedingt. Zusammenziehen und Heiraten ist nix für mich. Zumindest wär's das im Moment nicht."

Auf der anderen Seite spricht für die meisten weiblichen Singles das "Kind-Argument" am stärksten *für* eine Ehe: wenn ein (weiteres) Kind, dann nur im Rahmen einer gefestigten, auf Dauer eingestellten Bindung. Insgesamt bleiben unter den weiblichen Singles die konkreten Ehewünsche hinter der Idealisierung von Ehe zurück. In der vorliegenden Untersuchung betragen die Ehebereitschaftsquoten unter den *geschiedenen* wie auch unter den *ledigen Frauen* jeweils 37 %. Das sind etwa viermal so hohe Quoten, als sie unter den ledigen männlichen Singles festgestellt werden konnten. Hinsichtlich beider dargestellter Aspekte der Identifizierung mit Ehe - die Idealisierung eines ehelichen Zusammenlebens und die Ehe als konkreter Lebensentwurf - erweisen sich entgegen unseren Vermutungen zumindest die *ledig gebliebenen männlichen Singles als weitaus bindungsskeptischer als die Frauen unter den Singles*.

Für die *eheerfahrenen Männer* unter den Singles gilt die These einer ausgeprägten männlichen Bindungsskepsis jedoch nicht. Während sich dauerhaft alleinlebende bzw. unverheiratete männliche Singles in ihrer großen Mehrheit von einem Eheleben distanzieren und eher auf "leicht" revidierbare Bindungen setzen, rückt eine Partnerbindung unter geschiedenen männlichen Singles in einen engeren Sinn- und Verweisungszusammenhang mit Ehe, zum Teil auch mit Familie. Die geschiedenen Männer erwiesen sich als die *heiratswilligsten* Singles unter allen Befragten - heiratswilliger noch als die Frauen unter den Singles. Ihre Ehebereitschaftsquote lag in der Stichprobe bei etwa 45 % (weibliche Singles: 37 %). Und selbst diejenigen eheerfahrenen Männer, die ein Eheerlebnis nicht wiederholen wollten, waren an einer möglichst engen Bindung interessiert: an einer nicht-ehelichen Lebensgemeinschaft mit einer festen Partnerin (Abb. IV-13). Stärker als alle anderen Singles in der Befragung erwiesen sie sich auf den verlorenen Emotionalraum von Zweisamkeit und Ehe fixiert.

Wir können unsere empirischen Ergebnisse zur Frage der Ehegründungsbereitschaft von Singles zusammenfassend - unter Vorbehalt einer verkleinerten Stichprobe - in Form der folgenden *Thesen* festhalten:

- **Der Ehewunsch von Singles ist sichtlich gedämpft.** Nur ein Viertel aller Singles im "Familienlebensalter" wünscht sich für die nahe Lebenszukunft noch eine Ehe, und nur jeder zweite eindeutig bindungsorientierte Single wäre gegebenenfalls auch bereit, eine Ehe einzugehen. Dabei sind die *ledigen, akademisierten Männer* unter den Singles diejenigen mit der am geringsten ausgeprägten Heiratsbereitschaft, die *geschiedenen Männer* dagegen die heiratswilligsten Singles.

- Die *Frauen* unter den Singles - auch die Mehrheit der geschiedenen Frauen - halten typischerweise an der Idealvorstellung eines *ehelichen* Zusammenlebens fest, sind aber in Anbetracht ihrer kritischen Sicht des männlichen Rollenverhaltens längst nicht in dem gleichen Maße bereit, ein solches Leben in naher Zukunft auch konkret zu verwirklichen.

- Eine Ehegründung wird von den *heiratswilligen* Singles im wesentlichen als eine *kindorientierte* Ehegründung hin zu einem ausgesprochenen Familienleben verstanden.

Einem Eheleben gegenüber bringen ledige, seit vielen Jahren alleinlebende Männer unter den Singles weit mehr und grundsätzlichere Skepsis auf als ledige oder geschiedene Frauen unter den Singles. Entgegen unserer Vermutung (Hypothese 3)[188] haben offenbar die wenigsten weiblichen Singles den "Glauben" an die Ehe als ein sinnhaftes Lebensmodell verloren. Schwierigkeiten bereitet ihnen die Vorstellung an die konkreten Ausgestaltungen eines Zusammenlebens mit einem Mann. Weniger die eigentliche Sinnfrage, sondern die Frage nach der konkreten Realisation dämpft ihren Heiratswillen nachhaltig.

3.4.2. Zur "Kinderferne" von Singles

Traditional stehen im "Familienlebens-Alter" *Kinder* im Zentrum des privaten Lebens. Würden wir eine Umfrage unter Gesellschaftsmitgliedern im mittleren Lebensalter starten und nach den jeweiligen besonders bedeutsamen Beziehungspersonen fragen, würden wohl auch immer wieder Kinder als Beziehungspersonen genannt, denn nach wie vor die Mehrheit der Personen in dieser Lebensphase lebt in Familien mit einem oder mehreren Kindern. Von derartigen "Familienwelten" scheinen Singles weit entfernt. Weder leben sie mit Kindern in einem gemeinsamen Haushalt noch im Rahmen einer Familie. Wie sehr haben

---

[188] Kap. III 1.4.

Singles in ihrem privaten Erfahrungsbereich mit Kindern zu tun? Leben sie ausgesprochen "kinderfern" - jenseits aller familiären Erfahrungswelt? Oder gehören Kinder ebenso wie Erwachsene in die Kreise derjenigen Beziehungspersonen, welche ihnen ausgesprochen nahestehen und ihnen viel bedeuten? Wir wollen, bevor wir uns den Kinderwünschen von Singles zuwenden, mit einem Blick in die persönlichen Beziehungsnetzwerke der Befragten einen Eindruck davon gewinnen, wie sehr Kinder in die "Lebenswelt" von Singles integriert sind, und welchen Stellenwert sie für ein Singleleben einnehmen.

Wenden wir unseren Blick zunächst zurück in die Erwachsenenbiographien der befragten Singles und fragen wir nach ihren Erfahrungen mit Kindern - genauer: mit *selbst praktizierter Elternschaft*. Nur jede dritte Single - vor allem Männer - in unserer Untersuchung war selbst einmal ein praktizierender Elternteil und gab diese Rolle im wesentlichen aus zwei unterschiedlichen Gründen wieder auf: aufgrund einer Scheidung und des Verlustes der elterlichen Sorge oder aufgrund des Auszugs der volljährigen Kinder aus dem gemeinsamen Haushalt. Die *Männer* in unserer Studie erlebten ihre Elternschaft in fast allen Fällen im Rahmen eines ehelichen Zusammenlebens. In einer solchen "normalfamiliären" Konstellation waren nicht sie, sondern in erster Linie ihre Ehefrauen mit der Familienarbeit betraut. Ein einziger männlicher Befragter erlebte seine zwei Jahre währende Vaterschaft im Rahmen einer nicht-ehelichen Lebensgemeinschaft, bis er sich von seiner damaligen Freundin trennte.

Unter den *weiblichen* Befragten verbinden sich Erfahrungen mit Elternschaft ebenfalls mit einem Eheleben. Mutter zu werden und nicht zu heiraten war nach Aussage der Betroffenen "zur damaligen Zeit" (in der zweiten Hälfte der siebziger Jahre) kaum denkbar gewesen. Im Unterschied zu den geschiedenen Männern aber wurde ihnen im Zuge der Eheauflösung das Recht auf elterliche Sorge zugesprochen. Die Betroffenen lebten nach ihrer Scheidung mit ihren Kindern in Ein-Elternteil-Familien, in denen sie ganz allein für die Erziehung ihrer minderjährigen Kinder verantwortlich waren.

Elternschaftserfahrene Singles haben zumeist in Ein-Kind-Familien gelebt. Es finden sich aber auch zwei Männer unter den Befragten, die zwei Kinder in ihrer Ehe hatten, und eine 39jährige weibliche Single, welche seit ihrer Scheidung in ihrer Rolle als Alleinerziehende für drei Kinder zu sorgen hatte. Welche Bedeutung gewinnen diese Kinder für die befragten "ehemaligen" Mütter und Väter und gegenwärtigen Singles?

Kap. IV 3. Bindungsvorstellungen und Bindungswünsche

Insgesamt gesehen zählte nur jeder zweite "ehemalige" Elternteil unter den Singles sein Kind noch zu den besonders bedeutsamen Personen in seinem Singleleben. Dabei erwiesen sich die "ehemaligen" Väter in engerer Verbundenheit mit ihren Kindern als die "ehemaligen" Mütter unter den Singles.

Nur die wenigsten *"ehemaligen" Mütter* zählten ihre inzwischen erwachsen gewordenen Kinder zu denjenigen Personen, die ihnen in ihrem Single-Alltag ganz besonders nahestehen. Periodische Kontakte mit den Kindern bestanden, aber sie wurden nicht mehr als "lebensbegleitende" Kontakte erfahren. Ein Stück weit lebte jeder bereits in seiner "eigenen Welt". Die "Beziehungswelten" dieser Singles sind *nach*familiär strukturiert: Kontakte zu den Kindern werden durch vielfältige Beziehungen zu Freunden und Arbeitskollegen im Alltagsleben der Singles an Wichtigkeit übertroffen. Beispielsweise trafen wir in unserer Befragung auf eine 38jährige, ehemals alleinerziehende Befragte mit einer 19jährigen, in einem eigenen Haushalt lebenden Tochter. Die Mutter zählte ihre Tochter nicht mehr zu ihren engsten Beziehungspersonen. "Wir sehen uns ab und zu und telephonieren miteinander" (Zitat der Befragten, R. B.) - ansonsten lebt jeder sein eigenes Leben.

Wir fanden unter den *"ehemaligen" Vätern* mehr Befragte, welche noch in einer engen Verbindung mit ihren getrenntlebenden Kindern standen. Dabei handelte es sich vornehmlich um Kinder unter zehn Jahren, die jeweils bei ihren Müttern lebten und ihren Vater ein- oder zweimal in der Woche, vor allem an den Wochenenden, trafen. Die "Gelegenheitsväter" ohne Sorgerecht berichteten von gefühlsmäßig sehr engen Beziehungen zu ihren Kindern und legten einen großen Wert auf ihr regelmäßiges Zusammentreffen. Ein Befragter drückte es so aus:

"Meine Kinder sind eigentlich die wichtigsten Menschen, die ich habe. Es täte mir wirklich sehr weh, wenn ich mal nicht mehr Kontakt zu ihnen haben könnte."

Insgesamt können wir insbesondere unter den *weiblichen* Singles eine ausgesprochene "Kinderferne" feststellen. Mit diesem Begriff meinen wir das Ausbleiben einer eigenen Elternschaftserfahrung in der bisherigen Biographie und ein Singleleben in einem persönlichen Beziehungsnetz von ausschließlich erwachsenen Personen. Drei von vier Frauen unter den Singles leben seit dem Auszug aus ihrem Elternhaus in diesem Sinne in "Erwachsenenwelten", ohne mit den Freuden und Anstrengungen, die Kinder hervorzubringen vermögen, näher konfrontiert zu sein. Dagegen hat eine Mehrheit der *männlichen* Singles bereits eine Vaterschaft hinter sich beziehungsweise in ihrem Singleleben enge emotionale Beziehungen zu kleinen Kindern von Verwandten oder Freunden.

178   Kap. IV 3. Bindungsvorstellungen und Bindungswünsche

3.4.3. Kinder- und Familienwünsche von Singles

Nur eine Minderheit von einem Viertel aller Singles im "Familienlebens-Alter" **denkt ernsthaft daran, in der weiteren Zukunft noch ein familiäres Leben mit einem Ehepartner und einem oder mehreren Kindern zu verwirklichen.** Diese Feststellung legt uns unsere - allerdings verkleinerte - Stichprobe nahe. Der Wunsch nach Kindern und Familie besitzt eine weit geringere Bedeutung in den Lebensentwürfen der Singles als beispielsweise das Lebensmodell einer festen Partnerschaft (Abb. IV-14). Dabei spielen eigene familiäre Erfahrungen in der Biographie durchaus eine Rolle, wenn es um den Wunsch nach einem Familienleben geht: Elternschaftserfahrene Singles verspüren eine geringere "Sehnsucht" nach Ehe und Kind als diejenigen Singles, die solch ein Leben selbst noch nicht zustandegebracht haben.

Zwei Gründe im wesentlichen bewegen etliche "ehemalige" Mütter und Väter unter den Singles, keine neue Familienkonstellation herbeizuwünschen. Zum

Abb. IV-14:

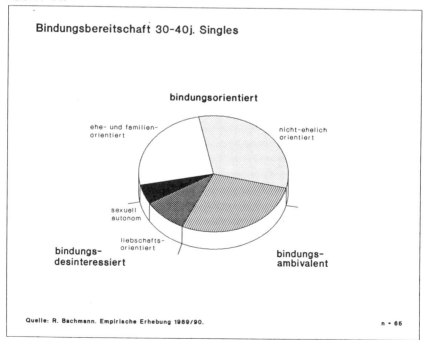

einen ist für eine ablehnende Einstellung ein Selbstverständnis bestimmend, das von der Vorstellung eines *nach*familiären Lebens ausgeht. Die "Familienzeit" ist lebensgeschichtlich hinter sich gebracht, stattdessen stehen nunmehr "eigene" Interessen - im Beruf und in Bezug auf eine (von Kinderproblemen) "unbeschwerte Liebe" im Privaten - im Vordergrund. Einen weiteren Grund für einen ausbleibenden Kinderwunsch finden wir unter denjenigen geschiedenen Männern, welche in einer engen Beziehung zu ihrer "Restfamilie", vor allem zu ihren getrenntlebenden Kindern stehen. Familie existiert in ihrer Wahrnehmung ein Stück weit in Gestalt ihrer Kinder fort. Eine zweite Familiengründung würde in ihren Augen gewissermaßen eine Parallelisierung zweier Familien einleiten, wie sie ihnen ohne rechten Sinn erscheinen würde.

Insgesamt stehen die *elternschaftserfahrenen Frauen* unter den Singles einer weiteren Familienerfahrung weniger ablehnend gegenüber als die familienerfahrenen Männer. Die "ehemaligen" Mütter machen die erneute Übernahme einer Elternrolle jedoch in einem stärkeren und bewußteren Maße von dem jeweiligen Verlauf einer neuen Partnerbindung abhängig. Nur auf der Basis einer "intakten" und "stabilen" Paarbeziehung könnten sich etliche unter ihnen noch einmal Familie vorstellen. Weniger das Zusammenleben mit einem weiteren Kind, als vielmehr das Zusammenleben mit einem Partner läßt einen Großteil der "ehemaligen" Mütter unentschieden und skeptisch gegenüber einem erneuten Familienleben eingestellt sein. "Wenn das Problem mit den Männern nicht wäre", so umschrieb eine Befragte ihre Kinderwünsche, und spielte damit auf das schwieriger werdende Geschlechterverhältnis an, auf dessen brüchiger Basis sich die prinzipielle Unaufkündbarkeit von Elternschaft vollziehen soll. Lieber würden sie auf die Realisation ihrer Kinderwünsche verzichten, wenn sich herausstellen sollte, daß eine Partnerbindung es an Dauerhaftigkeit und Verbindlichkeit, vor allem aber an gegenseitiger Zuneigung fehlen lassen und sich damit nicht als "familienfähig" herausstellen würde.

Unter den *bislang kinderlos* lebenden Singles gewannen wir den vorherrschenden Eindruck, daß der Weg in ein Familienleben weniger als ein allgemein verbindlicher, im Grunde alternativloser und damit eine gewisse "Selbstverständlichkeit" beanspruchender Entwicklungspfad, sondern eher als eine *Option* der privaten Lebensgestaltung empfunden wird, die dem einzelnen je nach dem eingeübten Lebensstil und den vorliegenden beruflichen Interessen mehr oder weniger attraktiv erscheinen kann. Es herrscht ein abwägendes Beurteilen mehrerer biographischer Entwicklungswege vor, wenn es um das Entwerfen eines Lebenszuschnittes für die weitere Zukunft geht: ob Heirat oder nicht Heirat, ob Kinder oder nicht Kinder, ob Familie oder nicht Familie. Nicht die

Erfüllung eines Lebensprogrammes, sondern immer wieder die Fragen "Was bringt MIR das? Möchte ICH das wirklich?" stehen als Ausdruck einer ausgeprägten Selbstorientierung im Vordergrund. Welche Lebensvorstellungen dabei als Ausdruck der jeweiligen Lebenswünsche gelten, war unter den Befragten ganz unterschiedlich. Unter den *ledigen, kinderlosen Männern* beispielsweise trafen wir etwa gleichhohe Anteile (je ein Drittel) von Singles an, die eine Elternschaft für sich selbst eher ablehnten, sie befürworteten bzw. ihr mit einer gewissen Unentschiedenheit gegenüberstanden. In den meisten Fällen aber - weitgehend unabhängig von der jeweiligen familiären Orientierung - herrschte unter ihnen die Vorstellung von einem *selbst*bestimmten und *selbst*entworfenen Leben vor, unter Umständen eben unter "Rückgriff" auf traditionale Lebenskonzepte.

Ein Element dieser Selbstentwürfe unter *ledig gebliebenen männlichen Singles* ist ihre Abneigung gegenüber den Bindungen eines Ehelebens, selbst wenn eine Vaterschaft im Bereich des Gewünschten gesehen wird. Wir sind kaum auf einen unverheirateten Mann in der Single-Stichprobe gestoßen, der sich für sich selbst eine "normalfamiliäre" Lebenszukunft (in einem verehelichten "VaterMutterKind") ausgemalt hatte. Eine Vaterschaft wurde in der Regel *ohne* eine Ehe gedacht - ganz unbeeindruckt von den gegenwärtig bestehenden benachteiligenden Regelungen für nicht-eheliche Väter im Familienrecht. Aber selbst eine Vaterschaft in einer nicht-ehelichen Familie erschien vielen ledigen, partnerlos lebenden Männern als ein Zuviel an Bindung und Festgelegtsein im Leben. Die *Frauen* unter den Singles brachten dagegen ihre Kinderwünsche in einen wesentlich engeren Zusammenhang mit Ehe. Unter ihnen herrschte der Grundsatz vor, eine Elternschaft nur unter der Rahmenbedingung der ehelichen Institution zu wagen. Ein Kind ganz ohne Partner aufziehen war für keine einzige der weiblichen Befragten in der Untersuchung ernsthaft vorstellbar. Für sie bedeuteten ihre Kinderwünsche zugleich eine grundsätzliche Offenheit gegenüber einer "normalfamiliären" Beziehungskonstellation.

Mehr als einem Drittel aller *kinderlos gebliebenen Frauen* unter den Singles in der vorliegenden Stichprobe war eine Erfahrung als Mutter für ihr weiteres Leben noch ganz besonders wichtig. Mutterschaft bedeutete einen kontrastreichen Rollenwechsel in ihrem Leben, der ihr Singleleben bedeutsam verändern und einen neuen Sinnzusammenhang eröffnen würde. Eine Mehrheit der kinderlos gebliebenen Frauen stand einer Elternschaft auf der anderen Seite jedoch skeptisch bis ablehnend gegenüber. In beiden Frauengruppierungen herrschte die Vorstellung von dem Anspruch auf ein "selbstbestimmtes" Leben vor - nur kamen die Frauen in den beiden Gruppierungen unter dieser Prämisse zu ganz unterschiedlichen Ergebnissen in ihrem Lebensentwurf. Für die einen Frauen war es der Wunsch nach menschlicher Nähe und Intimität, der für ihre Bereitschaft sprach, die Primärbeziehung zu einem eigenen Kind herzustellen und auf Dauer zu vertiefen. Sie hatten gewissermaßen das Bild von dem Kind als eine "Gegeneinsamkeit" im Leben, das ihnen unmittelbare, nichtentfremdete, unbelastete, die ganze Person umfassende Sozialerfahrungen zu vermitteln versprach. Andere Frauen fühlten dagegen ihre mühsam austarierte psycho-soziale Autonomie im Leben durch eine Mutterschaft ernsthaft bedroht. Sie zeichneten das Bild von einer Mutterschaft, die ihren gewohnten Lebensrhythmus radikal verändern, viel Zeit und manches Geld kosten und in ihrem Leben die unnachgiebige "Diktatur der Bedürftigkeit" eines Kindes errichten würde. Vor allem aber wiesen sie auf die Gefahren hin, als Mütter im Zusammenspiel mit dem männlichen Partner in beruflicher Hinsicht zurückstecken zu müssen und in einer mehr oder weniger ausgeprägten Abhängigkeitsrolle in eine isolierte Hausfrauenexistenz zu geraten.

Zusammenfassend halten wir unter dem Vorbehalt einer verkleinerten Stichprobe folgende *Thesen* zur Frage der Familiengründungsbereitschaft von 30- bis 40jährigen Singles fest:

- **Nur eine Minderheit** von einem Viertel aller Singles im "Familienlebens-Alter" **ist ausgesprochen interessiert an einem (weiteren) Familienleben.**

- *Geschiedene "ehemalige" Mütter und Väter* unter den Singles verspüren typischerweise nur eine geringe "Sehnsucht" nach einem erneuten Familienleben. Die "ehemaligen" Mütter sehen besonders auf der Ebene der Partnerbindung Realisierungsschwierigkeiten bzw. interpretieren sich lebenszeitlich bereits in einer vom Beruf bestimmten *nach*familiären Phase. Etliche "ehemalige" Väter unter den Singles fühlen sich dagegen mit ihren getrenntlebenden Kindern eng verbunden und sind an einer Parallelisierung ihrer scheidungsinduzierten "Restfamilie" durch eine weitere Familie nicht interessiert.

- Unter den *bislang kinderlos* lebenden Singles unterscheiden sich Männer und Frauen in der Frage einer Familiengründung nur in einem geringen Maße. Männer wie Frauen stellen "eigene" Lebensansprüche in den Mittelpunkt ihrer Abwägungsprozesse und kommen dabei jeweils zu ganz unterschiedlichen Ergebnissen in ihrem Lebenszuschnitt: für eine eigene Familie, gegen eine eigene Familie oder eine eher unentschiedene Haltung.

- Die Frauen unter den Singles legen auf ein *eheliches* Zusammenleben als Rahmenbedingung für ein Leben mit Kindern einen größeren Wert als die

Männer unter den Singles. Anders gesagt: Weibliche Singles sind insgesamt "normalfamilienorientierter" als männliche Singles.

Die Skepsis der weiblichen Singles gegenüber Lebensformen des traditionalen Typus bezieht sich in erster Linie auf die konkreten Realisierungen dieser Lebensformen, weniger auf die zugrundeliegenden Lebensmodelle. Die wenigsten sind ausgesprochen antifamiliär eingestellt, sondern Familie wird prinzipiell ernstgenommen. Entgegen unseren Vermutungen in Hypothese 3[189] sind es *nicht* in erster Linie Frauen, die traditionale Lebenskonzepte ein Stück weit beiseiteschieben. **In stärkerem Maße Wandlungsabsichten im Bindungsgeschehen verfolgen vielmehr kinderlos gebliebene, ledige, akademisierte Männer unter den Singles.** Unter ihnen sind etliche an Lebensformen mit eher ausgeweiteten Handlungsspielräumen - jenseits von indisponiblen Sozialbindungen - interessiert.

---

[189] Kap. III 1.4.

4. Eine "Bindung" an den Beruf?

Singles leben unabhängig von familiären Bindungen und finden in ihrer Lebensform einen vergleichsweise ausgeweiteten "Freiraum" zur Inszenierung eines *berufs*orientierten Lebens vor. Den Anforderungen, die ein berufliches Leben an den einzelnen stellen kann, könnte kaum besser als in einem Singleleben begegnet werden, das weder die Nachsichten gegenüber den Ansprüchen eines Partners noch die Verpflichtungen gegenüber den spontanen Bedürfnissen eines Kindes kennt. Wir vermuteten zu Beginn unserer Studie, daß Singles im "Familienlebens-Alter" dazu tendieren, ein "Bindungsvakuum" in ihrer privaten Lebensführung durch eine auf Beruf und Erwerbsarbeit konzentrierte Daseinsweise auszufüllen (Hypothese 3a)[190]. Mit dem Ausbleiben einer gemeinschaftlich organisierten "Privatwelt" könnte die zweite Achse der Lebensführung - Beruf und Erwerbsarbeit - für die weitere biographische Entwicklung bestimmend werden und in den Mittelpunkt des Selbstverständnisses von Singles rücken. Eine solche Entwicklung im Leben der Singles könnte gewissermaßen eine Gleichsetzung der Werte von Selbstverwirklichung und Autonomie mit den Werten der Berufsarbeit von seiten der Betroffenen bedeuten.

Wenn unsere Überlegungen Richtigkeit beanspruchen könnten, bliebe zu fragen, wie weit eine Identifikation mit beruflicher Arbeit unter Singles geht. Unsere weitergehende Vermutung in dieser Hinsicht bestand darin, Berufs- und Erwerbsarbeit als ein konkurrierendes Sinnsystem gegenüber demjenigen von Liebe und Zweisamkeit zu denken. Gewinnt Berufs- und Erwerbsarbeit unter Singles einen Stellenwert, der Bindungen an einen Partner oder die Gründung von Familie zu ausgesprochenen "Karrierehindernissen" im biographischen Werdegang werden läßt? Haben Bindungsvorbehalte unter Singles auch in einem starken Maße mit dem Willen zu einem beruflichen "Karriereleben" zu tun? Finden Singles in der Erwerbsarbeit und im Beruf die ideelle Basis, das "innere Rückgrat" für ein Singleleben? "Binden" sich Singles lieber an den Beruf als an eine (weitere) "große Liebe"? Unsere Erwartung war, daß die Berufstätigkeit für die Männer unter den Singles vor dem Hintergrund ihrer traditionalen Geschlechtsrolle *keine* ideelle Basis eines partnerlosen Lebens abgibt. Traditional ist die Männerrolle gerade in erster Linie eine Berufstätigenrolle - ob die Männer verheiratet sind oder nicht, in Familie leben oder nicht. Die *weiblichen* Singles aber können sich bei einem Verzicht auf private Bindungen vor dem Hintergrund der traditionalen Frauenrolle ausgeweitete Erfahrungshorizonte in einem Berufsleben erschließen. Wir erwarteten einen ausgeprägten Symbolwert

---

190   Kap. III 1.4.

der Berufsarbeit für das Selbstverständnis der weiblichen Singles (Hypothese H 4b)[191].

4.1. Zur beruflichen Lage von Singles

Bis in die sechziger Jahre unseres Jahrhunderts war ein deutliches schulisches und berufliches Bildungsgefälle kennzeichnend für das Verhältnis zwischen Männern und Frauen.[192] Im Zuge der "Bildungsexpansion" der sechziger und siebziger Jahre wurde die Benachteiligung im Bereich der schulischen und beruflichen Bildung zwischen den Geschlechtern von den allgemeinbildenden Schulen bis hinauf zu den Universitäten weitgehend aufgehoben. Gegenüber ihren Müttern haben Frauen der jüngeren Jahrgänge einen beeindruckenden Bildungsaufstieg geschafft. Sie sind weitaus länger zur Schule gegangen, haben weitaus häufiger eine berufliche Ausbildung hinter sich gebracht und weitaus häufiger einen qualifizierten Beruf erlernt. Gravierende Veränderungen in der beruflichen Erfahrung von Frauen betreffen ihren verstärkten Einbezug in das Erwerbssystem (Erhöhung des Anteils erwerbstätiger verheirateter Frauen an allen Ehefrauen von 35 % im Jahre 1950 auf 61 % im Jahre 1979)[193], strukturelle Verschiebungen im weiblichen Erwerbsbereich (bsp. ein starker Anstieg der weiblichen Erwerbsbeteiligung im Dienstleistungsbereich zwischen 1950 und 1980)[194] und auf der Ebene der subjektiven Bewertung von Frauen die steigende Attraktivität einer Arbeitsplatzerfahrung im Erwerbsleben gegenüber einem "Hausfrauen-Dasein" in der Familie mit der Tendenz, daß die *Nicht*erwerbstätigkeit der Frau "zur Ausnahmesituation, immer deutlicher begrenzt auf die Erziehung kleiner Kinder"[195] wird.

---

191 Kap. III 1.4.
192 Vgl. zusammenfassend RERRICH, M. S. (1988): Balanceakt Familie. Zwischen alten Leitbildern und neuen Lebensformen, Freiburg im Breisgau, S. 107 ff.
193 DEUTSCHER BUNDESTAG (1981) (Hrsg.): Frau und Gesellschaft (II). Bericht 1980 der Enquete-Kommission und Aussprache 1981 im Plenum des Deutschen Bundestages, Bonn, S. 17 (zit. nach RERRICH, M. S. (1988): Balanceakt Familie. Zwischen alten Leitbildern und neuen Lebensformen, Freiburg im Breisgau, S. 113).
194 STATISTISCHES BUNDESAMT (1981) (Hrsg.): Statistisches Jahrbuch 1981, Wiesbaden (zit. nach RERRICH, M. S. (1988): Balanceakt Familie. Zwischen alten Leitbildern und neuen Lebensformen, Freiburg im Breisgau, S. 111).
195 WILLMS, A. (1981): Integration auf Widerruf? Ein Beitrag zur Entwicklung des Verhältnisses von Frauenarbeit und Männerarbeit in Deutschland 1882-1970, Mannheim (zit. nach RERRICH, M. S. (1988): Balanceakt Familie. Zwischen alten Leitbildern und neuen Lebensformen, Freiburg im Breisgau, S. 113 f.).

Kap. IV 4. Eine "Bindung" an den Beruf?

Auch die Männer sind in den letzten Jahrzehnten vermehrten Chancen zur schulischen und beruflichen Bildungsbeteiligung und beruflichen Höherqualifizierung unterlegen, aber nicht in einem derart drastischen Veränderungstempo wie die Frauen.

Empirische Studien sprechen immer wieder von einer außergewöhnlich hohen schulischen und beruflichen Qualifikation unter den *alleinstehenden Frauen*.[196] Dieses hohe Qualifikationsniveau haben wir in Bezug auf die schulische Bildung für 30- bis 40jährige weibliche Singles in einem Kontrastbild gegenüber gleichaltrigen verheirateten Frauen nachgewiesen:[197] Frauen, die für sich allein leben, sind erheblich besser gebildet als Ehefrauen, und ihr Bildungsniveau übersteigt auch dasjenige der Männer unter den Singles.

Wer in seinem Leben bislang auf Ehe und Familie verzichtet und stattdessen ein Erwachsenenleben in alternativen Lebensformen hinter sich gebracht hat, ist in der vorliegenden Single-Stichprobe *schulisch* außerordentlich hoch gebildet. Fast ohne Ausnahme besitzen die ledig gebliebenen Männer unter den Befragten die Hochschulreife. Eine gleichhohe Qualifikation weist über die Hälfte aller ledigen Frauen auf. Die ledigen Frauen sind durchschnittlich etwas jünger als die eheerfahrenen Frauen unter den Singles und haben in ihren Biographien stärker von den gesellschaftlich ausgeweiteten Bildungsmöglichkeiten profitiert. Am geringsten ist unter den familienerfahrenen, geschiedenen Männern der Anteil an Abiturienten in der Stichprobe.

Auch im Bereich der *beruflichen* Bildung zeigen sich deutliche Unterschiede zwischen den Ledigen und den Geschiedenen unter den Befragten. Etwa 40 % aller ledig gebliebenen weiblichen Singles besitzen das Abschlußzertifikat einer Fachhochschule oder Universität. Unter den eheerfahrenen Frauen in der Stichprobe verfügt dagegen nur ein Anteil von 10 % über einen akademischen Status. Eine Minderqualifikation weisen insbesondere diejenigen Frauen in der Stichprobe auf, die in ihren Ehen bzw. nach ihrer Scheidung ein oder mehrere Kind(er) zu betreuen hatten. Sie hatten in ihrer Elternrolle in erster Linie Familienarbeit geleistet; für eine berufliche Weiterqualifizierung blieb ihnen wenig Zeit. Noch stärker als unter den weiblichen Singles ist das Bildungsgefälle unter den männlichen Singles. Während 75 % aller geschiedenen Männer eine Lehre als

---

[196] SCHREIBER, H. (1977): Singles. Allein leben - besser als zu zweit?, München.
POHL, K. (1985): Wende oder Einstellungswandel? Heiratsabsichten und Kinderwunsch 18- bis 28-jähriger deutscher Frauen 1978 und 1983, in: ZEITSCHRIFT FÜR BEVÖLKERUNGSWISSENSCHAFT, 1, S. 89-110.
[197] Kap. II 3.2. und Abb. II-8.

ihren höchsten beruflichen Bildungsabschluß nannten, erreichten mehr als die Hälfte der ledig gebliebenen Männer einen beruflichen Akademikerstatus.

In der *beruflichen Positionierung* setzen sich die Unterschiede zwischen den Ledigen und Geschiedenen in der Single-Stichprobe fort. Vor allem den familienerfahrenen, geschiedenen Frauen war es nicht gelungen, eine höhere berufliche Position als die von einfachen oder - in selteneren Fällen - mittleren Angestellten einzunehmen. Sie standen in den Tätigkeiten einer kaufmännischen Angestellten, einer Krankenschwester im psycho-sozialen Dienst, einer Sekretärin, einer Export-Sachbearbeiterin, einer chemisch-technischen Assistentin, einer Zahntechnikerin und anderen Berufen mehr. Ledig gebliebenen Frauen unter den Singles gelang dagegen der Eintritt auch in Wirkungsbereichen mit höherem Berufsprestige. Zu ihnen gehören beispielsweise eine Diplom-Psychologin, eine Gymnasiallehrerin, eine Heimleiterin, eine Diplom-Bibliothekarin, eine Grafik-Designerin, eine Flugbegleiterin und andere Frauen in ausbildungsintensiven Berufen.

Ähnliche berufliche Statusunterschiede zeigen sich unter den Männern in der Single-Stichprobe. Die ledigen Männer verfügen zu einem großen Anteil über höhere Berufspositionen: vom Assistenzarzt über einen Psychotherapeuten, einen Taxi-Unternehmer, einen Diplom-Bibliothekar, einen Kunstausstellungs-Fachmann, einen Studienrat und anderen Qualifikationen. Unter den *geschiedenen Männern* überwiegen dagegen nichtakademische Berufe: Landwirt, Oberwerkmeister, Bereitschaftspolizist, Maschinenschlosser, Verkaufsleiter, Lichtberater und andere Berufe.

Nur eine kleine Minderheit war zum Zeitpunkt der Befragung noch immer oder wiederholt in einer beruflichen Ausbildung, in einem Status der Arbeitslosigkeit oder mit sonstigen "eigenen Interessen" (Grauzonentätigkeiten) beschäftigt. Die *Erwerbsbeteiligung* unter den befragten Singles ist erwartungsgemäß hoch. Singles im "Familienlebens-Alter" stehen - von wenigen Ausnahmen abgesehen - in einer am Arbeitsmarkt orientierten Lebensführung. Die *ganztägige* Beschäftigung überwiegt unter den Befragten. Dabei fanden wir unter den männlichen Singles wesentlich häufiger als unter den weiblichen Singles wöchentliche Arbeitszeiten vor, die weit in eine tariflich üblicherweise zugestandene Freizeit hineingreifen. Vor allem unter den *geschiedenen Männern* trafen wir Erwerbsarbeitsverhältnisse an, die darauf hindeuten, daß ein - von vielen geschiedenen Männern immer wieder beklagtes - "Bindungsvakuum" im privaten Leben durch eine ausgeweitete Arbeitszeit "ausgefüllt" wird. Jeder zweite geschiedene männliche Single arbeitete den eigenen Berichten zufolge "quasi jeden Tag" und an insgesamt über 60 Stunden in der Woche für den Beruf. In ihrem Leben durchdringen sich Erwerbsarbeit und Freizeit gegenseitig. Zu ihnen gehört beispielsweise ein Landwirt, der seinen bäuerlichen Betrieb nur mit der Unterstützung eines Angestellten führen konnte. Zu ihnen gehört aber auch ein Verkaufsleiter einer Filiale in einer verantwortlichen Position und ein Lichtberater zu Beginn des Versuchs einer Selbständigenkarriere. Der Wochenverlauf dieser Befragten war von beruflichen Notwendigkeiten bestimmt, ohne daß viel Zeit blieb für die Gestaltung eines "privaten Lebens" im engeren Sinne. Unter den ledigen Männern war es jeder fünfte Single, dessen Lebensrhythmus in einer vergleichbaren Weise von der Berufsarbeit bestimmt war: im einen Fall ein Taxiunternehmer in Schichtarbeit, im anderen Fall ein Kundenberater mit Wochenendbereitschaft, in einem weiteren Fall ein Assistenzarzt mit einer "aufreibenden" (Zitat des Befragten, R. B.) Tätigkeit in einer Krankenhausabteilung. Insgesamt überstieg unter fast 40 % aller ledigen Männer in der Stichprobe die wöchentliche Arbeitszeit eine Grenze von 40 Stunden. Die Frauen in der Single-Stichprobe kannten - von wenigen Ausnahmen abgesehen - ein solch extremes Arbeitspensum in ihrem Singleleben nicht. Die meisten weiblichen Singles standen in Berufspositionen mit tariflich geregelten Arbeitszeiten und lebten eine balancierte Dualität von Arbeitszeit in öffentlichen Handlungsbereichen und Freizeit im Privaten.

4.2. Der Stellenwert von Erwerbsarbeit und Beruf für Singles

Eine kleine Minderheit von Singles definiert sich in einer nur geringen Weise über den Beruf. Es sind Singles, die in einem kaum einheitlich zu definierenden Sinne "für sich" leben wollen. Dies kann einerseits heißen, den Lebensschwerpunkt jenseits von Beruf und Partnerbindung zu setzen und in beiden Hinsichten die eigene psycho-soziale Autonomie zu betonen. Zu ihnen gehört ein 34jähriger lediger Ingenieur in der Single-Stichprobe, dessen Bild von sich selbst die Überzeugung beinhaltete, "noch nie" viel von einem Berufsleben gehalten zu haben. Das Erwerbsleben setzte er ein Stück weit mit einem Leben in Abhängigkeiten und äußeren Zwängen gleich. Mit dieser Vorstellung "erklärte" er seine derzeitige radikal-unabhängige Lebensweise in einem geerbten Haus mit großem Garten am Rande eines Dorfes auf der subsistentiellen Basis eines größeren eigenen Vermögens. Ein weniger spektakuläres Beispiel für ein ausgesprochen freizeitorientiertes Singleleben stellt ein männlicher Befragter dar, der seinen Lebensmittelpunkt nicht in seiner Rolle als Beamter des gehobenen Verwaltungsdienstes, sondern eindeutig in seinem privaten, in einem festen Freundeskreis eingebundenen Leben erkannte. Beiden Singles gaben weder der Beruf noch die Vorstellungen von Liebe, Zusammenleben oder Familie überzeugende Lebensperspektiven vor. Doch bilden derartige Einstellungen eine Ausnahme unter den Singles.

Die Regel ist: **Singles sind außerordentlich auf ihre berufliche Weiterentwicklung bedacht** - und zwar nicht nur die Männer, sondern auch die Frauen unter den Singles. Beinahe vier von fünf Singles in unserer Befragung besitzen ausgeprägte Ambitionen für ihren beruflichen Werdegang in der weiteren Zukunft. Männer wie Frauen unter den Singles bauen ihre Identität in etwa gleichem Maße in den Perspektiven einer beruflichen Karriere auf - bei allen Verhaltenszwängen und erfahrenen Begrenzungen der eigenen beruflichen Vorstellungen, die in vielen Fällen von seiten der Singles in den jeweils gegenwärtigen Beschäftigungsverhältnissen angeprangert wurden. Angestrebt werden eine Verbesserung der Berufsposition, eine Veränderung der Arbeitsinhalte in einer Position bzw. eine Fort- und Weiterbildung oder Umschulung hin zu einem befriedigenderen Berufsleben. Die Erwartungen beziehen sich vor allem auf die Möglichkeiten, sich im Erwerbsleben persönliche Erfolge zuschreiben, soziale Anerkennung erfahren bzw. intensivere soziale Kontakte im Erwerbsleben herstellen zu können. Die Erwartungen vieler Singles sind hoch, durch ein berufliches Handeln die eigene Persönlichkeit entfalten und "verwirklichen" zu können. Sehr wichtig ist den meisten Singles, sich in gesellschaftlich relevante Lebenszusammenhänge eingebunden zu wissen und an als bedeutsam bewerteten Handlungsfeldern mitwirken zu können.

Wie bedeutsam von vielen Singles eine Erwerbsteiligung als Mechanismus ihrer sozialen Integration und als ein soziales Interaktionsfeld eingeschätzt wird, zeigt ein Vergleich ihrer beruflichen Ambitionen mit ihren Ambitionen im Bereich privater sozialer Bindungen. Das berufliche Weiterkommen wird - insgesamt gesehen - mit mehr Vehemenz und weniger Vorbehalten betrieben als etwa das "Weiterkommen" in der Frage einer erneuten Partnerbindung. An erster Stelle in den Lebensentwürfen der meisten Singles steht eine befriedigende berufliche Existenz und das Gefühl, in einem verantwortungsvollen Zusammenwirken mit anderen Menschen zu stehen. Den Anforderungen eines Berufslebens genüge zu tun kann unter Umständen ein zeitweises "Zurückstellen" von Bindungswünschen mit sich bringen. Eine solche Prioritätensetzung deuten jedenfalls jede vierte weibliche Single und mehr als jeder dritte männliche - in erster Linie ledig gebliebene und akademisierte - Single in ihren Selbstinterpretationen an. Diesen Singles vermittelt der Beruf *die* sinnhafte Perspektive für ihre weitere Lebensentwicklung. Sie sind auf ein arbeitsmarktbezogenes "eigenes Leben" aus, und nur insoweit, als es ein solches Leben zuläßt, bereit, auch das "Wir" eines engen Zusammenlebens mit einem Partner zu realisieren. Unter diesen starken Minderheiten von Singles erkennen wir die Perspektiven eines berufsorientierten Lebens als eine mehr oder weniger stark ausgeprägte *ideelle Basis eines Singlelebens*. Der Partnerverzicht erscheint ihnen ein Stück weit funktional zur Verfolgung ihrer beruflichen Ziele. Nicht nur Frauen, sondern auch Männer finden sich unter den Singles, die die Freiräume eines ungebundenen Lebens für ihre beruflichen Ambitionen ganz bewußt einsetzen.

Auffällig ist die enge Verzahnung des Privatlebens und des Berufslebens in der Lebensführung berufsorientierter Singles. Beide "Welten" greifen ineinander: etwa bei einem männlichen Single, der im Begriffe stand, sich beruflich selbständig zu machen und die eigene Wohnung zu einem Büro umzufunktionieren. Ein anderes Beispiel in der Befragung stellt eine Lehrerin dar, die sich in ihrem Erwerbsleben außerordentlich engagierte und zwischen privatem und beruflichem Arbeitsleben schon lange nicht mehr sinnvoll zu differenzieren wußte. Auch ein partnerlos lebender Taxiunternehmer in der Stichprobe zeigte eine hohe Identifikation mit seinem Beruf, dessen schichtmäßige Arbeitszeiten ihn von dem gesellschaftlich vorherrschenden "Zeitregime" von Arbeit und Freizeit nachhaltig abkoppelte und beide Lebenswelten ineinander verschwimmen ließ.

Dominant unter Singles im "Familienlebensalter" ist jedoch nicht die Vorstellung, eine "Bindung" an den Beruf *statt* an eine "große Liebe" zu praktizieren. Vorherrschend ist vielmehr der Wunsch, auf *beiden* Achsen der Lebensführung - dem Beruf *und* dem privaten Leben - "Erfolg" im gesellschaftlich vermittelten Sinne zu erreichen. Viele Singles legen einen großen Wert auf ihre berufliche Weiterentwicklung ebenso wie auf ein Leben mit einem Partner, an den sie sich gebunden wissen können. Daß ihnen eine solche Lebensbalance derzeit nicht gelingt, hat vielerlei Gründe: weil ihnen der Beruf wenig Zeit für ein Privatleben läßt, weil sie wenig Gelegenheit für ein Kennenlernen des "richtigen" Partners in ihren "eingefahrenen" Bekanntschaftskreisen erkennen oder sich "ganz ohne" Bindungschancen wähnen. Einigen Frauen und etlichen geschiedenen Männern unter den befragten Singles bereitete die Unausgewogenheit von Beruf und privater Bindung innerlich Konflikte. Ihr Privatleben erschien ihnen einigermaßen "unausgefüllt" - an Abenden unter der Woche und an manchen Wochenenden.

Während insgesamt Männer und Frauen unter den Singles in der Frage ihrer beruflichen Ambitionen einigermaßen *androgynisiert* erscheinen, *unterscheiden* sich beide Geschlechter ein Stück weit in der Motivation für ihre beruflichen Orientierungen. In unserer Befragung wurde deutlich, daß **die Integration in** das Berufsleben für die Frauen einen ausgeprägten Symbolwert für ihre Unabhängigkeit gegenüber den erfahrenen oder vermuteten Ansprüchen von Männern besitzt. Eine Befragte brachte diesen Symbolwert mit der Äußerung "Mein Beruf ist meine Unabhängigkeit" auf den Punkt. Für die männlichen Singles erwies sich ihr starkes berufliches Engagement vor dem Hintergrund ihrer traditionalen Geschlechtsrolle als weitaus "selbstverständlicher" und weniger abgrenzend gegenüber dem anderen Geschlecht. Darüber hinaus fiel uns unter den ausgesprochen bindungsorientierten Singles in der Stichprobe auf, daß die Frauen dazu neigen, die Dissonanz zwischen ihren Partnerwünschen und ihrer Lebenswirklichkeit als Partnerlose mit dem Argument "Ich habe ja noch meinen Beruf" zu beschwichtigen, während dies von den Männern nicht zu hören war. Sie wußten in ihrem Singleleben vor dem Hintergrund ihrer traditional berufsbezogenen Rolle einen solchen "Gewinn" nicht zu verbuchen.

Wir können *zusammenfassend* aufgrund der vorliegenden empirischen Ergebnisse festhalten, daß **Singles im "Familienlebens-Alter" typischerweise in einem hohen Maße berufsorientiert leben.** Insoweit bestätigt sich unsere Vermutung in Hypothese 4a[198]. Ob diese Berufsorientierung unter Singles gegenüber Personen in anderen Lebensformen ganz besonders stark ausgeprägt ist, würde uns jedoch erst eine entsprechende Vergleichsuntersuchung zeigen. Die vorliegenden Ergebnisse schwächen auf der anderen Seite unsere Erwartung in Hypothese 4b[199] ab, daß Erwerbsarbeit und Beruf einen wichtigeren Stellenwert für die weibliche Single-Identität besitzen würden als für das Selbstverständnis der partnerlos lebenden Männer. Vor allem viele ledige, akademisierte Männer unter den Singles achten in gleicher Weise wie etliche Frauen auf den Erhalt ihrer ausgeweiteten Freiräume im privaten Leben, um die Verwirklichung ihrer beruflichen Interessen nicht zu gefährden. Die Regel unter den Singles ist jedoch ein solches freiwilliges, berufsbezogenes Singleleben nicht. Vielmehr herrscht unter Singles der Wunsch vor, auf *beiden* Achsen der Lebensführung - im Beruf wie im Privaten - einigen "Erfolg" im gesellschaftlich vermittelten Sinne zu erreichen.

---

198 Kap. III 1.4.
199 Kap. III 1.4.

5. Single-Identitäten

Die Analyse der "Einstiegserfahrungen" in das Singleleben[200] und die Untersuchung der Bindungsvorstellungen und Bindungswünsche von Singles[201] vermittelten das Bild eines eher weit gespreizten Spektrums der Selbsterfahrung und des Selbsterlebens in dieser Lebensform. Es gibt offenbar nicht das *eine* Singleleben als Erfahrungsweise, sondern eine empirische *Vielfalt* von Beurteilungen, Einschätzungen, Gefühlsmomenten und Motivationen, anhand derer Singles ihre Lebenssituation sinnhaft zu bewältigen versuchen.

In der Forschungsliteratur über Alleinstehende herrschen sehr kontrastreiche Vorstellungen über die Identität von Gesellschaftsmitgliedern, welche auf soziale Bindungen mehr oder weniger radikal zu verzichten haben. In der Perspektive des *Pluralisierungsansatzes*[202] treten Alleinstehende theoretisch in den Blick, die sich ein Stück weit ganz bewußt von herkömmlichen Lebensmustern distanzieren und das Alleinstehen als den Ausdruck einer unabhängigen und selbstbestimmten Lebensgestaltung - als einen Lebenszustand persönlicher *Freiheit* - erfahren. Dieser Ansatz vermutet einen voluntaristisch geprägten Individualismus unter Alleinstehenden, denen es nach einer gewissen Anpassungszeit gelingt, die aufbrechenden Freiheiten der Lebensführung in einer sich pluralisierenden Gesellschaft zur Entwicklung einer ideellen Basis des Alleinstehens zu nützen, indem nicht mehr die Zweisamkeit in einer Ehe oder die Gemeinschaftlichkeit in einer Familie, sondern die eigene Person und ihre "Verwirklichung" zum Zentrum ihrer Daseinsweise erhoben sind. Gemeint ist ein Alleinstehen, das sich selbst als beabsichtigtes Ergebnis eines subjektiv erarbeiteten "life design" ernstnimmt.

Die Alleinstehenden-Literatur identifiziert eine derartige Identität mit dem Begriff des *'creative singlehood'*. LIBBY[203] beschreibt den Idealtypus des 'creative single' als ein Gesellschaftsmitglied, das in einem emotionalen, sexuellen und ökonomischen Sinne nicht exklusiv auf eine andere Person hin orientiert und ohne ständige Suche nach einer partnerschaftlichen Bindung ist. 'Creative singles' leben in einer psycho-sozialen Autonomie, die ihre eigenen "erfüllenden" Funktionsmechanismen besitzt und deutlich anderen Regeln der Lebensführung untersteht, als sie für ein Zusammenleben und für eine Familie gewöhnlich gelten. 'Creative singles' sind - dem von ihm entworfenen Bild nach - die experi-

---

200 Vgl. Kap. IV 2.
201 Vgl. Kap. IV 3.
202 Vgl. Kap. I 2.
203 LIBBY, R. W. (1978): Creative Singlehood as a Sexual Life Style: Beyond Marriage as a Rite of Passage, in: MURSTEIN, B. I. (Hrsg.): Exploring Intimate Lifestyles, New York, S. 164-195.

mentierfreudigen, offensiven und selbstbewußten Alleinstehenden - in einer Unabhängigkeit nach Wunsch, mit neuen Maßstäben eines glücklichen Lebens, ohne das ständig begleitende Gefühl von Benachteiligung und Diskriminierung. Für die Bundesrepublik Deutschland hat die Studie von MEYER/SCHULZE[204] diesen Identitätstypus bislang am eindeutigsten nachgewiesen. Ihren empirischen Ergebnissen zufolge handelt es sich bei 'creative singles' um Gesellschaftsangehörige, welche "eine Partnerschaft als massive Einschränkung ihrer Unabhängigkeit und Persönlichkeitsentfaltung (empfinden, R. B.) und in ihrem Single-Dasein eine 'errungene' Freiheit (sehen, R. B.), die sie nicht durch eine neue Partnerschaft gefährden wollen. Ihre, durch das Alleinleben erworbenen Einstellungen und Verhaltensweisen möchten sie auf keinen Fall ändern oder sich gar einer anderen Person anpassen"[205].

Ein Kontrastbild wird in der Literatur durch ein zweites Selbsterfahrungsmuster unter Alleinstehenden gezeichnet, das in der Perspektive des *Defizitansatzes*[206] Kontur gewinnt: das *'lonely singlehood'*[207]. Es kennzeichnet eine Lebensführung von Personen, welche sich unfreiwillig in einer vereinzelten Lebensweise wiederfinden, sich ein Stück weit sozial desintegriert und einsam fühlen und dabei ausgesprochen bindungsbezogene Lebensvorstellungen besitzen. Während 'creative singles' nicht nur hinsichtlich ihrer privaten Leben*sorganisation*, sondern auch in Bezug auf ihre Leben*sinterpretation* nachhaltigen Individualisierungsprozessen unterlegen sind und sich in ihrem Lebenszuschnitt mehr oder weniger von den im "Familienlebensalter" dominanten Rollenmodellen von Partnerschaft, Ehe und Familie distanziert haben, handelt es sich bei einem 'lonely singlehood' um Identitäten, die in konformer Weise an traditionalen Lebensmodellen festhalten und das Singleleben als den Ausdruck eines *erzwungenen Freigesetztseins* aus gemeinschaftlich geprägten Bindungen verstehen.

Wir finden in der Alleinstehenden-Literatur auch einige wenige empirische Hinweise auf derart kontrastreiche Identitäten. Die niederländische Studie von JONG-GIERVELD/AALBERTS[208] über Alleinlebende mittleren Lebensalters geht der Frage

---

204 MEYER, S., SCHULZE, E. (1989): Balancen des Glücks. Neue Lebensformen: Paare ohne Trauschein, Alleinerziehende und Singles, München.
205 MEYER, S., SCHULZE, E. (1989): Balancen des Glücks. Neue Lebensformen: Paare ohne Trauschein, Alleinerziehende und Singles, München, S. 78.
206 Vgl. Kap. I 2.
207 JONG-GIERVELD, J. DE, AALBERTS, M. (1980): Singlehood. A Creative or a Lonely Experience?, in: ALTERNATIVE LIFESTYLES, 3/3, S. 350-368.
208 JONG-GIERVELD, J. DE, AALBERTS, M. (1980): Singlehood. A Creative or a Lonely Experience?, in: ALTERNATIVE LIFESTYLES, 3/3, S. 350-368.

nach, ob Alleinlebende "subjektive Gefühle der Deprivation wegen eines fehlenden (Ehe-)Partners" besitzen. Die erzielten Befragungsergebnisse bestärken die Vorstellung zweier kontrastierender Identitäten unter Alleinstehenden: "We agree ... that it is possible to recognize creative singles (who give a positive meaning to singlehood, in comparison with other singles to whom singlehood is, in the first place, a lonely experience)"[209]. Ein weiterer empirischer Hinweis läßt sich der GETAS-Studie[210] über Alleinlebende und Alleinerziehende mittleren Lebensalters in der Bundesrepublik Deutschland entnehmen. Auch diese Studie macht zwei miteinander kontrastierende Erfahrungsweisen aus: "Es gibt nur wenige unter ihnen (den Befragten, R. B.), die dem Alleinleben keinerlei positive Seiten abgewinnen können, allerdings auch wenige, die überhaupt keinen negativen Aspekt darin sehen. Unterschiedlich ist aber, wie die Gewichte von negativen und positiven Aspekten verteilt sind. Hier haben sich zwei ungefähr gleich große Gruppen herauskristallisiert, deren eine das Alleinsein grundsätzlich bejaht, während die andere eher darunter leidet und es so schnell wie möglich beenden möchte"[211].

Ist die Bipolarität eines 'creative singlehood' auf der einen Seite und eines 'lonely singlehood' auf der anderen Seite auch unter den Identitäten von *Singles* - den partnerlos lebenden und alleinwohnenden Personen unter den Alleinstehenden - erkennbar? Zur Feststellung der Interpretationsmuster, in denen sich Singles in ihrer Lebensform selbst begreifen und anderen Menschen gegenüber zu präsentieren wissen, haben wir ein quantifizierbares Material aus unserer Befragung zur Selbsterfahrung und dem emotionalen und motivationalen Selbsterleben zusammengestellt und dem statistischen Klassifikationsverfahren der Clusteranalyse[212] unterworfen. Insgesamt handelt es sich um 45 Einschätzungen im Themenspektrum von Partnerlosigkeit, Alleinleben, Partnerbindung, Ehe, Kinder, Familie, Erwerbsarbeit und Beruf, zu denen sich die Befragten in einer jeweils 5-stufigen Reaktionsvorgabe in Beziehung gesetzt haben.

---

209 JONG-GIERVELD, J. DE, AALBERTS, M. (1980): Singlehood. A Creative or a Lonely Experience?, in: ALTERNATIVE LIFESTYLES, 3/3, S. 366.
210 SCHREIBER, H. (1977): Singles. Allein leben - besser als zu zweit?, Frankfurt a. M., S. 235 ff.
211 SCHREIBER, H. (1977): Singles. Allein leben - besser als zu zweit?, Frankfurt a. M., S. 268 f.
212 Die Clusteranalyse macht es sich zur Aufgabe, eine zunächst ungeordnet erscheinende und relativ umfangreiche Gesamtheit von Objekten, die durch eine gewisse Anzahl von Merkmalen beschrieben sind, derart in disjunkte Klassen oder Gruppierungen zu zerlegen, daß die Objekte, die einer Klasse angehören, einander in Bezug auf alle sie beschreibenden Merkmale in einem bestimmten Sinne möglichst ähnlich, gleichartig oder homogen sind. Es wird von der Clusteranalyse gleichzeitig erwartet, daß sie eine Klassenstruktur findet, in der sich die Klassen hinsichtlich aller betrachteten Merkmale jeweils möglichst stark voneinander unterscheiden.

194 Kap. IV 5. Single-Identitäten

Abb.IV-15: Dendrogramm der Klassifikation von Single-Identitäten

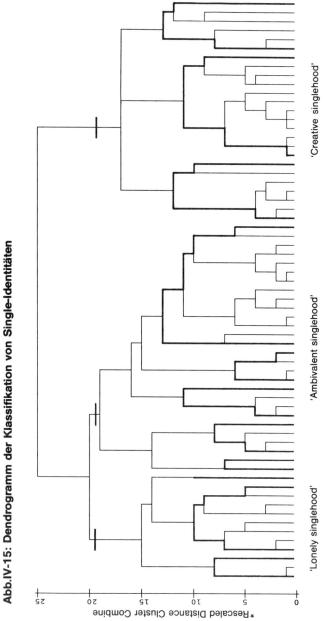

* Das Streuungsmaß der Dendrogramm-Ordinate zeigt den Zuwachs an klassen-interner Fehlerquadrat-Summe durch eine Klassenfusion in einem standardisierten Wertebereich von 0 bis 25, wobei der jeweils größte und der jeweils kleinste Streuungszuwachs der Klassifikation den Wertebereich zwischen 25 und 1 determinieren.

Quelle: R.Bachmann. Empirische Erhebung 1989/90.

Abb. IV-15 weist das resultierende Dendrogramm dieser Klassifikation aus. Es zeigt die stufenweise Fusionierung der Befragten auf der Basis einer simultanen Analyse aller 45 Einstellungen zu einer Hierarchie von Klassen einander sich selbst in einer mehr oder weniger ähnlichen Weise beschreibender Probanden. Der Aufbau der Klassenstruktur bestätigt die Vorstellung eines weiten und differenzierten Spektrums von Selbsterfahrungsweisen unter Singles. Die Selbstbilder der Singles, die Gefühle, die sie ihrer Lebenssituation entgegenbringen, die Motivationen, die sie in Bezug auf eine Änderung ihres Single-Status entwickeln, sind faccettenreich und variieren von Befragten zu Befragten. Auf der anderen Seite vermittelt uns das Dendrogramm keine völlig ungeordnete Klassenstruktur. Es lassen sich "Einstellungsklassen" unter den Befragten erkennen, die sich einander weitgehend gleichen und die sich - ihren Merkmalsprofilen nach - wiederum von anderen "Einstellungsklassen" weitgehend abgrenzen. Dabei strukturiert sich die Klassifikation im wesentlichen zu drei mehr oder weniger homogenen Hauptklassen als Repräsentanten entsprechender Einstellungsmuster unter Singles. Es handelt sich um drei wesentliche Typen von **Single-Identität**: Muster des Selbstverständnisses, des emotionalen Selbsterlebens und der mit diesen Erfahrungen verbundenen Motivationen von Singles in ihrer Lebensform. Wie lassen sich diese Single-Identitäten näher beschreiben?

5.1. 'Lonely singlehood'

Ein Singleleben, das sich selbst ablehnt, das nur seine eigene Überwindung zugunsten einer festen Partnerbindung zum Ziel hat, wollen wir - in Anlehnung an die Begrifflichkeit in der US-amerikanischen Alleinstehenden-Literatur - ein **'lonely singlehood'** nennen. Es ist in der Klassifikation in Abb. IV-15 als eine verhältnismäßig gering besetzte und in sich heterogene Klasse zu erkennen. Typisch ist für diese Identität, daß es "im Grunde" nicht dem freien Willen entspricht, unter Verzicht auf einen festen Partner zu leben. 'Lonely singles' stehen in dem Widerspruch von ausgeprägten Bindungswünschen und ihrer derzeitigen Lebenswirklichkeit jenseits aller sozialen Bindung. Sie *wollen* ein Zusammenleben, ohne dieses Wollen "im gleichen Atemzug" mit Vorbehalten und Distanzierungen zu verknüpfen, wie dies typisch für bindungsambivalente Singles ist. Wir haben in unseren Interviewgesprächen in dieser Hinsicht Äußerungen wie die folgenden festgestellt:

> *"Ich möchte sehr, sehr gerne eine neue Beziehung, aber finde mal jemanden, das ist wirklich nicht leicht ..."*
>
> *"Im Grunde genommen komme ich mit dem Alleinleben ganz gut zurecht, aber wünschen ... wünschen tue ich mir was anderes ..."*

Fragt man genauer nach, zeigen sich unter 'lonely singles' sinnhafte Lebensbewältigungsprobleme in ihrer Partnerlosigkeit. Nur unter mehr oder weniger ausgeprägten Einbußen an Lebenszufriedenheit und mit dem immer wieder einmal auftauchenden Gefühl von Verlassenheit und Einsamkeit leben sie für sich allein. Single zu sein ist ihrer Einschätzung nach ein "einschränkender Lebenszustand", unter Ausklammerung bzw. Infragestellung dessen, was ihnen das gesellschaftlich zentrale Thema "Liebe" zu verheißen vermag: das Emotionale und Intime mit einem Partner, die Geborgenheit und die Vertrautheiten in einem gemeinschaftlichen Zusammenleben und die sinnstiftende Bedeutung einer Partnerbindung für den Entwurf des eigenen zukünftigen Lebens. Ein solches Singleleben erweist sich als eine "Verlusterfahrung", als ein *defizitärer* Lebenszustand, ohne daß es den Betroffenen so recht gelingt, ein neues Selbstverständnis als Single - ein ausgesprochenes "Single-Bewußtsein" - zu entwickeln und ihre Lebenssituation in positiver Weise umzuwerten.

Die nachfolgenden Ausschnitte aus einem Intensivinterview mit einem geschiedenen männlichen Befragten skizzieren etwas von dem typischen Selbstbild, in dem sich 'lonely singles' interpretieren:

> Herr M., 34 Jahre alt, einmal geschieden, Landwirt mit einem Angestellten, wohnhaft auf einem landwirtschaftlichen Hof in einem größeren Dorf, nach fast zehnjähriger Ehe seit nunmehr zwei Jahren ohne eine Partnerbindung. Seine beiden Kinder aus dieser Ehe - 5 Jahre und 7 Jahre alt - wohnen mit der Mutter zusammen in der 10 km entfernt liegenden Stadt. Er trifft sich mit ihnen regelmäßig am Wochenende. Mit seiner geschiedenen Frau steht er noch in Kontakt - vor allem der Kinder wegen.
>
> *"Ich weiß nicht, ob ich - wie Sie das so schön sagen - in einer 'Zwischenphase' bin. Ich denke, daß das (Singleleben, R. B.) zumindest keine Sache von Dauer sein wird; ich hoffe es jedenfalls. ... Ich stelle mir eigentlich eine Frau vor, mit der man wirklich durch Dick und Dünn gehen kann - so'n Zueinanderhalten, so ganz unbedingt. Die zu einem steht. Wenn, dann meine ich es sehr ernst. Ich bin nicht der Typ zum Aufreißen, so nebenbei oder so, das paßt gar nicht zu*

> *mir. ... Alleinleben? Na ja, ich bin's gewohnt. Ich lebe ja nun schon lang genug allein. Aber ein Single, wenn Sie das meinen, bin ich nicht. Mir geht das schon ab, so ohne Frau. Das ist nichts auf Dauer. ... Na ja, das ist gar nicht so leicht, eine Frau zu finden, die hier auch später mal mit einzieht und ... na ja, die das alles hier mitmacht. ... Natürlich fehlen mir die Streicheleinheiten einer Frau. Man sitzt abends zuhause und guckt Fernsehen und denkt schon mal dran, wie es wäre, mit einer Freundin. Aber mir fehlt einfach die Zeit, da groß was zu machen und irgendwie 'ne Frau kennenzulernen. Ich habe es noch nicht geschafft, ganz gezielt mal nach einer Frau zu suchen - so mit Announce oder bei so einem Institut. Vielleicht sollte ich es einmal machen (lacht) - ich weiß nicht. ... Bei meiner Arbeit kommt man nicht lange zum Nachdenken, aber manchmal fällt mir schon mal die Decke auf den Kopf. Dann denke ich halt, es wäre im Leben leichter mit 'ner Frau, und warum hab' ich keine Frau? ... Mit einer Frau wäre es mir viel leichter gefallen, das mit meiner Scheidung. Ich habe schon ziemlich lang gebraucht, bis ich das mit meiner Frau verwunden hab'. ... Meine Frau, also meine ehemalige Frau ist jetzt mit einem zusammen: Sie lebt halt ihr Leben, und ich leb' mein's."*

'Lonely singles' stellen ein verhältnismäßig geringes Veränderungspotential für das gesellschaftliche Miteinander dar. Ein Singleleben, das sich selbst nicht ernst nimmt, das mit dem starken Wunsch nach seiner eigenen Beendigung verbunden ist, stellt zentrale Vorstellungen über ein "richtiges" Leben im Alter zwischen 30 und 40 nicht in Frage. Es ist ein eher traditionelles Singleleben, das sich selbst bezichtigt, einigermaßen "sonderbar" und im Grunde nicht wirklich lebenswert zu sein. Ein solches Singleleben schafft keine ernsthafte Gegenwelt zu derjenigen der 'doubles'. Es *bestärkt* die Welt der 'doubles', es möchte selbst gern in dieser Welt aufgehen. Ihre Lebens*organisation* ist nachhaltig individualisiert, aber ihre Lebens*interpretation* nimmt Bezug auf institutionalisierte Lebensmuster. 'Lonely singles' geht es nicht um eine kreative Erprobung eines ungebundenen Lebens, sondern um eine ausgesprochen *konforme* Gestaltung des privaten Lebens im "Familien-lebens-alter".

'Lonely singles' sind offenbar nur eine *kleine Minderheit* unter den 30- bis 40jährigen Singles. Nicht einmal jeder fünfte Befragte in der vorliegenden Stichprobe beschrieb sich selbst anhand der Kriterien einer solchen Identität. Dabei sind die Risiken für eine eher unglückliche Erfahrung des Singlelebens unter den Singles ungleich verteilt. Abb. IV-16 (auf der folgenden Seite) zeigt, daß ledig gebliebene Männer unter den Singles kaum von einem 'lonely singlehood' be-

Kap. IV 5. Single-Identitäten

Abb. IV-16:

Single-Identitäten von 30- bis 40j. Singles

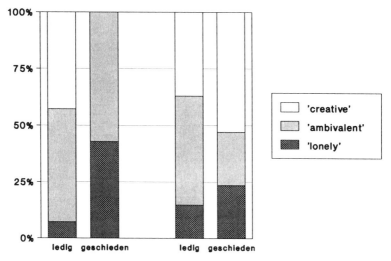

troffen sind. Auch die wenigsten ledigen Frauen unter den Singles erfahren sich selbst in einer eher unfreiwilligen Partnerlosigkeit. Ihnen ist es nach langen Jahren der Einübung eines in erster Linie "eigenen Lebens" vertraut, ohne den Rückhalt durch eine Partnerbindung zu leben. Das Singleleben ist für sie weniger ein Ausdruck von sozialer Isolation als der Ausdruck erweiterter persönlicher Handlungsspielräume. Betroffen von einem 'lonely singlehood' sind in erster Linie *geschiedene Männer*. In unseren Interviews interpretierte sich beinahe jeder zweite unter ihnen in einem benachteiligten Status. Ihnen ist es am wenigsten gelungen, in einer individualisierten Lebensform ein ich-zentriertes Handlungsmodell der Alltagsbewältigung zu entwickeln und die eigene "private Welt" zunehmend nach diesem Handlungsmodell zu organisieren. Auch etliche geschiedene Frauen unter den Singles fühlten sich ein Stück weit "im Abseits" einer "Familiengesellschaft".

5.2. 'Creative singlehood'

In Abb. IV-15 läßt sich eine verhältnismäßig wohlseparierte Klasse von Selbsterfahrungen identifizieren, welche sich deutlich von dem Selbsterleben anderer Singles unterscheiden. Vor allem in einem starken Kontrast zu dem Erfahrungstypus des 'lonely singlehood' stehen Selbsteinschätzungen von Singles, die gewissermaßen einen Bruch mit den traditionellen Vorstellungen einer "richtigen" und "geordneten" Lebensführung im "Familienlebens-Alter" darstellen. Wir fassen diese Selbsteinschätzungen zu der Identität eines **'creative singlehood'** zusammen. 'Creative singles' leben ohne Partner in dem Bewußtsein, dies absichtsvoll, zumindest freiwillig zu tun. Den Mittelpunkt ihres Entwurfes für ihr privates Leben bestimmen nicht die Werte von Bindung und Gemeinschaftlichkeit, sondern die Maßstäbe von Autonomie und persönlicher Freiheit. 'Creative singles' und 'lonely singles' trennen Erfahrungswelten voneinander - wiewohl sie, äußerlich gesehen, in der gleichen Lebensform leben. 'Creative singles' fühlen sich nicht aus der Welt der 'doubles' ausgeschlossen. Sie sehen sich auch nicht durch eine sich in der täglichen Allgegenwart von Zweisamkeit entfaltende "Tyrannei des Paares" in ein benachteiligendes Abseits gedrängt, wie das 'lonely singles' immer wieder spüren. 'Creative singles' begreifen ihre Lebensform vielmehr als eine *echte Alternative* zu Formen des gemeinschaftlichen Zusammenlebens. Verheiratet sein, eigene Kinder haben oder in einer Familie leben stellen für sie *keine* Themen dar. Die Verwirklichung einer festen Partnerbindung wird in einem starken Maße von der Bewahrung eigener Freiheiten abhängig gemacht. Einer gesellschaftlichen "Normalität" und den Verheißungen traditionaler Lebensmodelle halten sie ihre "eigene Normalität" entgegen, welche auf die Optimierung von Individualität, Unabhängigkeit und Selbstverwirklichung zielt. Die Erfüllung des Glücks liegt - der Vorstellung dieses Erfahrungstypus nach - vor allem in der eigenen Person und in der Verwirklichung dessen, was dieser eigenen Person wichtig und wesentlich erscheint. Die ideelle Basis eines solchen Singlelebens baut sich demnach an einem zentralen Leitwert der fortgeschrittenen gesellschaftlichen Modernität auf.

In unseren Interviews mit Singles sind wir an verschiedenen thematischen Stellen einer solchen Identität begegnet. Beispiele stellen die folgenden Passagen aus dem qualitativen Teil unserer Umfrage dar:

> *"Ich möchte es einmal so sagen: Wenn sich eine Partnerschaft ergibt: gut!, aber brauchen ... brauchen tue ich sie ganz bestimmt nicht ...".*

> *"So schnell gebe ich meine Freiheit nicht auf ..."*

> "Ich bin überzeugt, daß dieses ganze Gerede um Liebe und Sex den Leuten mit Milliardenaufwand wie ein Würstchen vor die Nase gehalten wird, damit die nicht auf andere Gedanken kommen. Das ist 'ne Ideologie, hinter der die Leute hinterherhetzen. Wenn sie sich mal 'n paar ehrliche Minuten gönnen würden, dann würde wohl vielen klar werden, daß sie dieses Ziel, dem sie ständig hinterhergaloppieren, wirklich selten erreichen. ... (Auf die Frage, unter welchen Umständen das Singleleben aufgegeben werden würde, R. B.:) Gar nicht! Langfristig vielleicht in 'nem Haus mit Freunden, wo jeder 'ne eigene Wohnung hat. Ansonsten kann ich mir - zumindest zur Zeit - nichts anderes vorstellen".

Das 'creative singlehood' bildet den Pol, in dem eine Lebenslage der sozialen Ungebundenheit ihre Entsprechung im individuellen Bewußtsein erfährt. 'Creative singles' wollen sich nicht (mehr) von jemandem anderen abhängig machen. Sie genießen die weiten Handlungsspielräume, die mit dem Verzicht auf feste Bindungen entstehen können. Sie leben materiell und emotional autonom, ohne die ständige Suche nach der Ergänzung der eigenen Person durch einen Partner. Vorbedingungen an eine erneute Partnerbindung sind derart hochgeschraubt, daß deren Erfüllung kaum mehr in den Bereich des Möglichen fällt. Für diese Singles gibt es offenbar keine "große Liebe" mehr - und darauf legen die meisten von ihnen auch ausdrücklich Wert. Sofern sie doch noch Bedürfnisse nach der emotionalen Nähe zu einem festen Partner besitzen, werden mit diesem Arrangements angestrebt, die das Prinzip von Individualität und Autonomie nicht grundsätzlich in Frage stellen.

Der folgende Interviewausschnitt vermittelt anhand der Selbsteinschätzungen einer weiblichen Single in der Stichprobe das Ausmaß, in dem 'creative singles' die Regie für ihr Leben übernommen haben:

> Frau K., 40 Jahre alt, einmal geschieden, keine Kinder, Schwester im psycho-sozialen Dienst, wohnhaft in einer Großstadt, lebt seit acht Monaten wieder als Single. In den letzten acht Jahren - seit ihrer Trennung vom Ehepartner - wechselten sich Zeiten der Partnerlosigkeit und zwei LAT-Verhältnisse ab. Davor war sie sieben Jahre verheiratet.

> "Also, ich habe meine Erfahrungen gemacht. Das sage ich nicht mit Bitterkeit. Ich brauche das nicht mehr, diese ewige Suche nach dem Traummann, um ihm danach dann das Geschirr abzuspülen. Es klingt vielleicht arrogant, aber ich bin einfach reifer und abgeklärter geworden. Ich meine, ich habe mich auch persönlich in einer Form weiter-

entwickelt, die, glaube ich, in meiner Ehe damals so nie möglich gewesen wäre. Früher habe ich das gebraucht - das Gefühl, von Männern begehrt zu werden, attraktiv zu sein. Das hat mich aufgebaut. Das habe ich gebraucht. Und ich habe auch die Sicherheit gebraucht, einen zu haben, mit dem man durch's Leben geht, daß man nicht allein ist. Ich habe es allein schon deshalb gebraucht, weil es jeder gebraucht hat, weil viele, die ich kannte, einfach einen hatten, mit dem sie lebten. Da war's komisch, wenn ich keinen gehabt hätte. ... Heute sehe ich das ganz anders. Ich habe mich damals auf vieles eingestellt, was ich eigentlich so gar nicht wollte. ... Irgendeinen Partner? Ist überhaupt kein Problem, irgendeinen Partner zu bekommen. Aber mich interessiert nicht irgendein Partner! Ich muß ganz ehrlich sagen: Wenn ich abends unterwegs bin und sehe, was da alles eine Frau sucht, bin ich froh, mein eigenes Leben zu leben. ... Ich habe echt Probleme, mir vorzustellen, daß da einer mit in meiner Wohnung wohnen würde. Also, ich kann mir vielleicht noch mal eine Beziehung vorstellen, wo der eine da und der andere woanders wohnt, aber zusammenwohnen - so richtig auf engstem Raum: Ich glaube, ich würde durchdrehen vor Engegefühl. ... Ich weiß nicht, ob ich mich noch mal binden könnte ... nein, binden könnte ich mich nicht noch mal, das müßte was anderes sein, weiß nicht, irgendwie viel lockerer, aber zugleich auch eine tiefe Beziehung, die mir was bringt."

Eine starke Minderheit von einem Drittel aller Singles in der Stichprobe interpretierte die eigene Lebensform in erster Linie als einen Zugewinn an persönlichem Glück und als eine Befreitheit aus vormals bestehenden sozialen Abhängigkeiten. Eine solche Identität ist jedoch nicht diejenige von geschiedenen Männern (Abb. IV-16). Innerhalb der jeweiligen Single-Gruppierung gesehen dominieren vielmehr die *geschiedenen Frauen*. Etwa jede zweite Befragte unter den geschiedenen weiblichen Singles hatte sich nicht nur an das Alleinleben gewöhnt, sondern stufte ihre gewonnene psycho-soziale Autonomie als eine unverzichtbare Seite ihrer Lebensführung ein - ob zukünftig im Rahmen einer festen Bindung oder jenseits von ihr. *Ledige Männer* unter den Singles stehen diesen Frauen jedoch in ihrem Freiheitsdrang und Selbstverwirklichungsstreben kaum nach. Unter ihnen zählen über 40 % zu den 'creative singles'. Da ledige Männer zudem die Mehrheit unter allen Singles zwischen 30 und 40 Lebensjahren einnehmen, stellen sie auch den größten Anteil (56 %) unter allen 'creative singles'. Es sind partnerlos lebende Männer, die dem verbreiteten Klischee "vereinsamter" Einzelgänger nicht entsprechen, sondern im Zuge ihrer beruflichen Interessen und ihres jeweiligen Lebensstils "eigene Wege" - jenseits der "großen Projekte" Ehe und Familie - gehen. Das "Wir" eines partnerschaftlichen Zusammenlebens ließe sich angesichts ihrer Bindungsvorstellungen nur durch ein permanentes willentliches "Einbringen" des eigenen Selbst realisieren. Gegen eine institutionalisierte Bindung bestehen dagegen viele Vorbehalte.

5.3. 'Ambivalent Singlehood'

Die bipolare Teilung der Singles in jene, denen eine Optimierung ihrer privaten Lebensgestaltung nicht gelingen will und die ihr Alleinsein und ihre Partnerlosigkeit eher als bedrückend und perspektivlos empfinden, und in jene Singles, die die Eigenarten ihrer Lebensform außerordentlich zu schätzen wissen, übersieht die *Ambivalenzen*, in denen sich viele Singles in einer von Paaren und Familien dominierten Gesellschaft erfahren. Diese Singles leben ihrem Selbstverständnis nach in dem immensen Spannungsbogen, der von den Verheißungen von "Liebe", von den normativen Kräften des Faktischen, die von der Allgegenwart der Ehe und der Familie im mittleren Lebensalter ausgehen, über die Freiheiten und Herausforderungen des Singlelebens bis hin zu den Ansprüchen an das eigene Selbst, etwas "aus dem Leben zu machen", reichen kann. In unserer Studie trafen wir bei *jedem zweiten* Single ein Selbstverständnis an, das einen solchen Spannungsbogen mit Ambivalenzen "kleinarbeitet". Die "Erzählungen" und Selbsteinstufungen dieser Singles enthielten verhältnismäßig viele Vagheiten, Uneindeutigkeiten, ja Widersprüche. Etlichen unter ihnen fiel es als Singles offenbar schwer, vom dem einen - Partnerschaft, Ehe, Familie - so eindeutig Abschied zu nehmen, um nicht dem anderen - Alleinwohnen, Partnerlosigkeit - etwas ratlos gegenüberzustehen. Ein solches **'ambivalent singlehood'** dominiert unter den Singles. Es nimmt das breite und verhältnismäßig heterogene Mittelfeld im Spektrum empirischer Single-Identitäten ein (Abb. IV-15).

Der nachfolgende Interviewausschnitt zeigt die typische Doppelwertigkeit auf, in der 'ambivalent singles' ihre Lebensführung zu interpretieren wissen:

> Frau P., 30 Jahre alt, ledig, keine Kinder, von Beruf pädagogische Assistentin, Beamtin im gehobenen Dienst an einer Schule, wohnhaft in einer Mittelstadt, nach einer fast vierjährigen Partnerbindung auf der Basis getrennter Haushalte (LAT) seit nunmehr drei Monaten ohne einen Partner. In den letzten zehn Jahren wohnte sie allein, und

in diesem Zeitraum wechselten sich LAT-Verhältnisse mit Zeiten des Singlelebens ab.

"Ich habe keine Probleme mit dem Alleinsein, überhaupt nicht. Ich fühl' mich gar nicht allein - ich meine, im Sinne von Einsamkeit. Ich kann mich gut selbst beschäftigen, also ... ich habe da keine Probleme. Oder ich mach eben mal überhaupt nichts - ganz wie ich will. Ich genieße meine Freiheit. Wenn ich da die anderen sehe, in der Schule, die verheiratet sind ... Ich finde das Alleinsein sehr wichtig für mich; ich muß mich einfach zurückziehen können. Ich weiß nicht, ob das was wäre, wenn ich mit einem Partner so richtig eng zusammenwohnen würde und wir uns immer sehen würden. Ich glaube, das gäbe auch ganz schön Knatsch. Das wäre mir irgendwie zu eng. Ich würde Platzangst kriegen. Ich meine, es kommt natürlich auf die Wohnung drauf an. Aber hier bei mir: nein! Mir geht es manchmal gerade andersherum: Manchmal bin ich richtig froh, wenn ich ganz für mich sein kann, wenn keiner klingelt - auch wenn's ein lieber Freund ist. Manchmal brauche ich einfach meine Ruhe. In der Schule ist wirklich genug los. ... (Auf die Frage, ob sie sich für sich selbst wieder eine Partnerschaft vorstellen könne, R. B.:) Auf jeden Fall, auf Dauer will ich nicht alleinleben. Doch, ich würde gerne wieder einen Partner haben. Also, ich such jetzt nicht danach, aber es kann schon passieren ... wer weiß, vielleicht ganz plötzlich. Ich denke, wenn 's passiert, dann nicht so, daß ich das extra herbeiführe ... Ich glaube, mir geht noch etwas meine letzte Beziehung nach. Es war irgendwie unglücklich, wie wir uns getrennt haben. Ich weiß nicht, ob wir da das letzte Wort gesprochen haben. Ich glaube, wir waren beide Menschen, die ihre Freiheit brauchen, und irgendwie haben wir es nicht geschafft, ... ja, zu sagen 'Du bist mein Mann' und 'Du bist meine Frau' ... Im Nachhinein muß ich schon sagen: es war auch immer so'n Abtasten mit dabei, so'ne Distanz."

Auf der einen Seite nehmen 'ambivalent singles' durchaus die vorteilhaften Seiten einer autonomen Lebensweise wahr und messen ihrem Lebenszustand einige Attraktivität bei. Wenn es auch nicht zu ihren ausgesprochenen Lebenswünschen gehört, ohne festen Partner zu leben, so spricht doch für sie auch einiges *für* ein Singleleben. Sie schätzen das Gefühl in ihrem privaten Alltag, eigenbestimmt leben und tun und lassen zu können, was ihnen gerade im Sinn steht. Es ist dieses Moment von Freiheit, das sie auch in einer Bindung nicht mehr missen möchten. Viel weniger ist ihre Erfahrungswelt von der Sehnsucht nach Rückhalt durch einen Partner geprägt, als dies unter den 'lonely singles' der Fall ist. Sie fühlen sie sich nicht in diesem Maße auf eine Bindung *angewiesen*, um ein glückliches und zufriedenes Leben realisieren zu können.

Auf der anderen Seite kennen 'ambivalent singles' auch Erfahrungsmomente in ihrem Alltag, die sie veranlassen, zu einem partnerlosen Leben auf Distanz zu gehen. *Gegen* das Singleleben spricht in ihren Augen die Radikalität, in der es auf jegliche Zweisamkeit verzichtet. Ein Verzicht auf Zweisamkeit ist von den wenigsten beabsichtigt. In erster Linie werden aber neu austarierte: egalitäre und die persönliche Freiheit der Partner bewahrende Formen des geschlechtlichen Miteinanders angestrebt. Die meisten Singles stellen sich darunter ein monogames und dauerhaftes Partnerverhältnis "unter Gleichen" vor; andere wenige denken eher an die ausgesuchten Flüchtigkeiten und Spontaneitäten, die einer Liebschaft ihren besonderen Reiz vermitteln. Dabei sind unter 'ambivalent singles' Ansprüche an die Eigenarten eines potentiellen Partners zu hören, die an ihrer tatsächlichen Bindungsbereitschaft ein Stück weit zweifeln lassen. Beispielsweise muß der Partner "eine Persönlichkeit" sein, sollte "was ganz Eigenes haben", sollte "sehr gut aussehen", dürfte "bloß nicht oberflächlich" sein, man muß "mit ihm reden können", "echt Zuhören" ist wichtig und vieles anderes mehr.

Insgesamt gewannen wir unter den 'ambivalent singles' den Eindruck, daß veränderte Lebenszusammenhänge auch ihr jeweiliges Handeln und das dieses Handeln begleitende Selbstverständnis schnell verändern können. Beispielsweise wenn Liebe über sie hereinbricht: da mögen die Eingespieltheiten des Alltags als Single plötzlich stocken und die Planungen für die eigene Lebenszukunft durcheinandergewirbelt werden. Oder wenn sich Wünsche nach Bindungen allmählich immer stärker in den Lebensentwurf schieben und traditionale Lebensgestaltungen einen neuen Reiz gewinnen, die bislang biographisch nicht recht von Interesse waren. Oder wenn das Singleleben sich im eigenen Leben zunehmend zu verstetigen beginnt und im eigenen Bewußtsein eine gewisse "Endgültigkeit" gewinnt.

6. Zur Gemeinschaftlichkeit des Singlelebens

Im privaten Lebensbereich bestimmen im wesentlichen *soziale Bindungen*[213] die Integration der Gesellschaftsmitglieder in Sozialzusammenhänge. Kennt man die spezifische Art und das spezifische Ausmaß der sozialen Bindung, in der eine Person lebt, wird die jeweilige familiale Lebensform[214] dieser Person offenbar. Im mittleren Lebensalter dominieren *eheliche* und *familiäre* Lebensformen, welche in der Regel jeweils ein ganzes Netz erweiterter Verwandtschaftsbeziehungen begründen. Wer mit einem Partner zusammen ist, wer verheiratet ist, wer in einer eigenen Familie lebt, findet sich in einem mehr oder weniger eng gestalteten sozialen Beziehungsnetz eingebunden, das die zentralen persönlichen Beziehungen einer Person strukturiert und maßgeblich für das subjektive Gefühl sozialer Zugehörigkeit und für die Befriedigung der jeweiligen individuellen emotional-expressiven, kommunikativen und sexuellen Bedürfnisse verantwortlich ist. Andere persönliche Beziehungen - zu den Eltern, zu sonstigen Verwandten, zu Freunden, zu Arbeitskollegen - besitzen für die Alltagsbewältigung einer Person im Vergleich zu diesen Primärgruppenzugehörigkeiten einen eher peripheren Stellenwert.

Singles sind Alleinstehende, die in radikaler Weise auf alle sozialen Bindungen verzichten. Sie haben sich - wollen sie mit 'Doubles' und Familienpersonen vergleichbare Erfahrungen mit anderen Menschen machen - offenbar andere "Webmuster" von Sozialbeziehungen zu knüpfen als diejenigen, die in Ehen und Familien zu finden sind. Was für familiär lebende Personen "periphere" persönliche Beziehungen sein mögen, gehört für Singles möglicherweise zu den zentralen Beziehungen im Sinne wichtiger Gelegenheiten zur Schaffung einer *gemeinschaftlichen* Lebensumwelt. Allein leben in einem sozialen Beziehungskontext - wie könnte das gestaltet sein? Eine Gemeinschaftlichkeit mit den *Eltern*? Eine solches Vorhaben würde im mittleren Lebensalter womöglich einigermaßen unzeitgemäß wirken. Eine Gemeinschaftlichkeit mit *Freunden*? Ein solches Unterfangen würde - neben den Erfahrungen von Rückhalt und Unterstützung - auch sehr viel Bereitschaft erfordern, die Sorgen und Lasten der anderen mitzutragen. Eine Gemeinschaftlichkeit mit *Kollegen* im Erwerbsleben? Diese sind in vielen Fällen verheiratet und in den zeitraubenden Verpflichtungen ihres Familienlebens eingebunden. *Keine* Gemeinschaftlichkeit als Single?

Alleinstehenden-Forscher sind sich bislang einig, daß Gemeinschaftlichkeit - wie sie auch immer hergestellt würde - eine besondere Bedeutung für die Lebensbe-

---

213 Zum Begriff der sozialen Bindung siehe Kap. II 1.2.
214 Zum Begriff der familialen Lebensform siehe Kap. II 1.2.

findlichkeit von Alleinstehenden zukommt.[215] Es gilt als unbestritten, daß sie so etwas wie eine *conditio sine qua non* für ein befriedigendes Alleinstehen darstellt. So heißt es etwa in der empirischen Untersuchung von STEIN: "The greatest need single people feel in their departure from the traditional family structure is for substitute networks of human relationships that provide the basic satisfactions of intimacy, sharing, and continuity"[216].

Unsere präzisierte Vorstellung in dieser Hinsicht war, daß eine soziale Unterstützung, wie sie typischerweise in einer Partnerbindung "gebündelt" mobilisierbar ist, auf mehrere Beziehungen "entflechtet" eine besondere Bedeutung für die Lebenszufriedenheit von Singles besitzt (Hypothese H 8)[217]. Vor dem Hintergrund unserer empirischen Ergebnisse über Singles können wir unsere Erwartung auch mit folgenden Begriffen formulieren: 'Creative singles' verfügen über befriedigendere persönliche Beziehungen als 'ambivalent singles', und diese wiederum über befriedigendere als 'lonely singles'.[218] Dabei richten wir unser Augenmerk auf solcherart Beziehungen, die partnerbindungstypische Unterstützungsfunktionen für Singles bereithalten: emotionale Beziehungen, Vertrauensbeziehungen und Sexualbeziehungen mit anderen Menschen. Vor dem Hintergrund der traditionalen Geschlechterrollen trauten wir den Frauen unter den Singles eher zu, emotionale und vertrauensvolle Sozialbeziehungen zu knüpfen (Hypothese 5b)[219], während wir unter den männlichen Singles eher sexuell bestimmte Beziehungen vermuteten (Hypothese 5c)[220].

Die zentralen Fragen, denen wir im folgenden nachgehen wollen, lauten, wie sehr Singles, obwohl sie Singles sind, eigentlich wie 'Doubles' leben, und welche Bedeutung dabei partnerbindungstypische Unterstützungserfahrungen für die Identität von Singles wirklich erreichen.

---

215 Zusammenfassend SPIEGEL, E. (1986): Neue Haushaltstypen. Entstehungsbedingungen, Lebenssituation, Wohn- und Standortverhältnisse, Frankfurt, New York, S. 54 ff.
216 STEIN, P. J. (1976): Single, Englewood Cliffs, N. J., S. 109.
217 Kap. III 1.4.
218 Vgl. Kap. IV 5.
219 Kap. III 1.4.
220 Kap. III 1.4.

6.1. Das "Gemeinschaftlichkeitsbedürfnis" von Singles

Die vorliegenden empirischen Ergebnisse über Bindungsvorstellungen und Bindungswünsche von Singles[221] zeigen, daß der Wunsch nach einer Bindung in vielen Fällen mit ausgeprägten Bindungsvorbehalten verknüpft wird. Die meisten Singles wollen sich binden - etliche aber möglichst unter Beibehaltung ihrer Freiheitsspielräume im privaten Leben. Sind derartige Bindungsvorbehalte ein Ausdruck dafür, daß sich Singles *unterhalb* der Schwelle sozialer Bindungen - in der Sphäre der Freundschafts- und Bekanntschaftsbeziehungen - Unterstützungsstrukturen schaffen wollen, die ein Singleleben ausreichend "tragen"? Andererseits: Inwieweit sind Singles ausgesprochen *gemeinschaftsorientiert*, um den erlittenen "Verlust" ihrer Bindungen durch den "Gewinn" eines dichten und engen Kommunikationsnetzes auszugleichen? Wir fragen aber auch nach den *Vereinzelungswünschen* der Singles. Dabei sind insbesondere jene Singles von Interesse, die ihre Vorbehalte gegenüber sozialen Bindungen auf den ganzen Bereich persönlicher Beziehungen übertragen und in ihrem Privatleben bewußt auf psychische Distanzen zu anderen Menschen Wert legen.

Auf unsere Fragen nach der Bereitschaft und dem Wunsch von Singles, sich anderen Menschen zu öffnen und sich in persönlich geprägte Beziehungszusammenhänge mit hoher Integrationskraft einbinden zu lassen, erhielten wir Antworten, die im wesentlichen *vier Einstellungsmustern* zugeordnet werden können: eine ausgeprägte Gemeinschaftsorientierung, eine bindungszentrierte Orientierung hin zu einem neuen Partner, eine eher ambivalente Unterstützungsorientierung und eine ausgesprochen autonomiebetonte Orientierung unter Singles.

Ein Drittel aller Singles in der vorliegenden Stichprobe erwies sich als ausgesprochen **gemeinschaftsorientiert** (Abb. IV-17 auf der folgenden Seite). Dabei handelte es sich um Singles, die von sich selbst ganz offen sagten, daß sie den sozialen Rückhalt aus einem Kreis ihnen nahestehender und als bedeutsam erlebter Beziehungspersonen - seien es engere Verwandte oder Freunde - für ihre Lebensbewältigung *unbedingt brauchen*. Für ihre Lebenszufriedenheit benötigten sie das sichere Gefühl, sich bei Bedarf an Vertrauenspersonen wenden, sich etwaige Probleme "von der Seele reden" und auch einfach einmal an einen anderen Menschen anlehnen zu können. Singles mit diesem Einstellungsmuster *fühlen sich abhängig* von dem sozialen Netz, mit dem sie in ihrem Alltag "arbeiten". Sie wollen sich als Singles in der Sicherheit wiegen, im "psychi-

---

[221] Kap. IV 3.

Abb. IV-17: Identifikation von 30- bis 40j. Singles mit Gemeinschaftlichkeit

Identifikationstypus	Anteil in %	Hauptkategorien
Gemeinschaftsorientierung		
partnerbindungsorientiert	20	geschiedene Männer, ledige Frauen
partnerbindungsambivalent bzw. -desinteressiert	13	Ledige
Bindungszentriertheit	15	geschiedene Männer
ambivalente Unterstützungsorientierung	40	Frauen, ledige Männer
Autonomiebetontheit	12	ledige Männer, geschiedene Frauen

Quelle: R. Bachmann. Empirische Erhebung 1989/90.   n = 65

schen Notfall" aufgefangen zu werden, auch wenn dieser Notfall womöglich nur selten eintritt.

Umgekehrt sind gemeinschaftsorientierte Singles auch bereit, in das soziale Netz ihrer Freunde und engeren Verwandten zu "investieren". Ihre Bereitschaft ist groß, auf andere Menschen zuzugehen, sich um andere Menschen zu kümmern, Kontakte und Beziehungen zu pflegen und sich intensiv auf die Probleme und Ansprüche anderer einzulassen. Wir gewannen den Eindruck, daß diese Bereitschaft in einem hohen Maße mit ihrem Bedürfnis nach zwischenmenschlicher Nähe und "Aussprache" verbunden ist. Dabei müssen Phasen des Alleinseins für diese Singles mit der sicheren Aussicht auf neue soziale Kontakte verbunden sein - wollen sie sich nicht mit Einsamkeit konfrontiert fühlen.

Für diese Singles trifft die Vorstellung zu, daß sie erst dann mit ihrer Lebensform gut zurechtkommen, wenn sie sich in ein dichtes Netz zwischenmenschlicher Kommunikation integriert wahrnehmen. Erst in der Gemeinschaft mit engen, persönlichen Beziehungspersonen - so ihr Selbstbild - können sie ihre Persönlichkeit richtig entfalten. Sie wollen in engen sozialen Bezügen leben:

nicht nur, um das eigene Singleleben gegen die in diese Lebensführung eingebauten psychischen Gefährdungen abzusichern, sondern auch um sich in einem Kreis persönlich wichtiger Mitmenschen selbst erfahren und Selbstbestätigung durch soziale Anerkennung finden zu können.

Unter den gemeinschaftsorientierten Singles lassen sich jene, die nicht nur kommunikativ, sondern auch an einer neuen Partnerbindung außerordentlich interessiert sind, von jenen Singles unterscheiden, welche einer festen Bindung eher skeptisch, zum Teil sogar ablehnend gegenüberstehen (Abb. IV-17). Letztere Singles - vor allem *ledige* Singles - versichern sich in erster Linie durch einen stabilen Kreis von nahestehenden und eng vertrauten Beziehungspersonen, weniger über Partnerbindungen, welche in ihren Augen in Gefahr stehen, zustandezukommen und sich wieder aufzulösen - mit all den psychischen Verletzungen, die mit diesen Prozessen verbunden sein können. Statt "das ganze Leben" auf eine Person zu zentrieren, erscheint es ihnen naheliegender, sich der Unterstützung aus einem Netz von Freunden, die "immer zu einem stehen", zu versichern. Ein solcher Kreis wird auch im Falle einer festen Bindung weitgehend aufrechterhalten. Er ermöglicht ein hohes Maß an psychosozialer Autonomie, ohne feste Bindungen auszuschließen.

Eine kleine Minderheit (15 %) unter den Singles ist dagegen eindeutig an festen Partnerbindungen interessiert, ohne davon auszugehen, äquivalente Unterstützungsressourcen in einem Netz enger Verwandter oder Freunde finden zu können. Es sind **bindungszentrierte** Singles - vor allem *geschiedene Männer*, aber auch etliche geschiedene Frauen -, welche sich ihr zukünftiges Privatleben als "ein Leben mit einem Partner", ein Leben in Zweisamkeit vorstellen und ihre ausgeprägten Bedürfnisse nach Intimität und Emotionalität in erster Linie auf eine neue Bindung projizieren. Einem Beziehungsumfeld von Freunden oder Bekannten trauen sie derartige Erfahrungen nicht zu. Zum Teil fühlen sie sich auch außerstande, einen festen Kontaktkreis aufzubauen und sich ihn mittels "Beziehungsarbeit" dauerhaft zu sichern. In jedem Falle legen sie auf sehr persönlich gefärbte Beziehungen nicht viel Wert. Sie nehmen es vielmehr inkauf, in einem wenig emotionalisierten Beziehungsumfeld zu leben, bis es ihnen erneut gelingt, eine feste Bindung einzugehen, und ihnen diese Bindung den emotionalen Rückhalt verschafft, aus dem sie sich in ihrer Rolle als Singles erzwungenermaßen freigesetzt fühlen.

Das vorherrschende Einstellungsmuster unter Singles zu persönlichen Beziehungen nennen wir eine **ambivalente Unterstützungsorientierung** (Abb. IV-17). 40 % der Befragten - in erster Linie *Frauen* wie auch etliche *ledige Männer* unter den Singles - standen in einem eher zwiespältigen Verhältnis zu sozialer Gemeinschaftlichkeit. Auf der einen Seite legen Singles mit dieser Identität ausdrücklich Wert auf den psycho-sozialen Rückhalt in einem Beziehungsnetz, dem sie sich zugehörig fühlen und auf das sie sich bei Bedarf unbedingt verlassen können wollen. Sie wollen in dem Bewußtsein leben, gegebenenfalls auf bestimmte andere Menschen zugehen und sich "eingebunden" fühlen zu können: wenn sie sich zu allein vorkommen, mal wieder "unter Leute" sein wollen, vor allem wenn ihnen nach einem ausgiebigen Gespräch oder auch nach dem Austausch von Zärtlichkeiten zumute ist. Auf der anderen Seite brauchen sie aber auch das Gefühl der *Selbst*bestimmung ihrer Sozialkontakte und die prinzipielle Bewahrung ihrer Autonomie. Gemeinschaftlichkeiten, die sie in die Pflicht zu nehmen und in feste Beziehungsstrukturen einzubinden drohen, werden als zu wenig distant wahrgenommen. Unterstützungsorientierte Singles wollen den Kontakt zu anderen Menschen bei Bedarf garantiert sehen, zugleich aber sollte dieser Kontakt möglichst selbstbestimmbar und in seiner konkreten Ausgestaltung beeinflußbar bleiben. Typisch für Singles mit dieser Identität ist eine außerordentliche Spontaneität und Flexibilität der privaten Sozialaktivitäten. Ein "dating" herrscht als Kontaktmechanismus vor, und derartige Verabredungstermine werden oft sehr kurzfristig telephonisch anberaumt: je nach der eigenen momenten Lust und Stimmung. Dabei ist manchen das Gefühl wichtiger, Verabredungen treffen zu *können*, als sie tatsächlich zu treffen.

Eine kleine Minderheit (12 %) unter den Singles steigert das Bewußtsein, unabhängig zu leben, zu einer ausgeprägten generellen **Autonomiebetontheit** im Bereich persönlicher Sozialbeziehungen (Abb. IV-17). Dabei handelte es sich um einige *ledige Männer* und *geschiedene Frauen* in der Stichprobe, deren gemeinsames Kennzeichen es ist, einer Partnerbindung ambivalent bzw. ablehnend gegenüberzustehen und sich als Singles einem Leben "ohne soziales Netz" gewachsen zu fühlen. Sie waren die einzigen Singles in der Befragung, die von sich selber sagten, "im Prinzip" in ihrem Leben selbst auf Freunde verzichten zu können. Ein System zwischenmenschlicher Kommunikation in der Sphäre des privaten Lebens stellt für sie keine "Überlebensfrage" im Singleleben dar. Ihrem Selbstbild nach kommen sie auch ohne ein dichtes Netz persönlich gefärbter Privatbeziehungen aus. In erster Linie bauen sie als Singles auf sich selbst: auf das Gefühl, "fest im Leben zu stehen" - auch ohne Partner, auch wenn ein privates System psycho-sozialer Unterstützung ausbleiben würde.

Die einen autonomiebetonten Singles stehen in einem Lebensalltag, der außerordentlich stark von *beruflichen Anforderungen* geprägt ist. Zu ihnen gehören in der Stichprobe eine 39jährige geschiedene Schulleiterin und ein 35jähriger ledi-

Abb. IV-18:

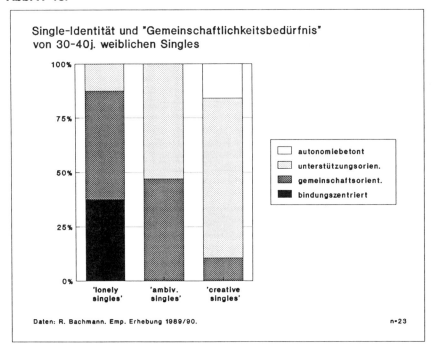

ger, selbständig Erwerbstätiger. Beide gaben in der Befragung an, sich mehr oder weniger ausschließlich mit ihrer Berufsarbeit zu beschäftigen: von morgens bis spät am Abend, etwa 80 Stunden in der Woche, wochentags wie auch am Wochenende. Freizeit im engeren Sinne kannten sie derzeit nicht. Ihr Privatleben beschränkte sich im wesentlichen auf Essen und Schlafen und die notwendige Tätigkeit im privaten Haushalt. Der Schwerpunkt ihrer Lebensaktivitäten lag eindeutig in der Sphäre des beruflichen Handelns. Vielfältige Sozialkontakte fanden hauptsächlich in diesem Erfahrungsbereich statt: als mehr oder weniger rollenhafte Beziehungen zu Mitarbeitern und Kunden bzw. anvertrauten Schülern.

Wir haben jedoch auch Singles angetroffen, die ihre Autonomiebetontheit auch auf den öffentlichen Wirkungsbereich übertragen. In der Stichprobe handelt es sich um zwei ledig gebliebene, seit langen Jahren alleinlebende Männer und um zwei geschiedene Frauen. Weder legten sie auf Partnerbindungen einen großen Wert, noch waren sie an persönlichen Beziehungen in einem besonderen Maße

Abb. IV-19:

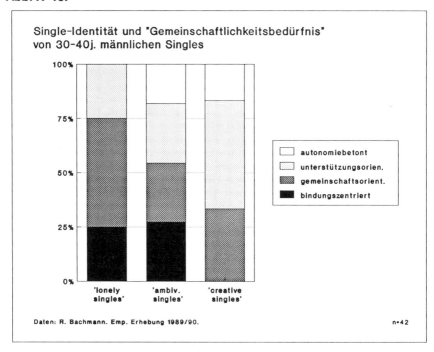

interessiert. Freundschaften zu besitzen gehörte ihren eigenen Aussagen nach nicht zu einer unabdingbaren Grundlage eines befriedigenden Singlelebens. Auch die Erwerbsarbeit verbanden sie in wesentlich schwächerem Maße als andere Singles mit der Erwartung, persönlich gefärbte Sozialkontakte schließen zu können. Sie interpretieren sich selbst als "Einzelgänger", ohne daß sich dieses Selbstbild mit dem Gefühl von sozialer Isolation oder Einsamkeit verbindet. Wir trafen das Bewußtsein ausgeprägter Individualität an, *freiwillig* an der Peripherie der Sozialzusammenhänge zu leben, in denen die meisten Menschen ihre Integration erfahren. Typisch ist diese ausgeprägte Autonomiebetontheit unter 30- bis 40jährigen Singles jedoch offenbar nicht.

Auf der Ebene sozialer Einstellungen zeigt sich in unserer Untersuchung ein Zusammenhang zwischen der Selbstidentifikation als Single und dem jeweiligen "Bedürfnis", in gemeinschaftlichen Beziehungsstrukturen zu leben (vgl. Abb. IV-18 und IV-19). *'Lonely singles'* fühlen sich in einem weit stärkerem Maße als andere Singles nicht nur auf die Zuneigung durch einen festen Partner, sondern auch auf die Gemeinschaftlichkeit mit anderen Menschen angewiesen. Sie sind, soweit sie sich nicht nur auf einen Partner hin bindungszentriert verstehen, in stärkerem Maße auf Zugehörigkeit in einem persönlichen sozialen Umfeld aus. Dagegen transponieren *'ambivalent singles'* ihre ausgesprochene Vorsicht, mit der sie ihre Partnerwünsche vorbringen, auch auf die Sphäre der persönlichen Beziehungen. *'Creative singles'* fühlen sich vergleichsweise am wenigsten von einem Kreis persönlicher Beziehungspersonen abhängig. Persönliche Autonomie steht in ihrem Lebensentwurf im Mittelpunkt. Unterstützungsbeziehungen dürften eine derartige Autonomie nicht infragestellen. Sie bevorzugen ein prinzipiell jederzeit aktivierbares Beziehungsumfeld, welches ihnen weite Handlungs- und Gestaltungsspielräume läßt. "Ohne Netz" wollen unter Singles jedoch nur die wenigsten agieren.

Die Vorstellung in der Alleinstehenden-Literatur, daß ein befriedigendes Singleleben eines engen und dichten kommunikativen Umfeldes bedürfe, hat sich in unserer Untersuchung auf der Ebene der sozialen Einstellungen als *nicht zutreffend* erwiesen. Wir stellen vielmehr - mit dem Vorbehalt einer verkleinerten Stichprobe - in Umkehrung fest: **Je zufriedener Singles mit ihrer privaten Lebensführung sind, desto ausgeprägter ist ihr Wunsch nach Autonomie auch in Bezug auf ein persönliches Beziehungsumfeld**. Dieser Zusammenhang gilt weit stärker für Frauen unter den Singles als für die Männer.[222] Aber auch unter den Männern ist die Bereitschaft, individualisierte Einstellungsweisen auf den Bereich der persönlichen Sozialbeziehungen zu übertragen, unverkennbar.

6.2. Persönliche Beziehungen von Singles

Auf der *Einstellungsebene* gemessen erweisen sich Singles im "Familienlebens-Alter" von einem Beziehungsumfeld, welches ihnen ein vergleichbares Ausmaß an Erfahrungen von Intimität, Emotionalität und Sexualität vermittelt, wie es andere Menschen in festdefinierten Partnerverhältnissen erleben, desto weniger abhängig, je stärker sie sich aus den Lebensperspektiven von Liebe, Ehe, Kinder und Familie gelöst haben. Doch wie sieht der Zusammenhang zwischen dem Selbstverständnis als Single und der sozialen Integration auf der *beziehungsstrukturellen Ebene* aus? Wie auch immer der Stellenwert von persönlichen Beziehungen von seiten der Singles eingeschätzt wird: Ist für die eigene

---

222 Zusammenhangsmaß uncertainty coefficient: Frauen 0.3 und Männer 0.1.

Lebenszufriedenheit nicht entscheidend, ob und welche persönlichen Beziehungen im Rahmen des partnerlosen Lebens *tatsächlich verfügbar* sind? Fühlen sich 'creative singles' von sozialen Vergemeinschaftungen unabhängiger als andere, während bzw. weil sie auf der beziehungsstrukturellen Ebene "paradoxerweise" in ein dicht geknüpftes Netz persönlicher Beziehungen integriert sind? Wir greifen diese Gedanken im folgenden auf und vermuten im Rahmen der Hypothese 5a[223] einen Zusammenhang zwischen dem jeweils verfügbaren bindungstypischen Unterstützungspotential in der sozialen Umwelt und der Lebenszufriedenheit von Singles.

Im Blickpunkt unserer Exploration der persönlichen Beziehungen stehen etwaige Differenzen zwischen partnerlos lebenden Männern und Frauen im Zugang zu sozialen Unterstützungsressourcen. Wir fragten nach dem Ausmaß der *emotionalen Verbundenheit*, in dem Singles zu anderen Menschen stehen, und welche ihnen das Gefühl vermitteln, nicht allein, sondern diesen Menschen zugehörig zu sein. Wir fragten aber auch, inwieweit sich Singles anderen *vorbehaltlos anvertrauen* können, wenn sie sich persönlich mitteilen wollen, weil sie sich vielleicht allein fühlen oder Ereignisse zu bewältigen haben, die ihnen schwer zu schaffen machen. Nicht zuletzt haben wir in Erfahrung gebracht, inwieweit weibliche und inwieweit männliche Singles Zugang zu Erfahrungen von *Sexualität* mit anderen Menschen finden, wie sie Partner in einer Bindung in normativ zulässiger Weise "selbstverständlich" erleben können. Vor dem Hintergrund geschlechtsspezifischer Sozialisationserfahrungen der Betroffenen vermuteten wir "mehr Erfolg" unter den partnerlos lebenden Frauen in Hinsicht auf emotionale und vertrauensvolle Beziehungen (Hypothese 5b)[224], während wir partnerlos lebenden Männern als Unterstützungsbeziehungen in stärkerem Maße sexuelle Beziehungen zutrauten (Hypothese 5c)[225].

6.2.1. Emotionale Beziehungen

Das Unterstützungspotential einer emotionalen Beziehung ist als die Versicherung des Wissens und des Gefühls einer Person durch einen Beziehungspartner beschreibbar, mit diesem Menschen in einer emotionalen Verbundenheit zu leben, also nicht allein dazustehen, sondern ihm - neben anderen Menschen -

---

223 Vgl. Kap. III 1.4.
224 Vgl. Kap. III 1.4.
225 Vgl. Kap. III 1.4.

Abb. IV-20:

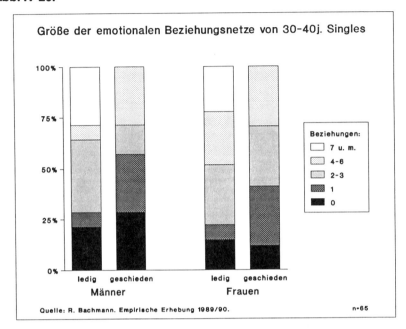

zugehörig zu sein. Im Durchschnitt aller Befragten verfügte jeder Single über zwei derartige Beziehungen im derzeitigen Leben. Dabei bestehen unter Singles jedoch deutliche Unterschiede in Zahl und Besetzung emotionaler Beziehungen in Abhängigkeit von Erfahrungen in der vorausgegangenen Erwachsenenbiographie.

Abb. IV-20 gibt einen Überblick über die Größe der emotionalen Beziehungsnetze, in denen unterschiedliche Gruppierungen von Singles leben. Aus ihr ist ersichtlich, daß Singles ohne Eheerfahrung *mehr* emotionale Beziehungen als Singles mit Eheerfahrungen besitzen. Unter ledigen Singles können wir emotionale Beziehungsnetze von einer Größe bis zu 15 Personen feststellen. Unter den geschiedenen Singles fanden sich keine Befragten mit mehr als 6 Personen, welche ihnen gefühlsmäßig besonders bedeutsam waren. Die emotionalen Beziehungskreise unter geschiedenen Singles sind insgesamt enger gespannt und stärker von biographischen Brüchen (Ehe- und Familiengründung, Scheidung) gezeichnet als diejenigen von Singles mit einer ausgesprochenen Alleinlebenskarriere.

Beinahe drei Viertel aller *ledigen Männer* unter den Befragten fühlten sich mit wenigstens zwei oder drei Personen in ihrem jeweiligen sozialen Umfeld fest verbunden (Abb. IV-20). Fast ein Drittel der ledigen Männer lebte zum Befragungszeitpunkt in einem Netz von sieben und mehr Beziehungspersonen. Typisch unter ihnen ist demnach *kein* "working without a net", wie es DAVIS/STRONG[226] unter eheunerfahrenen, alleinlebenden Männern in den USA vermuten. Ein solches Sozialverhalten trifft in der vorliegenden Stichprobe nur auf eine Minderheit von einem Fünftel der ledigen, partnerlos lebenden Männer zu.

Während sich - entgegen unserer Vermutung in Hypothese 5b - Männer und Frauen unter den ledigen Singles kaum hinsichtlich ihrer emotionalen Einbindung in ein soziales Umfeld unterscheiden, zeigt sich unter den *geschiedenen* Singles ein emotionales "Unterstützungsgefälle" zwischen den Frauen und Männern. Drei Fünftel der *geschiedenen Männer* wußten entweder gar keine oder nur eine einzige Person in ihrem Leben anzugeben, mit der sie sich gefühlsmäßig verbunden fühlten. Sie lebten vorwiegend in "emotional armen" Beziehungskreisen. Mit ihnen sind zwei Fünftel der geschiedenen Frauen unter den Singles zu vergleichen. Unter den ledigen Singles finden sich in dieser Hinsicht wesentlich geringere Anteile (Abb. IV-20).

Diese unterschiedlichen Zugriffsmöglichkeiten von Singles zu Ressourcen emotionalen Rückhaltes werden auch anhand des "Emotionalisierungsgrades" des jeweiligen Netzes persönlicher Beziehungen deutlich. In dieser Perspektive zeigt sich die ausgeprägte "emotionale Beziehungsarbeit" von ledigen Männern, auf der anderen Seite können aber auch die Probleme von geschiedenen Männern gesehen werden, jenseits von Partnerbindungen Emotionalbeziehungen aufzunehmen. *Ledige Männer* unterhalten zu gut jeder zweiten ihrer persönlich bedeutsamen Beziehungen ausgesprochen gefühlsbeladene Verbindungen. Beispielsweise besitzen Freunde für sie in vielen Fällen nicht nur die Funktion von Freizeitpartnern, sondern sie werden auch als wichtige "Lebensbegleiter" identifiziert, denen sie sich zugehörig fühlen können. Wie keine anderen Singles achten ledige Männer auf den Einbezug und die Aufrechterhaltung derartiger Beziehungen in ihrer engeren sozialen Umwelt. Der "Emotionalisierungsgrad" der persönlichen Beziehungskreise lediger und geschiedener Frauen unter den Singles liegt deutlich niedriger: bei etwa 25 %. Geschiedene Männer bezeichnen

---

[226] DAVIS, A., STRONG, P. (1977): Working Without a Net. The Bacxhelor as a Social Problem, in: SOCIOLOGICAL REVIEW, 25, S. 109-130.

Abb. IV-21:

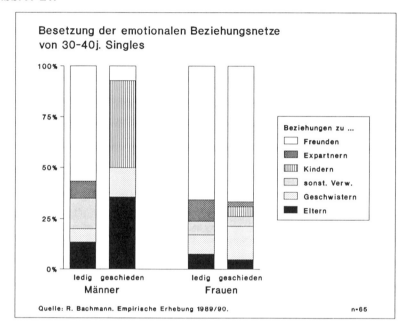

sogar nur 16 % ihrer persönlichen Beziehungen als gefühlsmäßig bedeutsam. Geschiedene Männer leben vorwiegend in Netzen von spezialisierten Freizeitpartnern: im sportlichen Bereich, für kulturelle Veranstaltungen, für Kneipenabende etc., in denen weniger Gefühle als gemeinsame Aktivitäten im Vordergrund stehen.

Betrachten wir die personelle Besetzung der emotionalen Beziehungsnetze, so zeigen sich sehr deutliche Unterschiede zwischen den *geschiedenen Männern* und allen anderen Singles (Abb. IV-21). Die verhältnismäßig kleinen emotionalen Beziehungsnetze geschiedener Männer unter den Singles sind typischerweise *verwandtschaftlich* geprägt; bei allen anderen Singles dominieren *Freunde* als emotional nahestehende Personen. Geschiedene Männer zeigen als Singles ein ehe- und familientypisches Kontaktverhalten. Freunde stellen für sie vorwiegend Freizeitpartner dar, weniger Adressaten für gefühlsbezogenen Austausch. Ihre Erwartungen in Bezug auf einen emotionalen Rückhalt richten sich in erster Linie auf eine neue Partnerbindung und in zweiter Linie auf bestehende engere verwandtschaftliche Beziehungen. Dabei beziehen sich ihre Gefühle vor allem auf ihre *Eltern*. 36 % ihrer gesamten Emotionalbeziehungen sind Beziehungen zu den Eltern, soweit diese noch leben. Für andere Singles stehen die Eltern weit weniger im Mittelpunkt. Diese Diskrepanzen werden noch offensichtlicher, wenn man einrechnet, daß es gerade die - im Durchschnitt etwas älteren - geschiedenen Männer unter den Befragten sind, die bereits ein oder mehrere Elternteile durch Tod verloren hatten. Anders gesagt: Soweit geschiedene Männer unter den Singles noch Elternteile besitzen, erreichen diese eine hohe emotionale Bedeutung. Dagegen bezeichneten viele ledig gebliebene Männer und viele Frauen unter den Singles ihre noch lebenden Elternteile als für sie selbst emotional *nicht* zentral bedeutsam.

Weitere typische Adressaten für Gefühle von partnerlos lebenden geschiedenen Männern stellen die getrenntlebenden *Kinder* aus früheren Ehen dar, welche vorwiegend bei der jeweiligen Mutter lebten.[227] 43 % ihrer Emotionalbeziehungen sind in diesem Sinne scheidungsfamiliär geprägt. Die ehemaligen Ehegattinnen tauchen jedoch nicht mehr als emotional bedeutsame Beziehungspersonen auf. Die Mehrheit der kinderlosen Singles greift dagegen in die Sphäre frei wählbarer Freundschaftsbeziehungen aus, um eine soziale Integration im unmittelbaren persönlichen Erfahrungsbereich zu gewährleisten.

Zusammenfassend können wir in Hinblick auf die Hypothese 5b[228] festhalten, daß es - entgegen unseren Erwartungen, jedoch unter dem Vorbehalt einer verkleinerten Stichprobe - **ledigen Männern unter den Singles in einer etwas ausgeprägteren Weise als weiblichen Singles gelingt, emotionale Unterstützungsressourcen in einem Singleleben zu erschließen**. Im Mittelpunkt stehen dabei Freunde als emotional wichtige Beziehungspersonen. Sie stellen die wichtigsten Mitmenschen dieser Singles dar, um eine individualisierte Lebensführung in einem psychisch bedeutsamen Sozialzusammenhang zu verankern. Dagegen erweisen sich *die emotionalen Beziehungsnetze der geschiedenen Männer unter den Singles als wesentlich kleiner und traditionaler, d. h. verwandtschaftlicher strukturiert* - wenn nicht gefühlsmäßige Beziehungen überhaupt ausbleiben.

---

227 Vgl. Kap. IV 3.4.2.
228 Kap. III 1.4.

6.2.2. Vertrauensbeziehungen

Wir verstehen unter einer *Vertrauensbeziehung* die Versicherung des Wissens und des Gefühls einer Person durch einen anderen Menschen, von diesem Menschen persönliche Anerkennung zu erhalten und sich ihm gegenüber in der ganzen Bandbreite der Persönlichkeit öffnen und in kommunikativem Austausch persönliche Vertrautheit erfahren zu können. Wie sehr bauen Singles in ihrer Lebensbewältigung auf derartige Beziehungen?

Vier von fünf Singles in unserer Untersuchung besaßen enge Vertrauensbeziehungen. Sie waren überzeugt, sich im Falle einer sehr enttäuschenden Lebenssituation an jemanden mit der Bitte wenden zu können, Beistand, Verständnis und Unterstützung zu erhalten. Im Durchschnitt besitzen Singles drei Menschen, denen sie sich anvertrauen können, doch ist die Variation der Zahl solcher Beziehungspersonen verhältnismäßig groß (Abb. IV-22). Wir sind beispielsweise unter den ledigen Männern auf Singles gestoßen, die in einem dichten Netz von zahlreichen Vertrauenspersonen lebten, andererseits aber auch auf Singles, welche zum Befragungszeitpunkt glaubten, sich *niemandem* anvertrauen zu können bzw. zu wollen.

Abb. IV-22:

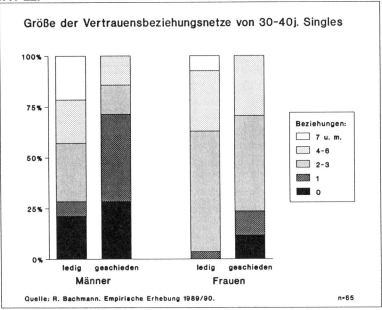

Auch in der Frage der Anzahl persönlicher Vertrauensbeziehungen zeigen sich - wie in Hypothese H 5b[229] noch vermutet - **keine wesentlichen Unterschiede zwischen männlichen und weiblichen Singles generell, sondern in erster Linie zwischen den eheerfahrenen Männern und allen anderen Singles.** *Drei Viertel* aller eheerfahrenen Männer unter den Singles wären in Situationen, in denen sie sich psychisch "angeschlagen" fühlen, ganz auf sich allein gestellt oder auf höchstens eine einzige Vertrauensperson verwiesen. Dabei wissen wir aus unserer Untersuchung,[230] daß das "Gemeinschaftlichkeitsbedürfnis" gerade unter den geschiedenen, partnerlos lebenden Männern ganz besonders ausgeprägt ist. Ihr soziales Kontaktverhalten bleibt jedoch auch in einem Singleleben gleichsam "ehelich": ausgerichtet auf den ausbleibenden Partner in dem "Emotionalraum" der erhofften neuen Bindung.

Wir können diese Tatsache an dem anteiligen Stellenwert von Vertrauensbeziehungen im gesamten persönlichen Beziehungsnetzwerk ablesen. In den ego-zentrierten Beziehungsnetzwerken der geschiedenen Männer kommen ausgesprochene Vertrauenspartner kaum vor. Ganz wenige (11 %) ihrer Beziehungspersonen erhalten eine wirkliche Vertrauensfunktion. Offene und vertrauensvolle Kommunikationen mit anderen Menschen sind offenbar keine Sache von ehegeprägten, bindungsorientierten Männern. Wer als Mann dagegen eine große Erfahrung mit dem Alleinleben in das Singleleben einbringt bzw. außerhalb der traditionalen Eherolle gelebt hat, tut sich leichter, als Single ein vertrauensvolles soziales Umfeld zu mobilisieren. Beinahe *jede zweite* Beziehungsperson in den Kontaktkreisen der *ledigen, partnerlos lebenden Männer* übernimmt die Funktion, unbedingte persönliche Anerkennung und sinnhaften Rückhalt zu gewährleisten. Damit erweisen sich die ledigen Männer unter den Singles am stärksten mit anderen Menschen auf der Basis ausgesprochen persönlicher Beziehungen verwoben - stärker noch als die Frauen unter den Singles, deren Anteil an Vertrauenspersonen in ihren Beziehungskreisen bei etwa einem Viertel liegt.

Einen schwachen Rückhalt in persönlichen Vertrauensfragen - wie er für die geschiedenen Männer typisch ist - erwarten sich nur jeweils ein Drittel der *ledigen Männer* und der *geschiedenen Frauen* unter den Singles. Und die wenigsten unter ihnen schildern diesen Umstand als eine zu überwindende, defizitäre Lebenssituation. "Ich vertraue auf mich selbst" heißt es da, ohne daß Anzeichen von Resignation oder Bitterkeit zu erkennen wären. Typisch für *ledig gebliebene Frauen* unter den Singles ist die Schaffung eines Vertrauensbeziehungsnetzes

---

229 Kap. III 1.4.
230 Vgl. Kap. IV 6.1.

von zwei, drei oder mehr Personen, mit denen sie sich den eigenen Angaben zufolge sehr gut verstehen und auf die sie "jederzeit" zurückgreifen können, wenn sie sich einmal aussprechen müssen oder an jemanden anlehnen wollen.

Vertrauenspersonen der Singles sind in erster Linie *frei wählbare* Beziehungspersonen im Sinne von engen Freunden (Abb. IV-23). Die ehemaligen Bindungspartner spielen als emotional bedeutsame und besonders vertrauenswürdige Mitmenschen nur für die Ledigen unter den Singles eine Rolle. Die eheerfahrenen Singles haben ihre früheren Gatten bzw. Gattinnen vollständig aus dem engsten Kreis ihrer Beziehungspersonen gestrichen. Für alle Singles sind dagegen Geschwister - soweit vorhanden - wichtige persönliche Ansprechpartner.

Auffallend ist unter den geschiedenen Männern, welche als Singles leben, daß sich ihre Gefühle zwar in einem vergleichsweise starken Maße auf ihre *Eltern* richten (Abb. IV-21), diese aber offenbar wenig vertrauenswürdig erscheinen, wenn es um Fragen der Situationsbewältigung oder der richtigen Lebensführung geht. Eltern stellen vielmehr wichtige Stigmatisierungsakteure für ihre partnerlos

Abb. IV-23:

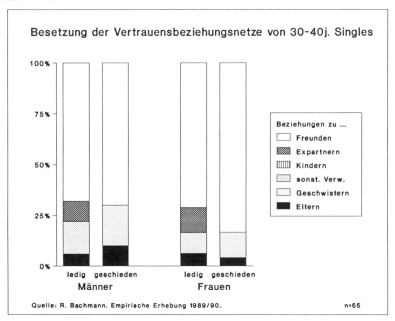

lebenden "Kinder" dar, deren Beeinflussungsversuche unter den betroffenen Singles eher als unangenehm und "lästig" empfunden werden.[231] Als Vertrauenspersonen sind sie daher "abgewählt". Eine wichtige Funktion erhalten sie jedoch für den *materiellen Rückhalt* der Singles. Wenn der Fall eintreten würde, daß der Arbeitsplatz ersatzlos verloren und kein Geld mehr für die Wohnungsmiete aufbringen wäre, würden sich die meisten Singles an ihre Eltern wenden, um geeignete Hilfen zu empfangen. Eltern gewinnen also in erster Linie eine materielle Solidarfunktion für Singles, nicht jedoch eine ausgeprägte Kommunikationsfunktion.

Wir können in den Vertrauensbeziehungen der Singles verschiedene Tendenzen sozialer *Homogenität* feststellen. So neigen Männer in Vertrauensfragen dazu, sich wiederum an Männer zu wenden: Drei Fünftel ihrer Vertrauensbeziehungen sind Beziehungen zu Männern. Die Vertrauensbeziehungsnetze der *weiblichen* Singles sind jedoch unweit homogener strukturiert. Beinahe vier Fünftel ihrer Vertrauensbeziehungen sind Kontakte zu Frauen. Es herrscht eine starke Affinität von *Frau zu Frau*, wenn es um Freundschaft, um gegenseitige kommunikative Offenheit, um sehr persönliche, "intime" Gespräche und einen vertrauensvollen Umgang miteinander geht. Möglicherweise ist diese Präferenz weiblicher Singles eine Konsequenz ihrer erfahrenen Schwierigkeiten, mit Männern befriedigende persönliche Verhältnisse - innerhalb und außerhalb von Bindungen - zu gestalten.

Eine weitere Homogenität in den Vertrauensnetzwerken von Singles besteht darin, daß typischerweise *Ledige mit Ledigen* und *Eheerfahrene mit Eheerfahrenen* interagieren. Die meisten *ledigen* Singles haben eine von Phasen des Alleinlebens und von nicht-ehelichen Partnerbindungen gezeichnete Erwachsenenbiographie hinter sich und gewinnen insbesondere zu denjenigen Personen großes Vertrauen, welche in gleicher Weise leben. 60 % der Freunde der *ledigen Frauen* und sogar 71 % der Freunde der *ledigen Männer* unter den Singles leben selbst jenseits von Ehe und Familie: als Singles, als Alleinlebende, in nicht-ehelichen Lebensgemeinschaften oder in Wohngemeinschaften. Ein Drittel der besonders vertrauenswürdigen Freunde und Freundinnen der ledigen Singles sind selbst partnerlos und selbst Singles. Ledige Singles leben demnach in "Alleinstehenden-Welten" - nicht nur in Hinsicht auf ihre eigene Alltagsorganisation, sondern auch in Bezug auf die sozialen Milieus, in die sie beziehungsstrukturell eingebunden sind. Sie profitieren von den verstärkenden Wirklichkeitssichten ihrer Freunde und Freundinnen in vergleichbaren Lebenslagen, um

---

231 Vgl. Kap. IV 3.1.1.

ein eigenes Selbstverständnis als Single herauszubilden und kommunikativ abzusichern.

Eheerfahrene Singles verlassen sich, wenn es um persönliches Vertrauen geht, lieber auf Freunde und Freundinnen in Ehen und Familien. Sie finden ihre Sozialbezüge eher in "Familienwelten", denen sie vor ihrem Single-Dasein selbst einmal zugehörten und welche sie sich auch nach ihren Scheidungen als soziale Umwelten bewahrten. Typische Vertrauenspersonen von *geschiedenen Frauen* unter den Singles sind einerseits Frauen, die in kinderlosen Ehen leben, andererseits aber auch Frauen in "Normalfamilien" und Alleinerziehende mit einem oder mehreren Kindern. Singles bzw. Alleinlebende zählen kaum zu ihren Vertrauten. Die wenigen Vertrauenspersonen unter ihren Freunden, die die *geschiedenen Männer* unter den Singles besitzen, leben ausschließlich in "normalfamiliären" Sozialzusammenhängen, welche nur einen eingeschränkten, möglicherweise konterkarierenden Beitrag zur sinnhaften Unterstützung einer partnerlosen Lebensweise erwarten lassen.

6.2.3. Sexualbeziehungen

Eine dritte bindungstypische Unterstützungsdimension - neben der Erfahrung emotionaler Nähe und persönlichen Vertrauens zu anderen Menschen - ist ein *sexueller Austausch* mit einem Menschen und die Versicherung des Wissens und des Gefühls einer Person durch diesen Menschen, sexuelle Attraktivität zu besitzen.

In der Frage der Sexualität von Alleinstehenden - so scheint es - scheiden sich die Geschlechter. So berichtet die Studie von KRÜGER[232] über alleinlebende Männer und Frauen mittleren Lebensalters, daß alleinlebende *Männer* nega-tiven Vorurteilen ausgesetzt sind durch die Annahme in ihrer sozialen Umwelt, daß sie "nicht den üblichen Sexualnormen entsprechen, und (daß sie, R. B.) entweder als homo-sexuell oder impotent angesehen werden. ... Die alleinlebenden Männer stehen demnach eher als die Frauen unter dem Zwang, sexuelle Normalität nachweisen zu müssen und zwar durch die Ausübung

---

[232] KRÜGER, D. (1990): Alleinleben in einer paarorientierten Gesellschaft. Eine qualitative Studie über die Lebenssituation und das Selbstverständnis 30- bis 45-jähriger lediger, alleinlebender Frauen und Männer, Pfaffenweiler, S. 155 ff.

heterosexueller Kontakte"[233]. Anderer-seits werden alleinstehende Männer offenbar auch bewundert aufgrund ihrer angenommenen sexuellen Abenteuer; Frauen bleiben KRÜGERS Ergebnissen nach dagegen sexuelle Objekte, die es "nur richtig zu erobern" gilt.

Die KRÜGER-Studie spricht von alleinlebenden Männern, die dem Fremdbild von "swinging singles" gerecht werden und bei einer fehlenden Partnerbeziehung sozusagen einen "sexuellen Mangel" erleiden und sich in "sexuelle Abenteuer" oder "auf die Suche nach 'Bettpartnerinnen'" begeben. Dabei begreifen Männer den Ergebnissen KRÜGERS zufolge Sexualität in erster Linie "funktional, als ein(en) mechanistischen Vorgang, der nicht gebunden ist an eine vertraute Person". Partnerlose Frauen dagegen kennen - KRÜGER zufolge - keine wirkliche Erfahrung von "sexuellem Mangel" in ihrem Alleinleben. "Vielmehr haben ... Anerkennung, Vertrauen, Zärtlichkeit, Verliebtsein, d. h. emotionale Dimensionen einen hohen Stellenwert und bilden den Hintergrund ihrer sexuellen Aktivitäten. Wenn aber diese Voraussetzungen fehlen, dann scheinen sie auch keine sexuellen Bedürfnisse zu haben; jedenfalls diese nicht zu leben."[234] Diese Ergebnisse deuten darauf hin, daß weibliche Singles möglicherweise nur im Rahmen einer festen Partnerbindung oder auf der Basis einer emotionalen und vertrauten Sozialbeziehung an Sexualität interessiert sind, während männliche Singles sich offenbar auch für "Gelegenheitssex" aufgeschlossen zeigen.

Unsere Befragung von Singles hat ergeben, daß jeweils 40 % der ledigen wie auch der eheerfahrenen *Frauen* einen Verzicht auf Sexualität im Grunde für "unbefriedigend" empfinden. Eine Ausklammerung von Sexualität in ihrem Leben bedeutet für sie eine spezifische Einschränkung ihrer Lebensqualität. Weitere 40 % der weiblichen Singles wollen zwar nicht "gut und gern" auf sexuelle Erfahrungen verzichten, stufen diese Erfahrungen jedoch als eher nachrangig für ihr Singleleben ein. Sexualität gewinnt für Frauen dieses Einstel-lungstyps nur im Rahmen einer *psychisch* befriedigenden Beziehung zu einem Mann einen bedeutsamen Stellenwert. Emotional muß es stimmen - sonst ist Sexualität verhältnismäßig uninteressant. Eine verhältnismäßig große Minderheit von 20 % aller weiblichen Singles ist dagegen derzeit an Sexualität "überhaupt nicht

---

[233] KRÜGER, D. (1990): Alleinleben in einer paarorientierten Gesellschaft. Eine qualitative Studie über die Lebenssituation und das Selbstverständnis 30- bis 45-jähriger lediger, alleinlebender Frauen und Männer, Pfaffenweiler, S. 161.

[234] KRÜGER, D. (1990): Alleinleben in einer paarorientierten Gesellschaft. Eine qualitative Studie über die Lebenssituation und das Selbstverständnis 30- bis 45-jähriger lediger, alleinlebender Frauen und Männer, Pfaffenweiler, S. 157.

interessiert". Gemeint ist damit ein Einstellungsmuster, von dem auch KRÜGER[235] in ihrer Studie in Bezug auf alleinlebende ledige Frauen berichtet. Befragte mit dieser Einstellung bezeichneten sich selbst auch als "nonsexuell" (Abb. IV-24). Geschlechtlichkeit ist für sie in ihrem derzeitigen Singleleben keine Kategorie, nach der sie ihre Alltagswünsche, ihre Gefühle und ihr Handeln ausrichten würden.

Unsere Befragung zeigt auf der anderen Seite, daß das traditionale und in der Alleinstehenden-Literatur vermittelte Bild von "sexbetonten" alleinlebenden Männern ein Stück weit auf eheerfahrene Männer, nicht aber auf die ledigen Männer unter den Singles zutrifft. Nur 28 % der *ledigen Männer* - gegenüber 40 % der Frauen - unter den Singles würden einen Verzicht auf Sexualität als eine wesentliche Beeinträchtigung ihrer Lebensqualität einschätzen. Die meisten ledi-

Abb. IV-24:

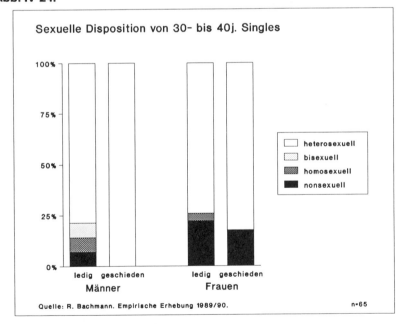

235 KRÜGER, D. (1990): Alleinleben in einer paarorientierten Gesellschaft. Eine qualitative Studie über die Lebenssituation und das Selbstverständnis 30- bis 45-jähriger lediger, alleinlebender Frauen und Männer, Pfaffenweiler, S. 157.

gen Männer sind sexuellen Kontakten nicht abgeneigt, weisen ihnen jedoch keinen zentralen Stellenwert für ihre Lebenszufriedenheit zu. Auch ohne sexuelle Kontakte fühlen sie sich als Singles ausreichend integriert.

Das verbreitete Fremdbild über partnerlose Männer "auf der Suche nach Sex" trifft unserer Befragung zufolge ein Stück weit auf die *geschiedenen Männer* unter den Singles zu. *Keiner* der geschiedenen Männer in der Befragung konnte sich vorstellen, auf sexuelle Kontakte gut und gerne zu verzichten. Verbreitet war unter ihnen vielmehr die Überzeugung, daß es benachteiligend sei, in einem Singleleben auch auf sexuelle Erfahrungen verzichten zu müssen. Während eine Mehrheit der ledigen Männer und der Frauen unter den Singles ihre "Unterstützungsbedürfnisse" in stärkerem Maße auf die Intensität, die Emotionalität, allgemein: die "Qualität" von Sozialbeziehungen richten, stellen partnerlos lebende, geschiedene Männer auch eine *sexuelle* Unterstützung in den Mittelpunkt ihrer Lebenswünsche. Sexualerfahrungen besitzen für sie einen besonders ausgeprägten Symbolwert für die eigene Attraktivität und "Leistungsfähigkeit". Sexualität ist ein desto wichtigeres Verständigungsmedium mit dem anderen Geschlecht, je schwerer es ihnen fällt, persönliche Beziehungen herzustellen, mithin Gefühle auszudrücken und "intime" Vertrauensrelationen zu anderen Menschen zu knüpfen. Aus diesen unterschiedlichen Kommunikationsorientierungen resultieren einige Verständigungsschwierigkeiten, von denen Frauen aus ihren Verhältnissen mit Männern berichten und welche traditional orientierte Männer als reaktive Betroffenheiten in ihren Verhältnissen mit Frauen erfahren.

Offenbar ist der Wunsch nach einem "anonymen", gelegentlichen Sex für Singles nicht typisch - bei allem Vorbehalt einer verkleinerten Stichprobe. Jeweils Mehrheiten der ledigen Männer und der Frauen unter den Singles halten an der Vorstellung von einer Sexualität in einer "geordneten", verbindlichen Partnerbeziehung fest. Nicht einmal ein Fünftel der ledigen Frauen und jeweils zwei Fünftel der ledigen Männer und geschiedenen Frauen unter den Singles neigen dazu, Sexualität von Bindung zu entkoppeln und damit auch in einem Singleleben sinnhaft zu verankern. Unter den *geschiedenen Männern* in der Befragung stießen wir auf sehr viel mehr Einhelligkeit in einer "liberalen" Handhabung von Sexualität: Fast ohne Ausnahme bestand die Ansicht, daß sexuelle Kontakte nicht nur die Frage einer festen Bindung seien, sondern daß ein gelegentlicher Sex eine wichtige Grundlage für ein befriedigendes Singleleben darstellte.

Wie korrespondieren diese Vorstellungen mit dem tatsächlichen Kontaktverhalten von Singles im sexuellen Bereich? Wie sehr vor allem machen sich geschiedene Männer unter den Singles "sexuelle Abenteuer" in ihrem partnerlosen Leben verfügbar? Und gibt es hinsichtlich der Verfügbarkeit sexueller Kontakte von Singles deutliche Unterschiede zwischen Männern und Frauen, wie sie in Hypothese 5c[236] behauptet sind?

Unseren Ergebnissen zufolge besteht **kein wesentlicher Unterschied im Ausmaß sexueller Unterstützung zwischen ledigen Männern und den Frauen unter den Singles**. Etwa jeweils ein Drittel der Singles in diesen Kategorien verfügen in ihrer Alltagsorganisation auch über sexuelle Kontakte und machen sich damit als Singles Erfahrungen verfügbar, wie sie traditional nur "Doubles" zuerkannt sind. Hervorheben müssen wir jedoch auch an dieser Stelle die **geschiedenen Männer**, welche nicht nur den sexuellen Handlungsbereich für ein Singleleben stärker betonen, sondern sich entsprechende Kontakte auch vermehrt erschließen. Beinahe jeder zweite geschiedene Mann in unserer Stichprobe stand der eigenen Aussage nach in einem gelegentlichen sexuellen Kontakt mit einer Frau.

Aber selbst die geschiedenen Männer unter den Singles, die am stärksten für einen liberalisierten Sex eintreten, haben keine "losen", flüchtigen, wechselhaften Sexualkontakte im Auge, sondern stehen in definierten, auf Dauer angelegten "Sexualpartnerschaften". Dabei handelt es sich um bereits länger bestehende Freundschaftsbeziehungen, welche in einem sexuellen Austausch mehr oder weniger zentriert sind und den "Sexualpartnern" in gelegentlichen bzw. fest vereinbarten Treffs intime Erfahrungen ohne Bindungsvoraussetzungen oder Bindungsfolgen bieten. Mit wenigen Ausnahmen sind diese "Sexualpartnerschaften" monogam konstruiert und unterscheiden sich von festen Bindungen durch ihre Zwecksetzung auf sexuellen Austausch. Zu den Ausnahmen in unserer Befragung gehören die Aussagen von einer geschiedenen Frau und zwei ledigen Männern, welche jeweils in einem "sexuellen Beziehungsnetz" mit drei "Partnern" leben. Aber auch diese multiplen Sexualverhältnisse sind seit längerer Zeit eingespielt und auf ihre Weise "verbindlich". Insgesamt trifft das "swinging single"-Image nur die Wirklichkeit der wenigsten Singles. Sofern ein aktives Sexualleben inszeniert wird, spielt "sexuelle Treue" eine gewichtige Rolle.

Die *ledigen Frauen* unter den Singles bevorzugen gleichaltrige "Sexualpartner", welche in den meisten Fällen selbst als Singles leben, zumindest nicht fest gebunden sind und sich aus ihren Freundeskreisen rekrutieren. In einigen Fällen

---

236 Kap. III 1.4.

handelt es sich auch um einen ehemaligen Bindungspartner, mit dem sie sich noch gelegentlich treffen. Unterschiede gegenüber den "Sexualpartnerschaften" lediger und geschiedener *Männer* bestehen hauptsächlich darin, daß die Männer ihre Sexualkontakte zweckorientierter interpretieren als die weiblichen Singles. Vor allem die geschiedenen Männer lassen eine emotionale oder ausgeprägte kommunikative Beziehungsgrundlage in ihren Sexualkontakten vermissen. Sie neigen am ehesten zu einem "instrumentellen" Sex. Die ledigen Frauen betrachten ihre "Sexualpartner" in vielen Fällen dagegen auch als emotional bedeutsam.

Unter den als Singles lebenden *geschiedenen Frauen* stellten wir ein spezifisches sexuelles Kontaktmuster fest. Ihre Kontaktpersonen sind in erster Linie ehelich oder familiär lebende Männer zwischen 40 und 50 Jahren aus ihren bestehenden Freundschaftskreisen. Der Kontakt zu einem *verheirateten* Mann wurde dabei von diesen Befragten als überaus "zweckmäßig" empfunden. Da sie nicht an einem festeren Verhältnis interessiert seien, käme ihnen die Gebundenheit ihrer Partner an eine Ehe oder Familie gerade gelegen. Sie legten Wert auf ihre persönliche Freiheit als Singles und müßten diese nicht gegen ungerechtfertigte Bindungswünsche ihrer "Sexualpartner" verteidigen. In Bewahrung ihrer persönlichen Autonomie inszenieren diese Frauen jeweils ein- oder mehrmals im Monat einen "schönen Abend", an denen sie ihren Status der "umworbenen Liebhaberin" zu genießen und die "grauen" Seiten eines gemeinsamen Lebensalltages herauszuhalten vermögen.

Die wenigen *"sexuellen Beziehungsnetze"*, von denen wir schon sprachen, sind Sozialzusammenhänge von einigen "creative singles". Sie besitzen sehr zurückhaltende Bindungswünsche, leben als Singles ohne das Gefühl von Benachteiligung und Einsamkeit und wissen sich von mehreren "Sexualpartnern" begehrt. Zu ihnen gehört beispielsweise ein 38jähriger lediger Single mit drei etwas jüngeren Freundinnen, zu denen er in erster Linie sexuell bestimmte Beziehungen unterhält. Die Freundinnen leben jeweils auch ohne festen Partner und definieren - nach Aussage des Befragten - die Beziehungen ebenfalls als "unverbindlich". Ob und wieviel Eifersucht in diesen Konstellationen im Spiel ist, vermochten wir nicht in Erfahrung zu bringen. Zu den Singles mit multiplen Sexualbeziehungen gehört aber auch eine 35jährige geschiedene Frau, welche ausgesprochen gern für sich allein lebt und im Erfahrungsbereich von Sexualität auf den Zusammenhalt mit drei männlichen "Sexualpartnern" baut. Alle drei sind ihr als Freunde seit langen Jahren bekannt. Sie trifft sich mit ihnen sequentiell jeweils ein- bis zweimal im Monat. Der eine Freund ist ein früherer Partner von ihr und lebt mittlerweile mit einer anderen Frau und dem gemeinsamen Kind in einer

Familie. Der andere "Sexualpartner" ist verheiratet, der dritte lebt selbst partnerlos und ist Single. Für diese Befragte paßte ein solches "sexuelles Beziehungsnetz" der eigenen Aussage nach " ... optimal in mein Leben."

6.3. Lebenszufriedenheit und soziale Unterstützung von Singles

Betrachten wir zusammenfassend die Netze persönlicher Beziehungen von Singles - im Sinne ihrer auf Emotionalität, Vertrauen und/oder Sexualität beruhenden Relationen zu anderen Menschen -, so zeigt sich eine große Variation der Zahl der jeweils verfügbaren Beziehungspersonen, welche ihnen "lebensbegleitend" zur Verfügung stehen. Unter den *weiblichen* Singles reicht die Spannweite der Größe ihrer persönlichen Beziehungsnetze von einer einzigen Person bis zu insgesamt 17 Personen im jeweiligen Netzwerk. Unter den *männlichen* Singles kommen auf der einen Seite Beziehungsnetze vor, welche sich in emotionaler, vertrauensbezogener und sexueller Hinsicht schlicht als "unbesetzt" erweisen. Auf der anderen Seite finden sich männliche Singles mit mehr als 10 persönlich nahestehenden Menschen in ihren jeweiligen Netzwerken. Sieht man von den Extremen einmal ab, sind dahingehend die Unterschiede zwischen den ledigen Männern und den Frauen unter den Singles verhältnismäßig gering. Die durchschnittliche Größe ihrer persönlichen Beziehungsnetzwerke beträgt etwa 4 Personen. Dagegen können sich geschiedene Männer unter den Singles im Durchschnitt nur auf 2 Personen in sehr persönlichen Lebensdingen fest verlassen.

Entgegen einer verbreiteten Vorstellung und der Behauptung der Hypothese H 5a[237] **ist die Erfahrung einer partnerbindungstypischen Unterstützung aus der jeweiligen sozialen Umwelt keine zentrale Voraussetzung für die Lebenszufriedenheit von Singles.** In einem Modell multipler Regression, das den Zusammenhang zwischen der Verfügbarkeit persönlicher Beziehungen und der Lebenszufriedenheit prüft, erwies sich die jeweilige psycho-soziale Unterstützung insgesamt als wenig erklärungskräftig für die subjektive Befindlichkeit von Singles ($R^2 = 0.18$)[238].

---

[237] Vgl. Kap. III 1.4.
[238] Der Aussagewert dieses und aller folgenden statistischen Koeffizienten steht unter dem Vorbehalt einer verkleinerten Stichprobe.

Vor allem Beziehungen, die eine **emotionale Verbundenheit** mit anderen Menschen ausdrücken, gewinnen nur eine **sehr geringe Bedeutung** für die sinnhafte Lebensbewältigung von Singles (partielles R = 0.04). 'Lonely singles' finden in annähernd gleicher Weise wie 'ambivalent singles' und 'creative singles' einen Zugang zu Menschen, mit denen sie sich eng verbunden fühlen - die einen mehr, die anderen weniger. Anders ausgedrückt: Wir trafen auf bewußt und freiwillig lebende Singles *mit* einer Vielzahl emotional bedeutsamer Beziehungspersonen ebenso wie auf Singles dieses Selbstverständnisses *ohne* ein derartiges kommunikatives Netz. Die Beziehungsstruktur ist in dieser Hinsicht offenbar nicht entscheidend.

Etwas bedeutsamer als Emotionalbeziehungen sind **sexuelle Beziehungen** für Singles. Aber auch ihre Verfügbarkeit wirkt sich auf die Lebenszufriedenheit von Singles nur **schwach** aus (partielles R = 0.21). Die Vorstellung von überzeugten Singles in einem sozialen Beziehungskontext, welcher ihnen reichhaltige sexuelle Erfahrungen verschafft, geht für die meisten 'creative singles' an der Wirklichkeit vorbei. Dies gilt erst recht für Singles mit einer eher ambivalenten oder ablehnenden Selbstidentifikation. Sexuelle Kontakte gehören nicht zu den ganz wichtigen Randbedingungen eines "erfüllten" Singlelebens, denn viele Singles zählen sie nicht zu den unabdingbaren Erfahrungen in ihrer partnerlosen Lebensführung.

Am ehesten gewinnen Beziehungen **gegenseitigen Vertrauens** Einfluß auf die Lebenszufriedenheit von Singles (partielles R = 0.27). Mit schwacher Tendenz gilt: **Je mehr persönliche Vertrauensbeziehungen Singles in ihrem Leben besitzen, desto zufriedener und mit desto mehr Freiwilligkeit leben sie ihre Lebensform.** 38 % der 'lonely singles' in der vorliegenden Stichprobe verzichteten auf eine Vertrauensperson in ihrem Leben völlig. Unter den 'ambivalent singles' waren nur 20 % ohne jeglichen Ansprechpartner bei persönlichen Problemen. Dagegen kannten 'creative singles' einen solchen radikalen Verzicht auf diesen psycho-sozialen Rückhalt gar nicht. Typisch für ein freiwilliges Singleleben ist vielmehr die Schaffung eines Beziehungsnetzes von mehreren kommunikativ bedeutsamen Mitmenschen - im Durchschnitt 4 bis 5 Personen -, welche als Vertrauenspartner in schwierigen Lebenslagen fungieren können. 'Ambivalent singles' besitzen im Durchschnitt nur 2 bis 3 solcher Unterstützungsbeziehungen, 'lonely singles' nur 1 bis 2.

Unseren Ergebnissen zufolge ist jedoch **nicht** der tatsächliche Besitz oder Nichtbesitz von persönlichen Sozialbeziehungen entscheidend für die Lebenszufriedenheit von Singles, sondern der Grad ihrer **subjektiven** Individualisiertheit, d. h. das **Ausmaß, in welchem sich eine Person als unabhängig von anderen Menschen erfährt** und auf die eigenen Ressourcen zur Bewältigung eines partnerlosen Lebens vertraut. Je weniger sich Singles grundsätzlich von anderen Menschen "angenommen" fühlen, je ausgeprägter sie sich vielmehr von anderen Menschen "isoliert" und "verlassen" glauben, desto weniger vermögen sie sich mit einer individualisierten Lebensweise, wie sie das Singleleben darstellt, zu identifizieren. Wichtiger als die Frage, ob Singles persönlich bedeutsame Kontakte *haben*, ist demnach die Frage, ob sie solche Kontakte glauben zu *brauchen*, wenn es um ihre Lebenszufriedenheit geht. Wie arm oder reich auch immer ihre Beziehungsnetze an persönlich bedeutsamen Beziehungen ausgestattet sind, entscheidend ist die gesellschaftlich vermittelte, biographisch eingeübte, im subjektiven Bewußtsein hervorgehobene Verselbständigung der Einzelnen gegenüber gemeinschaftlichen Lebenszusammenhängen. 'Creative singles' erleben und interpretieren sich - ob mit oder ob ohne ein Netz persönlicher Beziehungen - in einer stärker ausgeprägten psycho-sozialen Autonomie als alle anderen Singles. 'Lonely singles' mögen noch so sehr über persönlich bedeutsame Sozialkontakte verfügen: das Bewußtsein der unfreiwilligen "Vereinzeltheit" ist letztlich dominant und strebt nach einer Veränderung des Single-Daseins. Ihre Deprivationserfahrungen im Bereich der sozialen Integration sind eng mit der Vorstellung von einer neuen Partnerbindung in ihrem Leben verknüpft. Sie fühlen sich *abhängig* von der Zuwendung anderer Menschen und sehnen sich vor allem nach dem *einen* Menschen, und jeder weitere Sozialkontakt vermag diese Einsamkeit nicht wirklich zu lindern.

KAP. V DAS SINGLELEBEN. EIN BEWUSST UND FREIWILLIG PRAKTIZIERTER INDIVIDUALISMUS? - ZUSAMMENFASSUNG UND RESÜMEE

Unter **Singles** können Personen verstanden werden, welche auf soziale Bindungen *verzichten*, vor allem nicht in einer festen Partnerbindung leben. Sie können demnach ledig, geschieden, verwitwet oder auch verheiratet-getrenntlebend sein. Darüber hinaus sind sie von Verantwortung für ein Kind frei und wohnen ganz für sich allein. Ein solches "vereinzeltes" Leben ist im "Familienlebensalter" zwischen dem 30. und 40. Lebensjahr ein historisch nicht gekanntes, erst in der fortgeschrittenen gesellschaftlichen Moderne auftretendes Phänomen. Unsere Recherchen haben ergeben, daß auf dem Gebiet der alten Bundesländer (einschl. Westberlin) im Jahre 1986 in dieser Lebensphase mittlerweile **800.000 Singles** lebten. Diese Zahl entsprach zunächst nur einem Anteil von etwa 9 % aller 30- bis 40jährigen. In Zukunft aber ist im mittleren Lebensalter - schreibt man den bisherigen Trend fort - mit einer erheblichen **Ausbreitung des Singlelebens** gegenüber Ehe und Familie zu rechnen.

Singles im "Familienlebensalter" sind typischerweise beruflich etabliert, in der Mehrheit der Fälle ledig und haben oft bereits eine von Phasen des Alleinlebens und der Partnerlosigkeit gezeichnete Erwachsenenbiographie hinter sich. Sie sind - entgegen gängigen Vorstellungen - überwiegend Männer, und sie sind vor allem in den Großstädten mit 500.000 Einwohnern und mehr zu finden.

Wie ist im "Familienlebensalter" ein Leben ohne feste Bindungen *motiviert*?

Die vorliegende Studie gibt als Pilotprojekt zur Vorbereitung einer Repräsentativstudie erste **Hinweise** auf diese Frage auf der Basis einer quotierten, aber verkleinerten Stichprobe (65 Fälle). Unseren Ergebnissen zufolge handelt es sich um *mehr* als nur um eine "in der Not des Partnerverlusts" entstandene Lebenssituation. Zwar halten die wenigsten Betroffenen ein Singleleben für eine wirklich gleichwertige Alternative zu einem Leben in Zweisamkeit, und typisch ist nicht eine explizite Entscheidung *für* das Singleleben, sondern gewissermaßen ein "Hineinstolpern" in die Partnerlosigkeit im Zuge der Trennung vom Partner oder Ehegatten. Die Vorstellung von einem **Singleleben "auf Zeit"** als eine Phase der eigenen Neuorientierung und des Selbstverwirklichungsstrebens wird jedoch von vielen Betroffenen als eine zumindest lebenswerte Option empfunden.

Ein Leben ohne Partner will jedoch gelernt sein. Je stärker sich Singles aus eher traditionalen Lebenszusammenhängen - wie Partnerschaft, Ehe und Familie - gelöst erweisen, desto undramatischer und selbstorientierter vollzieht sich der Übergang in das Singleleben. In erster Linie tun sich *eheerfahrene Männer* schwer, als Singles einen Rollenübergang hin zu einem Handlungsmodell eines autonomen Lebensalltags zu vollziehen. Auch *eheerfahrene Frauen* benötigen als Singles zumindest eine Übergangszeit der Umorientierung und Anpassung an ein Leben ohne männliche Unterstützung (und Bevormundung). Mit zunehmender Dauer ihres Singlelebens sinkt ihre Bereitschaft, ihr Leben noch einmal mit einem festen Partner zu teilen. Dagegen bringen vor allem *ledige, akademisierte Männer* mit einer ausgeprägten Erfahrung mit dem Alleinleben von vornherein ein individualistisches Selbstverständnis mit, das ihnen den Eintritt in das Singleleben weitgehend unproblematisch erscheinen läßt.

Das Singleleben ist ein wichtiges Thema: für die Singles selbst wie auch für die soziale Umwelt, in der sie leben. Ohne Partner zu sein besitzt immer noch wenig "Selbst-Verständlichkeit". Singles bewältigen ihren Alltag mit dem wiederkehrenden Bewußtsein, "anders" als andere Menschen zu leben, wenn auch nicht unbedingt schlechter. Ihre Umwelt reagiert "oft und wiederholt" mit abwertend gefärbten Stereotypen, wenn ihre Partnerlosigkeit in Erfahrung gebracht wird, wobei sich insbesondere Kollegen am Arbeitsplatz und die jeweiligen Eltern hervortun. Auf der anderen Seite scheinen diese Bewertungen das Lebensgefühl der meisten Singles nicht nachhaltig zu beeinträchtigen.

So hat sich jeder zweite Single die **Vorstellung von einem "freien Leben" zur Lebensperspektive** gemacht. Ein solches Leben wird aber nur in Ausnahmefällen mit einem Partnerverzicht in Verbindung gebracht. Es wird vielmehr von einer *festen Partnerbindung* erhofft, daß sie nicht nur Intimität, sondern auch Freiheit und Autonomie garantieren könne. Das Singleleben wird jedoch als eine Form der Lebensorganisation erkannt, in der eigene Ansprüche auf persönliche Unabhängigkeit erprobt und veralltäglicht werden können.

Eine wirklich freiwillige Partnerlosigkeit gehört zum Selbstverständnis nur der allerwenigsten Singles. Wir gewannen vielmehr den Eindruck, daß das *Ideal* von Liebe und Zweisamkeit auch unter Singles weitgehend ungebrochen ist. Einer konkreten *Realisation* dieses Ideals wird jedoch von vielen Singles mit weit gemischteren Gefühlen entgegengesehen. Die Ansprüche an eine Partnerbeziehung sind außerordentlich hochgeschraubt. "Unkonventionelle" Konstellationen sind gefragt, keine Abhängigkeiten vom Ehemann auf der Seite der Frauen, keine "Versorgerrolle" gegenüber der Frau und nicht die Fixierungen, die sich aus dieser Rolle ergeben, auf der Seite der Männer. Eine mehr oder weniger versteckte **Bindungsskepsis herrscht vor**, die bei manchen Singles selbst vor dem Umgang mit Kollegen und Freunden nicht recht halt macht. Es gilt im Singleleben, was sonst so leicht dahingesprochen ist: Lieber allein als unglücklich zu zweit. Der psychische Druck hin zu einer Bindung ist dagegen eher schwach ausgeprägt: **Die meisten Singles kennen Gefühle der Einsamkeit oder Benachteiligung nicht oder nur eben episodenhaft.**

Differenzieren müssen wir an dieser Stelle jedoch partnerlos lebende **geschiedene Männer** mit eher traditionalen Rollenvorstellungen von allen anderen Singles. Sie erweisen sich nicht nur in dem Moment des Überganges in die Partnerlosigkeit als wenig anpassungsfähig an ein Alleinleben, sondern vermögen auch nach längerer Single-Erfahrung einem Leben ohne den emotionalen Rückhalt einer Partnerin wenig Sinn abzugewinnen. Ohne Partner leben ist unter ihnen mit Abstand am stärksten mit Gedanken an Einschränkungen, Benachteiligungen, unerfüllten Wünschen und Gefühlen der Einsamkeit assoziiert. Ein Stück weit sind sie als Singles mit Scheidungserfahrung aus der Spur ihrer vertrauten Lebensperspektiven geraten, die das Lebensmodell von Familie so geradlinig vorgezeichnet und dessen Verheißungen sie sich in ihrem Leben mehr oder weniger "blind" anvertraut hatten.

Wesentlich besser an einen individualisierten Lebensalltag angepaßt zeigen sich **ledige Männer** unter den Singles mit einem hohen schulischen Bildungsniveau. Entgegen den bisherigen Vorstellungen, es seien ausschließlich **Frauen**, die Veränderungsdruck hin zu "freieren" Lebensformen ausüben, erweisen sich auch diese Männer - vor dem Hintergrund einer ausgeprägten beruflichen Orientierung - an der Verwirklichung eines "eigenen Lebens" stark interessiert. Ausgeprägter noch als weibliche Singles rücken sie den Aspekt der persönlichen Freiheit in ihren Lebensvorstellungen in den Vordergrund, und in gleicher Weise wie viele geschiedene Frauen unter den Singles melden sie prüfend und rational Vorbehalte gegen eine allzu feste Bindung an. Sie erfahren sich in erster Linie "in sich selbst zentriert", und die gelegentlichen "Einbrüche" von Liebe in ihre Lebenswelt vermögen offenbar ihr sonstiges Tun und Planen nicht nachhaltig zu verändern.

Unter dem Vorbehalt einer stark verkleinerten Stichprobe können wir insgesamt davon auszugehen, daß

- sich nur eine **kleine Minderheit** (15 %) aller Singles für die weitere Lebenszukunft *definitiv* auf den Verzicht auf einen festen Partner festlegen will, somit nur wenige deutlich **bindungsdesinteressiert** sind;

- darüber hinaus eine **bedeutende Minderheit** (28 %) aller Singles einer Bindung prinzipiell offen gegenübersteht, aber zugleich *starke Vorbehalte* gegen ihre konkrete Realisation anmeldet, so daß zumindest Zweifel an ihrer tatsächlichen Bindungsbereitschaft angebracht sind. Eine derartige **Bindungsambivalenz** bedeutet eher eine Haltung des "Nicht-Ausschließen-Wollens" als ein wirkliches "Wollen";

- dagegen eine **knappe Mehrheit** (57 %) aller Singles eindeutig **bindungsorientiert** und einer neuen Partnerbeziehung *eindeutig positiv* gegenüber eingestellt ist.

Der Wunsch, eine Partnerbeziehung zu einer **Ehe** oder einer **Familie** auszuweiten, ist unter Singles im mittleren Lebensalter sichtlich **gedämpft**. Nicht einmal ein Viertel aller Singles denkt ernsthaft daran, ein solches Leben noch bzw. (im Falle Geschiedener) wieder zu realisieren. Dabei sind die wenigsten ausgesprochen "anti-familiär" eingestellt, vielmehr wird einer Partnerbindung nicht mehr die - für ein Familienleben durchweg als notwendig erachtete - "Haltbarkeit" unterstellt bzw. bleiben eigene Kinderwünsche und damit ein wichtiges Heiratsmotiv aus.

Wir haben Singles im "Familienlebensalter" in einen engen Zusammenhang mit einer fortgeschritten modernisierten Gesellschaft gebracht, welche die Herauslösung des Einzelnen aus ökonomischen, sozialen und kulturellen Bindungen forciert. Wir haben das Singleleben nicht nur in seiner individuellen, psychischen Ausdrucksform, sondern auch als einen sich ausbreitenden "Reflex" auf eine von steigender Marktdynamik erfaßten Gesellschaft dargestellt, in welcher familiäre Gemeinschaften zu "emotionalen Enklaven" und marktförmige Einzelne - erwerbstätige Männer wie Frauen - die eigentlichen Basiseinheiten zu werden beginnen.

In *ökonomischer* Hinsicht sind Singles am weitesten individualisiert. Kaum Unterschiede bestehen zwischen den Frauen und Männern unter den Singles in ihrer Stellung am Arbeitsmarkt. Der **Beruf** ist unseren Befragungsergebnissen zufolge zudem **die zentrale Achse ihrer Lebensführung**. Zum Teil wird auf ein berufliches Fortkommen größeren Wert gelegt als auf die baldige Realisation einer neuen "Liebe", und für ein solches Fortkommen erweisen sich die Freiheiten eines Singlelebens als besonders funktional. Dominant ist unter Singles jedoch nicht die Vorstellung, eine "Bindung" an den Beruf *statt* an eine "große Liebe" zu praktizieren. Vorherrschend ist vielmehr der Wunsch, auf *beiden* Achsen der Lebensführung - dem Beruf *und* dem privaten Leben - "Erfolg" im gesellschaftlich vermittelten Sinne zu erreichen.

In **sozialer** Hinsicht zeigt sich Individualisierung im Leben von Singles in erster Linie an ihrem Verzicht auf einen festen Partner und ihrem Alleinwohnen. Doch macht eine Distanzierung von anderen Menschen auch vor dem Bereich ihrer persönlich bedeutsamen Beziehungen nicht halt. Nur wer sich vor allem unzufrieden und unfreiwillig ohne Partner leben sieht, sucht das empfundene "Bindungsdefizit" in einem intensiven Kommunikationskreis von Freunden und engeren Verwandten zu kompensieren. Je zufriedener aber Singles mit ihrer Lebensführung sind, desto größeren Wert legen sie auch auf **Autonomie** in ihrem jeweiligen privaten Beziehungsumfeld. Allenfalls gewinnt der Rückhalt tiefer Vertrauensbeziehungen eine Bedeutung für die psychische Befindlichkeit von Singles.

In **kultureller** Hinsicht zeigen sich Singles in dem von uns verfolgten Blickpunkt vergleichsweise am wenigsten individualisiert. Insgesamt ist ein **bewußt und freiwillig praktizierter Individualismus** im Sinne einer gewollten Loslösung von festen Bindungen und herkömmlichen Bindungsvorstellungen nur unter einer **Minderheit** von Singles anzutreffen. Verbreitet ist vielmehr eine ausgesprochen **ambivalente Grundhaltung** im Singleleben: zwischen den weiten persönlichen Freiheiten, welche diese Lebensform bieten kann, und den im Singleleben nicht realisierten, aber als zugkräftig erfahrenen Idealen von "tiefer Liebe" und "echter Zweisamkeit" - dazwischen der Graben der schwieriger werdenden konkreten Bindungsrealisation. Diese Zwiespältigkeit erscheint typisch für eine sich im Übergang befindliche, individualisierende Gesellschaft, deren Mitglieder mit zunehmender Entfremdung voneinander verstärkte Sehnsüchte nach ihrer vorbehaltlosen Annäherung zueinander entwickeln. Das leuchtende Ideal der Liebe und die erfahrene graue Realität des alltäglichen Zusammenseins von Partnern polarisieren sich im Bewußtsein der Einzelnen. Gesucht ist eine Überwindung der Liebesmißverständnisse, eine "neue Annäherung" von Mann und Frau, in der das Aufgehen im Du und der Drang nach weiter Freiheit des Ich zu einem erfahrbaren *gemeinsamen* Lebensglück vereinigt ist. Vielleicht bringt eine Liebe weiter, wie sie RAINER MARIA RILKE vordachte: "... unendlich rücksichtsvoll und leise, und gut und klar im Binden und Lösen", eine Liebe, die nicht mehr auf Unterordnung und Besitzergreifen baut, sondern gleichend darin besteht, "daß zwei Einsamkeiten einander schützen, grenzen und grüßen"[239].

---

239 RILKE, RAINER MARIA (1980): Briefe. Frankfurt am Main, S. 79 f.

ANHANG A

Definitionen der Begriffe
'Singles', 'Alleinlebende' und 'Alleinstehende'
in der Literatur

Definitionen des Begriffs 'Single'

Adams, M. (1971): The Single Woman in Today's Society. A Reappraisal, in: **American Journal of Orthopsychiatry**, 41, S. 776-786.

".. singleness will apply not only to the numerically restricted group of *never-marrieds* but will also embrace *widows* and *divorced* women ... The primary criteria of being single is *the capacity and opportunity to be economically self-supporting*. ... A second essential criterion of singleness is *social and psychological autonomy*. ... The third criterion is a *clearly thought through intent to remain single by preference rather than by default of being requested in marriage* ... Age is another significant factor and I have selected 30 and upwards as the chronological boundary delimiting the single state ...".

Adams, M. (1976): Single Blessedness. Observations on the Single Status in Married Society, New York, S. 18 ff.

"... Singleness - that is, the living styles that are *not based on long-term, exclusive, legally formalized heterosexual relationships* - ..."

"... individuals who have never been arried, those who have been married but are now divorced, and widows and widowers. These three groups share the common fate of *not having a legal spouse* and many similar practical issues of living."

Austrom, D. R. (1984): The Consequences of Being Single, New York, S. 57.

"... *all adults who are not living with a mate will be classified as single.*"

"... *participants will be described as "single" if they are not cohabiting with a lover, spouse, or mate and this category will be sustained regardless of the participant's current or former romantic alliances.*"

Bequaert, L. H. (1976): Single Woman Alone and Together, Boston, Einführungskapitel.

"... *all those women who are not married - whether widowed, separated, divorced, or never married - who are alone in charge of their households*. Some of these women live alone, some live with other adults, and some with their dependent children or aging parents".

Cargan, L., Melko, M. (1983): Singles: Myth and Realities, Beverly Hills, London, New Dehli, S. 23.

"The word single .. applied to all who find themselves in this *nonmarriage status*, regardless of the reason - the never married, the divorced, the widowed."

Coleman, J. C. (1984): Intimate Relationship. Marriage and Family, Indianapolis, S. 223-235.

"... *Never-married* singles. By far the largest number of singles are persons who never have been married. ... *Separated and divorced* singles. ... *Widowed* singles ..."

Darling, J. (1976): An Interactionist Interpretation of Bachelorhood and Late Marriage. The Process of Entering into, Remaining in, and Leaving Careers of Singleness, Diss., University of Connecticut, S. 1.

"Bachelors were defined as men who had *reached the age of 35 without involvement in a role relationship consensually referred to as marriage.*"

Davis, A., Strong, P. (1977): Working without a Net. The Bachelor as a Social Problem, in: **Sociological Review**, 25, S. 111.

"... the fate of the *never-married* is not something quite distinct from all other kinds of existence. ... there are many other people who are single too and who share some part of it: *the divorced, the separated, the widowed, the one-parent-family*".

Deegan, D. Y. (1981): The Stereotypes of the Single Woman in American Novels. A Social Study with Implications for the Education of Women, New York, S. 27.

"The present study .. borrows verbatim the definition used by Young in which he applies the term 'single woman' to '*women thirty years of age or older ... the woman whose probability of marriage is so slight that she has had to adjust herself consciously, if not unconsciously, to the idea of remaining unwed*'."

Drake, M., O'Brien, M., Biebuyk, T. (1982): Single and Homeless, London, S. 125.

"Single is defined as 1. *those not living with a spouse, child, cohabitee, parent*, or 2. *those who are living with one or more of the above but who have to leave within a month or a time period which the client considers to be immediate*".

Droth, W. (1983): Die Alleinlebenden, in: **Wagner, M., Droth, W., Dangschat, J.** (Hrsg.): Räumliche Konsequenzen der Entwicklung neuer Haushaltstypen, Hamburg-Harburg, S. 28 ff.

Orientiert an **Stein** (1976: 11) faßt der Autor 'Single' als "*alleinlebende Person ohne Kinder, die keine feste, 'monogame' Beziehung zu einem ungleichgeschlechtlichen oder gleichgeschlechtlichen Partner besitzt*".

Alleinlebende sind dabei "Personen, die für sich allein, also ohne andere Personen, auch ohne Kinder, in einer Wohnung leben und wirtschaften."

"Die obengenannte Definition von 'Single' läßt offen, aus welchen Gründen eine Person ein Single ist. Wenn eine Person ihr Single-Dasein freiwillig und bewußt gewählt hat, so sprechen wir von einem 'echten Single'... (**Scheidt** (1981): 32)."

Edwards, M., Hoover, E. (1974): The Challenge of Being Single, Los Angeles, S. 1.

"It doesn't matter whether you are a man or a woman, *divorced, widowed, separated,* or *never-married*; if you are *not paired* ... (you are a single, R. B.)".

Gagnon, J. H., Greenblat, C. S. (1978): Life Designs. Individuals, Marriages and Families, Glenview, S. 544.

"Those we are calling 'single' .. represent largely those *unmarried* members of the society who are *older than the premarital* (say older than 25 to 28), who may or may not have been married, who are *usually without children*, and who *often are working*".

Höpflinger, F. (1987): Wandel der Familienbildung in Westeuropa, Frankfurt, New York, S. 13.

Klassifikation von Lebensformen nach den Dimensionen "aktuelle Haushaltsform" und "formeller Zivilstand". Aus ihr ergeben sich u. a.:
Alleinlebend/Ein-Personen-Haushalt - ledig: *temporäre oder permanente 'Singles'*.
Alleinlebend/Ein-Personen-Haushalt - geschieden/verwitwet: *sekundäre 'Singles'*.

Jacoby, S. (1974): 49 Million Singles Can't Be Right, in: **New York Times Magazine**, 17. Feb., S. 13.

"The adult single population ... includes men and women who have *never been married*, *widows* and *widowers*, the *divorced* and *legally separated* ...".

Kain, E. L. (1984): Surprising Singles, in: **American Demographics**, Aug., S. 16-20.

"The Census Bureau uses the term 'single' only to mean those people who have *never been married*, and this article also uses the term 'single' to mean 'never-married'."

"It makes sense ... to distinguish cohabitors from other singles."

Keith, P. M. (1980): Two Models of Singleness. Managing an Atypical Marital Status, in: **International Journal of Sociology of the Family**, 10/2, S. 301 f.

"... Singleness often is defined to include the *divorced, separated, widowed, and the never-married*."

Knupfer, G., Clark, W., Room, R. (1966): The Mental Health of the Unmarried, in: **American Journal of Psychiatry**, 122, S. 841.

"... 'single' and 'unmarried' are used interchangeably, always in the sense of 'never - married'."

Langenscheidts Enzyklopädisches Wörterbuch, Band I/2, Englisch-Deutsch, S. 1308 f.

"*single - ... alleinstehend, ledig, unverheiratet;
single life - ... Ledigen-, Junggesellenstand;
single man - Alleinstehender, Junggeselle;
single woman - Alleinstehende, Junggesellin;
singleness - ... Ehelosigkeit*"

Libby, R. W. (1978): Creative Singlehood as a Sexual Lifestyle. Beyond Marriage as a Rite of Passage, in: **Murstein, B. I.** (Hrsg.), Exploring Intimate Lifestyles, New York, S. 166 ff.

"While some researchers would simply limit singles to never marrieds, others include divorced, separated, and widowed people who are not cohabiting with a sexual partner. Others incorporate legal, social, and personal dimensions into the definition, such as age, intention to remain single or to marry, acceptance or nonacceptance of multiple sexual and emotional relationships, living arrangements, means of financial support, involvement in primary (even if not exclusive) sexual relationships, and the budgeting of time between one or more people and other obligations. Others simply state that singlehood, like marriage, is a state of mind rather than a legal status or a label conferred by others. Some define singlehood in terms of marriage (thus the stages 'premarital' and 'postmarital'), while others view singlehood as a choice rather than a stage."

"... 'creative singlehood' is not legal marriage or cohabitation. A creatively single person is not emotionally, sexually, or financially dependent on one person; psychological and social autonomy are necessary to be defined as single. ... A single person is committed to various leisure and occupational relationships, but does not make an exclusive commitment which precludes other emotional and sexual experiences. Singlehood is a state of availability. This definition rules out those who are totally or mostly dependent on a relationship which demands conformity to a monogamous model, but it could include separated and divorced people, regardless of whether they are parents. This definition, then, goes beyond legal categories to focus on self-definitions and on the social identities acquired through labeling."

Loewenstein, S. F., Bloch, N. E., Campion, J., Epstein, J. S., Gale, P., Salvatore, M. (1981): A Study of Satisfactions and Stresses of Single Women in Midlife, in: **Sex Roles**, 7/11, S. 1128.

"... single women were defined as those who were *never-married, widowed, divorced, or separated and who defined themselves as single.*"

Meyer, S., Schulze, E. (1989): Balancen des Glücks. Neue Lebensformen: Paare ohne Trauschein, Alleinerziehende und Singles, München, S. 30.

"Als Singles verstehen wir *jüngere Personen, die alleine wohnen, keine Kinder haben oder deren Kinder bereits ausgezogen sind bzw. bei einem anderen Elternteil leben.* Ein weiteres Kriterium für Singles ist, daß sie *zur Zeit keine feste Partnerschaft haben.*"

Meyers Enzyklopädisches Lexikon (1980): Band 26: Nachträge A - Z, S. 716.

"Single, aus dem Amerikanischem übernommene Bezeichnung für - im Unterschied zu Alleinstehenden - *bewußt und willentlich allein lebende Menschen.* Kennzeichnend für diese Lebensform ist der *Anspruch auf ökonomische Unabhängigkeit und persönliche Ungebundenheit*".

Meyers Grosses Universal-Lexikon (1985): Band 13: Sh - Sz, S. 73.

"Single, ... jemand, der *ohne feste Bindung an einen Partner* lebt".

Scheidt, J. v. (1979): Singles. Alleinsein als Chance des Lebens, München, S. 32.

"Ein Single ist *ein Mann oder eine Frau im Erwachsenenalter (nach dem 18. Lebensjahr), der/die selbständig lebt, einen eigenen Haushalt allein führt, sich selbst zu unterhalten vermag und auch in anderer Hinsicht unabhängig ist.* Darüber hinaus gibt es neben diesen Singles im engeren (statistisch-soziologisch erfaßbaren) Sinn auch noch den Single als psychologisches Phänomen, als eigene Lebensform. Unter diesem weiter gefaßten Gesichtspunkt ist als Single jeder Mensch zu bezeichnen, der primär seinen eigenen Bedürfnissen lebt und nach Selbstverwirklichung strebt. Lebt er, nach außen hin, in festen

Beziehungen (Partnerschaft, Ehe, Familie), ist aber von der Lebensweise her (innerlich isoliert, einsam) primär ein Single, so bezeichnet man ihn als Krypto-Single (von griech. krypto = 'verborgen'). Das Stadium des Single-seins läßt sich begreifen als eigene Entwicklungsphase nach Kindheit und Pubertät und vor dem Stadium des wirklich partner(bindungs-)fähigen Erwachsenen".

Schwarz, K. (1983): Die Alleinlebenden, in: **Zeitschrift für Bevölkerungswissenschaft**, 2, 251 f.

"Diejenigen, die man heute - vielfach recht unbestimmt - als 'Singles' bezeichnet, d. h. Personen, welche das Alleinwohnen als neue Lebensform erproben, müßten danach in erster Linie unter den *30-45-jährigen Ledigen* zu suchen sein".

Spiegel, E. (1983): Neue Haushaltstypen - Alternativen zu Ehe und Familie, in: **Baethge, M., Eßbach, W.** (Hrsg.), Soziologie: Entdeckungen im Alltäglichen: Hans-Paul-Bahrdt, Frankfurt, et al., S. 64 f.

"In der amerikanischen und englischen Statistik ist 'single' gleichbedeutend mit *'ledig'*. Als neuer Haushaltstyp, besser: als neuer Lebensstil ... sind die Singles aber keineswegs mit allen Ledigen identisch, auch nicht mit denen, die allein leben. *Auch Geschiedene oder Verwitwete können Singles sein*".

Spreitzer, E., Riley, L. E. (1974): Factors Associated with Singlehood, in: **Journal of Marriage and the Family**, 36, S. 533.

"It is a condition of a person who is not married, or, more precisely, of *a person who has never been involved in a legally constituted union of man and woman*" (zit. nach **Leplae**, C. (1964): Celibacy in Belgium: A Preliminary Study, in: **Acta Sociologica**, 8, Febr., S. 15).

Stein, P. (1975): Singlehood: An Alternative to Marriage, in: **Family Coordinator**, 24/4, S. 489 ff.

"The paper analyzes Singlehood as a *positive choice made by adults who have chosen not to marry or re-marry.*"

"... we included only those men and women *who responded negatively to the following three questions: (1) Is there one person of the opposite sex or the same sex you now see exclusively? (2) Do you plan to marry in the near future? (3) Do you hope to live with one person in a sexually exclusive relationship in the near future?*"

Stein, P. J. (1976): Single, Englewood Cliffs, S. 11.

"So ... our working definition of "single" will be: *those men and women who are not currently married or involved in an exclusive heterosexual or homosexual relationship. We exclude cohabiting singles from the term because the interpersonal experiences of cohabiting couples tend to parallel the interpersonal experiences of marrieds.*"

Stolk, Y., Brotherton, P. (1981): Attitudes Towards Single Women, in: **Sex Roles**, 7/1, S. 73.

"Single women in the present study include women who have *never married, are aged 30 and over, are childless, and are not living in a stable de facto relationship*".

Weber, S., Gaedemann, C. (1980): Singles. Report über die Alleinlebenden, München, S. 234.

Die Autoren verstehen unter 'Singles' *Personen mit dem Familienstatus ledig (mit oder ohne Erfahrung im partnerschaftlichen Zusammenleben), verwitwet, verheiratet getrenntlebend, geschieden mit oder ohne Kinder.*

Definitionen des Begriffs 'Alleinlebende'

Droth, W. (1983): Die Alleinlebenden, in: **Wagner, M., Droth, W., Dangschat, J.** (Hrsg.): Räumliche Konsequenzen der Entwicklung neuer Haushaltstypen, Hamburg-Harburg, S. 27 ff.

"Gegenstand der Diskussion (über Alleinlebende, R. B.) ... sind *Personen, die für sich allein, also ohne andere Personen, auch ohne Kinder, in einer Wohnung leben und wirtschaften.*"

"Das Statistische Bundesamt versteht unter 'Ein-Personen-Haushalte' 'Personen, die für sich alleine in einem Haushalt wohnen und wirtschaften, gleichgültig welchen Familienstand sie haben ... und bezeichnet diese Personengruppe als 'alleinlebende Personen'. Wir halten diese Bezeichnung für unangemessen, da ... Personen, die bei statistischen Erhebungen angeben, allein zu wirtschaften, nicht zwangsläufig auch allein wohnen, allein leben. Wir ziehen es daher vor, den Begriff 'Alleinlebende' etwas anders zu fassen als das Stat. Bundesamt dies tut. Dazu gehen wir von der davon zu unterscheidenden Definition der 'alleinstehenden Person' der amtlichen Statistik aus. Mit 'Alleinstehende' bezeichnet das Stat. Bundesamt 'Verheiratet getrenntlebende, verwitwete oder geschiedene Personen mit oder ohne Kinder, sowie Ledige mit Kindern.' .. Wir schließen uns dieser Definition an und ergänzen sie mit dem Zusatz '... sowie Ledige mit oder ohne Kinder'. Im Gegensatz zu dem Begriff 'Alleinstehender' beinhaltet der Begriff 'Alleinlebender' auch eine bestimmte Wohnform: Alleinlebende bzw. alleinlebende Personen sind definiert als alleinstehende Personen, die für sich allein in einer Wohnung leben.*"

Droth definiert folgende Subtypen des Alleinlebens von nicht-verheirateten bzw. verheiratet-getrennt lebenden Personen:
Single - alleinstehend, von ihnen alleinlebend, von ihnen ohne Partner;
Nicht-ehel. Lebensgemeinschaft mit getrennten Wohnungen - alleinstehend, von ihnen alleinlebend, von ihnen mit Partner;

Euler, M. (1967): Die wirtschaftliche und soziale Lage der alleinstehenden Frauen. Ergebnis der Einkommens- und Verbrauchsstichprobe 1962/63, in: **Wirtschaft und Statistik**, 9, S. 514.

"Unter Alleinlebenden im Sinne dieser Statistik (Einkommens- und Verbrauchsstichprobe 1962/63, R. B.) sind *alleinstehende Personen zu verstehen, die einen selbständigen Haushalt führen, wirtschaftlich und wohnungsmäßig mit keinem anderen Haushalt eng verbunden sind und außerdem nicht in Anstalten leben*".

Opaschowski, H. W. (1981): Allein in der Freizeit, BAT-Schriftenreihe zur Freizeitforschung, 1, Hamburg, S. 33.

"Definitionsmerkmale "Alleinlebender": unverheiratet/nicht verlobt/eigener Haushalt/Einkommen über DM 1000/berufstätig/ohne feste Bindung an einen Partner und - zum Zeitpunkt der Befragung - ohne Absicht, sich fest zu binden".

Schwarz, K. (1983): Die Alleinlebenden, in: **Zeitschrift für Bevölkerungswissenschaft**, 2, S. 241-257.

Der Autor setzt 'Alleinlebende' mit 1-Personen-Haushalten gleich. Er differenziert Alleinlebende nach ihrem Familienstand: *Ledige, Geschiedene, verheiratet Getrenntlebende und Verwitwete in 1-Personen-Haushalten (='alleinstehende Alleinlebende').*

Spiegel, E. (1986): Neue Haushaltstypen. Entstehungsbedingungen, Lebenssituation, Wohn- und Standortverhältnisse, Frankfurt, New York, S. 9 ff.

Die Autorin identifiziert Alleinlebende als 'neuen Haushaltstyp'. "Gemeint ist der Haushalt als übergreifender Lebenszusammenhang, als Lebensform, die ebenso durch spezifische Formen des Wohnens und Wirtschaftens wie durch die Art der Rollenverteilung, der interpersonalen Beziehungen und der normativen Vorstellungen und Erwartungen der Haushaltsmitglieder geprägt ist. Dies gilt nicht nur für Haushalte, in denen mehrere Personen zusammen wohnen und wirtschaften, es gilt auch für die wachsende Zahl der Haushalte, in denen nur eine Person wohnt und wirtschaftet und die sich in dieser Hinsicht meist nur dadurch von Mehrpersonenhaushalten unterscheiden, daß ein größerer Teil der sozialen Rollen und interpersonalen Beziehungen, die den Lebenszusammenhang dieser Person bilden, die Grenzen des eigenen Haushaltes überschreitet und Angehörige anderer Haushalte mit einbezieht." Die Autorin faßt Alleinlebende als *Ein-Personen-Haushalte*.

Statistisches Bundesamt (1988): Haushalte und Familien, Fachserie 1 Reihe 3, S. 14.

"Alleinlebende Personen: Personen, die *für sich alleine in einem Haushalt wohnen und wirtschaften,* gleichgültig welchen Familienstand sie haben (Einpersonenhaushalte) werden als alleinlebende Personen bezeichnet."

Definitionen des Begriffs 'Alleinstehende'

Bohne, R. (1960): Das Geschick der zwei Millionen. Die alleinlebende Frau in unserer Gesellschaft, Düsseldorf, S. 17.

"'Alleinstehend' ist aber nur, wer *wirklich ganz allein lebt, - ohne Ehemann, ohne Eltern (oder einem Elternteil), ohne Geschwister, ohne Kind*".

Der Bundesminister für Arbeitsmarkt und Sozialordnung (1970): Zur Lebenssituation alleinstehender Frauen. Eine Untersuchung des Instituts für Demoskopie in Allensbach, Bonn, 6.

".. Als "alleinstehend" im weiteren Sinne bezeichnet man ... die Frau auch dann noch, wenn sie zwar ohne Ehemann, jedoch mit anderen Personen - Kindern, Eltern, Elternteilen, sonstigen Angehörigen oder Bekannten - in Wohngemeinschaft lebt; die sog. "Halbfamilie" oder "unvollständige" Familie ist Teil dieses Personenkreises. Es sind nicht nur die Frauen gemeint, die allein für sich in einem Einpersonenhaushalt leben; gemeint sind auch Frauen, die in einem Zwei- oder höchstens Drei-Personenhaushalt mit ihrer Mutter oder - sehr viel seltener - ihrem Vater, mit einem oder zwei Kindern oder einem anderen einzelstehenden Familienmitglied zusammenleben. ... *Ausschlaggebend ist: sie leben ohne Ehepartner*".

Der Bundesminister für Wohnungswesen und Städtebau (1972): Die wohnliche Versorgung Alleinstehender. Unter besonderer Berücksichtigung der alleinstehenden Frauen, Hamburg, S. 10.

"Im statistischen Bereich werden unter Alleinstehenden die Personen verstanden, die *allein leben, also mit keinem anderen wirtschaftlich und wohnungsmäßig zu einem gemeinsamen Haushalt verbunden sind und nicht in Anstalten oder Heimen untergebracht sind*. Je nach der besonderen Fragestellung knüpfen die Erhebungen an den Familienstand oder die Haushaltstypen ... an."

Dittrich, G. G. (Hrsg.) (1972): Wohnen Alleinstehender, Stuttgart, S. 12 u. 190.

Er faßt 'Alleinstehende' zum einen im Sinne der amtlichen Statistik als *'Ein-Personen-Haushalte'*, aber ergänzt durch *'Ein-Elternteil-Familien'*: "... Eine Mutter, die ohne Mann oder sonstige Familienangehörige mit einem oder mehreren Kindern einen Haushalt bildet, ist im sozialen und wirtschaftlichen Sinne 'alleinstehend', d. h. sie ist allein für Erziehung, Haushaltsführung und zum großen Teil für die Beschaffung des Haushaltseinkommens verantwortlich".

Droth, W. (1983): Die Alleinlebenden, in: Wagner, M., Droth, W., Dangschat, J. (Hrsg.): Räumliche Konsequenzen der Entwicklung neuer Haushaltstypen, Hamburg-Harburg, S. 28 ff.

"Mit 'Alleinstehende' bezeichnet das Stat. Bundesamt *'Verheiratet getrenntlebende, verwitwete oder geschiedene Personen mit oder ohne Kinder, sowie Ledige mit Kindern.'* (ebd.). Wir schließen uns dieser Definition an und ergänzen sie mit dem Zusatz *'... sowie Ledige mit oder ohne Kinder'*. Die Definition bezeichnet also einen demographischen Sachverhalt ... und läßt die Form des Zusammenlebens bzw. des Haushalts, in dem die Person lebt, offen. Alleinstehende können allein leben, mit Verwandten, mit Freunden, mit einem Partner. Ist letzteres der Fall, so mag die Bezeichnung 'Alleinstehender' vielleicht etwas irreführend sein, weil die Person dann im umgangssprachlichen Sinne nicht mehr 'allein steht'. Da es jedoch in der deutschen Sprache keinen Begriff gibt, unter dem die oben genannten Personengruppen subsumierbar sind, halten wir die Definition für gerechtfertigt."

Droth definiert folgende Subtypen des Alleinstehens von nicht-verheirateten bzw. verheiratet-getrennt lebenden Personen:
Single - alleinstehend, von ihnen alleinlebend, von ihnen ohne Partner;
Nicht-ehel. Lebensgemeinschaft mit getrennten Wohnungen - alleinstehend, von ihnen alleinlebend, von ihnen mit Partner;
nicht-eheliche Lebensgemeinschaft - alleinstehend, von ihnen nicht alleinlebend, d. h. zusammenlebend, von ihnen zusammenlebend mit Partner;
Wohngemeinschaft - alleinstehend, von ihnen nicht alleinlebend, d. h. zusammenlebend, von ihnen zusammenlebend mit Freunden, Bekannten bzw. Partner und Freunden, Bekannten;
Familie mit erwachsenen Kindern - alleinstehend, nicht alleinlebend, d. h. zusammenlebend, von ihnen zusammenlebend mit Verwandten.

Meyer, S., Schulze, E. (1984): "Alleine war's schwieriger und einfacher zugleich", in: **Freier, A.-E. et al.** (Hrsg.), Das Schicksal Deutschlands liegt in der Hand seiner Frauen, Düsseldf., 348.

"Der Begriff 'alleinstehend' kennzeichnet heute *Frauen, die ohne Mann leben, d. h. entweder ihren Mann verloren haben, keinen Partner fanden oder nicht heiraten wollen.*"

Opaschowski, H. W. (1981): Allein in der Freizeit, BAT-Schriftenreihe zur Freizeitforschung, 1, Hamburg, S. 22.

Der Autor verbindet mit 'alleinstehend' *Personen mit Familienstand 'ledig', 'verwitwet' oder 'geschieden'.*

Schwarz, K. (1983): Die Alleinlebenden, in: **Zeitschrift für Bevölkerungswissenschaft**, 2, S. 241-257.

'Alleinstehende' werden als *Ledige, verheiratet Getrenntlebende, Verwitwete und Geschiedene* gefaßt.

Statistisches Bundesamt (1988): Haushalte und Familien, Fachserie 1 Reihe 3, Stuttgart, Mainz, S. 14.

"Alleinstehende Personen: *Verheiratet getrenntlebende, verwitwete oder geschiedene Personen mit oder ohne Kinder, sowie Ledige mit Kindern.*"

ANHANG B

Fragebogen

**LEHRSTUHL REGIONALE ENTWICKLUNGSFORSCHUNG
AN DER UNIVERSITÄT BAYREUTH**

Geo II Zim. 159
Tel. 0921/55-2285

Postfach 10 12 51
8580 Bayreuth

ALLEINLEBEN IM SOZIALEN BEZIEHUNGSKONTEXT

(. .) (.) ( )
   B   I   Q

Anhang B Fragebogen

Mit Liste A befragen!

FA. Welchen Familienstand haben Sie zur Zeit?

(1) **ledig**
(2) **verheiratet**, aber vom ehemaligen Partner getrenntlebend
(3) **verwitwet**
(4) einmal **geschieden**
(5) mehrmals geschieden

Bevor wir zu unserer eigentlichen Thematik kommen, möchte ich Sie erst einmal etwas näher kennenlernen: was ihre Ausbildung betrifft, Ihre Arbeit usw.

BI1. Welchen allgemeinbildenden Schulabschluß haben Sie?

Bitte geben Sie nur den jeweils höchsten Abschluß an. (9) k. A.

(1) keinen Abschluß (3) Realschul-Abschluß, Mittlere Reife
(2) Volks-/Hauptschul-Abschluß (4) Abitur, Fachhochschulreife

(5) sonstiger Abschluß, und zwar: _____

BI2. Haben Sie einen beruflichen Ausbildungsabschluß?

(0) habe keinen Abschluß

Bitte geben Sie Ihren jeweils höchsten beruflichen Ausbildungsabschluß an.

(1) abgeschlossene Lehre (9) k. A.
(2) Berufsfachschulabschluß
(3) Meister-, Techniker-Abschluß
(4) Fachschulabschluß
(5) Universitäts-, Fachhochschul-Abschluß
(6) sonstiger Abschluß, und zwar: _____

BI3. Befinden Sie sich zur Zeit in einer schulischen oder beruflichen Ausbildung?

(0) nein

Welchen Abschluß streben Sie dabei an?

(1) abgeschlossene Lehre (9) k. A.
(2) Berufsfachschulabschluß
(3) Meister-, Techniker-Abschluß
(4) Fachschulabschluß
(5) Universitäts-, Fachhochschul-Abschluß
(6) sonstiger Abschluß, und zwar: _____

ER1. Einmal grundsätzlich: Was erwarten Sie sich persönlich von einer Berufstätigkeit?

Liste B ausfüllen lassen! Dazu Liste 1 reichen! ( ) k. A.

Bitte geben Sie an, inwieweit die folgenden Aussagen mit Ihrer Meinung übereinstimmen bzw. nicht übereinstimmen.

ER2. Sind Sie zur Zeit erwerbstätig?

(1) ja, ganztags (4) nein, in Ausbildung
(2) ja, halbtags (5) nein, arbeitssuchend
(3) ja, stundenweise (6) nein, mit eigenen Interessen beschäftigt

Falls 4, 5 oder 6: weiter mit Frage ER8!

ER3. In welcher Berufsposition sind Sie zur Zeit? (99) k. A.

(1) un-, angelernte(r) **Arbeiter(in)**
(2) gelernte(r) Arbeiter(in), Facharbeiter(in)
(3) Meister(in), Polier
(4) Industrie-, Werkmeister
(5) einfache(r), mittlere(r) **Angestellte(r)**
(6) leitende(r) Angestellte(r)
(7) Führungskraft
(8) **Beamte(r)**, einfacher Dienst
(9) Beamte(r), mittlerer Dienst
(10) Beamte(r), gehobener Dienst
(11) Beamte(r), höherer Dienst
(12) Landwirt
(13) Freiberufler
(14) **Selbständige(r)**
(15) mithelfende(r) Familienangehörige(r)

ER4. Und wie heißt Ihr Beruf, den Sie zur Zeit ausüben?

Antwort genau notieren!

Beruf: _____

ER5. Ist Ihre Arbeitsstelle zeitlich befristet?

(1) ja (2) nein (9) k. A.

ER6. Und was für Arbeitszeiten haben Sie?

(1) **zu normalen Zeiten**: ausschließlich tagsüber an Werktagen
(2) **in Schicht**: in fester Schichteinteilung, nie an Wochenenden
(3) in Schicht: in fester Schichteinteilung, auch an Wochenenden
(4) in Schicht: Schichteinteilung wechselt, nie an Wochenenden
(5) in Schicht: Schichteinteilung wechselt, auch an Wochenenden
(6) **fast an jedem Tag**
(8) zu sonstigen Arbeitszeiten (9) k. A.

ER7. Wieviele Stunden arbeiten Sie durchschnittlich in der Woche?

Arbeitsstunden: ( )   ( ) k. A.

ER8. *Liste C ausfüllen lassen! Dazu Liste 1 reichen!*   ( ) k. A.

Bitte schildern Sie mir Ihre derzeitige Arbeit anhand dieses Fragebogens noch etwas näher.

WO1. Bewohnen Sie mehrere Haushalte?

(1) nein   (2) ja, 2 Haushalte   (3) ja, 3 oder mehr Haushalte

Falls 1: weiter mit Frage WO3!

WO2. Mit wem wohnen Sie in dem von Ihnen am zweithäufigsten bewohnten Haushalt?

(9) k. A.
- (1) allein
- (2) mit Eltern/Elternteil
- (3) mit sonstigen Verwandten
- (4) mit Freund(in)/FreundInnen
- (5) mit Bekannten/KollegIn/KollegInnen
- (6) mit sonstigen Personen, und zwar: _____

Wir betrachten im folgenden nur noch den von Ihnen überwiegend und allein bewohnten Haushalt.

WO3. Was verbinden Sie mit der Umgebung, in der Sie wohnen? Mit *(Stadt nennen!)*?

Liste 1 ausgeben!

Bitte sagen Sie mir jeweils, inwieweit Sie den folgenden Aussagen zustimmen oder nicht zustimmen.

	(5)	(4)	(3)	(2)	(1)
1. Ich fühle mich in *(Stadt nennen!)* richtig heimisch					
2. In dieser Stadt fühlt man sich nicht allein					
3. Für mich hat *(Stadt nennen!)* einen hohen Erlebniswert					
4. Ich kenne eine Menge Leute hier					

WO4. Wie lange insgesamt wohnen Sie schon in *(Stadt nennen!)* oder Umgebung - von Unterbrechungen einmal abgesehen?

(.) Jahre   (.) Monate   ( ) k. A.

Anhang B Fragebogen

WO5. Was verbinden Sie persönlich mit Ihrer Wohnung?

Liste 1 ausgeben! ( ) k. A.

Bitte sagen Sie mir, inwieweit Sie den folgenden Aussagen zustimmen oder nicht zustimmen.

	(5)	(4)	(3)	(2)	(1)
1. Geborgenheit					
2. beliebter Treffpunkt mit anderen					
3. ein zentraler Lebensbereich					
4. Arbeit					
5. Unabhängigkeit					
6. nicht viel mehr als ein Ort zum Essen und Schlafen					
7. Langeweile					

SK1. Haben Sie ein Haustier, oder auch mehrere Haustiere, mit denen Sie mehr verbindet als nur deren bloße Anwesenheit?

(2) nein
(1) ja, und zwar: _____

Falls 2: weiter mit Frage WO6!

SK2. Tiere können etwas ganz unterschiedliches für einen Menschen bedeuten.

Liste 1 ausgeben! ( ) k. A.

Bitte sagen Sie mir, inwieweit Sie den folgenden Aussagen zustimmen oder nicht zustimmen.

	(5)	(4)	(3)	(2)	(1)
1. Ich habe zu *(Haustier nennen!)* eine richtig persönliche Beziehung					
2. Ich fühle mich mit *(Haustier nennen!)* nicht so alleine					
3. *(Haustier nennen!)* ist wie ein treuer Lebensbegleiter					

WO6. Was ist das für ein Haus, in dem Sie wohnen?

(1) **1-Familien-Haus**
(2) **2-Familien-Haus**
(3) **Mehr-Familien-Haus** (bis 5 Etagen)
(4) **Hochhaus** (über 5 Etagen)
(5) sonstiger Haustyp, und zwar: _____

WO7. Wohnen Sie in Ihrem Haushalt ....?

(1) **zur Miete** (9) k. A.
(2) **zur Untermiete**
(3) **im eigenen Eigentum**
(4) in einer Wohneinheit der Eltern/Verwandten
(5) in einer Wohneinheit von Freunden
(6) in sonstigen Verhältnissen, und zwar: _____

WO8. Wieviele Zimmer - ohne Küche, Bad, Toiletten und Flur - hat Ihre Wohnung?

( ) Zimmer

Nun geht es mir um Ihr Verhältnis zu Ihren engeren und weiteren Verwandten. Denken Sie bitte an Ihre Verwandtschaft, aber nur an Personen, die derzeit noch leben.

SK3. Welche Elternteile leben noch?

(1) beide (2) nur Mutter
(4) keine mehr (3) nur Vater (8) weiß nicht

Falls 2: weiter mit Frage SK5! Falls 3: weiter mit Frage SK7! Falls 4 oder 8: weiter mit Frage SK9!

SK4. Wohnen Ihre Eltern als Ehepaar zusammen? (1) ja (2) nein

SK5. Wie oft haben Sie in der Regel Kontakt mit Ihrer Mutter, sei es persönlich, telephonisch oder durch Briefe?

(6) so gut wie täglich (4) einmal pro Woche (2) mehrmals im Jahr
(5) mehrmals die Woche (3) einmal pro Monat (1) seltener

SK6. Ist die Beziehung zu Ihrer Mutter .... ?

(1) sehr **unbeschwert** (7) ohne Kontakt zur Mutter
(2) eher **unbeschwert** (9) k. A.
(3) zeitweise mit Konflikten belastet, zeitweise unbeschwert
(4) eher **mit Konflikten belastet**
(5) sehr mit Konflikten belastet

Falls 2 bei Frage SK3: weiter mit Frage SK9!

SK7. Wie oft haben Sie in der Regel Kontakt mit Ihrem Vater, sei es persönlich, telephonisch oder durch Briefe?

(6) so gut wie täglich   (4) einmal pro Woche   (2) mehrmals im Jahr
(5) mehrmals die Woche   (3) einmal pro Monat   (1) seltener

SK8. Ist die Beziehung zu Ihrem Vater ....?

(1) sehr unbeschwert   (7) ohne Kontakt zum Vater
(2) eher unbeschwert   (9) k. A.
(3) zeitweise mit Konflikten belastet, zeitweise unbeschwert
(4) eher mit Konflikten belastet
(5) sehr mit Konflikten belastet

SK9. Wieviele Geschwister haben Sie?   Anzahl: ( )

SK10. Wieviele Großelternteile leben noch?   Anzahl: ( )

SK11. Wieviele eigene Kinder haben Sie - auch wenn Sie für diese nicht mehr zuständig sind?

Anzahl: ( )

SK12. Wieviel Verwandtschaft haben Sie noch darüber hinaus?

(2) mehr als 10 Personen   (8) weiß nicht
(1) nicht mehr als 10 Personen   (9) k. A.
(0) keine

Falls 0, 8 und 9: weiter mit Frage LB1!

SK13. Wenn wir von Ihrem engeren familiären Kreis einmal absehen: Wie sehr fühlen Sie sich mit Ihrer Verwandtschaft verbunden?

(1) nicht verbunden   (4) weitgehend verbunden
(2) kaum verbunden   (5) sehr verbunden
(3) etwas verbunden   (9) k. A.

Ich möchte nun gerne auf Ihre Kindheit zu sprechen kommen: auf den Zeitraum bis zu Ihrem 12. Lebensjahr.

LB1. Wo haben Sie überwiegend ihre Kindheit verbracht?

(1) ländliche Gegend (bis 2 000 Einwohner)
(2) Kleinstadt (2 000 bis 20 000 Einwohner)
(3) Mittelstadt (20 000 bis 100 000 Einwohner)
(4) Großstadt - Umland
(5) Großstadt - Ballungszentrum (über 100 000 Einwohner)

LB2. Bei wem sind Sie in Ihrer Kindheit aufgewachsen?

Es sind Mehrfach-Antworten möglich. ( ) k. A.

(1) bei den Eltern
(2) bei der Mutter
(3) bei der Mutter und einem Stiefvater
(4) bei dem Vater
(5) bei dem Vater und einer Stiefmutter
(6) bei den Großeltern
(7) bei sonstigen Personen, und zwar: _____
(8) im Schulheim/Internat
(9) im Heim (Erziehungsheim)

Nur solche Konstellationen berücksichtigen, die länger als 1 Jahr dauerten.

Falls nicht 1 - 5: weiter mit Frage LB4!

LB3. Welchen Beruf üben oder übten Ihre Eltern überwiegend aus?

Als 'Eltern' gelten dann Stiefelternteile statt leibliche, wenn sie in der Kindheit mehr Bedeutung hatten.

	Vater	Mutter
habe **nicht zusammengelebt** mit	(0)	(0)
un-, angelernte(r) **Arbeiter(in)**	(1)	(1)
gelernte(r) Arbeiter(in), Facharbeiter(in)	(2)	(2)
Meister(in), Polier	(3)	(3)
Industrie-, Werkmeister	(4)	(4)
einfache(r), mittlere(r) **Angestellte(r)**	(5)	(5)
leitende(r) Angestellte(r)	(6)	(6)
Führungskraft	(7)	(7)
Beamte(r), einfacher Dienst	(8)	(8)
Beamte(r), mittlerer Dienst	(9)	(9)
Beamte(r), gehobener Dienst	(10)	(10)
Beamte(r), höherer Dienst	(11)	(11)
Landwirt	(12)	(12)
Freiberufler	(13)	(13)
Selbständige(r)	(14)	(14)
mithelfende(r) Familienangehörige(r)	(15)	(15)
(Früh-)**Rentner**	(16)	(16)
war nicht berufstätig (Hausfrau/Hausmann)	(17)	(17)
weiß nicht	(88)	(88)

LB4. *Liste 1 ausgeben!*

Bitte sagen Sie mir, inwieweit die folgenden Aussagen auf Ihre Kindheitserfahrungen zutreffen.

	(5)	(4)	(3)	(2)	(1)
1. Ich fühlte mich als Kind sehr geborgen					
2. Ich habe viel erzieherische Strenge erfahren					
3. Ich wuchs in enger Gemeinschaftlichkeit auf					
4. Ich fand immer viel Unterstützung für mich					
5. Ich wurde oft ungerecht behandelt					
6. Ich fühlte mich sehr geliebt					

Wechseln wir einmal das Thema: Nun geht es um Ihren Alltag in Ihrem privaten Bereich und über Ihre Kontakte zu anderen Personen.

SK14. Wenn Sie Zeit haben und tun können, wozu Sie Lust haben: bleiben Sie da normalerweise zu Hause, oder gehen Sie aus?

(1) Ich gehe so gut wie nie aus.
(2) Ich gehe gelegentlich aus, bin aber überwiegend daheim.
(3) Ich gehe oft aus, bin aber auch viel zu Hause.
(4) Ich bin fast immer unterwegs und selten zu Hause.

(8) Ich habe keine freie Zeit für mich   (9) k. A.

Falls 1 oder 9: weiter mit Frage SK16! Falls 8: weiter mit Frage SK18!

SK15. Welche Freizeitgewohnheiten haben Sie außer Haus?

Liste D ausfüllen lassen!   ( ) k. A.

Bitte machen Sie in dem Fragebogen Angaben darüber, wie oft Sie etwas in Ihrer Freizeit außer Haus unternehmen, und ob Sie das jeweils für sich allein oder gemeinsam mit Bekannten oder mal so, mal so tun.

SK16. Wie oft in der Woche gibt es für Sie Tage, an denen Sie Ihre Freizeit ganz für sich allein verbringen?

(3) so gut wie täglich
(2) mehrmals pro Woche
(1) etwa einmal pro Woche
(0) seltener   (9) k. A.

Falls 0 oder 9: weiter mit Frage SK18!

SK17. Wie empfinden Sie diese Zeiten des Alleinseins? (9) k. A.

(1) sehr unangenehm (4) eher angenehm
(2) eher unangenehm (5) sehr angenehm
(3) mal angenehm, mal unangenehm

SK18. Wie oft besucht Sie jemand zu Hause?

(5) so gut wie täglich
(4) mehrmals pro Woche
(3) etwa einmal pro Woche
(2) alle paar Wochen
(1) alle paar Monate
(0) so gut wie nie (9) k. A.

SK19. So im Schnitt: Wie oft kommt es in einer Woche vor, daß Sie sich mit anderen Personen über sie ganz persönlich betreffende Dinge unterhalten - sei es im direkten Kontakt oder telephonisch?

Würden Sie sagen:

(5) **mehrmals täglich**: sowohl tagsüber wie auch abends
(4) mehrmals täglich: nur tagsüber oder nur abends
(3) **einmal am Tag**
(2) **mehrmals pro Woche**
(1) **einmal pro Woche**
(0) **seltener** (9) k. A.

SK20. Sind Sie in Ihrer Freizeit zur Zeit regelmäßig in irgendwelchen Vereinigungen aktives Mitglied?

(1) ja (2) nein

Falls 2: weiter mit Frage BN1!

SK21. *Liste 1 ausgeben!*

Was bedeutet es für Sie, aktives Mitglied zu sein?

Bitte sagen Sie mir, inwieweit Sie den folgenden Aussagen zustimmen oder nicht zustimmen.

	(5)	(4)	(3)	(2)	(1)
1. viel Kontakt zu anderen Menschen					
2. richtige Freundschaften					
3. viel persönliche Anerkennung					
4. das Gefühl, etwas Wichtiges zu tun					

SK22. In welchen Vereinigungen sind Sie zur Zeit aktives Mitglied?
Antwort genau notieren!
Vereinigungen: _____
_____

Denken Sie einmal daran, welche Personen in Ihrem Leben zur Zeit eine besondere Bedeutung besitzen. Ich möchte Sie bitten, mir bei den folgenden Fragen diese Personen anhand der jeweiligen Vornamen zu nennen, denn ich möchte später noch einmal auf diese Personen zu sprechen kommen.

BN1. Angenommen, Sie fühlten sich wegen eines für Sie äußerst enttäuschenden Vorfalls richtig niedergeschlagen oder depressiv. Hätten Sie da jemanden, den Sie um ein sehr vertrauliches Gespräch bitten könnten, oder bliebe es Ihnen selbst überlassen, mit dieser Situation zurechtzukommen?
(1) Ich könnte jemanden um ein Gespräch bitten (2) Ich müßte damit selbst zurechtkommen   (9) k. A.
Falls 2 oder 9: weiter mit Frage BN3!

BN2. Welche Personen oder Personengruppen sind das, zu denen Sie so viel Vertrauen haben könnten?
Vornamen/Gruppennamen und Beziehungstyp in Liste X eintragen!   (9) k. A.

BN3. Gibt es für Sie zur Zeit Personen, denen Sie von Ihren Gefühlen her ganz besonders nahestehen, oder gibt es für Sie solche Personen nicht?
(1) ja, es gibt solche Personen (2) nein, es gibt solche Personen nicht   (9) k. A.
Falls 2 oder 9: weiter mit Frage BN5!

BN4. Welche Personen oder Personengruppen sind das, denen Sie von Ihren Gefühlen her ganz besonders nahestehen?
Vornamen/Gruppennamen und Beziehungstyp in Liste X eintragen!   (9) k. A.

BN5. Angenommen, Sie kommen in andauernde und sehr ernste finanzielle Nöte, und keine Bank hilft Ihnen mehr. Hätten Sie da jemanden, auf den Sie sich auch in einer so schwierigen persönlichen Situation verlassen könnten, oder wären Sie da eher auf sich selbst gestellt?
(1) ich könnte mich auf eine andere Person verlassen (2) ich wäre auf mich allein gestellt   (9) k. A.
Falls 2 oder 9: weiter mit Frage BN7!

BN6. Welche Personen oder Personengruppen sind das, auf die Sie sich in einer so schwierigen Situation verlassen könnten?

Vornamen/Gruppennamen und Beziehungstyp in Liste X eintragen! (9) k. A.

BN7. Haben Sie zur Zeit sexuelle Kontakte?

(1) ja (2) nein (9) k. A.

Falls 2 oder 9: weiter mit Frage BN10!

BN8. Sind diese Kontakte wechselnd, oder haben Sie feste Kontakte? (9) k. A.

(1) feste Kontakte (2) teils - teils (3) wechselnde Kontakte

Falls 3 oder 9: weiter mit Frage BN10!

BN9. Zu welchen Personen haben Sie feste Kontakte?

Vornamen und Beziehungstyp in Liste X eintragen! (9) k. A.

BN10. Haben Sie zur Zeit Personen, mit denen Sie sich in Ihrer Freizeit regelmäßig treffen und regelmäßig etwas unternehmen?

(1) ja, es gibt solche Personen
(2) nein, es gibt solche Personen nicht (9) k. A.

Falls 2 oder 9: weiter mit Frage KK!

BN11. Welche Personen oder Personengruppen sind das, mit denen Sie regelmäßig Ihre Freizeit verbringen?

Vornamen/Gruppennamen und Beziehungstyp in Liste X eintragen! (9) k. A.

KK. Wie schätzen Sie sich selbst ein, wenn es darum geht, neue Kontakte zu anderen Menschen aufzubauen.

Liste 1 ausgeben!

Bitte sagen Sie mir, inwieweit die folgenden Aussagen auf Sie zutreffen.

	(5)	(4)	(3)	(2)	(1)
1. Es ist schwierig für mich, neue Leute kennenzulernen					
2. Ich komme sehr schnell in Kontakt mit anderen Menschen					
3. Ich flirte sehr gerne					

Anhang B Fragebogen

	(5)	(4)	(3)	(2)	(1)
4. Es fällt mir schwer, aus neuen Kontakten richtige persönliche Beziehungen zu machen					
5. Wenn ich in eine fremde Stadt umziehen müßte, würde ich bestimmt schnell wieder neue Freunde finden					
6. Es fällt mir leicht, jemandem zu zeigen, daß ich gerne zärtlich sein möchte					

EV1. **Wenn Sie für sich einmal ganz offen Bilanz ziehen:**

Liste 2 ausgeben!

Wie zufrieden sind Sie mit Beziehungen zu anderen Personen in Ihrer Freizeit?

(5) sehr zufrieden   (2) ziemlich unzufrieden
(4) ziemlich zufrieden   (1) sehr unzufrieden
(3) zeitweise zufrieden, zeitweise unzufrieden   (9) k. A.

EV2. **Wie zufrieden sind Sie mit Beziehungen enger gefühlsmäßiger Verbundenheit?**

(5) sehr zufrieden   (2) ziemlich unzufrieden
(4) ziemlich zufrieden   (1) sehr unzufrieden
(3) zeitweise zufrieden, zeitweise unzufrieden   (9) k. A.

EV3. **Wie zufrieden sind Sie mit Beziehungen, auf die man sich in persönlichen Notsituationen wirklich voll verlassen kann?**

(5) sehr zufrieden   (2) ziemlich unzufrieden
(4) ziemlich zufrieden   (1) sehr unzufrieden
(3) zeitweise zufrieden, zeitweise unzufrieden   (9) k. A.

EV4. **Wie zufrieden sind Sie mit wirklichen Vertrauensbeziehungen?**

(5) sehr zufrieden   (2) ziemlich unzufrieden
(4) ziemlich zufrieden   (1) sehr unzufrieden
(3) zeitweise zufrieden, zeitweise unzufrieden   (9) k. A.

EV5. **Wie zufrieden sind Sie mit Ihrem Sexualleben?**

(5) sehr zufrieden   (2) ziemlich unzufrieden
(4) ziemlich zufrieden   (1) sehr unzufrieden
(3) zeitweise zufrieden, zeitweise unzufrieden   (9) k. A.

SB1. Welche Bedeutung hat das Thema 'AIDS' für Sie?

Liste E ausgeben! Liste 1 vorlegen! ( ) k. A.

Bitte geben Sie durch Ankreuzen jeweils an, inwieweit die folgenden Aussagen mit Ihrer Meinung übereinstimmen oder nicht übereinstimmen.

EV6. *Liste 1 vorlegen!* (9) k. A.

Wenn Sie einmal alles in allem Ihr Verhältnis zu anderen Menschen betrachten: Inwieweit stimmen Sie den folgenden Aussagen zu oder nicht zu?

	(5)	(4)	(3)	(2)	(1)
1. Ich bin bei anderen sehr beliebt					
2. Ich fühle mich als Außenseiter					
3. Ich habe eine erotische Ausstrahlung					
4. Ich bin anderen gegenüber unsicher					
5. Ich fühle mich nicht richtig geliebt					
6. Ich wirke auf andere unattraktiv					
7. Ich fühle mich alleine					

BN12. *Die Listen ZP und ZG anhand der Einträge in Liste X jeweils mit Nr. und Vorname der Beziehungsperson/Kürzel der Gruppe versehen und ausfüllen lassen!*

Kommen wir noch einmal zu Ihren Beziehungspersonen, die Sie vorhin nannten. Ich möchte Sie bitten, noch einige Angaben anhand der Fragebögen zu ergänzen.

SB2. Die folgenden Aussagen geben unterschiedliche Meinungen darüber wieder, was es für eine Person bedeuten kann, Beziehungen zu anderen Menschen zu haben.

Liste 1 ausgeben!

Wie sehr stimmen Sie den folgenden Aussagen zu, bzw. wie sehr stimmen Sie ihnen nicht zu?

	(5)	(4)	(3)	(2)	(1)
1. Beziehungen engen mich zu sehr ein					
2. Ich brauche das: mich an andere einfach anlehnen können					

	(5)	(4)	(3)	(2)	(1)
3. Beziehungen finden da bald ihr Ende, wo sie meinen Interessen zuwiderlaufen					
4. Unabhängig von anderen sein, das ist wichtig					
5. Beziehungen lenken einen von sich selber ab					
6. Ich halte sehr viel von Treue unter Freunden					
7. Ich kann auf Sexualität mit einem anderen Menschen auch gut und gerne verzichten					
8. Von seinen Eltern sollte man sich möglichst lösen					
9. Beziehungen zu anderen Menschen sind mir ein wichtiges Stück Heimat					
10. Sexualität ohne Bindung kommt für mich nicht in Frage					
11. Ich halte nicht viel von Verwandtschaft					
12. Ich brauche keine Freunde					
13. Immer die gleichen Beziehungen zu haben ist ganz schön langweilig					
14. Ich brauche das Zugehörigkeitsgefühl, das mir Beziehungen vermitteln					
15. Ich brauche das Gefühl, bei Bedarf auf andere zugreifen zu können					
16. Ich bin es manchmal leid, mich auf andere einstellen zu müssen					
17. Erst in der Gemeinschaft mit Freunden kann ich mich so richtig entfalten					
18. Wichtig für das Alleinleben ist es, Sexualkontakt zu haben					
19. Wegen einer sehr tiefen Beziehung würde ich, wenn es sein müßte, alle anderen Beziehungen aufgeben					
20. Beziehungen zu Eltern haben für mich einen besonders hohen Stellenwert					

SB3. Es gibt in unserer Gesellschaft ganz unterschiedliche geschlechtliche Orientierungen: gleichgeschlechtliche oder gegengeschlechtliche Orientierung oder ein Sowohl-als-auch.

Außerdem hat wohl jeder von uns schon einmal Zeiten gehabt, in denen man einfach nicht an Sexualität interessiert ist.

Wie schätzen Sie sich da selbst ein? (9) k. A.

(1) gegengeschlechtlich orientiert
(2) gleichgeschlechtlich orientiert
(3) sowohl gegen- wie auch gleichgeschlechtlich orientiert
(4) derzeit nicht an Sexualität interessiert

SE1. **Wenn Sie einmal an Ihre weitere Zukunft, genauer: an die nächsten zehn Jahre Ihres Lebens denken:**

Liste 1 ausgeben!

Welche Dinge würden Sie für Ihr Leben in diesem kommenden Zeitraum noch sehr gerne verwirklichen?

	(5)	(4)	(3)	(2)	(1)
1. in Wohlstand leben					
2. in einer eigenen Familie leben					
3. in Beruf und Arbeit viel erreichen					
4. ungebunden leben					
5. eigene Kinder haben					
6. längere Zeit verreisen					
7. einen festen Liebespartner haben					
8. in einer Ehe zusammenleben					

SE2. **Wie oft fühlen Sie sich - von meiner Befragung einmal abgesehen - daran erinnert, daß Sie ohne einen festen Partner leben?**

(5) sehr oft (3) gelegentlich (1) nie
(4) oft (2) selten (9) k. A.

SE3. Welche Rolle spielt es für Sie persönlich, ob Sie mit oder ob Sie ohne einen festen Partner leben?

- (5) eine sehr große Rolle
- (4) eine große Rolle
- (3) ein bißchen eine Rolle
- (2) eine geringe Rolle
- (1) gar keine Rolle
- (9) k. A.

ID1. Was bedeutet das für Sie selbst: so zu leben, wie Sie es derzeit tun?

Liste F ausfüllen lassen! Liste 1 vorlegen! ( ) k. A.

Der Fragebogen enthält dazu eine Reihe von Aussagen, und ich möchte Sie bitten, diesen Fragebogen auszufüllen.

ID2. Von Ihrem Gefühl her: Wie lange werden Sie auch in Zukunft alleinleben?

- (5) wohl für immer
- (4) eher längerfristig
- (3) eher mittelfristig
- (2) eher kurzfristig
- (1) nur noch sehr kurze Zeit
- (8) habe keine Vorstellung

ID3. Stellen Sie sich einmal vor, Sie treffen nach langer Zeit eine(n) Jugendfreund(in) *(Geschlecht des Befragten wählen!)* **wieder. Sie unterhalten sich beide über die persönlichen Ereignisse der letzten Jahre, und es stellt sich im Gespräch heraus, daß ihr(e) Jugendfreund(in) inzwischen verheiratet ist und eine Familie mit zwei kleineren Kindern hat.**

Mit welchem Gefühl erzählen Sie ihm/ihr von Ihrer Art zu leben?

- (5) mit einem starken Gefühl von Stolz
- (4) mit einem leichten Gefühl von Stolz
- (3) ohne Gefühl von Stolz oder Scham
- (2) mit einem leichten Gefühl von Scham
- (1) mit einem starken Gefühl von Scham
- (9) k. A.

AU1. *Liste 3 ausgeben!*

Ich lese Ihnen einmal einige gängige Vorurteile gegenüber Alleinlebenden vor und möchte Sie bitten, für sich selbst zu beurteilen, wie sehr Sie sich in Ihrem persönlichen Alltag mit solchen Vorurteilen konfrontiert fühlen, wobei 1 bedeutet, daß Sie damit gar nicht konfrontiert sind, und 5 bedeutet, daß Sie damit stark konfrontiert sind.

	(5)	(4)	(3)	(2)	(1)
1. Wer allein lebt, ist sicher sehr einsam					
2. Wer allein lebt, ist ein besonders schwieriger Mensch					
3. Wer allein lebt, sucht nur die Genüsse des Lebens					

	(5)	(4)	(3)	(2)	(1)
4. Wer allein lebt, ist egoistisch					
5. Wer allein lebt, sucht Sex					
6. Wer allein lebt, ist ein Versager					
7. Wer allein lebt, ist bindungsscheu					

Betrachten wir jetzt einmal die letzten 10 Jahre Ihres Lebens, den Zeitraum von 1980 an bis heute.

WO9. Bitte versuchen Sie sich zu erinnern: Wie oft sind Sie innerhalb dieses Zeitraums über eine Entfernung von mindestens 50 km umgezogen?

( ) mal (99) k. A.

LB5. In welchen Lebensformen haben Sie in dem Zeitraum seit 1980 gelebt? Und wie lange haben Sie so jeweils insgesamt gelebt? (9) k. A.

(* 1) **allein** wohnen, und war **ohne** Lebensgefährtln
   (* das heutige Alleinleben mitgerechnet)   ( ) Jahre   ( ) Monate
(2) **allein** wohnen, hatte aber **Lebensgefährtln**   ( ) Jahre   ( ) Monate
(3) **gemeinsam** mit **Ehe**partnerln wohnen   ( ) Jahre   ( ) Monate
(4) **gemeinsam** mit **Ehe**partnerln und
   Kind(ern) wohnen   ( ) Jahre   ( ) Monate
(5) **gemeinsam** mit **Lebensgefährtln** wohnen   ( ) Jahre   ( ) Monate
(6) **gemeinsam** mit **Lebensgefährtln** und
   Kind(ern) wohnen   ( ) Jahre   ( ) Monate
(7) **gemeinsam** mit **Kind**(ern) wohnen,
   ohne Lebensgefährtln   ( ) Jahre   ( ) Monate
(8) **gemeinsam** mit **Kind**(ern) wohnen,
   mit **Lebensgefährtln**   ( ) Jahre   ( ) Monate
(9) **gemeinsam** in einer **WG** wohnen,
   ohne Lebensgefährtln   ( ) Jahre   ( ) Monate
(10) **gemeinsam** in einer **WG** wohnen,
   mit **Lebensgefährtln**   ( ) Jahre   ( ) Monate
(11) **gemeinsam** mit **Eltern**(teil)/
   Verwandten wohnen   ( ) Jahre   ( ) Monate
(12) **gemeinsam** mit anderen in einem **Heim**/
   Internat leben   ( ) Jahre   ( ) Monate
( ) sonstiges, und zwar: _____
   _____   ( ) Jahre   ( ) Monate

Prüfen, ob die angegebenen Zeiten in der Summe in etwa 10 Jahre ergeben!

LW1. Sie wohnen zur Zeit für sich allein, und Sie leben ohne einen festen Partner. Das war ja bestimmt nicht schon immer so.

In welcher Lebensform haben Sie davor gelebt?

Bitte berücksichtigen Sie dabei nur eine Lebensform, die wenigstens 6 Monate zusammenhängend andauerte.

Antwort des Befragten auf ihre Richtigkeit nach den Kriterien 'dem heutigen Alleinleben unmittelbar vorangehend' und 'Dauer von mind. 6 Monaten' prüfen.

Entsprechenden Lebensform-Code aus Frage LB5 übertragen:

Lebensform-Code: ( )   (88)   weiß nicht   (99)   k. A.

sonstige Lebensform: _____

Wir wollen diese Lebensform im folgenden einmal die 'vorangehende Lebensform' nennen.

LW2. Wie lange dauerte die 'vorangehende Lebensform' an?

Falls weniger als 6 Monate: zurück zu Frage LW1!

(.) Jahre   (.) Monate   ( ) weiß nicht
                                    ( ) k. A.

LW3. Zu welchem Zeitpunkt wechselten Sie damals von Ihrer 'vorangehenden Lebensform' zu Ihrem heutigen Alleinleben?

Können Sie mir da das Jahr und den Monat sagen?

Den Befragten zu genauer Überlegung anregen!

Jahr: 19(.)   Monat: (.) *(in Ziffern)*   ( ) weiß nicht   ( ) k. A.

Zeitpunkt gut einprägen! Auf ihn wird nachfolgend Bezug genommen.

LW4. Welcher äußere Anlaß war im wesentlichen dafür entscheidend, daß es für Sie im *(Zeitpunkt von Frage LW3 nennen!)* **zu dem Lebensform-Wechsel kam?**

(1) Ihr ausdrücklicher Wunsch alleinzuleben (99) k. A.
(88) weiß nicht
(2) die **Scheidung** von EhepartnerIn
(3) die **Trennung** von LebensgefährtIn

(4) der **Tod** von EhepartnerIn/LebensgefährtIn
(5) der Tod von Kind(ern)
(6) der Tod von sonstiger Person

(7) der **Auszug** von PartnerIn
(8) der Auszug/die Abgabe von Kind(ern)
(9) der Auszug von Wohngemeinschafts-Mitgliedern
(10) der Auszug von sonstiger Person

(11) der **eigene Umzug** wegen Scheidung/Trennung von PartnerIn
(12) der eigene Umzug wegen Trennung von bisherigen Wohnpartnern
(13) der eigene Umzug aus Gründen der Erwerbstätigkeit/Ausbildung
(14) der eigene Umzug aus einem Heim/Internat
(15) der eigene Umzug aus sonstigen Gründen

(16) ein sonstiger Anlaß, und zwar:_____

Es sind Mehrfach-Nennungen möglich.

Falls 4, 5 oder 6: weiter mit Frage LW6!

LW5. Haben Sie das Ende Ihrer 'vorangehenden Lebensform' ausdrücklich gewollt, oder geschah dies eigentlich gegen Ihren Willen? (9) k. A.

(1) ausdrücklich gewollt   (2) teils - teils   (3) gegen den eigenen Willen

LW6. War der Lebensform-Wechsel zu Ihrem heutigen Alleinleben mit einem Umzug Ihrer Person über mehr als 50 km Entfernung verbunden?
(8) weiß nicht
(1) ja   (2) nein   (9) k. A.

Bitte betrachten Sie einmal Ihre persönliche Situation in einem Vergleich zwischen Früher und Heute.

Stellen Sie sich dazu Ihr Leben wie in drei Bildern nebeneinander vor: Das erste Bild zeigt, wie Sie in der Zeit vor Ihrem Lebensform-Wechsel - also in der Zeit vor *(Zeitpunkt von Frage LW3 nennen!)* - gelebt haben. Das zweite Bild zeigt, wie es für Sie in den ersten Wochen und Monaten des Alleinlebens war, und das dritte Bild, wie es heute für Sie ist. Also drei Bilder: vor dem Alleinleben, zu Beginn des Alleinlebens und heute.

FH1. *Liste 4 ausgeben!* (8) nicht erinnerbar

Vergleichen Sie einmal anhand der Liste diese drei Bilder, wenn ich Ihnen die folgenden Lebensgefühle nenne.

	VORHER	ZU BEGINN	HEUTE
1. glücklich sein	( )	( )	( )
2. einsam sein	( )	( )	( )
3. frei sein	( )	( )	( )
4. sich von anderen geliebt fühlen	( )	( )	( )
5. zufrieden mit dem eigenen Leben sein	( )	( )	( )
6. selbstbewußt sein	( )	( )	( )
7. sich mit dem Leben überfordert fühlen	( )	( )	( )
8. auf andere Menschen zugehen	( )	( )	( )
9. das Alleinleben attraktiv finden	( )	( )	( )

FH2. *Liste 4 ausgeben!* (8) nicht erinnerbar

Vergleichen Sie noch einmal diese drei Bilder in Bezug auf Ihre Wohn-, Beschäftigungs- und finanziellen Verhältnisse: vor Ihrem Alleinleben, zu Beginn Ihres Alleinlebens und Heute.

	VORHER	ZU BEGINN	HEUTE
1. mit der Wohnung zufrieden sein	( )	( )	( )
2. sich in der Wohngegend heimisch fühlen	( )	( )	( )
3. mit der Arbeit zufrieden sein	( )	( )	( )
4. Probleme mit dem Lebensunterhalt haben	( )	( )	( )

FH3. *Liste 4 ausgeben!* (8) nicht erinnerbar

Ich nenne Ihnen im folgenden verschiedene Personen und möchte Sie fragen, wie sehr diese zu Ihrem persönlich engsten Beziehungskreis gehörten: in der Zeit vor Ihrem Alleinleben, in der Zeit zu Beginn des Alleinlebens und Heute.

	VORHER	ZU BEGINN	HEUTE
1. Eltern	( )	( )	( )
2. Kind	( )	( )	( )
3. Geschwister	( )	( )	( )
4. weitere Verwandte	( )	( )	( )
5. (frühere) PartnerIn	( )	( )	( )
6. Freunde	( )	( )	( )
7. Nachbarn	( )	( )	( )

Kommen wir zum Schluß noch einmal auf Ihre aktuelle Lebenssituation zurück.

LU1. *Liste 5 ausgeben!*

Auf welche Quellen für Ihren Lebensunterhalt können Sie sich zur Zeit stützen?

Bitte geben Sie uns nur den oder die zugehörigen Buchstaben an.

( ) ( ) ( ) ( ) ( ) ( ) (9) k. A.

LU2. *Liste 6 ausgeben!*

Wieviel Geld haben Sie im Monat für sich zum Leben zur Verfügung?

Gemeint ist der finanzielle Spielraum, der sich nach Abzug von Steuern, Sozialabgaben und Lebensunterhaltszahlungen für andere ergibt.

Bitte geben Sie uns auch hier nur den zugehörigen Buchstaben an.

( ) (9) k. A.

Ich bedanke mich ganz herzlich für Ihre Mitarbeit!

Anhang B Fragebogen

VOM INTERVIEWER AUSZUFÜLLEN

GE. Geschlechtszugehörigkeit: (1)   männlich   (2)   weiblich

WO10. Wohnort: _____

Interviewdatum: (.).(.).19(.)

Interview-Ende: (.).(.)   Uhr

Interview-Durchführung: ( )   durchgezogen
                       ( )   abgebrochen bei Frage (. . .)

   Abbruchgrund: _____

Material: ( )   vollständig
                       ( )   unvollständig

   Es fehlt: _____

   Grund: _____

Bemerkungen:

INTERVIEWER-NACHARBEIT

1. **Befragten-Nr.** auf Titelblatt des Fragebogens, auf Listen A - G, auf Liste X und - soweit ausgefüllt - auf Listen ZP und ZG eintragen.
2. **Interviewer-Nr.** auf Titelblatt des Haupt-Fragebogens eintragen.
3. **Qualitäts-Code** auf Titelblatt des Haupt-Fragebogens eintragen. Dabei bedeuten:
   1 = vollständig ausgefülltes Material   0 = unvollständig ausgefülltes Material
4. Ausgefüllter Fragebogen und ausgefüllte Listen **gut zusammenhalten**.

LISTE 1				
stimmt völlig	stimmt ziemlich	stimmt teilweise	stimmt kaum	stimmt nicht
(5) ------------------ (4) ------------------ (3) ------------------ (2) ------------------ (1)				

LISTE 2				
sehr zufrieden	ziemlich zufrieden	zeitweise zufrieden, zeitweise unzufrieden	ziemlich unzufrieden	sehr unzufrieden
(5) -------------------- (4) -------------------- (3) -------------------- (2) -------------------- (1)				

LISTE 3	
gar nicht	stark
(5) ------------------ (4) ------------------ (3) ------------------ (2) ------------------ (1)	

LISTE 4				
nicht	kaum	etwas	ziemlich	sehr
(5) ------------------ (4) ------------------ (3) ------------------ (2) ------------------ (1)				
(7) trifft nicht zu		(8) kann mich nicht erinnern		

LISTE 5	
Auf welche Quellen für Ihren Lebensunterhalt können Sie sich zur Zeit stützen? **Bitte nur die zugehörigen Buchstaben angeben! Es können mehrere Buchstaben angegeben werden.**	
G	Einkommen aus eigener beruflicher Tätigkeit
K	Einkommen aus eigenem Vermögen oder Ersparnissen
E	Unterhalt durch Eltern
F	Unterhalt durch frühere(n) Partner(in)
J	sonstige private Unterstützung
B	Arbeitslosengeld, Arbeitslosenhilfe, sonstige Unterstützung vom Arbeitsamt
L	Sozialhilfe
H	Wehrsold, Ersatzdienstentgeld
A	BAFöG
C	Rente, Unfallversicherung u. ä.
D	Wohngeld
I	andere öffentliche Unterstützungen

LISTE 6

Über welchen finanziellen Spielraum, nach Abzug von Steuern und Sozialabgaben, können Sie pro Monat verfügen, um Ihren Lebensunterhalt zu bestreiten?

Bitte nur den zugehörigen Buchstaben angeben!

F	0 - 400	DM
I	400 - 800	DM
B	800 - 1200	DM
H	1200 - 1600	DM
G	1600 - 2000	DM
K	2000 - 2400	DM
A	2400 - 2800	DM
J	2800 - 3200	DM
E	3200 - 3600	DM
M	3600 - 4000	DM
L	4000 - 4400	DM
C	4400 - 4800	DM
N	4800 +	DM

LISTE A (. .)

AL. Ich möchte Sie zunächst fragen, wie alt Sie sind? (.) Jahre
Falls nicht 30 - 39: Interview beenden!

HH. Wohnen Sie zur Zeit überwiegend in einem eigenen Haushalt für sich allein?

(1) ja (2) nein

Untermieter gelten dann als für sich allein haushaltende Personen, wenn sie weitgehend unabhängig haushalten.

Falls 2: Interview beenden!

PA. Fühlen Sie sich zur Zeit an einen festen Partner oder an eine feste Partnerin gebunden?

(1) ja (2) nein (9) k. A.

Es gelten auch gleichgeschlechtliche feste Partnerschaften.

Falls 1 oder 9: Interview beenden!

Interview-Beginn: (.) . (.) Uhr

LISTE B (. .)

Einmal grundsätzlich: Was erwarten Sie sich persönlich von einer Berufstätigkeit?

(X) *bitte Zutreffendes ankreuzen!*

Ich erwarte von einer Berufstätigkeit	(5)	(4)	(3)	(2)	(1)
1. Kontakte zu anderen Menschen					
2. persönlichen Erfolg					
3. die Verwirklichung eigener Vorstellungen					
4. persönliche Anerkennung					
5. Verhaltenszwänge					
6. ein erfüllendes Leben					
7. persönliche Unabhängigkeit					
8. freundschaftliche Beziehungen					
9. Wohlstand					
10. persönliche Sicherheit					

LISTE C (. .)

Wie sehr treffen die folgenden Nennungen auf Ihre derzeitige Arbeit zu?

(X) bitte Zutreffendes ankreuzen!

Meine derzeitige Arbeit bringt mir	(5)	(4)	(3)	(2)	(1)
1. Kontakte zu anderen Menschen					
2. persönlichen Erfolg					
3. die Verwirklichung eigener Vorstellungen					
4. persönliche Anerkennung					
5. Verhaltenszwänge					
6. ein erfüllendes Leben					
7. persönliche Unabhängigkeit					
8. freundschaftliche Beziehungen					
9. Wohlstand					
10. persönliche Sicherheit					

| LISTE D | (. .) |

Es geht um Ihre Freizeittätigkeiten außer Haus.

ART: Unternehmen Sie sie allein, teils - teils oder gemeinsam mit Bekannten?
HÄUFIGKEIT: Wie oft unternehmen Sie sie?

(X) bitte Zutreffendes ankreuzen!

FREIZEIT-TÄTIGKEIT außer Haus	ART			HÄUFIGKEIT				
	allein	teils-teils	gemeinsam	sehr oft	oft	gelegentlich	selten	nie
1. ins Kino gehen								
2. zu Sportveranstaltungen gehen								
3. Waldlauf, Jogging, Trimmen								
4. Radfahren								
5. Schwimmen gehen								
6. sonstige Sportart(en) betreiben								
7. jemand besuchen								
8. in die Kirche gehen								
9. ins Grüne, Spaziergänge, Wanderungen								
10. Musik-Konzerte/Theater besuchen								
11. selber Musik machen, Singen								
12. in ein Café, in eine Eisdiele gehen								
13. zum Essen ausgehen								
14. Ausstellungen oder Galerien besuchen								
15. Schaufenster schauen, Einkaufsbummel								
16. in ein Nachtlokal gehen								
17. in Kneipe, Wirtshaus, Weinlokal gehen								
18. Kurzreisen, Wochenendfahrten								
19. motorisiert durch die Gegend fahren								
20. Kurse besuchen, sich bilden								
21. Flippern/Kickern/Automatenspiel								
22. in eine Diskothek gehen								

LISTE E (. .)

Wie sehr stimmen die folgenden Aussagen mit Ihrer Meinung überein oder nicht überein?

(X) bitte Zutreffendes ankreuzen!

	(5)	(4)	(3)	(2)	(1)
1. Das Thema 'AIDS' spielt für meine Sexualität keine Rolle					
2. Das AIDS-Problem macht für mich sexuelle Kontakte schwieriger					
3. Das Thema 'AIDS' wird viel zu sehr übertrieben					
4. Ohne das AIDS-Problem würde ich mich sexuell (noch) freier geben					
5. Es kommt vor, daß ich wegen AIDS bewußt auf sexuelle Kontakte verzichte					
6. AIDS macht mir Angst					
7. Wegen AIDS kommen für mich sexuelle Kontakte nur noch mit einem *festen* Partner in Frage					
8. Das AIDS-Problem macht für mich das Alleinleben schwieriger					

LISTE F	(. .)

Wie sehr treffen die folgenden Aussagen auf Ihre Person zu bzw. nicht zu?

(X) *bitte Zutreffendes ankreuzen!*

	(5)	(4)	(3)	(2)	(1)
1. Die Art, wie ich lebe, paßt richtig zu mir					
2. Für mich hat eine *feste* Liebesbeziehung einen sehr hohen Wert					
3. Ich genieße es, tun und lassen zu können, was ich will					
4. Wenn der/die Richtige kommt, bin ich bereit, vieles aufzugeben					
5. In meiner Art zu leben finde ich endlich Raum für meine Persönlichkeitsentwicklung					
6. Ich kann meine Sexualität so ausleben, wie ich es will					
7. Für mich ist das Alleinleben eine echte Alternative zu Ehe und Familie					
8. Ich habe mich mit dem Alleinleben gut arrangiert					
9. Es ist mein freier Wille, so zu leben, wie ich es zur Zeit tue					
10. Ich weiß oft nichts mit mir allein anzufangen					
11. Ich halte das Alleinleben manchmal nicht mehr aus					
12. Mich haben feste Partnerschaften sehr enttäuscht					
13. Mir fehlt nur die Gelegenheit, einen Partner zu finden					
14. Ich glaube, eine Partnerschaft wäre mit sexuellen Problemen verbunden					
15. Ich habe die Enge einer festen Partnerbeziehung satt					
16. Ich vermisse Zärtlichkeiten					
17. Ich könnte mich nicht mehr von jemandem abhängig machen					
18. Eine feste Partnerschaft langweilt mich sexuell					
19. (Noch) ein eigenes Kind würde mich zu sehr einengen					
20. Ich habe sehr hohe Ansprüche an einen Partner					
21. Für mich gibt es keine 'große Liebe' mehr					
22. Es ist für mich sehr erfüllend, so zu leben, wie ich es zur Zeit tue					
23. Ich glaube, ich bin nicht mehr bindungsfähig					

	(5)	(4)	(3)	(2)	(1)
24. Bedingung für eine Partnerschaft wäre, daß ich in ihr sehr viel Freiheit genießen kann					
25. Ein eigenes Kind: ja, wenn man keinen Partner dazu bräuchte					
26. Wenn es um eine feste Partnerschaft geht, bekomme ich Angst um meine Freiheit					
27. Manchmal bekomme ich Panik, daß das Leben einfach an mir vorüberläuft					
28. Ich wünsche mir einen Liebespartner, der treu zu mir hält					
29. Ich vermisse die Sicherheit, die mir ein fester Partner gibt					
30. Ich möchte mich mal wieder so richtig hoffnungslos verlieben					
31. Ich glaube, ich bin für Partnersuchende zu unattraktiv					
32. Ich brauche meine eigene Wohnung ganz für mich allein					
33. Ehe hat für mich einen sehr hohen Wert					
34. Erst in einer festen Partnerschaft kann ich mich sexuell richtig verwirklichen					
35. Ich brauche das Gefühl, meinen Lebensunterhalt *selber* zu bestreiten					
36. Ich möchte keinen festen Partner haben					
37. Ich würde, wenn ich wollte, jederzeit irgendeinen Partner finden					
38. Ich bin nicht der Typ fürs Alleinleben					
39. Ich könnte es nicht mehr, meine Wohnung mit jemanden teilen					
40. Ich suche bewußt nach einem Partner, kann aber keinen finden					
41. Es ist trostlos, ohne Partner zu leben					
42. Ich bin allmählich zu alt, um noch länger allein zu leben					
43. Bei meinen beruflichen Anforderungen ist mir ein unabhängiger Lebensstil lieber					
44. Ich leide unter dem Alleinleben					
45. Ich bin derzeit noch von einer früheren Partnerschaft gefühlsmäßig sehr betroffen					

Anhang B Fragebogen

LISTE X			(. .)				
Nr.	Gr	PERSON	BEZIEHUNGSTYP				
			VE	EM	HI	SE	FR
1							
2							
3							
4							
5							
6							
7							
8							
9							
10							
11							
12							
13							
14							
15							
16							
17							
18							
19							
20							
21							
22							
23							
24							
25							
26							
27							
28							

Anhang B Fragebogen

| LISTE ZP | (. .) |

| Nr.: | Person: |

(X) *bitte Zutreffendes ankreuzen!*

1. **Geschlechtszugehörigkeit:** (1) männlich (2) weiblich

2. **Lebensalter in Jahren:**
   - (1) 0 - 10
   - (2) 10 - 20
   - (3) 20 - 30
   - (4) 30 - 40
   - (5) 40 - 50
   - (6) 50 - 60
   - (7) 60 - 70
   - (8) 70 +

3. **Was trifft am ehesten zu?** (99) weiß nicht
   Die Person wohnt zur Zeit ....
   - (3) mit EhepartnerIn
   - (4) mit EhepartnerIn u. Kind(ern)
   - (5) mit LebensgefährtIn
   - (6) mit LebensgefährtIn u. Kind(ern)
   - (7) nur mit Kind(ern)
   - (11) mit Eltern/Verwandten
   - (9) in Wohngemeinschaft
   - (12) im Heim/Internat
   - (1) allein, und ist **ohne** LebensgefährtIn
   - (2) allein, hat aber **LebensgefährtIn**

4. **Woraus ergibt sich Ihr Verhältnis zu der Person? Bitte geben Sie das am ehesten Zutreffende an.**
   - **engere(r) Verwandte(r)**, nämlich
     - ein (Stief-)Elternteil (1)
     - ein Großelternteil (2)
     - ein(e) (Stief-)Schwester, Bruder (3)
     - ein Kind (4)
   - **weitere(r) Verwandte(r)** (5)
   - **frühere(r) feste(r) Partner(in)** (6)
   - **KollegIn** aus Schule/Studium/Beruf (7)
   - **Nachbar(in)** (8)
   - **Freund(in), Bekannte(r)** aus dem Freizeitbereich (9)

5. **Wie lange kennen Sie die Person schon persönlich?**
   - (1) höchstens 1 Monat
   - (2) einige Monate
   - (3) 1 bis 2 Jahre
   - (4) 2 bis 5 Jahre
   - (5) 5 bis 10 Jahre
   - (6) länger als 10 Jahre

6. **Wie oft treten Sie in der Regel in Kontakt mit der Person, sei es persönlich, telephonisch oder durch Briefe?**
   - (6) so gut wie täglich
   - (5) mehrmals die Woche
   - (4) einmal pro Woche
   - (3) einmal pro Monat
   - (2) mehrmals im Jahr
   - (1) seltener

7. **Angenommen, Sie möchten die Person einmal persönlich aufsuchen. Wie lange würden Sie in der Regel brauchen, um die Person persönlich anzutreffen?**
   - (8) sofort antreffbar
   - (7) höchstens 15 Min.
   - (6) zw. 15 und 30 Min.
   - (5) zw. 30 Min. und 1 Std.
   - (4) zw. 1 und 2 Std.
   - (3) zw. 2 und 3 Std.
   - (2) zw. 3 und 5 Std.
   - (1) zw. 5 und 12 Std.
   - (0) nicht erreichbar

8. **Wie sehr fühlen Sie sich in Ihrer Lebensweise (Alleinwohnen, ohne festen Partner) von der Person akzeptiert?**
   - (5) voll und ganz akzeptiert
   - (4) weitgehend akzeptiert
   - (3) teilweise akzeptiert
   - (2) kaum akzeptiert
   - (1) gar nicht akzeptiert
   - (0) die Person weiß nichts von meiner Lebensweise

LISTE ZG (. .)

| Nr.: | Gruppe: |

(X) *bitte Zutreffendes ankreuzen!*

9. **Anzahl der Personen in der Gruppe:** ( )   *(ohne die eigene Person!)*

10. **Geschlechtszugehörigkeit der Gruppen-Mitglieder:**   *(ohne die eigene Person!)*

   (1) (fast) nur männlich   (2) (fast) nur weiblich   (3) gemischt

11. **Ungefähres durchschnittliches Lebensalter der Gruppen-Mitglieder in Jahren:**

    (ohne die eigene Person!)

    (1) 0 - 10   (4) 30 - 40   (7) 60 - 70
    (2) 10 - 20   (5) 40 - 50   (8) 70 +
    (3) 20 - 30   (6) 50 - 60   (9) gemischt

12. **Kurze Kennzeichnung der Gruppe:**

    _____

13. **Wie lange fühlen Sie sich der Gruppe schon zugehörig?**

    (1) höchstens 1 Monat   (3) 1 bis 2 Jahre   (5) 5 bis 10 Jahre
    (2) einige Monate   (4) 2 bis 5 Jahre   (6) länger als 10 Jahre

14. **Wie oft in der Regel treffen Sie sich mit der Gruppe?**

    (6) so gut wie täglich   (4) einmal pro Woche   (2) mehrmals im Jahr
    (5) mehrmals die Woche   (3) einmal pro Monat   (1) seltener

15. **Wenn Sie sich mit der Gruppe treffen: Wie lange brauchen Sie in etwa, um zu dem Treffen zu gelangen?**

    (8) sofort antreffbar   (5) zw. 30 Min. und 1 Std.   (2) zw. 3 und 5 Std.
    (7) höchstens 15 Min.   (4) zw. 1 und 2 Std.   (1) zw. 5 und 12 Std.
    (6) zw. 15 und 30 Min.   (3) zw. 2 und 3 Std.   (0) nicht erreichbar

16. **Wie sehr fühlen Sie sich in Ihrer Lebensweise (allein Wohnen, ohne festen Partner) von der Gruppe akzeptiert?**

    (5) voll und ganz akzeptiert   (2) kaum akzeptiert
    (4) weitgehend akzeptiert   (1) gar nicht akzeptiert
    (3) teilweise akzeptiert   (0) die Gruppe weiß nichts von meiner Lebensweise

LITERATURVERZEICHNIS

Adams, M. (1971): The Single Woman in Today's Society. A Reappraisal, in: **American Journal of Orthopsychiatry**, S. 776-786.

Adams, M. (1976): Single Blessedness, Observations on the Single Status in Married Society, New York.

Adams, M. (1981): Living Singly, in: **Stein, P. J.** (Hrsg.): Single Life. Unmarried Adults in Social Context, New York, S. 221-234.

Austrom, D. R. (1984): The Consequences of Being Single, New York.

Baker, L. G. Jr. (1968): The Personal and Social Adjustment of the Never-Married Woman, in: **Journal of Marriage and the Family**, 30, S. 473-479.

Barnes, J. A. (1972): Social Networks, in: **Module**, 26, S. 1-29.

Baumann, U. (1987): Soziales Netzwerk, Soziale Unterstützung, in: **Zeitschrift für Klinische Psychologie**, Themenheft 16/4, S. 305-310.

Becher, U. A. J. (1990): Geschichte des modernen Lebensstils. Essen - Wohnen - Freizeit - Reisen, München.

Beck, U. (1983): Jenseits von Stand und Klasse? Soziale Ungleichheiten, gesellschaftliche Individualisierungsprozesse und die Entstehung neuer sozialer Formationen und Identitäten, in: **Kreckel, R.** (1983): Soziale Ungleichheiten, Soziale Welt Sonderband 2, Göttingen, S. 35-74.

Beck, U. (1986): Risikogesellschaft. Auf dem Weg in eine andere Moderne, Frankfurt am Main.

Beck, U. (1987): Die Zukunft der Familie, in: **Psychologie Heute**, Nov., S. 44-49.

Beck-Gernsheim, E. (1980): Das halbierte Leben, Männerwelt Beruf, Frauenwelt Familie, Frankfurt a. M.

Beck-Gernsheim, E. (1983): Vom 'Dasein für andere' zum Anspruch auf 'ein Stück eigenes Leben' - Veränderungen im weiblichen Lebenszusammenhang, in: **Soziale Welt**, 3, S. 307-340.

Beck-Gernsheim, E. (1986): Bis daß der Tod euch scheidet? Wandlungen von Liebe und Ehe in der modernen Gesellschaft, in: **Archiv für Wissenschaft und Praxis der sozialen Arbeit**, 17, S. 144-173.

Beck-Gernsheim, E. (1986): Von der Liebe zur Beziehung? Veränderungen im Verhältnis von Mann und Frau in der individualisierten Gesellschaft, in: **Berger, J.** (Hrsg.): Die Moderne - Kontinuitäten und Zäsuren, Soziale Welt Sonderband 4, Göttingen, S. 209-233.

Beck-Gernsheim, E. (1989): Freie Liebe - freie Scheidung. Zum Doppelgesicht von Freisetzungsprozessen, in: **Weymann, A.** (Hrsg.): Handlungsspielräume, Stuttgart, S. 105-119.

Bell, D. (1979): Die Zukunft der westlichen Welt, Frankfurt.

Bequaert, L. H. (1976): Single Woman Alone and Together, Boston.

Berger, P. L., Kellner, H. (1979): Die Ehe und die Konstruktion der Wirklichkeit. Eine Abhandlung zur Mikrosoziologie des Wissens, in: **Griese, H. M.** (Hrsg.): Sozialisation im Erwachsenenalter, Weinheim, Basel, S. 74-93.

Berger, P. L., Luckmann, T. (1980): Die gesellschaftliche Konstruktion der Wirklichkeit, Eine Theorie der Wissenssoziologie, Frankfurt.

Bertram, H., Borrmann-Müller, R. (1988): Individualisierung und Pluralisierung familialer Lebensformen, in: **Aus Politik und Zeitgeschichte** (Beilage zu Wochenzeitung 'Das Parlament'), 13, S. 14-23.

Biesterfeld, E. (1982): Die Kunst, als Frau allein zu leben, Düsseldorf, Wien.

Bird, C. (1971): The Case Against Marriage, in: **New Woman**, Sept.

Bohne, R. (1960): Das Geschick der zwei Millionen, Die alleinlebende Frau in unserer Gesellschaft, Düsseldorf.

Boissevain, M. (1973): Network Analysis. Studies in Human Interaction, Mouton.

Boissevain, M. (1974): Friends of Friends. Networks, Manipulators and Coalitions, Oxford.

Bourdieu, P. (1983): Ökonomisches Kapital, kulturelles Kapital, soziales Kapital, in: **Kreckel, R.** (Hrsg.): Soziale Ungleichheiten, Soziale Welt Sonderband 2, Göttingen, S. 193.

Bourdieu, P. (1984): Die feinen Unterschiede, Frankfurt am Main.

Bradley, B., Berman, J., Suid, M., Suid, R. (1977): Single: Living Your Own Way, Reading u. a.

Brettschneider, E. (1985): Singles oder Der Auszug aus der Beziehungskiste, in: **Zitty**, 1, S. 16-22.

Brim, O.G. (1979): Erwachsenensozialisation, in: **Griese, H.M.** (Hrsg.): Sozialisation im Erwachsenenalter, Weinheim, Basel, S. 63-73.

Brocki, S. (1979): Marital Status, Sex, and Mental Well-Being, Diss. Vanderbuilt University.

Brooks, A. (1981): Single at Midlife, Divorce Suburban Style, in: **New York Time Magazine**, 4. Mai, S. 30-31, 66-70.

Brose, H.-G., Hildenbrand, B. (Hrsg.) (1988): Vom Ende des Individuums zur Individualität ohne Ende, Opladen.

Brusten, M., Hohmeier, J. (1975) (Hrsg.): Stigmatisierung 1 und 2, Neuwied, Darmstadt.

Bundesministerium für Jugend, Familie und Gesundheit (Hrsg.): Nichteheliche Lebensgemeinschaften in der Bundesrepublik Deutschland, Band 170, Stuttgart.

Cargan, L. (1981): Singles: An Examination of Two Stereotypes, in: **Family Relations**, 30/3, S. 377-385.

Cargan, L., Melko, M. (1983): Singles: Myth and Realities, Beverly Hills, London, New Dehli.

Carlson, J. M. F. (1974): Current Attitudes Toward Women and Men Who Never Marry, Diss., University of Michigan.

Chambers-Schiller, L. V. (1984): Liberty, A Better Husband, Single Women in America; the Generations of 1780-1840, New Haven, London.

Cockrum, J., White, P. (1985): Influences on the Life Satisfaction of Never Married Men and Women, in: **Family Relations**, 34/4, S. 551-556.

Cogswell, B. E. (1975): Variant Family Forms and Life Styles. Rejection of the Traditional Nuclear Family, in: **Family Coordinator**, 24/4, S. 391-406.

Cohen, S., Taylor, L. (1980): Ausbruchsversuche: Identität und Widerstand in der modernen Lebenswelt, Frankfurt, S. 23.

Danzinger, S. (1982): Male and Female Differences in Relating to Single Status and Membership in Singles Organizations, in: **Michigan Academician**, 14/4, S. 369-378.

Darling, J. (1976): An Interactionist Interpretation of Bachelorhood and Late Marriage. The Process of Entering into, Remaining in, and Leaving Careers of Singleness, Diss., University of Connecticut.

Darling, J. (1981): Late-Marrying Bachelors, in: **Stein, P. J.** (Hrsg.): Single Life. Unmarried Adults in Social Context, New York, S. 34-40.

Davis, A., Strong, P. (1977): Working without a Net. The Bachelor as a Social Problem, in: **Sociological Review**, 25, S. 109-130.

Davis, M. S. (1973): Intimate Relations, New York.

Deegan, D. Y. (1981): The Stereotypes of the Single Woman in American Novels, A Social Study with Implications for the Education of Women, New York.

Der Bundesminister für Arbeitsmarkt und Sozialordnung (1970): Zur Lebenssituation alleinstehender Frauen, Eine Untersuchung des Instituts für Demoskopie in Allensbach, Bonn.

Der Bundesminister für Jugend, Familie und Gesundheit (1985) (Hrsg.): Nichteheliche Lebensgemeinschaften in der Bundesrepublik Deutschland, Schriftenreihe des Bundesministers für Jugend, Familie und Gesundheit, Bd. 170, Stuttgart.

Der Bundesminister für Jugend, Familie und Gesundheit (Hrsg.) (1985): Nichteheliche Lebensgemeinschaften in der Bundesrepublik Deutschland, Stuttgart, Berlin, Köln, Mainz.

Der Bundesminister für Wohnungswesen und Städtebau (1972): Die wohnliche Versorgung Alleinstehender, Unter besonderer Berücksichtigung der alleinstehenden Frauen, Hamburg.

Diewald, M. (1986): Sozialkontakte und Hilfeleistungen in informellen Netzwerken, in: **Glatzer, W., Berger-Schmitt, R.** (Hrsg.): Haushaltsproduktion und Netzwerkhilfe, Frankfurt, New York, S. 51-84.

Dittrich, G. G. (Hrsg.) (1972): Wohnen Alleinstehender, Stuttgart.

Droth, W. (1983): Demographische Entwicklungen in der Bundesrepublik Deutschland, in: **Wagner, M., Droth, W., Dangschat, J.** (Hrsg.): Räumliche Konsequenzen der Entwicklung neuer Haushaltstypen. Eine Literaturstudie, Hamburg, S. 7.

Droth, W. (1983): Die Alleinlebenden, in: **Wagner, M., Droth, W., Dangschat, J.** (Hrsg.): Räumliche Konsequenzen der Entwicklung neuer Haushaltstypen. Eine Literaturstudie, Hamburg, S. 28 f.

Droth, W., Dangschat, J. (1985): Räumliche Konsequenzen der Entstehung "neuer Haushaltstypen", in: **Friedrichs, J.** (Hrsg.): Die Städte in den 80er Jahren, Opladen, 147-180.

Duberman, L. (1977): Marriage and Other Alternatives, New York.

Edwards, M., Hoover, E. (1974): The Challenge of Being Single, Los Angeles.

Elsner, C. (1983): Allein lebt sich's glücklicher. Ohne Männer sind Frauen besser dran, München.

Erikson, E. D. (1966): Identität und Lebenszyklus, Frankfurt.

Etzkowitz, H., Stein, P. J. (1978): The Life Spiral. Human Needs and Adult Roles, in: **Alternative Lifestyles**, 1, S. 434-446.

Euler, M. (1967): Die wirtschaftliche und soziale Lage der alleinstehenden Frauen, Ergebnis der Einkommens- und Verbrauchsstichprobe 1962/63, in: **Wirtschaft und Statistik**, 9, S. 514-517.

Filipp, S.-H. (1981): Kritische Lebensereignisse, München.

Filipp, S.-H., Aymanns, P. (1987): Die Bedeutung sozialer und personaler Ressourcen in der Auseinandersetzung mit kritischen Lebensereignissen, in: **Zeitschrift für Klinische Psychologie**, 16/4, S. 383-396.

Fischer, C. S. (Hrsg.) (1977): Networks and Places, New York, London.

Fischer, C. S. (1982): To Dwell Among Friends, Personal Networks in Town and City, Chicago.

Fischer, C. S. (1982): To Dwell Among Friends. Personal Networks in Town and City, Chicago.

Fischer, C. S., Philipps, S. C. C. (1982): Who is Alone? Social Characteristics of People with Small Networks, in: **Peplau, L.A., Perlman, D.** (Hrsg.): Loneliness. A Book of Current Theory, Research and Therapy, New York.

Frey, H.-P. (1983): Stigma und Identität, Weinheim.

Frey, H.-P., Haußer, K. (1987): Entwicklungslinien sozialwissenschaftlicher Identitätsforschung, in: **Frey, H.-P., Haußer, K.** (Hrsg.): Identität. Entwicklungen psychologischer und soziologischer Forschung, Stuttgart, S. 3-26.

Giegler, H. (1982): Dimensionen und Determinanten der Freizeit, Opladen.

Gilder, G. (1975): Naked Nomads, New York.

Gottlieb, B. H. (1983): Social Networks and Social Support, Beverly Hills, London.

Gottlieb, B. H. (1985): Social Support and the Study of Personal Relationships, in: **Journal of Social and Personal Relationships**, 2, S. 351-375.

Granovetter, M. (1973): The Strength of Weak Ties, in: **American Journal of Sociology**, 78, S. 1360-1380.

Griese, H. M. (1979): Identitäts- und Verhaltensänderungen bei Erwachsenen, in: **Griese, H. M.** (Hrsg.): Sozialisation im Erwachsenenalter, Weinheim, Basel, S. 213-229.

Hage, H. (1979): Frauen nach der Scheidung, Frankfurt am Main.

Hahn, A. (1987): Identität und Selbstthematisierung, in: **Hahn, A., Kapp, V.** (Hrsg.): Selbstthematisierung und Selbstzeugnis: Bekenntnis und Geständnis, Frankfurt a. M., S. 9-24.

Handl, J. (1988): Berufschancen und Heiratsmuster von Frauen. Empirische Untersuchungen zu Prozessen sozialer Mobilität, Frankfurt, New York.

Haußer, K. (1983): Identitätsentwicklung, New York.

Havens, E. (1973): Women, Work and Wedlock. A Note on Female Marital Patterns in the United States, in: **American Journal of Sociology**, 78, S. 975-981.

Hill, P. B. (1988): Unterschiedliche Operationalisierungen von egozentrierten Netzwerken und ihr Erklärungsbeitrag in Kausalmodellen, in: **ZUMA-Nachrichten**, 22, S. 45-57.

Hillinger, D. (1977): Alleinstehende Frauen, in: **Frauenoffensive Journal**, München, S. 37-42.

Hoffmeyer-Zlotnik, J. (1987): Egozentrierte Netzwerke in Massenumfragen. Ein ZUMA-Methodenforschungsprojekt, in: **ZUMA-Nachrichten**, 20, S. 37-43.

Holmes, I. H. (1983): The Allocation of Time by Women Without Family Responsibilities, Washington.

Höpflinger, F. (1987): Wandel der Familienbildung in Westeuropa, Frankfurt, New York.

Hughes, M., Gove, W. R. (1981): Living Alone, Social Integration, and Mental Health, in: **American Journal of Sociology**, 81, S. 48-74.

Imhof, A. E. (1981): Die gewonnenen Jahre, München.

Imhof, A. E. (1984): Die verlorenen Welten, München.

Johnson, St. M. (1981): Nach der Trennung wieder glücklich. Wege vom Wir zum Ich, Düsseldorf, Wien.

Jong-Gierveld, J. de, Aalberts, M. (1980): Singlehood. A Creative or a Lonely Experience?, in: **Alternative Lifestyles**, 3/3, S. 350-368.

Kain, E. L. (1984): Surprising Singles, in: **American Demographics**, August, S. 16-20.

Kaufmann, F.-X. (1988): Familie und Modernität, in: **Lüscher, K., Schultheis, F., Wehrspaun, M.** (Hrsg.): Die 'postmoderne' Familie. Familiale Strategien und Familienpolitik in einer Übergangszeit, Konstanz, S. 391-415.

Keith, P. M. (1980): Two Models of Singleness. Managing an Atypical Marital Status, in: **International Journal of Sociology of the Family**, 10, S. 301-310.

Keupp, H., Röhrle, B. (Hrsg.) (1987): Soziale Netzwerke, Frankfurt a. M., New York.

Kirschner, B. F., Walum, L. R. (1978): Two-Location-Families. Married Singles, in: **Alternative Lifestyles**, 1/4, S. 513-525.

Knoke, D., Kuklinski, J. H. (1982): Network Analysis, Beverly Hills, New Delhi, London.

Knupfer, G., Clark, W., Room, R. (1966): The Mental Health of the Unmarried, in: **American Journal of Psychiatry**, 121, S. 841-851.

Kobrin, F. E. (1976): The Fall in Household Size and the Rise of the Primary Individual in the United States, in: **Demography**, 13/1, S. 127-138.

Körner, G. (1975): Mit 30 muß man wissen, was man will. Gespräche mit Frauen, Frankfurt am Main.

Körner, W. (1979): Meine Frau ist gegangen. Verlassene Männer erzählen, Frankfurt a. M.

Koschorke, M. (1972): Familiale Formen des Zusammenlebens. Ein Überblick, in: **Duss-von Werdt, J.** (Hrsg.): Kommune und Großfamilie, Tübingen, S. 11-17.

Koschorke, M. (1972): Formen des Zusammenlebens in Deutschland, in: **Kölner Zeitschrift für Soziologie und Sozialpsychologie**, 24, S. 533-563.

Krappmann, L. (1982): Soziologische Dimensionen der Identität, Strukturelle Bedingungen für die Teilnahme an Interaktionsprozessen, Stuttgart.

Krüger, D. (1990): Alleinleben in einer paarorientierten Gesellschaft. Eine qualitative Studie über die Lebenssituation und das Selbstverständnis 30- bis 45-jähriger Lediger, alleinlebender Frauen und Männer, Pfaffenweiler.

Leupold, A. (1983): Liebe und Partnerschaft: Formen der Codierung von Ehen, in: **Zeitschrift für Soziologie**, 12/4, S. 297-327.

Libby, R. W. (1978): Creative Singlehood as a Sexual Life Style: Beyond Marriage as a Rite of Passage, in: **Murstein, B. I.** (Hrsg.): Exploring Intimate Lifestyles, New York, S. 164-195.

Libby, R. W., Whitehurst, R. N. (1977): Marriage and Alternatives, Exploring Intimate Relationships, Glenview.

Loewenstein, S. F., Bloch, N. E., Campion, J., Epstein, J. S., Gale, P., Salvatore, M. (1981): A Study of Satisfactions and Stresses of Single Women in Midlife, in: **Sex Roles**, 7/11, S. 1127-1141.

Luckmann, T. (1979): Persönliche Identität, soziale Rolle und Rollendistanz, in: **Marquard, O., Stierle, K.** (Hrsg.): Identität, München, S. 293-313.

Lüdtke, H. (1987): Lebensstile. Präferenzpalette der Sozialstruktur - Medium und Ausdruck biographischer Entwicklung, Fernuniversität - Gesamthochschule Hagen.

Luhmann, N. (1982): Liebe als Passion. Zur Codierung von Intimität, Frankfurt a. M.

Lüschen, G. (1988): Familial-verwandtschaftliche Netzwerke, in: **Nave-Herz, R.** (Hrsg.): Wandel und Kontinuität der Familie in der Bundesrepublik Deutschland, Stuttgart, S. 145-172.

Lüscher, K. (1988): Der präkere Beitrag von Familie zur Konstitution personaler Identität, in: **Zeitschrift für evangelische Ethik**, 32, S. 250-259.

Lynch, J. J. (1980): Warning: Living Alone is Dangerous to Your Health, in: **U. S. News and World Report**, S. 47-48.

Mackensen, R., Meyer, S., Schulze, E. (1988): Neue Typen der privaten Haushalte in Berlin, Entstehungsbedingungen, Lebenssituation, Wohn- und Standortverhältnisse, Berlin.

Macklin, E. (1980): Nontraditional Family Forms. A Decade of Research, in: **Journal of Marriage and the Family**, 42/4, S. 905-922.

Malcolm, A. H. (1972): Singles Seek Better Life in the Suburbs, in: **New York Times**: 8. Mai.

Marciano, T. (1975): Variant Family Forms in a World Perspective, in: **Family Coordinator**, 24/4, S. 407-419.

Martiny, U. (1989): Ich lebe alleine oder: Ein Übergangsstadium wird zur Lebensform, in: **Psychologie Heute** Special: Frauen, S. 34-40.

Martiny, U. (1989): Aufbruch aus Reservaten im Land der Ehepaare. Sozialstruktur, Bewußtwerdung und Fremdwahrnehmung nichtverheirateter Frauen, in: **Müller, U., Schmidt-Waldherr, H.** (Hrsg.): Frauensozialkunde, Bielefeld, S. 132-162.

McCall, G. J., Simmons, J. L. (1974): Identität und Interaktion, Düsseldorf.

McCallister, L., Fischer, C. S. (1983): A Procedure for Surveying Personal Networks, Beverly Hills, London, New Delhi.

Metz-Göckel, S., Müller, U. (1985): Der Mann. Brigitte-Untersuchung, Ms., Hamburg.

Meyer, S., Schulze, E. (1984): "Alleine war's schwieriger und einfacher zugleich", in: **Freier, A.-E., et al.** (Hrsg.): Das Schicksal Deutschlands liegt in der Hand seiner Frauen, Düsseldorf, S. 348-385.

Meyer, S., Schulze, E. (1985): Wie wir das alles geschafft haben. Alleinstehende Frauen berichten über ihr Leben nach 1945, München.

Meyer, S., Schulze, E. (1988): Absage an die Ehe - Frauen suchen neue Beziehungsformen. Empirische Ergebnisse über die Heiratsneigung Nichtehelicher Lebensgemeinschaften, in: **Limbach, J., Schwenzer, I.** (Hrsg.): Familie ohne Ehe, Frankfurt, München, S. 11-19.

Meyer, S., Schulze, E. (1988): Lebens- und Wohnformen Alleinstehender, Literaturstudie und Bibliographie, Wiesbaden.

Meyer, S., Schulze, E. (1988): Nichteheliche Lebensgemeinschaften. Eine Möglichkeit zur Veränderung des Geschlechtsverhältnisses, in: **Kölner Zeitschrift für Soziologie und Sozialpsychologie**, 40/2, S. 337-356.

Meyer, S., Schulze, E. (1989): Balancen des Glücks. Neue Lebensformen: Paare ohne Trauschein, Alleinerziehende und Singles, München.

Michael, R. T., Fuchs, V. R., Scott, S. R. (1980): Changes in the Propensity to Live Alone: 1950-1976, in: **Demography**, 17/1, S. 39-56.

Müller, C. (1982): Alleinleben ist für mich eine Herausforderung, in: **Courage**, 5, S. 8-11.

Müller, W., Wilms, A., Handl, J. (1983): Strukturwandel der Frauenarbeit 1880-1980, Frankfurt.

Nadelson, C. C., Notman, M. T. (1981): To Marry or Not to Marry: A Choice, in: **American Journal of Psychiatry**, 138/20, S. 1352-1356.

Nathan, G. (1941): The Bachelor Life, New York.

Nave-Herz, R. (1984): Familiale Veränderungen in der Bundesrepublik Deutschland seit 1950, in: **Zeitschrift für Sozialisationsforschung und Erziehungssoziologie**, 4, S. 45-63.

Nave-Herz, R. (1988): Kontinuität und Wandel in der Bedeutung, in der Struktur und Stabilität von Ehe und Familie in der Bundesrepublik Deutschland, in: **Nave-Herz, R.** (Hrsg.): Wandel und Kontinuität der Familie in der Bundesrepublik Deutschland, Stuttgart, S. 61-94.

Neubauer, E. (1988): Alleinerziehende Mütter und Väter - Eine Analyse der Gesamtsituation, Schriftenreihe des Bundesministeriums für Jugend, Familie, Frauen und Gesundheit, Band 219, Stuttgart.

Neugarten, B. L., Datan, N. (1978): Lebensablauf und Lebenszyklus. Grundbegriffe und neue Forschung, in: **Rosenmayr, L.** (Hrsg.): Die menschlichen Lebensalter, München, Zürich, S. 165-188.

Nunner-Winkler, G. (1985): Identität und Individualität, in: **Soziale Welt**, 36, S. 466-482.

Nunner-Winkler, G. (1987): Identitätskrise ohne Lösung: Wiederholungskrisen, Dauerkrisen, in: **Frey, H.-P., Haußer, K.** (Hrsg.): Identität. Entwicklungen psychologischer und soziologischer Forschung, Stuttgart, S. 165-178.

O'Brien, P. (1973): The Woman Alone, New York.

Opaschowski, H. W. (1981): Allein in der Freizeit, Band 2 der Schriftenreihe zur Freizeitforschung des BAT-Freizeit-Forschungsinstituts, Hamburg.

Opaschowski, H. W. (1988): Psychologie und Soziologie der Freizeit, Opladen.

Opielka, M. (1986): Alternativen zur Familie?, in: **Sozial Extra**, 6, S. 16-29.

Opp, F.-D. (1976): Methodologie der Sozialwissenschaften, Reinbek b. Hamburg.

Pappi, F. U., Pappi, I. (1978): Sozialer Status und Konsumstil, in: **Kölner Zeitschrift für Soziologie und Sozialpsychologie**, 30, S. 87-115.

Pearlin, L., Johnson, J. (1977): Marital Status, Life Strains and Depression, in: **American Sociological Review**, 42, S. 704-715.

Peukert, R. (1989): Der soziale Wandel der Familienformen in der Bundesrepublik Deutschland seit der Nachkriegszeit, in: **Gegenwartskunde**, 2, S. 153-165.

Pohl, K. (1985): Wende oder Einstellungswandel? Heiratsabsichten und Kinderwunsch 18- bis 28-jähriger deutscher Frauen 1978 und 1983, in: **Zeitschrift für Bevölkerungswissenschaft**, 1, S. 89-110.

Ramey, J. W. (1977): Alternative Life-Styles, in: **Society**, S. 43-47.

Ramey, J. W. (1978): Life Styles of the Future, in: **Murstein, B. I.** (Hrsg.): Exploring Intimate Life Styles, New York, S. 274-286.

Reck, S. (1981): Identität, Rationalität und Verantwortung, Frankfurt.

Rerrich, M. S. (1988): Balanceakt Familie. Zwischen alten Leitbildern und neuen Lebensformen, Freiburg i. Breisgau.

Röhrle, B., Stark, W. (1985): Soziale Netzwerke und Stützsysteme, Tübingen.

Rosenmayr, L. (1986): Über Familie in den Strukturumbrüchen heute, in: **Archiv für Wissenschaft und Praxis der sozialen Arbeit**, 17, S. 48-81.

Roussel, L. (1983): One Person Households: Recent Developments, in: **Population**, 6, S. 995 ff.

Roussel, L. (1988): Die soziologische Bedeutung der demographischen Erschütterung in den Industrieländern der letzten zwanzig Jahre, in: **Lüscher, K., Schultheis, F., Wehrspaun, M.** (Hrsg.): Die "postmoderne" Familie, Konstanz, S. 39-54.

Rubin, L. B. (1983): Intimate Strangers. Men and Women Together, New York.

Saltzman, E. S. (1985): Never-Married Women. An Investigation of the Meaning and Experience of Being Single, Diss., University of Toronto.

Scheidt, J. v. (1979): Singles. Alleinsein als Chance des Lebens, München.

Schenk, M. (1983): Das Konzept des sozialen Netzwerkes, in: **Neidhardt, F.** (Hrsg.): Gruppensoziologie, Opladen, S. 88-104.

Schenk, M. (1984): Soziale Netzwerke und Kommunikation, Tübingen.

Schmid, J. (1982): The Family Today. Sociological Highlights On Our Embattled Institution, in: **European Demographic Information Bulletin**, 13/2, S. 49-72.

Schneider, A. (1974): Expressive Verkehrskreise. Eine Untersuchung zu freundschaftlichen und verwandtschaftlichen Beziehungen, in: **Lüschen, G., Lupri, E.** (Hrsg.): Soziologie der Familie, Opladen

Schreiber, H. (1977): Singles. Allein leben - besser als zu zweit?, Frankfurt a. M.

Schubnell, H., Borries, H. J. (1975): Was kann die amtliche Statisik zu familiensoziologischen Untersuchungen beitragen?, in: **Kölner Zeitschrift für Soziologie und Sozialpsychologie**, 27, S. 327-365.

Schulz, W. (1983): Von der Institution "Familie" zu den Teilbeziehungen zwischen Mann, Frau und Kind. Zum Strukturwandel von Ehe und Familie, in: **Soziale Welt**, 34, S. 401-419.

Schulz, W., Beckemeyer, M., Sander, H., Wolterhoff, J. (1981): Glück, Zufriedenheit und objektive Indikatoren der Lebensqualität, Teil I, Arbeitsberichte und Forschungsmaterialien, Nr. 20, Universität Bielefeld, Fakultät für Soziologie.

Schulze, G. (1987): Identität als Stilfrage?, Über den kollektiven Wandel der Selbstdefinition, in: **Frey, H.-P., Haußer, K.** (Hrsg.): Identität, Stuttgart, S. 105-124.

Schumacher, J., Vollmer, R. (1981): Partnerwahl und Partnerbeziehung. Die Gravitation des Partnermarktes und ihre demographischen Folgen, in: **Zeitschrift für Bevölkerungswissenschaft**, 7/4, S. 499-518.

Schwarz, K. (1981): Die Haushalte der Unverheirateten und der verheiratet Getrenntlebenden, in: **Zeitschrift für Bevölkerungswissenschaft**, 7/4, 447-473.

Schwarz, K. (1983): Die Alleinlebenden, in: **Zeitschrift für Bevölkerungswissenschaft**, 9/2, S. 241-257.

Sennet, R. (1983): Verfall und Ende des öffentlichen Lebens. Die Tyrannei der Intimität, Frankfurt.

Sheehy, G. (1978): In der Mitte des Lebens, Frankfurt.

Shostak, A. B. (1987): Singlehood, in: **Sussman, M. B., Steinmetz, S. K.** (Hrsg.): Handbook of Marriage and the Family, New York, S. 355-367.

Sieder, R. (1987): Sozialgeschichte der Familie, Frankfurt am Main.

Siegert, M. T., Chapman, M. (1987): Identitätstransformationen im Erwachsenenalter, in: **Frey, H.-P., Haußer, K.** (Hrsg.): Identität. Entwicklungen psychologischer und soziologischer Forschung, Stuttgart, S. 139-150.

Simenauer, J., Carroll, D. (1982): Singles. The New Americans, New York.

Simmel, G. (1890): Über sociale Differenzierung, Sociologische und psychologische Untersuchungen, Leipzig.

Simmel, G. (1968): Soziologie, Berlin.

Spiegel, E. (1983): Neue Haushaltstypen - Alternativen zu Ehe und Familie?, in: **Baethge, M., Eßbach, W.** (Hrsg.): Soziologie: Entdeckungen im Alltäglichen, Frankfurt a. M., New York, S. 73 ff.

Spiegel, E. (1986): Neue Haushaltstypen. Entstehungsbedingungen, Lebenssituation, Wohn- und Standortverhältnisse, Frankfurt, New York.

Spreitzer, E., Riley, L. E. (1974): Factors Associated with Singlehood, in: **Journal of Marriage and the Family**, 36, S. 533-554.

Sroka, B. (1980): Eins ist eine ganze Zahl. Allein, und doch ein erfülltes Leben, Marburg.

Starr, J. R., Carnes, D. E. (1972): Singles in the City, in: **Society**, Febr., S. 43-48.

Statistisches Bundesamt (1972): Bevölkerung und Kultur, Fachserie A, Reihe 6/I, Stuttgart, Mainz.

Statistisches Bundesamt (1983): Frauen in Familie, Beruf und Gesellschaft, Ausgabe 1983, Wiesbaden.

Statistisches Bundesamt (1988): Haushalte und Familien 1986, Fachserie 1, Reihe 3, Stuttgart, Mainz.

Stein, P. (1975): Singlehood: An Alternative to Marriage, in: **Family Coordinator**, 24/4, S. 489-503.

Stein, P. (1978): The Lifestyles and Life Chances of the Never-Marrieds, in: **Marriage and Family Review**, 1/4, S. 2-11.

Stein, P. J. (1976): Single, Englewood Cliffs, N. J.

Stein, P. J. (1981): Understanding Single Adulthood, in: **Stein, P. J.** (Hrsg.): Single Life. Unmarried Adults in Social Context, New York, S. 9-21.

Steinecke, A., Klemm, K. (1985): Allein im Urlaub, Soziodemographische Struktur touristischer Verhaltensweisen und Wahrnehmung von Alleinreisenden, Starnberg.

Stern, E. (1957): Die Unverheirateten, Stuttgart.

Stinnett, N., Birdsong, C. W. (1978): The Family and Alternate Life Styles, Chicago.

Stolk, Y., Brotherton, P. (1981): Attitudes Towards Single Women, in: **Sex Roles**, 7/1, S. 73-78.

Straver, C. J. (1981): Unmarried Couples - Different from Marriage?, in: **Alternative Lifestyles**, 4/1, S. 43-74.

Straver, C. J., Heiden, Ab M. v. d., Robert, W. C. J. (1980): Lifestyles of Cohabiting Couples and their Impact on Juridical Questions, in: **Eekelaar, J. M., Katz, S. N.** (Hrsg.): Marriage and Cohabitation in Contemporary Societies, Toronto, S. 39-45.

Sussman, M. B. (1976): Variant Family Forms and Life Styles, Minneapolis.

Süssmuth, R. (1981): Wandlungen im Bindungsverhalten, Liebe und Treue im Blick auf die nichtehelichen Lebensgemeinschaften, in: **Herder Korrespondenz**, 35, S. 195-199, 246-252.

Thornton, A., Freedman, D. (1982): Changing Attitudes Toward Marriage and Single Life, in: **Family Planning Perspectives**, 14/6, S. 297-303.

Thornton, A., Freedman, D. (1983): The Changing American Family, in: **Population Bulletin**, 38/4.

Trautner, H. M. (1987): Geschlecht, Sozialisation und Identität, in: **Frey, H.-P., Haußer, K.** (Hrsg.): Identität, Stuttgart, S. 29-42.

Tyrell, H. (1988): Ehe und Familie - Institutionalisierung und Deinstitutionalisierung, in: **Lüscher, K., Schultheis, F., Wehrspaun, M.** (Hrsg.): Die "postmoderne" Familie, Konstanz, S. 145-156.

Vaughan, D. (1988): Wenn Liebe keine Zukunft hat: Stationen und Strategien der Trennung, Reinbek.

Veeder, C. (1951): Lonely Hearts Clubs Viewed Sociologically, in: **Social Forces**, 30, S. 219-222.

Vicinus, M. (1985): Lebensgemeinschaften alleinstehender Frauen in England des 19. Jahrhunderts, in: **Stuby, A. M.** (Hrsg.): Frauen: Erfahrungen, Mythen, Projekte, Frankfurt am Main, S. 29-44.

Vom Scheidt, J. (1979): Singles. Alleinsein als Chance des Lebens, München.

Wagner, M. (1983): Wohngemeinschaften, in: **Wagner, M., Droth, W., Dangschat, J.** (Hrsg.): Räumliche Konsequenzen der Entwicklung neuer Haushaltstypen, Hamburg, S. 135.

Wakil, S. P. (1980): To Be or Not to Be Married, in: **International Journal of Sociology of the Family**, 10, S. 311-318.

Weber, M. (1976): Wirtschaft und Gesellschaft. Grundriß der verstehenden Soziologie, Tübingen.

Weber, M. (1984): Die protestantische Ethik I. Eine Aufsatzsammlung, Tübingen.

Weber, S., Gaedemann, C. (1980): Singles, Report über die Alleinlebenden, München.

Wehrspaun, M. (1988): Alternative Lebensformen und postmoderne Identitätskonstitution, in: **Lüscher, K., Schultheis, F., Wehrspaun, M.** (Hrsg.): Die "postmoderne" Familie, Konstanz, S. 157-168.

Weiss, R. S. (1981): The Study of Loneliness, in: **Stein, P. J.** (Hrsg.): Single Life. Unmarried Adults in Social Context, New York, S. 152-164.

Weiss, R. S. (1983): Relationship of Social Support and Psychological Wellbeing, in: **Schulberg, H. G., et al.** (Hrsg.): The Modern Practice of Community Mental Health, San Francisco.

Wellman, B. (1982): Studying Personal Communities, in: **Marsden, P. V., Lin, N.** (Hrsg.): Social Structure and Network Analysis, Beverly Hills, London, New Delhi, S. 61-80.

Weymann, A. (1989): Handlungsspielräume im Lebenslauf. Ein Essay zur Einführung, in: **Weymann, A.** (Hrsg.): Handlungsspielräume. Untersuchungen zur Individualisierung und Institutionalisierung von Lebensläufen in der Moderne, Stuttgart, S. 1-39.

Wiswede, G. (1973): Rollenstruktur des Haushalts. Rollentheoretische Aspekte eines sozialen Subsystems, in: **Jahrbuch der Absatz- und Verbrauchsforschung**, 19, 1, S. 20-36.